Daxuesheng　　Chuangye　　Daolun

大学生创业导论

叶文振 等 编著

厦门大学出版社

XIAMEN UNIVERSITY PRESS

国家一级出版社
全国百佳图书出版单位

图书在版编目(CIP)数据

大学生创业导论/叶文振等编著. 一厦门：厦门大学出版社，2015.2(2017.7
重印)

ISBN 978-7-5615-5333-6

Ⅰ.①大… Ⅱ.①叶… Ⅲ.①大学生-职业选择 Ⅳ.①G647.38

中国版本图书馆 CIP 数据核字(2014)第 276384 号

官方合作网络销售商： 当当 dangdang.com 亚马逊 amazon.cn JD京东 JD.COM

厦门大学出版社出版发行

(地址:厦门市软件园二期望海路 39 号 邮编:361008)

总编办电话:0592-2182177 传真:0592-2181253

营销中心电话:0592-2184458 传真:0592-2181365

网址:http://www.xmupress.com

邮箱:xmup @ xmupress.com

厦门市明亮彩印有限公司印刷

2015 年 2 月第 1 版 2017 年 7 月第 2 次印刷

开本:720×970 1/16 印张:27.5

字数:480 千字 印数:3 201～6 500 册

定价:45.00 元

本书如有印装质量问题请直接寄承印厂调换

前 言

　　时针轻轻地跳到 2015 年,《大学生创业导论》的写作也终于告成了。虽然她和已经在大学课堂上使用的《大学生就业导论》成为一对亲密的姐妹篇给我们带来不少欣慰,但是这个写作过程似乎比就业导论的编写要辛苦得多。如果说多人合作的编写是一个创造幸福的劳动,那我以为,这种幸福更多的是流动在这个写作的过程中,而不是来自写成出版时的劳动收获!

　　创业是改革开放送给当代大学生的一份礼物。从当年与计划经济相对应的毕业分配,到 10 多年前与市场经济相联系的自主就业,再到越来越大力倡导的与创新经济相并行的自发创业,国家为大学毕业生提供了越来越多的追求自我发展、创业就业的选择机会与支持环境。2014 年 1 月 17 日,李克强总理在中南海召开座谈会时指出:"我们已经有了大学生就业促进计划,还要有大学生创业促进计划。"同年教育部也发布通知,要求各高校要面向全体大学生开发开设创新创业教育专门课程,并纳入学分管理;要建立弹性学制,允许在校大学生休学创业;要聘请创业成功者、企业家、投资人、专家学者担任兼职导师,对创新创业大学生进行一对一的指导。在各个大学,创业教育也逐渐融入人才培养课程体系,成为大学生综合素质培育的一个重要组成部分。为了更好地推动创业教育的规划化、知识化和能力化,逐步构建一个课堂教学、市场调研和课外实践等三位一体的创业教育体系,不仅全方位满足大学生对创业知识和技能的素质需要,而且还有效对接大学生在校期间就开展创业活动和毕业后正式以创业展开职业生涯的实践需求,让大学生真正成为创新创业的一支生力军,一本高质量的、学用结合的、深受大学生喜爱的创业教材是不可或缺的。正是抱着这个良好的初衷，我们在顺利完成了《大学生就业导论》编写之后，又铺开撰写《大学生创业导论》的新工作。

《大学生创业导论》的编写始于 2013 年春天。记得是在 2013 年 3 月 8 日，负责具体编写事务的学校大学生就业指导教研室副主任宋文琤教师给我发来一个压缩的电子邮件，其中有愿意参加编写教师的申请表、他（她）们经文献搜索后各自提出的写作的建议内容，以及于 2012 年 8 月 1 日由教育部办公厅发出的《关于印发〈普通本科学校创业教育教学基本要求（试行）〉的通知》。7 月 9 日我通过宋文琤向各位参加编写的教师发送电子邮件，告知《大学生创业导论》写作的正式目录、写作的统一要求和供大家写作参考的样本章节。在写作总要求中，我特意提到，与《大学生就业导论》一样，本书要与教育部的创业教育课程设置要求保持一致，吸收大学生创业研究的最新成果，体现自己的研究产出，突出对前人成果的发展与创新，尤其要采用本科生喜闻乐见的教材写作和呈现格式，切合本科生创业实际，提升他们的理论方法水平，以及分析与解决创业问题的能力等。

一年后的 2014 年 7 月 8 日，我陆续收到由揭红兰教师转过来的初稿，下面是她来邮时的留言，今天读起来还感到一起合作的互勉与温馨："我是就业创业指导教研室的揭红兰，很抱歉，因为各种原因导致现在还没收齐部分参编教材初稿，剩余的部分我会催他们尽快上交，已经完成的章节初稿已经添加在附件中，因部分老师还没有创业教育教学的基础和背景，所以教材的编写可能会存在经验不足的问题，还请您一一指导。"2014 年 11 月 6 日中午我们召开写作团队的初稿点评会，对本书的每一章初稿都一一进行点评，并提出详尽的修改意见，而且再提供一个样本章节供大家修改时作参考。随后就是通过王惠卿博士的中转，大家进入不断的再提交再阅评再修改的过程，直至最后定稿。这将近两年的写作，分别换了两个负责编写事务的教师，其中宋文琤考上博士、揭红兰怀孕做母亲，可以看出大家把这本书的写作已经融入他们的继续求学、家庭生活以及教学和科研活动当中去了,成为大家这两年时光中,非常难以忘怀的一个重要的组成部分。作为这本书写作的组织者,我特别感谢大家的积极参与和所做出的巨大努力!

纵观本书的思想脉络和内容体系,我以为,有几点是可以在这里加以肯定的。一是像《大学生就业导论》一样,我们仍然把这本书当作一个知识体系来建构,希望超越只是事实、经验和案例组合的写作格式,让大学生翻开这本书时就能够像对待一门成熟学科的规范课程一样,用认真的态度进入学习过程。二是重视创业理论和方法论的建设,把以往直接介绍创业观念和技巧的教学内容转化为先对大学生创业理论和方法论知识基础的强化,然后再引导他们自觉地树立创业意识和增强创业能力。为了达到这个写作目的,我们在许多章节都有意识地添加了创业理论和方法论的内容,尤其是把比较有代表性的创业理论和方法论的中外研究成果也系统地吸收到本书中来。三是我们还通过本书的知识建构和写作创新力图培养大学生对创业的调查研究兴趣和深入思考的冲动,我们相信,不论是教师课堂传授,还是走出课堂进入创业实践平台,都还不如学生亲自去调查研究,在实际调研当中去发现和理解创业的真实意义和大学生创业的巨大优势与社会责任来得更有意义,一个通过研究自我醒悟和行动的大学生将具有更大的可能性在未来成为一个成功的创业者!当然,因为是第一次编写,本书还存在进一步提高的空间,这也成为我们在今后将继续合作和共同努力的美好机会与重要动力。

时跨近两年的写作过程还给我们留下了不少难忘的记忆,而这些记忆又让我们对许多支持、关心和帮助过我们的领导、同事和朋友们心存感动和感激。我们要感谢福建江夏学院党委郭绍生书记、校长郑建岚教授对本书写作的鼓励与指导;感谢学校其他领导一直以来的关心与支持,尤其是陈晓红副书记接手分管学校就业工作后,依然热情地支持我们按照原计划完成编书的任务;感谢陈美荣、刘庆华、吴星星、谢学芳、程玉英、徐玲玲等学校原招生就业处的同事们和校就业指导教研室的宋文玮、揭红兰、王惠卿和其他年轻的教师们,多次参加编写组的专题会议，为编写过程的顺利推进，提供许多有益的帮助；感谢所有为我们写作提供相关文献、案例与实务参考的各界学者、大学生创业指导工作者，以及相关的高校、科研机构和政府部门，是你们创造性的研究成果和实践收获给我们带来启发和思考，才让我们的写作成为一个比较满意的现实；感谢厦门大学出版社蒋东明社长、徐长春副社长长期以来的友好合作，以及许红兵责任编辑在写作和出版质量上的双重把关，特别是在写作速度上的善意提醒和催促。最后的感谢还要送给一起走过来的，既有挫折带来的压力，也有进步引发的欢乐的年轻合作者们。带着这份感激之情，我要在这里详细地描述我们这个团队的成员及其各自对这本书所做出的贡献：

叶文振：承担主编的职责，负责全书的内容体系建构、写作提纲整合、修稿意见提出，以及最后的修改、统稿与定稿；

周爱萍：第一章；

揭红兰：第二章的第一节、第三节与第四节；

余少谦：第二章的第二节、第十章的第二节与第三节、第十二章的第一节与第二节；

王惠卿：第三章、第四章；

郑日辉：第五章；

林夷：第六章；

林美萍：第七章、第八章与第十四章；

刘艳山：第九章；

陈奥菲：第十章的第一节、第十二章的第三节；

常琳：第十一章；

林玉正：第十三章。

最后，我们想把《大学生就业导论》第一版前言中的一句话修改一下，来表达我们的共同心愿："让我们一起把这本书献给正在进行学堂与职场转身的大学生，特别是亲爱的福建江夏学院的学子们，相信她不仅会给你们带来创业的激情与创业后的事业腾飞，而且还会时常带回你们对这本书继续完善提升的重要反馈与鼓励！"当然在变化着的今天,作为这本书编写的组织者,我还要把她献给福建江夏学院的原招生就业处和处里一起共事了七年的同事们,相信这本书和她的姐妹篇《大学生就业导论》将时时把我们带回那七年的美好岁月,并激励着我们继续把热情与爱心奉献给伟大的大学生就业与创业事业!

福建江夏学院教授　叶文振博士

2015 年 1 月 7 日 23 时于闽都大庄园

目　录

第一章

创业的界定与类别

　　大中专毕业生就业难一直是近年来社会关注的热点话题。就业是民生之本,扩大就业,实现比较充分的社会就业,是全面建设小康社会的基础目标,是全面提高人民收入和生活水平的根本保证;扩大就业是化解劳动者流动日益频繁带来的压力,保证社会经济甚至政治稳定的基础,在无法通过政府、社会解决就业问题的情况下,我们只能引导、鼓励更多的人自谋职业、自主创业,以创业促就业。只有创业的人多了,经济发展了,就业问题才能得到根本改善。2003 年以来,在严峻的大学生就业形势下,不少毕业生毅然走上自主创业之路,成为大学生就业的第四条道路。2013 年全国普通高校毕业生规模为 699 万人,比上年增加 19 万人,创历史新高,被一些人称为"史上最难就业季";2014 年全国普通高校毕业生规模为 727 万人,又增加了 28 万,可谓"更难就业年"。近些年高校毕业生就业形势复杂严峻,就业工作进入关键时期。面对这种形势,受过高等教育并具备一定创业能力的大学毕业生,自主创业无疑是一个明智的选择,既可以为自己寻找出路,又可以为社会减轻就业压力。

　　本章包括四个方面的内容。首先介绍什么是创业,创业的关键要素有哪些;其次是帮助大学生了解创业的类别与特征;再次是从机会识别、资源整合、创办新企业、新企业生存和成长四个阶段来论述创业的过程;最后对我国大学生创业的现状进行分析,并展望大学生创业的未来趋势。

第一节　创业的定义与构成

一、创业的定义

　　创业概念的提出是与经济发展密切相关的,创业是近几年的一个时髦词语,它往往和大学生的就业问题联系在一起。虽然"创业"一直备受关注，但对创业的界定还没有一个统一的认识，不同的学者从各自不同的视角提出了对创业的不同界定。这给我们理解创业概念带来了许多困惑，我们有必要对其进行梳理，进而在总结、借鉴前人理论的基础上，结合特定的社会环境给出我们自己对创业的理解。

(一)语源学的理解

在中国传统文化中，"创业"一词最先出现时与"垂统"连用。《孟子·梁惠王下》中有"君子创业垂统，为可继也"。意思是创立功业，传给后代子孙。这样的含义在古汉语中一直沿用了几千年。诸葛亮《出师表》曰："先帝创业未半而中道崩殂。"汉代张衡《西京赋》曰："高祖创业，继体承基。"清代昭梿《啸亭杂录·洛翰》有："高皇帝创业之初，有洛翰者，本刘姓，中原人。"通过梳理发现，中国古代用"创业"一词，多为开拓疆土、创建功业的意思，带有封建君主建功立业的色彩。进入近现代，"创业"的含义在古汉语的基础上有了全新的发展。在现代社会中，"创业"被普遍用于描述开创某种事业的活动，与保持前人已有成就和业绩的"守业"是相对的。《辞海》中对"创业"的界定是创立基业、事业，指开拓、创立个人、集体、国家和社会的各项事业以及所取得的成就。创业的主体，已从古代的君主转变为平凡老百姓了；创业的内容也从开拓疆土、创建功业转变为一切能够创造新事物、新价值的活动。《新华词典》(2001年版)里，也将"创业"一词界定为开创事业。从"创业"这个概念在汉语使用中所表达的意思分析，"创业"一般强调三层含义：(1)强调创业开端的艰辛和困难；(2)突出创业过程的开拓和创新意义；(3)侧重于在前人的基础上有新的成就和贡献。

在西方文化中，创业的英文翻译有两种：一是动词 venture，二是名词 entrepreneurship。动词 venture 侧重表现"创业"的行为活动。在现代企业领域，往往使用动词 venture 来表示"创业"增长的态势。名词 entrepreneurship 经常与 enterprise 互换使用，它往往表示静态的创业状态或创业活动，是从企业家、创业家的角度理解创业的。

(二)中西方学者的解释

总体上来说，国外对"创业"概念的研究要比国内早。作为经济活动的"创业"在欧美国家已有几百年的发展历史，"创业"的概念在国外商业领域也已经使用了200多年。然而国外的专家、学者对"创业"这一概念也没有达成统一的具有权威的认识。最早对"创业"一词进行界定的是经济学家理查德·康蒂隆在18世纪提出的，他认为"创业隐含了承担以确定价格买进而以不确定价格卖出的风险"。此后，国外的学者从未停止对"创业"内涵的研究，"创业"的概念也在不断地演变和发展。

1934年，奥地利政治经济学家约瑟夫·熊彼特（Joseph Alois Schumpeter）首次将"创业"的概念与"创新"联系起来，认为创业的本质是创新，创业的过程就是创新的过程，创业者通过创新克服自由市场经济的内在矛盾，从而促使经济的增长。

1989年，哈佛大学教授霍华德·斯蒂文森（Howard H.Stevenson）把创业定义为"不拘泥于当前资源条件的限制下对机会的追寻，将不同的资源组合以利用和开发机会并创造价值的过程"。在精神层面，创业代表着一种"以创新为基础的做事与思考方式"，这是个人及企业在日益复杂和不确定的世界中生存的最佳武器；在实质层面，创业代表了"发掘机会，组织资源建立新企业或开展新事业，进而提供市场新的价值"。与创新相比，创业更强调机会、顾客和价值创造。

1999年，杰弗里·蒂蒙斯（Jeffry A.Timmons）提出："创业是一种思考、推理和行为方式，这种行为方式是机会驱动、注重方法和与领导相平衡。创业导致价值的产生、增加、实现和更新，不只是为所有者，也为所有的参与者和利益相关者。"此外，1999年美国巴布森商学院和英国伦敦商学院联合发起、多国研究者参与的"全球创业检测"项目，将"创业"界定为："依靠个人、团队或一个现有企业，来建立一个新企业的过程，如自我创业、一个新的业务组织或一个现有企业的扩张。"

"创业"一词在我国社会真正得到广泛应用，是20世纪80年代改革开放之后，市场经济体制逐渐取代计划经济体制，商品经济快速发展为普通老百姓提供了许多发财致富的"创业之路"。创业作为一种新兴的经济活动，吸引了众多专家、学者的眼球，成为他们研究的对象。目前对创业的定义大致可以归纳为三种不同的类型，即价值说、功利说和实体说。三者的差异表现在对创业实质的理解上，即分别认为创业是"创造价值"、"创造财富或利润"和"创建企业"。

1.价值说——创造价值

这种观点认为，创业活动的创造性体现在价值的创造上。比如宋克勤认为，创业是创业者通过发现和识别商业机会，组织各种资源提供产品或服务，以创造价值的过程。创业包括创业者、商业机会、组织和资源等要素。郁义鸿等人认为，创业和创业者的定义是密不可分的。他们在《创业学》中综合了几位国外学者的观点之后，对创业作了如下定义："创业是一个发现和捕捉机会并由此创造出新颖的产品或服务和实现其潜在价值的过程。"

2.功利说——创造财富或利润

持这种观点的人认为，创业就是一个创造和积累财富的过程。罗天虎主编的《创业学教程》对创业的定义就反映了这种观点。他们认为,创业是一个开创事业和积累财富的过程,创业活动具有开拓性、自主性和功利性等基本特征。

开拓性是指创业对于创业者来说是一项前所未有的事业。虽然创业者可以借鉴、模仿学习前人的经验和方法,但是他必须从头做起。创业精神的实质就在于开拓创新。自主性是指创业是一项独立自主的行为。而创业又是一个创造财富、积累财富的过程,这就决定了创业充满了功利性。还有一种相似的观点认为,创业的目的就是实现商业利润。如雷家骕等(2004)认为,创业就是"发现、创造和利用商业机会,组合生产要素,创造自己的事业以获得商业成功的过程和活动"。他们还强调创业的目的在于"取得商业成功,获得商业利润",称"没有创业者不是为了预期的商业利润而创业的"。

3.实体说——创建企业

这种观点认为,创业需要一个承担创业的实体,而通常这个实体就是企业。创业者依据所在国家或地区的相关法律法规进行注册登记是创业过程的一个重要标志。比如,北大创业投资研究中心原副主任刘建钧认为,创业是"一种创建企业的过程,或者说是创建企业的活动"。他强调了创业与创新的区别,指出创业与创新并不是两个可以互相等同的概念,尽管创业活动必然涉及创新,但创新并非必然是创业活动。

(三)本书的界定

我们发现,无论是国外专家还是国内学者,由于研究创业行为的视角不同,得出的研究结论也不同。创业是一个横跨经济学、社会学、管理学、人类学、心理学等多个学科的复杂现象。尽管下一个明确的、广为接受的定义非常困难,但进行尝试性努力还是很有必要的。在总结、借鉴前人研究成果的基础上,我们结合国内实际,从广义和狭义两个角度对创业进行界定。

广义的创业是指人类创造新的事业、基业的活动,包括一切具有开拓意义的社会变革行为。

狭义的创业将创业界定为一个过程,在此过程中,创业者(包括个人或团队)作为主体,利用一切外界资源和力量去寻求机遇,通过创办企业去创造价值并谋求发展。本书中的创业主要指狭义的创业。

二、创业的构成要素

企业创业是一个复杂的过程,有许多问题要处理和面对。根据管理的二八原则,创业人员只要抓住创业过程中的核心要素,不需要所有问题都同等对待,就能达到预期的效果。那么,在创业中,有哪些是核心要素呢?对这个问题的研究具有重要的理论和实践意义,但是不同的学者对此有不同的观点,不同的实践者也有不同的体验。

(一)Timmons(1999)的创业核心要素组合模型

Timmons(1999)认为创业过程是一个高度的动态过程,其中商机、资源、创业团队是创业过程最重要的驱动因素,它们的存在和成长,决定了创业过程的发展方向。如图 1-1 所示。

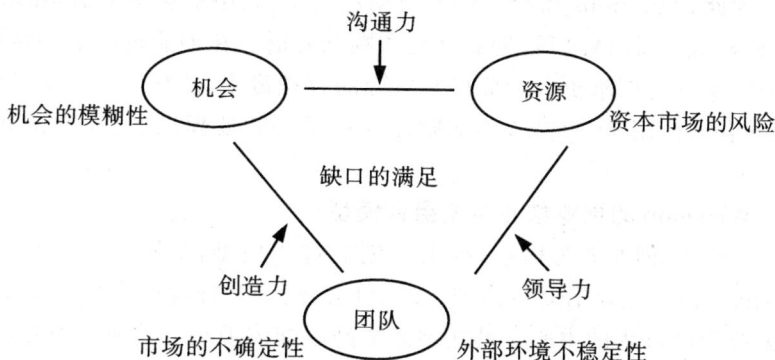

图 1-1 Timmons 创业核心要素组合模型

(1)机会。Timmons 认为创业过程始于机会,而不是战略、网络、团队或商业计划,因此,在创业前期,机会的发掘与选择最为关键,是创业成功的首要元素。Timmons 甚至认为真正的商机比团队的智慧和技能、可获取的资源都要重要得多,创业者应当投入大量的时间和精力寻找最佳的商机。

(2)资源。资源的多寡是相对的,并且与创业机会有一个适应、产生差距再到适应的动态过程。Timmons 认为成功的创业更着眼于最小化使用资源并控制资源,而不是贪图拥有全部的资源。为了合理利用和控制资源,创业者要设计精巧的创意,采用谨慎的战略。

(2)团队。Timmons 认为团队是创业的关键组成要素。创业团队要做的工作包括:分析企业中各种资源间的匹配和平衡状态是否存在问题,企业正在失去什么机会;外部环境可能会发生什么有利或不利的事件;如何做可以减少和消除市场、技术、竞争、管理和金融风险;如何抓住机会和回避风险;完成这些任务至少需要多少资源等。如果一个创业者能获得这些答案,能解决如何弥补差距和匹配问题,吸引有利于完成这些工作的关键人才,那么创业成功的可能性就大大增加。因此,从本质上说,创业团队的作用就是利用创造力在模糊、不确定的环境中发现机会,并利用资本市场等外界力量来组织资源,领导企业来实现机会的价值。事实上,在选择合适的投资项目时,吸引风险投资家的往往是企业创业团队的卓越才能。如何把上述三个核心要素有机地组合在一起? Timmons 认为,在创业过程中,由于机会的模糊性、市场的不确定性、资本市场的风险,以及环境的变化等因素经常冲击着创业活动,使创业过程充满了风险,因此,必须依靠创业者的领导、创造力与沟通能力来发现问题,掌握关键要素,弹性地调整机会、资源、团队三个因素的组合,使之处于动态的最佳搭配状态,从而使企业得以生存和发展。为此,Timmons 得出的创业行动逻辑是:先由机会所激活,在取得必要的资源与组成创业团队之后,创业计划才顺利开展。在创业过程中,领导者及团队的任务就是反复探求更大的商机和资源的合理运用,使整个三角架保持平衡。其中,领导者的作用至关重要,其本质任务就是有效处理机会、资源和组织之间的关系。

(二)Wickham 的创业核心要素组合模型

Wickham 以创业者为核心,提出了创业过程模型,如图 1-2 所示。在模型中,Wickham 认为创业活动包括创业者、机会、组织和资源四个核心要素。创业者处于创业活动过程的中心。其在创业中的职能体现在与其他三个要素之间的关系上:发现和确认有利的创业机会;管理创业资源,包括人员、资金和社会网络等;建立创业组织。创业者任务的本质就是有效处理机会、资源和组织之间的关系。机会、资源和组织三者之间的关系为:资本、人力、技术等资源要集中用于机会的利用上,且要注意资源的成本和风险;资源的集合形成组织,包括组织的资本结构、组织结构、程序和制度,以及组织文化;组织的资产、结构、程序和文化等作为一个有机的整体,应适应所开发的机会,为此组织需要根据机会的变化而不断地调整。因此,创业活动包括以下三个方面:组织适合于所开发的机会;集合资源以形成组织;将资源集中于追逐的机会。在这三种关系中,创业者起着关键的作用。另外,Wickham 认为创业过程是一个不断学习的过程,创业组织是一个学习型组织。这就是说,组织必须不仅对机会和挑战做出反应,而且还要根据这种反应的结果来调整和修正未来的反应,即组织的资产、结构、程序、文化等要随着组织的发展而不断改进,组织在不断的成功与失败中得到锻炼,从而获得更大的成功,得以发展壮大。从图 1-2 中可知,Wickham 发展了 Timmons 的观点,他比 Timmons 更强调创业者在创业过程中的核心作用,认为是创业者把机会、资源和创业团队三种要素集合在一起进行创业,由创业者来平衡机会、资源和创业团队之间的关系;另外,Wickham 强调创业过程是一个学习的过程,创业型企业都应该是学习型组织,因此,组织的学习能力是决定创业成败的关键,而在实际工作中,传统企业要想成为创业型企业,必须在组织结构上进行相应的改造,提高自身的学习能力。

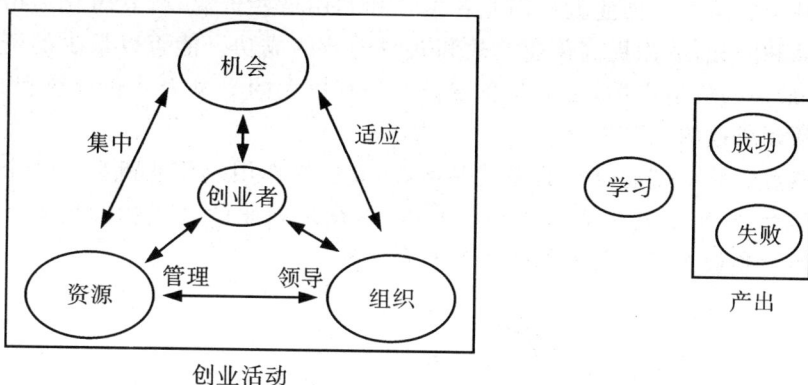

图 1-2　**Wickham 的创业过程模型**

三、本书的观点

结合上面两个理论的比较,我们更赞同 Wickham 的观点,认为完整的创业活动由四大核心要素构成:创业者、创业机会、组织和资源。

创业者,是指实施创业活动的个人或团队。毫无疑问,如果没有人愿意做创业者要做的事情的话,那么也就没有了创业。创业者在创业过程中起着关键的推动和领导作用,在企业的创建和运营、对商业机会的选择和把握以及对企业资源的运作等方面都具有决定权。创业者在享有企业带来的财富和荣誉的同时,也要承担创业活动中的一切风险。一般来说,创业者的创业素质在创业活动中起着至关重要的作用,甚至直接决定着创业的成败。创业者的素质主要包括生理素质、心理素质、创业知识、创业能力等。

创业机会,是指创业者可以利用的商业机会或市场机会。市场机会一般具有潜在性和隐蔽性,所以创业机会识别是创业领域的关键问题之一。从创业过程的角度来说,它是创业的起点。创业过程就是围绕着机会进行识别、开发、利用的过程。识别正确的创业机会是创业者应当具备的重要技能。

组织,是指一个完整的创业活动系统,包括企业内系统与企业外系统。企业内系统是以创业者为管理核心的员工网络,企业外系统是创业者构建的关系网络,包括客户、供应商、投资商等。组织强有力的企业内系统,营造与企业外系统和谐、共赢的局面,是创业活动取得成功的必备条件。

　　资源,是指创业活动中的各种投入,包括技术资源、人力资本资源、创业资本资源和社会资源等。创业就是创业者整合和利用这些资源,将其转化为市场需要的产品和服务,从而提高创业绩效和获得创业的成功。能否以最少的资源投入,获得最多的价值产出,使企业在市场上具有更大的竞争力并获得盈利,是衡量创业活动成败的主要指标。

　　创业者是整个创业过程的关键要素,起着主导作用。创业机会是整个创业活动的起点,资源是创业活动的必备要素,组织是创业活动成败的重要影响因素。这四个要素之间的关系如图1-3所示。

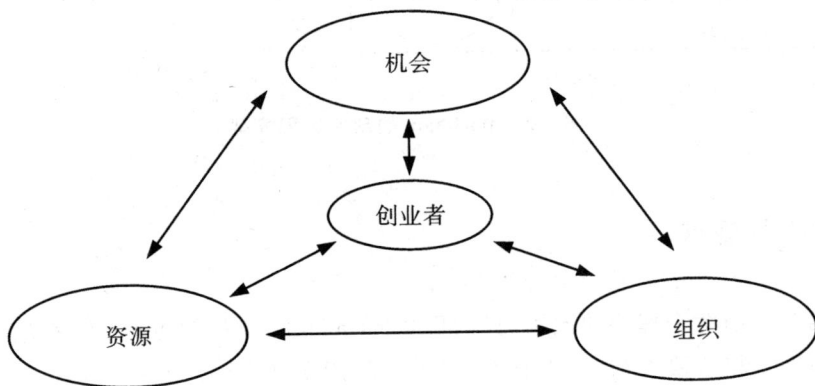

图1-3　创业的构成要素

第二节　创业的类别与特征

一、创业的类别

　　对创业的基本分类可以围绕谁在创业、在哪里创业、创业效果等3个基本问题展开,进而可以识别出基本的创业活动,还可以组合成许多的创业类型,见表1-1所示。

表 1-1　创业的基本分类

谁在创业	在哪里创业	创业效果
个体自身条件、性别、边缘群体等	独立创业	创新如模仿、复制、创造
创业动机	在组织或公司内部创业	创造价值与财富
是否在职工作	网络企业	个人、组织、社会、团队

　　结合表 1-1,目前已经有不少具有独特性的分类,现选择具有典型意义的分类予以介绍。

(一)生存型创业和机会型创业

　　该分类首先由全球创业观察项目(global entrepreneurship monitor,GEM)依据创业者的创业动机提出。在该项目中,生存型创业(necessity push entrepreneurship)被定义为创业行为出于没有其他更好的选择,即不得不参与创业活动来解决其所面临的困难。不少下岗职工的创业行为便属于这种类型。机会型创业(opportunity-pull entrepreneurship)被定义为创业行为的动机出于个人抓住现有机会并实现价值的强烈愿望,创业有更好的机会。比尔·盖茨创建微软公司显然属于机会型创业。

　　借鉴 GEM 的分类,2003 年,我们以我国 MBA 学生和大众群体为对象,在北京、天津等 13 个城市开展了一项问卷调查,对调查数据的统计分析验证了机会型创业与生存型创业的创新性差异。表 1-2 显示,在总体样本中,创新性创业行为占 8.8%,模仿性创业行为占 17.9%,两者之比值为 0.49,这说明与先前的研究结论一致,大多数新企业以模仿为主,创新性并不强,仅有少部分新企业具有创新潜力。同时,从创业类型来看,在机会型创业中,创新性创业行为占 20.7%,模仿性创业行为占 25.9%,创新与模仿的比值为 0.80,远远高于总体样本水平;而在生存型创业中,创新性创业行为占 14.3%,模仿性创业行为占 42.9%,创新与模仿的比值仅为 0.33,低于总体样本水平。这表明,与生存型创业相比,机会型创业的创新潜力更高,是创新性创业活动的主要组成部分。该分类告诉我们,要更好地发挥创业的作用,不仅要鼓励开展创业活动,更要设法改变创业活动结构,提升机会型创业的比例。生存型创业和机会型创业与主观选择相关,但并非完全由主观决定。创业者所处的环境及其所具备的能力对于创业动机类型的选择有决定性作用。因此,创造良好的创业环境,通过教育和培训来提高人的创业能力,就可以增加机会型创业的数量,不断增加新的市场,促进经济发展和生活改善,减少企业之间的低水平竞争。根据清华大学中国创业研究中心在 2008 年 7 月 16 日发布的《中国创业观察报告》,从 2005 年起,机会型创业比重超过生存型创

业,之后一直保持这种势头。而 2013 年,清华大学发布的全球创业观察中国报告
(2002—2012)显示,在参与全球创业观察的 60 多个国家和地区中,中国的创业排
名已从 2002 年的第 11 名提升到第 2 名,成为全球创业活动最活跃的地方之一。
然而,清华大学经管学院副院长、中国创业研究中心主任高建表示,中国创业活动
虽然以机会型创业为主,但是总体质量不高,高学历创业者少,且较多集中于低技
术行业,以利用劳动力成本优势为主,对长期的经济增长和出口贡献相对不足。

表 1-2　机会型创业和生存型创业的创新潜力差异

创业类型	创新潜力		
	创新(%)	模仿(%)	创新/模仿
机会型创业	20.7	25.9	0.80
生存型创业	14.3	42.9	0.33
总体样本	8.8	17.9	0.49

(二)个体创业与公司创业

这是根据创业活动的发生场所和创业者的个体差异进行的分类。个体创业
主要指与原有组织实体不相关的个体或团队的创业行为,而公司创业主要指由
已有组织发起的组织的创造、更新与创新活动。虽然在创业本质上,公司创业和
个体创业有许多共同点,但是由于起初的资源禀赋不同、组织形态不同、战略目
标不同等,在创业的风险承担、成果收获、创业环境、创业成长等方面也有很大的
差异,两者的主要差异点见表 1-3。

表 1-3　个体创业和公司创业的主要差异

个 体 创 业	公 司 创 业
创业者承担风险	公司承担风险,而不是与个体相关的生涯风险
创业者拥有商业概念	公司拥有商业概念,特别是与商业概念有关的知识产权
创业者拥有全部或大部分事业	创业者或许拥有公司的权益,也可能只是很小一部分
从理论上而言,对创业者的潜在回报是无限的	在公司内,创业者所能获得的潜在回报是有限的
个体的一次失误可能意味着生涯失败	公司具有更多的容错空间,能够吸纳失败
受外部环境波动的影响较大	受外部环境波动的影响较小
创业者具有相对独立性	公司内部的创业者更多受团队的牵扯

续表

个 体 创 业	公 司 创 业
在过程、试验和方向的改变上具有灵活性	公司内部的规则、程序和官僚体系会阻碍创业者的策略调整
决策迅速	决策周期长
低保障	高保障
缺乏安全网	有一系列安全网
在创业主意上,可以沟通的人少	在创业主意上,可以沟通的人多
至少在初期阶段,存在有限的规模经济和范围经济	能够很快地达到规模经济和范围经济
严重的资源局限性	在各种资源的占有上都有优势

(三)复制型创业、模仿型创业、安定型创业和冒险型创业

克里斯汀(B.Christian)等人依照创业对市场和个人的影响程度,把创业分为四种基本类型:复制型创业、模仿型创业、安家型创业和冒险型创业。

1.复制型创业

这种创业模式是在现有经营模式基础上的简单复制。例如某人原先担任某家电公司部门主管,后来他自行离职,创建了一家与原家电公司相似的新家电公司,且新组建公司的经营风格也基本与离职前的那家公司相同。现实中这种复制型企业的例子特别多,且由于前期生产经营经验的积累而使得新组建公司成功的可能性更高。但这种类型的创业模式,创新贡献较低,也缺乏创业精神的内涵,并不是创业管理研究的主流。

2.模仿型创业

模仿型创业虽然也很少给顾客带来新创造的价值,创新的成分并不算太高,但对创业者本身命运的改变还是较大的。如某煤矿公司的经理辞职后,模仿别人新组建一家网络公司。相对来说,这种创业具有较大的不确定性,学习过程较长,经营失败的可能性也比较大。不过,如果是那些具备创新精神的创业者,只要能够得到专门化的系统培训,注意把握市场进入契机,创业成功的可能性也比较大。

3.安家型创业

这种形式的创业,创业者个人命运的改变并不大,所从事的仍旧是原先熟悉的工作,但他的确不断地在为市场创造新的价值,为消费者带来实惠。例如,企业内部的研发小组在开发完成一项新产品后,继续在该公司开发另一种新产品项目。安家型企业所强调的是个人创业精神的最大限度实现,而并不对原有组

织结构进行重新设计和调整。

4.冒险型创业

冒险型创业模式,有可能会改变个人的命运,从事一项全新的产品经营,个人前途的不确定性也很大,并且由于是创造新价值的活动,失败的可能性也很大。尽管如此,因为这种创业预期的报酬较高,对那些充满创新精神的人来说仍旧极富诱惑力。但是,它需要创业者较强的个人能力、适当的创业时机、合理的创业方案、科学的创业管理,具备这几个条件才有可能获得成功。

(四)边缘企业、冒险型的创业、与风险投资融合的创业、大公司的内部创业和革命性的创业

芝加哥大学教授阿玛尔·毕海德(Amar V.Bhide)曾在哈佛商学院讲授创业课程,为了整理出清晰的授课计划,他带领学生对 1996 年进入美国 Inc.500(Inc 杂志评选出的成长速度最快的 500 家企业)的企业主进行深入访谈,并于2000 年出版了专著《新企业的起源与演变》。在该书中,他从不确定性和投资两个维度构建了一个投资、不确定性与利润的动态模型。

毕海德教授强调创业并不单纯指企业家或创业团队创建新的企业,大企业同样有创业行为。在这个模型中,毕海德教授将原创性的创业概括为五种类型,分别是边缘企业(marginal businesses)、冒险型的创业(promising start-Ups)、与风险投资融合的创业、大公司的内部创业、革命性的创业(见表 1-4)。

表 1-4　不同创业类型的对比

因　素	边缘企业	冒险型的创业	与风险投资融合的创业	大公司的内部创业	革命性的创业
创业的有利因素	创业的机会投资量小,成本低,风险也相对较低	创业的机会成本低、技术进步等因素使得创业机会增多	有竞争力的管理团队,清晰的创业计划	拥有大量的资金,创新绩效直接影响晋升,市场调研能力强,对R&D的大量投资	无与伦比的创业计划,财富与创业精神集于一身
创业的不利因素	在行业中处于次要和补充地位,产品是辅助或补充产品,市场占有率低	缺乏信用,难以从外部筹措资金,缺乏技术管理和创业经验	经历避免不确定性,追求短期快速回报,市场机会有限,资源有限制	企业的控制系统不鼓励创新精神,缺乏对不确定性机会的识别和把握能力	大量的资金需求,大量的前期投资

续表

因 素	边缘企业	冒险型的创业	与风险投资融合的创业	大公司的内部创业	革命性的创业
获取资源	固定成本低、竞争很激烈	固定成本低，竞争不是很激烈	个人的信誉，股票及个人所得激励措施	良好的信誉和承诺，资源提供者的转移成本低	富有野心的创业计划
吸引顾客的途径	集中全力吸引顾客	上门销售和服务，了解顾客的真正需求，全力满足顾客需要	目标市场清晰	信誉、广告宣传、关于质量服务等多方面的承诺	集中全力吸引少数大的顾客
成功基本因素	创业者的超强能力，创业资金和机遇	企业家及其团队的智慧，面对面的销售技巧	企业家团队的创业计划和专业化管理能力	组织能力、跨部门的协调及团队精神	创业者的超强能力，确保成功的创业计划
创业的特点	关注不确定性程度高，但投资需求少的市场机会	关注不确定性程度高，但投资需求少的市场机会	关注不确定性程度低的、广阔而且发展快速的市场和产品或技术	关注少量的经过认真评估的有丰厚利润的市场机会，回避不确定性程度大的项目	技术生产经营过程方面实现巨大创新，向顾客提供超额价值的产品和服务

（五）依附型、尾随型、独创型和对抗型创业

根据创业风险的性质不同，创业大致可以分为依附型、尾随型、独创型和对抗型创业。依附型创业可分为两种情况：一是依附于大企业或产业链而生存。在产业链中确定自己的角色，为大企业提供配套服务。如专门为某个或某类企业生产零配件，或生产、印刷包装材料。二是特许经营权的使用。如麦当劳、肯德基，利用品牌效应和成熟的经营管理模式，减少经营风险。

尾随型创业即模仿他人创业，所开办的企业和经营项目均无新意，行业内已经有许多同类企业，新创企业尾随他人之后，"学着别人做"。尾随的第一个特点是，短期内不求超过他人，只求能维持下去，随着学习的成熟，再逐步进入强者行列。尾随的第二个特点是，在市场上拾遗补缺，不求独家承揽全部业务，只求在市场上分得一杯羹。

独创型创业可表现在诸多方面，归结起来，集中在两个层面：一是填补市场需求内容的空白;二是填补市场需求形式的空白。前者是经营项目具有独创性,独此一家,别无分店。大到商品独创性,小到商品的某种技术的独创性。如生产的洗衣粉比市场上卖的环保性好且去污力强,这就属于商品的某种技术的独创性。独创性也可以表现为一种服务,如搬家服务过去是没有的,改革开放后,搬家服务已形成市场,谁先成立搬家公司,谁的创业就具备独创性。当然,独创型创业有一定的风险性,因为消费者对新事物有一个接受的过程。独创型创业也可以是旧内容新形式,比如,产品销售送货上门,经营的商品并无变化,但在服务方式上扩大了,从而更具竞争力。

对抗型创业是指进入其他企业业已形成垄断地位的某个市场,与之对抗较量。这类创业必须在知己知彼、科学决策的前提下,决心大,速度快,把自己的优势发挥到淋漓尽致,把自己的劣势填平补齐,抓住市场机遇,乘势而上,避开市场风险,减少风险损失。希望集团就是对抗型创业的成功典型。20世纪90年代初,面对外国饲料厂商进入中国市场,大量倾销合成饲料,希望集团建立西南最大的饲料研究所,一起步就定位与外国饲料争市场。

二、创业的特征

创业是艰苦奋斗的过程,是勇于冒险的过程,是创造财富的过程,更是创新的过程。创业作为一种社会行为,具备本身独有的特征。

(一)艰难性

创业必须付出极大的努力。要完成整个创业过程,要创造新的有价值的事物,就需要大量的时间、充沛的精力和足够的体力;而要获得成功,不付出极大的努力是不可能的,而且很多创业活动在初期都处于非常艰苦的环境中,唯有不断努力,才能一步步前进。所以,创业者,尤其是大学生创业者需要有充分的思想准备。

(二)风险性

创业的过程必然要面临风险。创业风险主要有人力资源风险、市场风险、财务风险、技术风险、外部环境风险等几个方面。创业的风险性不仅会给创业者带来财产的损失,更重要的是它会让创业者丧失信心。但是,作为一个创业者,如果仅仅考虑到风险就不去创业,那就永远不会成为一个成功的创业者。创业者应具备超人的胆识,甘冒风险,勇于承担多数人望而却步的事业风险。

(三)价值性

开创的新事业必须是有价值的,不仅对创业者本身要有价值,而且对社会也要有价值。没有价值的驱动,人们就不会冒着风险去创业。可以说,价值性是创业活动的意义和落脚点。

（四）创新性

创办一个企业对社会来讲不算新闻,但对于一个创业者来讲,则是一个创新的过程。这里的创新,是指创业者在整个创业过程中所遇到的几乎全部是新事物、新问题。新问题的解决需要创业者的智慧和能力,更需要创业者的创造性思维。

（五）利益性

利益是驱动创业者创业的根本目的。在通常情况下,风险与回报成正相关关系。创业带来的回报,既包括物质的回报,也包括精神的回报,它是创业者进行创业的动机和动力。

第三节　创业的过程与阶段

创业过程包括创业者从产生创业想法到创建新企业或开创新事业再到获取回报整个过程,涉及识别机会、组建团队、寻求融资等活动。完整的创业过程,可大致划分为机会识别、资源整合、创办新企业、新企业生存和成长四个主要阶段,如图 1-4 所示。在每一阶段中,新创企业的发展要经历不同的环境。根据每一阶段的不同情况,创业者需要选择应对的战略,实施可行的对策,推动新创企业向前发展。

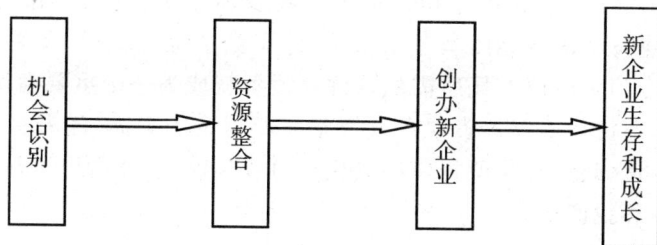

图 1-4　创业过程示意图

一、机会识别

创业的第一步就是对商业机会的发现。商业机会是指有吸引力的、较为持久和适时的一种商务活动的空间,并最终体现在能够为顾客创造价值或增加价值的产品和服务上。创业者初创企业的动力往往是发现了一个新的市场需求或者发现市场需求大于市场的供给能力,或者认为新产品能够开启新的市场需求。但是,这样的市场机会并非只有创业者自身认识到了,其他的竞争者也许同样准备加入这个行列。因此,并不是每个市场机会都需要付出行动去满足它,而是要先评估这个机会所能带来的回报和风险,评估这个市场机会所创造的服务/产品的生命周期,它能否支持企业长期获利,或者能够在适当的时候及时推出。所以,创业机会识别是创业领域的关键问题之一。从创业过程角度来说,它是创业的起点。创业过程就是围绕着机会进行识别、开发、利用的过程。识别正确的创业机会是创业者应当具备的重要技能。

(一)机会类别

一般来说,创业机会根据诱因的不同,可分为政策机会、技术机会、市场机会和文化机会。

1.政策机会

所谓的政策机会是政府在某一方面的政策出台、更迭、废止等情况下产生的商业机会,简而言之,就是政策的变化为创业者所带来的商机。创业者只要随时注意发现政府这一阶段在鼓励什么,就不难找到适当的创业和发展机会。创业者要想从政府政策变化中发现适当的创业机会,这就需要研究政府目前的政策及可能的变化。中国市场政策影响很大,新政策出台往往引发商机,如果创业者善于研究和利用政策,就能抓住商机站在潮头。比如,2006年国家出台了新的汽车产业政策,鼓励个人、集体和外资投资建设停车场。停车场日益增多的同时,对停车场建设中的智能门禁考勤系统、停车场系统、通道管理系统等的需求也随之增多,专门供应停车场所需的软硬件设备就成为一个重要商机。事实上,从政策中寻找商机并不仅仅表现在政策条文所规定的表面,随着社会分工的不断细化和专业化,政策变化所提供的商机还可以延伸,创业者可以从产业链在上下游的延伸中寻找商机。

2.技术机会

技术机会即技术的变化带来的创业机会。这是最常见到的创业机会,它主要源自新的科技进步。通常技术上的任何变化或多种技术的组合,都可能给创业者带来某种商业机会。世界产业发展的历史告诉我们,几乎每一个新兴产业的形成和发展,都是技术创新的结果。产业的变更或产品的替代,既满足了顾客需求,同时也带来了前所未有的创业机会。比如,电脑诞生后,软件开发、电脑维修、图文制作、信息服务和网上开店等创业机会随之而来。任何产品的市场都有其生命周期,产品会不断趋于饱和达到成熟直至走向衰退,最终被新产品所替代,创业者如果能够跟踪产业发展和产品替代的步伐,通过技术创新则能够不断寻求新的发展机会。

3.市场机会

市场机会就是随着市场的变化而产生的创业机会,主要有潜在市场机会和表面市场机会、行业市场机会与边缘市场机会、目前市场机会与未来市场机会、全面市场机会与局部市场机会。创业机会存在于为顾客创造价值的产品或服务中,而顾客的需求是有差异的。创业者要善于找出顾客的特殊需要,盯住顾客的个性需要并认真研究其需求特征,这样就可能发现和把握商机。时下,创业者热衷于开发所谓的高科技领域等热门课题,但创业机会并不只属于"高科技领域",在金融、保健、饮食、流通这些所谓的"低科技领域"也有机会。随着打火机的普及,火柴慢慢退出了人们的视线,而创业者沈子凯却在这个逐渐被人淡忘的老物件里找到了新商机,他创造的"纯真年代"艺术火柴红遍大江南北。还有为数不少的创业者追求向行业内的最佳企业看齐,试图通过模仿快速取得成功,结果使得产品和服务没有差异,众多企业为争夺现有的客户和资源展开激烈竞争,企业面临困境。所以,创业者要克服从众心理和传统习惯思维的束缚,寻找市场空白点或市场缝隙,从行业或市场在矛盾发展中形成的空白地带把握机会。

4.文化机会

文化机会是随着社会文化的推陈出新而产生的新的创业机会。随着社会经济的发展、政治变革等因素的影响,社会文化必然会因为经济基础和上层建筑主体部分的改变而改变,而社会文化的变革也必然带来新的创业机会。

(二)机会识别的条件

面对具有相同期望值的创业机会,并非所有潜在创业者都能把握。成功的机会识别是创业愿望、创业能力和创业环境等多因素综合作用的结果。

1.创业的愿望是机会识别的前提

创业愿望是创业的原动力,它推动创业者去发现和识别市场机会。没有创业意愿,再好的创业机会也会视而不见,或失之交臂。

2.创业能力是机会识别的基础

识别创业机会在很大程度上取决于创业者的个人(团队)能力,这一点在《当代中国社会流动报告》中得到了部分佐证。报告通过对1993年以后私营企业主阶层变迁的分析发现,私营企业主的社会来源越来越以各领域精英为主,经济精英的转化尤为明显,而普通百姓转化为私营企业主的机会越来越少。国内外研究和调查显示,与创业机会识别相关的能力主要有:远见与洞察能力、信息获取能力、技术发展趋势预测能力、模仿与创新能力、建立各种关系的能力等。

　　3.创业环境的支持是机会识别的关键

　　创业环境是创业过程中多种因素的组合,包括政府政策、社会经济条件、创业和管理技能、创业资金和非资金支持等方面。一般来说,如果社会对创业失败比较宽容,有浓厚的创业氛围;国家对个人财富创造比较推崇,有各种渠道的金融支持和完善的创业服务体系;产业有公平、公正的竞争环境,那么就会鼓励更多的人创业。

二、资源整合

　　创业资源,是指创业活动中的各种投入,包括技术资源、人力资本资源、创业资本资源和社会资源等。创业就是创业者整合和利用这些资源,将其转化为市场需要的产品和服务,从而提高创业绩效和获得创业的成功。同时,创业企业需要对创业资源予以区别对待,对与创业十分关键的资源要加以严格的控制和使用,使其发挥最大价值。而且对于创业企业来说,掌握尽可能多的资源有益无害。当然还有一个问题是如何在适当的时机获得适当的所需资源。创业者应有效地组织交易,以最低的成本和最少的控制来获取所需的资源。创业者能否成功地发掘机会,进而推动创业活动向前发展,通常取决于他们掌握和能整合到的资源,以及对资源的利用能力。

　　作为一个创业者,首先必须了解自身的创业资源,分析现有资源的优势和劣势。通过分析,我们不仅可以发现创业者的优势资源,还可以将资源优势合理转化为创业中的优势,同时资源优势也是我们选择创业项目的依据之一。通过对资源的分析,我们还可以了解自身的资源状况,重新将资源进行必要的整合和重组,形成新的资源优势,进而成为创业优势。我们需要分析的资源有有形资产、无形资产和社会关系资源等。

　　许多创业者早期所能获取与利用的资源都相当匮乏,而优秀的创业者在创业过程中所体现出的卓越创业技能之一,就是创造性地整合和运用资源,尤其是那种能够创造竞争优势,并带来持续竞争优势的战略资源。因此,对创业者而言,一方面要借助自身的创造性,用有限的资源创造尽可能大的价值;另一方面更要设法获取和整合各类战略资源。资源整合可以从以下两方面入手:

　　(一)学会拼凑

　　很多创业者都是拼凑高手,通过加入一些新元素,与已有的元素重新组合,形成在资源利用方面的创新行为,进而可能带来意想不到的惊喜。创业者通常利用身边能够找到的一切资源进行创业活动,有些资源对他人来说也许是无用的、废弃的,但创业者可以通过自己的独有经验和技巧,加以整合创造。例如:很多高新技术企业的创业者并不是专业科班出身,可能是出于兴趣或其他原因,对某个领域的技术略知一二,却凭借这个略知的"一二"敏锐地发现了机会,并迅速实现了相关资源的整合。整合已有的资源,快速应对新情况,是创业的利器之一。拼凑者善于用发现的眼光,洞悉身边各种资源的属性,将它们创造性地整合起来。这种整合很多时候甚至不是事前仔细计划好的,而往往是具体情况具体分析、"摸着石头过河"的产物。而这也正体现了创业的不确定性特性,并考验创业者的资源整合能力。

(二)步步为营

创业者分多个阶段投入资源并在每个阶段投入最有限的资源,这种做法被称为"步步为营"。步步为营的策略首先表现为节俭,设法降低资源的使用量,降低管理成本。但过分强调降低成本,会影响产品和服务质量,甚至会制约企业发展。比如:为了求生存和发展,有的创业者不注重环境保护,或者盗用别人的知识产权,甚至以次充好。这样的创业活动尽管短期可能赚取利润,但长期而言,发展潜力有限。所以,需要"有原则地保持节俭"。步步为营策略表现为自力更生,减少对外部资源的依赖,目的是降低经营风险,加强对所创事业的控制。很多时候,步步为营不仅是一种做事最经济的方法,也是创业者在资源受限的情况下寻找实现企业理想目的和目标的途径,更是在有限资源的约束下获取满意收益的方法。习惯于步步为营的创业者会形成一种审慎控制和管理的价值理念,这对创业型企业的成长与向稳健成熟发展期的过渡,尤其重要。

三、创办新企业

创业者选择了商业机会,找到了与之匹配的商业模式后,就要考虑如何使商业机会成为现实中的企业。进入这个阶段,才是创业的开始。创业者开始接触到新企业要面临的种种问题,创业者要建立一个能充分体现其商业机会、商业模式和市场价值的载体,以实现其创业价值。通常,创建一个新企业,要经历几个基本步骤,掌握每一步的要领,熟悉每一步的谈判技巧,这是每一个创业者必备的基本功。

(一)组建创业团队

良好的创业团队是创建新企业的基本前提。创业活动的复杂性,决定了所有的事务不可能由创业者个人包揽,要通过组建分工明确的创业团队来完成,而这需要一个过程。创业团队的优劣,基本上决定了创业是否成功。这就不可避免地涉及两个层面的问题:创业团队成员在企业中是否有适当的角色定位,是否有基本素质和专业技能;创业团队是否能团结合作,优势互补,取决于团队成员之间是否有一个统一的核心价值观,是否做到了责任和利益的合理分配。

(二)开发商业计划

成功的商业计划是创业的良好开端。通过商业计划的开发,创业者开始正式面对组织创建中的诸多问题。商业计划是创业者对整个创业活动的理性分析、定位的结果。一份有效的商业计划可以对创业者的行动选择起到良好的指导作用,从而避免无谓的代价和资源的浪费。对于新创企业内部或是外部的利益相关者来说,商业计划也是一种明确而有效的沟通方式;对新创企业本身,商业计划可用于获取必要的资源,吸引企业发展亟须的融资,赢得政府相关部门的支持等。通过商业计划的开发,创业者对自身的优势和劣势、企业的战略发展定位有更清晰的审视,对企业未来的发展大有裨益。商业计划的一个重要组成部分就是对新创企业的核心产品或是技术作详细的阐述,对产品采用的赢利模式和市场前景作大致的规划,同时还要介绍创业团队的组成、创业资源的整合问题,为吸引外部资金提供必要的书面材料;商业计划的另一个重要组成部分是关于新创企业的发展战略,企业在未来发展中可能遇到的问题以及应对方案。

(三)创业融资

资金是新企业的首要问题。创业融资不同于一般的项目融资,新创企业的价值评估也不同于一般企业,因此需要一些独特的融资方式。创业企业的融资方式大致分为内源式和外源式两种。在不同阶段,创业者可以选择不同的融资方式,当然,针对不同的融资方式,融资策略亦有所不同,风险也不同。创业初始,创业者更可能选择在创业团队内部融资,这种融资方式的优点是成本低,资金渠道简单,容易操作。缺点是融资量有限,特别是在企业需要大量资金支持的时候,过分依靠内源式融资可能导致新创企业资金流不畅,企业发展缓滞。外源式融资则可以大大拓宽新创企业的融资范围,但是由于创业者必须与企业之外的投资者不断谈判,无疑增加了融资成本,同时创业者必须适当放弃某些权益获得这些资金。

四、新企业生存和成长

经过充分的酝酿,创业者注册企业并开始运营。新创企业的建立,还远不能说创业获得成功。新创企业成长管理的意义并不低于创建新企业。创业者常常需要更加审慎地把握企业的发展方向,甚至如履薄冰。从企业发展的生命周期来说,在不同的阶段,企业的工作重心应有所不同。因此创业者需要根据企业成长时期的不同来采取不同的管理方式和方法,以有效地控制企业成长,保持企业健康发展。比如,在初创时期和早期成长期,创业者直接影响着创业企业的命运,在这一时期,集权的管理方式灵活而富有效率;而到快速成长期和成熟期,分权的管理方式才能使企业获得稳步的发展。但是,需要注意的是,新创企业的成长管理不同于一般的企业管理,需要结合新创企业自身的特点,关注新创企业的独特问题。由于新创企业的快速成长性,需要以动态的观点看待新创企业成长过程中所遇到的各项管理问题,根据企业的发展阶段积极地、适时地制定适宜的解决方案。

(一)新创企业的战略管理

企业战略是企业行动的纲领,是企业发展的方向性定位。因此,战略是企业管理中的首要问题。新创企业的战略选择有其重要意义,是选择持续技术开发占据技术前沿,还是选择市场开发争取市场份额,这种选择本质上决定着企业发展的成败。新创企业的战略管理重点在于战略位置的确立与战略资源的获取。制定适合企业自身的战略定位对于企业的良性成长相当重要。新创企业要想在市场竞争中取胜,应该主要抓住自己和市场上已有企业的差异来做文章,形成自己独特的竞争优势,发展核心竞争力。

(二)新创企业的危机管理

新创企业的管理者要常备危机意识。新创企业的发展面临着更多的不确定性,出现危机的可能性也大大高于一般企业。管理者需要时刻关注企业发展中出现的技术和市场危机、财务危机、人力资源危机等。危机不是一成不变的,采用适当的措施,可以将危机转化为企业发展的机遇。因此,创业者要积极把握新创企业发展中遇到的每一个危机,为企业的后续发展奠定基础。

第四节　大学生创业的现状与展望

随着社会经济的发展,大学生创业逐渐成为当前社会各界关注的热点问题。鼓励和扶持大学生自主创业,不仅有助于加快转变经济发展方式,实现科技成果转化,增强我国的自主创新能力,而且对于把我国建设成为人力资源强国和创新型国家、深化高校教育模式改革都具有重要意义。

一、大学生创业的重要意义

随着高等教育从"精英教育"向"大众教育"迈进,高校毕业生就业形势日益严峻,大学毕业生数量将远远超过空缺岗位的数量。有专家指出,近几年城镇每年需要就业的人数将保持在 2 400 万人以上,而在现有经济结构下,每年大概只能提供 1 100 万个就业岗位,年度就业岗位缺口在 1 300 万左右。因此,今后在很长时期内,大学生将面临更为严峻的就业形势。因此,大学毕业生创业具有十分重要的意义。

(一)有利于缓解大学生就业压力

大学生的创业能力有利于解决大学生就业难的问题。创业能力是一个人在创业实践活动中的自我生存、自我发展的能力。一个创业能力很强的大学毕业生不但不会成为社会的就业压力,相反还能通过自主创业活动来增加就业岗位,以缓解社会的就业压力。

(二)有利于大学生谋求生存与自我价值实现

大学毕业生通过自主创业,可以把自己的兴趣与职业紧密结合,做自己最感兴趣、最愿意做和自己认为最值得做的事情,在五彩缤纷的社会舞台中大显身手,最大限度地发挥自己的才能。创业并非人人都能成功,既然如此,为什么还有众多的人选择创业这条路呢? 谋求生存乃至自我价值的实现是创业最主要的原动力。

(三)有利于大学生实现致富梦想

如果大学生要想变得非常富有,开创自己的事业是最有希望实现致富的目标,没有人靠为别人工作能把自己变得惊人地富有。当前,大学生的就业观念正在悄悄地发生改变,一个鼓励创业、保护创业、崇尚创业的大环境正在逐步形成。原先由政府包揽的就业和创业活动逐渐被市场取代,产业结构调整带来的巨大的创业机会,以及政府出台"创业带动就业"的政策,促使大学生创业潜流涌动,大学生通过自主创业将实现致富梦想。

(四)有利于促进中小企业的快速发展

从国际经验来看,等量资金投资于小企业,它所创造的就业机会是大企业的 4 倍。一个国家有 99.5% 的企业属于小企业,65%～80% 的劳动者在其中就业。美国对中小企业的发展一直比较重视,称其为"美国经济的脊梁",美国企业创新产品中 82% 来自中小企业。而我国小企业太少,因此,鼓励大学生自主创业有利于中小企业的快速发展。

(五)有利于培养大学生艰苦奋斗的作风

大学生在自主创业的过程中,困难和挫折,甚至失败都在所难免,这就要求自主创业的大学毕业生具备顽强的意志和良好的品格,勇于承担风险,自立自强,艰苦拼搏,通过创业培养自立自强意识、风险意识、拼搏精神和艰苦奋斗的作风。

(六)有利于培养大学生的创新精神

创新是一个民族的灵魂,是一个国家兴旺发达的不竭动力。青年大学生作为中国最具活力的群体,如果失去了创造的冲动和欲望,那么中华民族最终将失去发展的不竭动力。大学生的创业活动,有利于培养勇于开拓创新的精神,把就业压力转化为创业动力,培养出越来越多的各行各业的创业者。

二、大学生创业的现状与特点

(一)大学生创业的现状

中国大学生创业的历史可以追溯到改革开放之初,而广泛的大学生创业则是在 1998 年清华大学举办的首届大学生创业设计大赛之后迅速发展起来的。大学生的加入为创业大军注入了一股新的活力。在当今的社会经济状况下,大学生创业相比过去面临更多的市场机会,同时,大学生创业的动机也有了一定的变化,在大学扩招以前的很长一段时间里,大学生的就业状况是良好的,创业被认为是摆脱工作束缚,使个人价值得到更大的发挥,从而达到理想彼岸的金光大道。而现在,除了自我实现的要求,大学生也渐渐开始用一种更为平和的心态来面对创业,尤其在失业严重的时期,很多人有了为自己工作的想法,开始进行创业。

除了大学生自身因素的影响,创业环境变化也同样对大学生创业产生了很大的影响。近年来,伴随着高校持续扩招和金融危机的影响,我国大学毕业生就业压力越来越大。2014 年高校毕业生规模为 727 万人,毕业生总量压力进一步增大。在此情况下,党和政府已经把鼓励、促进大学生创业作为缓解就业压力的措施之一。尤其是近年来,国家相继出台了一批鼓励大学生创业的优惠政策,各地政府部门也都推出了针对大学生的创业园区、创业教育培训中心等,国内众多高校也纷纷创立了自己的创业园,为学生创业提供支持,以此鼓励大学生自主创业。在各种条件不断完善的前提下,大学生创业将机会转化为现实的可能性增大了。并且,大学生作为创业大军中的一个特殊群体,他们拥有比较高的文化水平,容易接受新鲜事物,各种羁绊也较少,所以创业能够轻装上阵。但相比之下,由于涉世不深,缺乏各种经验,资本积累薄弱等原因也容易导致大学生创业夭折。就目前来看,大学生创业的成果并不是十分乐观的。在所有自主创业的大学生中,首次创业成功的比率是非常低的。统计数据显示,中国整体的创业成功率基本达到 30%,而在创业大军中,大学生创业成功率仅为 3% 左右,只占到了成功创业企业的一成。从大学生创业成功率低来看,大学生创业确实存在着一些问题。

(二)大学生创业的特点

1.创业队伍以大学生为主

社会上创业者很多,在市场经济浪潮中,如果从创办企业的主体来看,有知识型与非知识型。大学生作为有知识型的一族创办企业有很强的特殊性,他们年轻,敢于冒险,思维活跃。大学生创业者不仅包括大学里的大专生、本科生,还包括硕士研究生和博士研究生,从我国 1998 年以来的三次大学生创业计划大赛的参加者来看,基本上是专科、本科、硕士生和博士生,这些学生有的已毕业,有的尚未毕业。大学生创业基本上是以团队形式进行的,而团队成员也是大学生,因为学生与学生更便于交流与沟通,比尔·盖茨和杨致远在创办微软和雅虎公司初期都是 2 个人,我国视美乐的创办者是 3 名清华学生。

2.理工科类大学生居多

大学生创业靠的是技术或服务,更主要的是具有市场潜力的产品。要开发出新的产品,离不开具有工程技术方面的知识和技能,因此,创业主体主要是理工科院校的学生。从我国第一届和第二届全国大学生创业计划竞赛看,第一届比赛 90% 是网络方面的作品;第二届比赛作品涵盖了电子信息、光机电一体化、生物医药、环境科学、精细化工、新能源、农林以及服务行业等。虽然所含学科范围扩大了,但扩充的还是理工科领域。大学生创业依靠的是产品,理工科院校学生由于所学知识,有相当一部分是有关新产品开发的,而且理工科院校的实验设施为大学生新产品开发提供了物质保障,如在设计过程中老师的悉心指导,使设计更趋科学、合理,而且,理工科院校教师很多手中有横向或纵向科研课题,这些课题绝大部分是针对现实生产中存在的技术问题而展开的,因此,教师对学生创业项目的市场前景、科技含量及可靠性、性能指标等有相当的指导作用。另外,参加创业大赛的院校也绝大部分是理工科的院校。

3.创业资金来源以风险投资为主

大学生创业依赖的是自己的产品,希望将产品转化为商品,推向市场,取得利润,从这点上看,创业实际上是一种技术创新。将知识转化为产品,投放市场必须有大量的资金注入。由于企业太小不可能发行股票募到资金,也很难得到银行贷款,因此大学生创业资金的来源虽有部分是大学生自己集资的,但更多的是从风险投资商手中获得风险投资。风险投资商的创业投资,目的是获取利润,但不参与经营活动,投资方向主要是具有市场前景的高新技术领域内的小企业。此外,新创立的企业没有什么资本。

4.创业成功率相对比较低

大学生靠知识创业,主要是将自己的知识产权产品转化为现实生产力,即创造转化为创新。就科学技术产品转化为现实生产力的转化率来看,最高的美国为50%～60%,俄罗斯为30%～40%,我国不到10%。我国科技新产品,特别是专利产品能实现商品化,投放市场,取得利润的不到10%。而大学生创业,还面临风险投资商筛选而淘汰一批。另外,一些获得风险投资商资金投入的创业者,还涉及守业中的企业管理和经营活动,实际上,生产管理和商业运行是大学生成功创业的致命弱点,大学生往往缺乏生产经营的实际经验,而且,大学生创办企业所组成的学生群体,虽然所学书本知识涉及生产、管理、经营等各领域,理论能有效指导实际并能有很强的应变能力,但非经刻苦磨炼是不能成功的。我国近几年三次大学生创业计划竞赛成败的现实正好说明了这一点。而大学生创业时依靠的知识产品往往有相当一部分还不成熟,不能很好地被市场所接受;在守业时,相互协作不当,缺乏实际经验等,在市场大潮中能经受住考验的往往只是极少数。

5.大学生创业起点比较高

大学生创业创立的绝大部分是知识型的企业,以高科技产品来满足市场需要,开创市场,引导消费,从而引导产业结构的调整。目前市场处于买方市场,市场上90%左右的商品处于供过于求的状态,要想在市场竞争中求得生存与发展,大学生创业的产品不仅要适时推向市场,而且必须有很强的竞争能力。在当今知识经济初见端倪,工业经济向知识经济过渡之际,最具竞争实力的是高新技术产业,也正是在这种历史条件下,靠知识创业使大学生创业得以萌生和发展。

6.大学生创业利润高,风险大

大学生创业所创办的企业一开始是高科技小企业,其生产成本主要是劳动力成本,而巨大的市场空间,必然产生巨大的销售量和丰厚的利润。创业所生产的高新技术产品,要能成功地推向市场,被消费者所接受,在市场竞争中不被淘汰,必须在产品设计、企业管理和市场运作等方面运筹帷幄,求得黄金搭档的企业队伍,相互协作,而由于大学生对市场运作一整套的规律比较生疏,对创业的艰巨性、长期性认识不足,一味追求短期效益,忽视自身实践能力的锻炼。大学生创业本身先天不足,低的成功率必然造成创业投入风险很大。加之面对未完成的学业,面对创办企业投入的巨大人力物力,其风险可想而知。

三、大学生创业存在的问题及其成因

(一)大学生创业缺乏经验

首先,创业的大学生对市场需求理解不深。由于学生身份的限制,大学生对各个行业的动态发展及商业信息把握不准,不能全面了解创业行情并进行理性的风险分析,因而找不到合适的自我创业方向,于是就可能导致创业者对于一些热门行业盲目跟从。此外,大学生缺乏创业的基本常识,如注册、贷款、办理各种工商手续、相关的法律常识、创业方式和技巧、首次创业所需的条件及各类注意事项。这些基本常识的缺乏加大了大学生创业的困难程度,甚至有可能由于中间的某个环节没有做好而导致首次创业失败。

其次,创业选择的行业面窄。在已经成功创业的大学生中,多数人选择了和自身专业相关的行业。这些行业大多属于高科技领域,如软件、网络,而对小规模的餐饮、书报等生活类的行业涉及较少。有些并不被大学生青睐的行业恰恰具备启动资金少、容易开业且风险相对较低的优势。

再次,大学生创业方式的选择相对单一。在首次创业的毕业生中,由于经验的缺乏和对风险的考虑,很多人选择了合伙创业。在选择合伙人的过程中,很多人选择了自己的朋友和同学进行创业。但这些合作者的知识、经验等各方面与创业者相似,创业合作者之间缺乏知识和能力的互补,在决策中容易出现偏差。

(二)政府政策存在漏洞,执行力不强

事实上,国家已经出台了很多关于鼓励、扶持大学生创业的一些好的政策,然而,一些地方政府和有关单位以及高校并没有积极贯彻执行,仍然各行其是。某些领导甚至没有认真学习国家的创业政策,更谈不上研究和制定大学生创业的具体政策。在制定政策的问题上,我们发现全国不同地区的差异性很大。有的地区政府支持的力度非常大,例如上海,连续几年为大学生创业提供相当数额的创业贷款。相对于这样强力的支持,全国很多地区做得还不够。

(三)创业教育薄弱

所谓"创业教育"是联合国教科文组织针对 21 世纪的教育实际,在《面向 21 世纪教育国际研讨会》上提出来的新概念。对于大学而言,创业教育主要是指以开发创业基本素质为目标,通过课程体系、教学内容和方法的改革、开展第二课

堂以及开设创业课程、资金资助、提供咨询等方式,培养大学生的创业实践活动所必须具备的知识、能力以及创新意识、创业精神的教育。由于现实能力的欠缺,我国高校中的创业教育目前还处于起步阶段,其薄弱之处集中表现在以下两点:一是缺乏创业意识教育。在大学生的培养过程中,缺乏创业思维和创新精神的教育。中国的教育大多采用统一的刚性计划教育模式,知识结构单一,以专业为中心,以教师讲授为主,缺乏对学生学习能力的培养,从而造成社会所需的具有良好的创业能力、鲜明的个性和创造思维的人才严重不足,现有的大多数毕业生只能被动求职,缺乏自主创业的能力。二是缺乏创业能力教育。大学生创业需要对创业决策和创业过程各种相关知识进行融会贯通的把握,还需要有组织、管理、处理人际关系等方面的技能。这就需要高校重视培养学生的创业精神,开设创业教育系列课程,传授创业知识和技能,并开展创业教育活动,以培养学生创业所需的各种能力。

(四)资金困境

从现实的情况来看,目前制约大学生创业的一个很大的瓶颈就在于资金缺乏。这体现在两个方面:一方面有些毕业生有好的创业计划,但苦于没有足够的启动资金,因而迟迟不能展开创业活动;另一方面,也不乏有一些已经创业但由于创业过程中缺乏资金而导致抗风险能力减弱,竞争力不强,最终导致创业失败的例子。大学生创业表现在资金方面的困难不仅在于资金的获取上,也在于资金的使用上。大学生创业吸引投资存在着三个误区:首先是急于得到资金,为得小钱让大股份,贱卖技术或创意;其次是在引入风险投资的时候,即便投资人不能提供增值性服务和指导,仍无奈与其捆绑在一起;最后是对风险投资不适当的使用。而这些误区都会不同程度地影响大学生创业者在资本市场上的竞争力和信用,从而也影响到后续融资的可行性。

(五)观念制约

观念制约是大学生创业中的普遍情况,根源是中国的一些传统观念没有消除。中国人官本位思想严重,自古以来认为"学而优则仕",读书的目的是当官。现在每年的公务员考试也总是异常火爆,有些地区参加考试的人数多于录用人数的数十倍。此外,许多家长对子女的期望值过高,希望孩子毕业后能找到一份"体面"的工作,在创业各项条件有限的情况下,并不考虑支持子女创业。而观念上的制约因素则直接导致了大学生创业意愿低。虽然中国目前的社会经济状况是适合创业也需要创业的,全国整体的创业形式是比较乐观的,但我们可以发现,创业大军的后备力量——大学生的创业意愿是很低的。

四、大学生创业的未来趋势与对策思考

(一)大学生创业的未来趋势

尽管就目前的状况而言,我国的大学生创业机制还不完善,还存在着诸多问题,但随着时间的推移,大学生自主创业必定会越来越普遍。外部环境也会越来越好,同时随着政府支持和社会关心的进一步增强,大学生自主创业的观念也必定越来越科学,行动也将越来越理性,创业成功的机会也会越来越大。正如哲人们所说的,"这里本来没有路,走的人多了,就成了路",大学生创业势必将从现在的羊肠小路,转变为一条康庄大道。

1.大学生创业是时代的要求

(1)严峻的就业形势要求更多的大学生选择创业之路。就业难,这是近年来无论是社会上还是在校大学生说得最多的一句话。昔日迈进"象牙塔"的"骄子",如今变成了四处求职的"焦子"。21世纪主要的失业者将是大学生,这个预言将很快变成现实。在这种就业越来越难的背景下,自主创业已经成为大学生新的选择,已逐步成为市场洪流中一股新的力量,是潮流,是不可阻挡的一种趋势。创业不但是一种就业,而且还可以为他人创造就业岗位。第二届国际职业教育大会就明确指出,"就世界范围而言,21世纪有50%的中专生和大学生要走自主创业之路",不远的将来,大学生自主创业将形成气候。

(2)大学生自主创业迎合了产业发展转向"知识经济"的趋势。随着知识经济在中国的逐渐形成,经济增长对人才的需求也渐渐由过去的简单型转为复合型,由知识型转向技能型。高科技产业、第三产业和民营经济将是人才需求的增长点。但从全国经济发展的产业结构来看,包括研究与发展、教育、信息及高技术产业在内的知识产业在国民经济中的发展水平即知识产业发展仍然很低。我国知识产业发展水平只相当于美国20世纪50年代的水平。鼓励大学生自主创业,可以打破大学生委尊屈就的人才高消费现象,使有可能从事知识、技术产业的从业人员比例大大增加,刺激知识产业发展攀升,从而使高层次人才资源发挥较高的使用价值。因此,大学生自主创业既是社会发展的必需,也将成为越来越多的大学毕业生的选择,大学生自主创业者的队伍也必将越来越大。

2.大学生创业必将进一步得到政府的支持和社会的关心

近几年来,政府加大了扶持大学生自主创业的工作力度,特别是2002年以来,连续出台了一系列的优惠政策,如国家14部委联合下发的《关于进一步做好2006年高校毕业生就业有关工作的通知》等都提出要加强对大学生的创业培训

和创业服务,明确表示要把大学生创业培训纳入当地创业服务体系,提供项目开发、专家指导、小额贷款等服务,帮助他们成功创业。国务院办公厅《关于做好2014年全国普通高等学校毕业生就业创业工作的通知(国办发〔2014〕22号)》提出,2014年至2017年,在全国范围内实施"大学生创业引领计划",通过加强创业教育培训、落实创业扶持政策、强化创业公共服务,引导和帮扶更多高校毕业生自主创业,逐步提高高校毕业生创业比例。国家工商总局规定,大学生创业,一年内免交5种行政费用。各级地方政府也都推出了相应的政策鼓励大学生创业,并为大学生自主创业做了不少实事。如有的地方政府由财政出钱,为大学生进行免费的创业培训,对大学生的创业行动进行专项指导。同时,各地高校也举办了阶段性、局部性的创业大赛,还有计划地导入创业教育,对大学生的自主创业进行科学的指导,使大学生自主创业形成规模,形成气候。如北京大学创立了集融资服务(Money)、营销服务(Market)与管理服务(Mentor)于一体的3M创业模式,有效地促进了大学生创业。复旦大学在设立"创业学"课程的基础上,成立了创业中心,对促进大学生进行创业发挥了积极的作用。中山大学通过举办创业大赛方式,为大学生创业大赛优胜者提供场地的支持。其他高校也分别出台了相关优惠措施,有力地支持大学生创业,在缓解大学生就业压力的同时,有效提高了科技创新水平。在得到政府政策支持、资金扶助、培训指导的同时,社会各界也越来越关注大学生自主创业。大学生的家庭也越来越理解大学生自主创业。因为,在绝大部分家长的传统观念中,孩子从小学读到大学,最关键的问题是找一个工资高、地位稳定的职业。而事实是这个社会现有的岗位是有限的,与其让自己的孩子与几个甚至几十个人争一个岗位,还不如支持他自主创业。自主创业既可以为他人创造就业机会,运作较好的话,还可以为自己带来财富,对社会、对自己、对家庭都是非常有利的。

3.大学生自主创业将会更加理性

自主创业不仅是大学生成才的重要模式,更是就业的重要途径。当越来越多的人认识到这一点时,大学生自主创业已经成为非常普遍的现象,大学生的创业行动也必定更加理性。

创业之初,一些学生心中总想着比尔·盖茨、张朝阳,想着高科技,想着一夜暴富,这是很不现实的,也是很不理性的。这些人在选择创业方向时容易走入误区,不屑于从事服务业或技术含量低的行业,醉心于挖掘第一桶金的美梦。随着创业教育的普及和深入,大学生首先在创业方向的选择上必定会把重心下移,不是只盯着大商机、高科技,而是会从实际出发,从第三产业和科技含量低的行业练兵开始。其次,在经营过程中也会更加理性。有的大学生在创业方向确定后,就匆匆忙忙开始经营,既没有目的性又没有发展规划,创业活动有着很大的随意性,这是行不通的;应该认真进行市场调查,在此基础上制订切实可行的计划,并且在企业人力资源、资金等方面科学管理,减少随意性。

(二)大学生创业的对策思考

近 10 年来,大学毕业生直接创业的人数与比例均非常低。清华大学创业中心的一项调查报告显示,我国大学生创业比例不到毕业生总数的 1%(0.3%~0.4%),而发达国家一般占 20%~30%。据 2008 年调查,广州市大学生创业率不足 2%,而成功的仅为 1%。大学生创业者属于知识分子人群,经过国家多年的教育培养,背负着社会的种种期望。面对大学生创业路上的种种困境,我们认为可以从以下几方面入手:

1.重视大学生创业素质的培养,注重在思想上和精神上锤炼自己,勇于创业

大学生要想成功走上创业之路,必须按照创业者素质的培养规律,重视创业素质的自我培养,注重培养自己的能力,锻炼自己的胆子,同时培养自己的创业人格、创业思维和创业意识与技能,克服中国传统教育模式下培养出的积累型、继承型,掌握的知识多,运用的知识少,胆子小,生存能力差的局限。要克服万事俱备再去创业或者自己具备全部创业条件再去创业的错误观念。如果那样,没有人能创业,因为不可能有一个具备创业者全部特质的人。创业者素质的培养是有规律的,其成长也是有过程的,从实践中汲取经验和教训是创业者成长的捷径,要树立自信、自强、自主、自立的意识。自信赋予人主动积极的人生态度和进取精神,相信自己能够成为创业的成功者,尤其在遇到失败和挫折时更需要自信。自强就是在自信的基础上,通过企业的实践,不断增长自己各方面的能力,一步步磨炼自己的意志。自主就是具有独立的人格,具有独立性思维能力,不受传统和世俗偏见的束缚,不受舆论和环境的影响,能自己选择自己的道路,善于设计和规划自己的未来,并采取相应的行动,凭借自己的努力和奋斗,建立起自己生活和事业的基础。

2.加强大学生创业教育,培养其创业能力

大学生获得的最关键的创业知识来自所在学校。高等院校创业教育是针对创业学生所开展的系统的创业知识传授,通过创业教育提高大学生的创业意识,培育大学生的创业能力和创业精神,使大学生能够在走向社会之后,顺利实现自主创业,解决就业问题。首先,在教育体制方面,应该开展大力宣传,转变高校教师和学生的就业观念,让教师和学生都能够认识到自主创业的意义。高校创业教育要重视培养学生的创新能力、社会适应性以及冒险精神和处理不确定性风险的能力。其次,应将创业教育纳入到高等院校教育必修课程体系之中,逐渐改

变我国高等教育人才培养模式,通过加强高校创业教育的课程体系建设和创业理论研究来优化创业教育效果,通过创业模拟训练、案例分析以及参观调查实习和专题讲座等方式,加强高校的创业教育。最后,要不断地提升高校创业教育师资队伍素质。高校创业教育中创业教师队伍是其中的关键力量,高等院校要逐渐建立起一支成熟的经验丰富的创业教师队伍。

3.为大学生创业营造良好的社会环境

从前面的分析中可以看出,高校学生在逐步获取自身创业条件之后,要想成功开展创业行为,还需要良好的外界创业环境。首先,社会应从行动上及相关的物质上给予大学生支持。通过各方面的支持可以使创业的学生胆子更大些,行动更勇敢些。其次,在生活中应给予更多的宽容与关心,当创业大学生遇到挫折与失败时,应予以更多的关注与宽容,帮助他们分析原因、总结经验,使他们能更加坚韧地去面对这一切,振作精神重新踏上创业的路。最后,应该给予创业学生更多的政策支持,这样可以使他们能有更加宽松的环境,更加自由地挖掘自己的潜能,这在一定程度上能极大地激发大学生的创业精神与创业欲望。政府管理部门应该看到学生创业所带来的好处及其未来的趋势,通过相关法律法规的出台来支持学生的创业活动,并提供相关的创业平台,促进大学生创业行为的开展,提升创业成功的可能性。

4.通过在校创业实践,培育大学生的创新精神

首先,实践环节能使创业学生在校期间积累创业经验,是培养创业能力的有效途径,所以大学生在校期间要积极参与创业实践活动,如大学生创业大赛。其次,创业学生还可通过参与社团组织活动、创业见习、职业见习、兼职打工、求职体验、市场和社会调查等活动来接触社会,了解市场,提高自己的综合素质。再次,高校创业学生平时可多与有创业经验的亲朋好友交流,甚至还可通过电子邮件和电话拜访自己崇拜的商界人士,或向一些专业机构咨询,这些人的经验往往比从书本上学的知识更有用。通过这种人际交往途径获得最直接的创业技巧与经验,将使创业学生在创业过程中受益无穷。最后,大学生投身于真正的创业实践,在真刀真枪的创业实践中提高自己的创业能力。这些活动成为创业学生步入社会大课堂的第一步,同时创业学生在参与实践的过程中,既为他们将来开展创业活动积累了经验,也培养了他们分析问题和解决问题的能力、组织协调能力、管理能力、应变能力、语言表达能力等,有利于增强创业学生的创业意识和创业热情,为他们提供面对各种困难的心理准备,促进创业成功。

5.必须为大学生创业提供足够的政策和资金支持

政府应对现有的政策进行调整,形成合理的、有力度的大学生创业优惠政策。

要尽量减少限制性条件,对大学生创业不能纯粹从解决就业的角度去看,而应该从为社会创造财富、为更多的人创造就业岗位的方面去认识。因此,创业政策应该尽量减少限制、降低门槛、简化程序、方便快捷、搞好服务,用良好的创业政策催生富有发展前景的大学生创业,培育富有传奇色彩的大学生创业英雄。在资金方面,现实中最有可能为大学生提供资金支持的是政府、银行和企业。政府除了财政拨款以外,还要鼓励和引导银行等金融机构拓宽担保平台和融资平台,降低大学生创业贷款的门槛。银行可以按照有利于创业者和方便创业者的原则,对于项目好、能力强、潜力大的创业者在融资担保方面进一步放宽条件。另外,社会募集也是一个有广泛拓展空间的渠道,由公司出资设立创业基金也是一个不错的选择。

大学生创业是一个复杂而艰难的过程,需要得到社会各界人士的重视和帮助。首先,大学生要不断提高自身的综合素质,在校期间应该加强文化知识、思想道德等各方面的学习和积累,为后期创业及工作做铺垫。其次,大学生创业需要得到高校的重视,在教学过程中应该适当增加关于大学生创业的课程,高校可以适当为大学生提供一个展现自己的舞台,如开办大学生创业设计竞赛活动。最后,需要建立健全和谐的社会环境,为大学生创业提供良好的人文和社会环境,政府和社会应该重视、鼓励、支持大学生创业。大学生创业不仅缓解了社会就业难的压力,也为大学生提供了一个展现当代大学生综合素质的舞台,其发展方向符合我国经济社会发展的实际,理应得到重视和鼓励。

案例分析

全国大学生创业调研报告显示:在校大学生创业兴趣高,比例达到 76.7%

【导读】

新华网北京 2011 年 3 月 9 日电(记者李亚杰、卫敏丽)9 日,中国青少年网络协会联合中国传媒大学调查统计研究所、中国青年网、中国共青团网等在北京共同发布《全国大学生创业调研报告》。报告显示,八成被调查者对创业感兴趣,认为通过自主创业能够实现自我价值,享受人生自由。同时认为,资金、人脉关系、市场环境是影响创业的主要因素,希望能够参加创业有关的辅导课程或相关实践活动。

中国青少年网络协会秘书长郝向宏介绍,本次调查范围是在校或已经毕业的大学生,调查问卷发放采用网络调查的方式,共回收有效问卷 4 551 份。

调查显示,在校学生渴望获得更多的创业辅导和实践机会。被调查者中,76.7%的在校大学生对创业感兴趣,并有 26.8%的大学生打算今后创业,但只有 14%的大学生参加过创业辅导课程或创业大赛。48.8%的被调查大学生希望能够提供创业相关的专业培训,而谈及创业指导课程内容时,大学生最需要的是人际交流与沟通技巧(62.4%),其次是开展一些与自己专业相关的创业实践活动和市场营销。

调查显示,多数学生希望经过 1~3 年的社会实践之后再开始创业。74.1%的被调查大学生认为最佳创业时机应在经历过1~3年的社会实践之后。但这种观点并未得到有社会阅历的人的认可,被调同时,有14.9%的被调查大学生认为最佳的创业时机是在大学期间,查的固定工作者中仅有4.2%的人认为在校期间为最佳创业时机。

调查显示,被调查者首选志同道合者作为合作伙伴,认为资金和人脉是影响创业的主要因素。55.0%的被调查者选择志同道合者作为合作伙伴,而把高学历作为选择合作伙伴标准的仅有0.6%。83.3%的被调查者认为资金是影响创业的主要客观因素,随后依次是人脉关系、市场环境、社会阅历、政策。

专家分析认为,这与被调查者最希望获得的创业相关服务内容也是对应的,58.3%的被调查者希望能提供资金、项目双选平台,49.7%的被调查者希望能得到创业相关的专业培训。

【分析】

面对大学生创业热,大学生应该如何理性对待创业问题?同学们应当如何为未来的职业生涯进行规划并做好准备?

思考与练习题

1.什么是创业?创业有哪些特征?

2.作为一名大学生,你如何看待大学生创业热?

3.结合本书,并参考相关课外资料,详细阐述大学生创业对我国经济结构调整的作用。

4.结合现实,谈谈大学生创业过程中的注意事项。

参考文献

[1]李志能、郁义鸿、罗博特·D.希斯瑞克:《创业学》,复旦大学出版社2006年版。

[2]雷家骕:《高技术创业管理——创业与企业成长》,清华大学出版社2008年第2版。

[3]陈涛、曹广喜主编:《大学生创业教育教程》,高等教育出版社2012年版。

[4]张纯、刘明等主编:《大学生创业培训教程》,科学出版社2010年版。

[5]曹羽主编:《大学生职业生涯规划与就业创业指导》,高等教育出版社2012年版。

[6]席升阳：《我国大学生创业教育的观念、理念与实践》，科学出版社2008年版。

[7]朱莉、姜峰主编：《赢在未来——大学生创业实务与策略》，山东大学出版社2010年版。

[8]乔万敏、郑明珍主编：《大学生职业生涯规划与就业创业指导》，高等教育出版社2011年版。

[9]邓泽功主编：《大学生创新创业指导教程》，人民交通出版社2004年版。

[10]上海市教育委员会组编：《大学生创业素质通论》，高等教育出版社2010年版。

[11]王旭、朱秀梅：《创业动机、机会开发与资源整合关系实证研究》，载《科研管理》2010年第5期。

[12]石峰：《创业特征及创业精神探析》，载《湖南涉外经济学院学报》2007年第2期。

[13]张玉利：《创业者如何整合资源》，载《中外管理》2011年第6期。

[14]范龙、尹琦：《大学生创业定位与创业教育》，载《中国高教研究》2007年第7期。

[15]杨柏芳：《大学生创业问题探析》，载《中国大学生就业》2007年第22期。

[16]左殿升、李兆智、刘泽东：《国内外大学生创业教育比较研究》，载《山东省青年管理干部学院学报》2010年第3期。

[17]李华晶、肖玮玮：《机会识别、开发与资源整合：基于壹基金的社会创业过程研究》，载《科技·经济·社会》2010年第2期。

[18]潘剑峰：《加强创业教育，培养大学生创业能力》，载《中国高教研究》2002年第2期。

[19]吕耀鹏：《青年创业研究综述》，载《山东省青年管理干部学院学报》2009年第4期。

[20]邓水平：《大学生创业模式研究》，载《吉林教育》2010年第11期。

[21]陈高生：《创业核心要素理论模型评述》，载《中国青年科技》2007年第162期。

[22]郭必裕：《我国大学生创业的特征及其分析》，载《白城师范高等专科学校学报》2002年第1期。

[23]宁小银、彭杏芳：《我国大学生创业问题与对策》，载《创新与创业教育》2010年第5期。

[24]卢玉琳：《浅析我国大学生创业的现状、问题及对策》，载《太原城市职业技术学院学报》2014年第6期。

第二章————————
创业的动因与功能

    本章阐述中国创业的历史沿革,通过分析我国国民经济的转型、就业制度的改革以及社会创业文化的形成等创业主要动因,使学生了解创业热潮形成的深层次原因,认识创业对于经济社会发展的主要贡献。同时在分析创业引起大学生职业生涯变革的基础上,提出高校应顺应大学生创业各方面的需求进行人才培养的创新。

第一节 创业的历史沿革

    从改革开放开始至今,中国的创业浪潮一波接着一波。改革开放 30 多年中国 GDP 增长了 142 倍,这是物质财富的增长。比物质财富增长更重要的是新社会的崛起,特别是新一代企业家的崛起。30 多年来我国经历了 5 个创业阶段,每一次创业浪潮都诞生了一大批企业家。

一、第一次创业浪潮初期:短缺经济与勤劳创业

    20 世纪 70 年代末到 80 年代初,我国社会经济短缺,生活资料紧缺,当部分开放商品贸易、允许小市场经营以弥补供给不足时,最早的民间创业者便有了生长的空间。经营者租用小商铺;或靠自己的某种手艺承揽一些小商品的加工;或在农村通过家庭承包的土地、滩涂进行种植、养殖;还有少部分创业者则是在国有企业改革进程中,通过租赁、承包经营发展起来的,他们起点稍高,但也较为艰辛。这一批在体制外谋生的创业者,文化素质不高,历尽艰辛,至今仍有相当一部分在做小本生意,只有小部分因经营有方或机遇较好而发展起来。他们往往具有勤劳踏实、吃苦耐劳、坚韧不拔的品质,故称"体力创业",成功者具有头脑灵

活、对市场反应灵敏和商业意识强烈的特点。

与勤劳创业者相对应的是乡镇企业的兴起。乡镇企业的兴起代表一个特定的历史阶段,也是新中国成立以来第一次创业活动浪潮。我国乡镇企业包括所有成立于农村地区、由农民投资和组建的企业,即乡、镇和村的集体企业,农民组办、联户办和个体办的企业。1984年,在农村领域,政府放宽了对个体私营企业经济发展的限制,允许农民集体和个人从事商业和运输业活动,乡镇企业由此得到较大的发展机遇。而对于创业活动而言,非公有经济是其最重要的载体,因此,20世纪80年代非集体所有制乡镇企业的拓展与活跃催生了我国改革开放以来的第一次创业浪潮的兴起。

二、第一次创业浪潮后期:双轨制和魄力创业

20世纪80年代中后期,经济体制的改革由农村转向了城市,流通体制的改革使经济步入了双重运行规则并存时期。生产资料成为商品,部分进入了市场流通,价格实行"双轨制",这为在流通领域创业提供了机会。钢材、木料、水泥等计划价格和市场价格之间的利差催生了一大批中间商。这些创业者在这一时期借助流通领域的运作完成了创业的原始积累,由于他们所从事的交易存在较大的风险,在很大程度上是靠胆识和魄力而获得成功的,所以被人们冠以"魄力创业"的美誉。与勤劳创业者相比,他们的个人素质有了较大程度的提高,所处社会阶层更为复杂。他们具有较强的商业意识、经济头脑和创业意识,善于发现机会、把握机会。

与魄力创业者相对应的是批发企业的兴起。早期允许创业者进入的流通领域主要是农贸市场和小商品市场,生产资源是国有物资,由物资管理部门统一调配。生产资料成为商品之后,先从农村生产资料进入市场开始,创业者可以申办生产资料供应公司。于是在生产资料紧缺的条件下,能够获取生产资料供应权利和渠道,往往成为创业者原始积累的重要路径。因此,20世纪80年代中后期生产资料供应企业的兴起与活跃催生了我国改革开放以来的第一次创业浪潮的高涨。

三、第二次创业浪潮初期:市场经济与财力创业

20世纪90年代初,市场经济体制建设迈出决定性的一步,改革催生了几次大的机遇,如证券交易所的出现、房地产市场的繁荣和特区经济的腾飞。这为上

一个阶段积累了一些财富和经验的人提供了迅速发展扩张的机会,私营经济步入了发展的快车道,这个阶段的创业者敢于冒险,他们往往抓住一个或几个关键点使自己的企业从无到有,从小到大,走的都是跳跃式发展道路,每次机遇都是一个发展的支点,使得企业迅速扩张。这些创业项目的投资与扩张很大程度上与把握机遇的关系十分密切,同时其投资量较前期大得多,一定的财力基础是其成功的前提,因而被称为"财力创业"。这部分创业者带有强烈的投资意识,头脑灵活、行动力强,但是急于求成的心态也使得他们往往不够冷静,只有那些遵循市场规律,具有毅力和承受力的创业者才能领导自己的企业发展壮大。

　　这一阶段的创业者与民营经济的关系密切,民营企业成为我国创业活动第三次高潮的主导者。我国民营经济几经起落,走过了一段不平凡的发展之路。在 20 世纪 90 年代早中期,特别是在 1992 年以后,也就是我国确定建设社会主义市场经济,国有企业改革进入第三阶段——建立现代企业制度之际,民营经济同时进入了历史上最快的一次增长期(1993—1995 年)。这个阶段,在政策的允许甚至鼓励下,原来国有企事业单位的大量资源流入民营企业,成就了我国民营企业的高增长。将这个情况与"财力创业者"两者相对照来看,对在此时形成我国创业活动的第二次浪潮的初期就不难理解了。

四、第二次创业浪潮后期:知识经济与智力创业

　　20 世纪 90 年代中后期开始,知识经济的浪潮席卷全球,我国也不例外。一批智力创业者应运而生,他们大体可以分为三种:第一种是科技型创业者,他们利用具有市场潜能的高科技发明加以开发,转化为产品并进行市场推广;第二种是文化型创业者,创业者一般是某种文化作品的创作者,先把自己的作品推向市场,然后加以拓展;第三种是策划型创业者,他们运用自己的智慧为企业提供"外脑"服务,为企业提供咨询、培训,以此为自己带来经济利益。这些创业者具有较高的个人素质,大多是高级知识分子和优秀的科技人员,同时创办经营企业的经历使他们具有吃苦耐劳的韧性和较强的感召力。

　　这三种智力型创业中,科技型创业对经济社会的影响最为重大,其中一些优秀企业也成为我国经济领域的重要参与者,他们所涉及的领域成为我国产业发展的重点。我国高科技企业从 20 世纪 80 年代初开始至 90 年代中后期成为潮流而得以迅猛发展,走过了一段曲折的发展道路。邓小平南方讲话和党的十四大确立建立市场经济后,高科技创业进入快车道,全国各地纷纷设立高新科技产业开发区,政府出台了一系列鼓励高科技创业发展的政策。1999 年 6 月,我国

正式启动科技型中小企业创新基金,同时又积极酝酿创业板市场,对科技创新的筹资渠道积极探索和拓展,使高科技企业的发展环境得到了很大的改善。从高科技企业的创业活动历程来看,20 世纪 90 年代以来,智力创业者的大量涌现与高科技企业的迅速发展基本是同步的。与此同时高新区(或者叫科技园区)不断涌现,像中关村,作为载体,引领聚合创业潮。中关村有一个创业大街,中关村创业大街已经拥有诸多咖啡馆式的孵化器,有多样化的创业服务机构,成为中国重要的科技成果转化基地和创业人才培养基地,是企业的加速器。这次主要由高科技企业带来的创业浪潮是第二次创业浪潮的高潮,这一次的浪潮对于我国经济的发展和转型意义深远。

五、第三次创业浪潮:创新社会和全民创业

21 世纪初,我国的创业活动呈现出一种与以往不同的态势。在政府关于建设创新型国家和创新型社会的倡导和扶持下,创业渐渐成为一种趋势,人们开始将它称为我国创业活动的第三次浪潮。根据全球创业观察(GEM)的调查,2005 年,中国全员创业活动(TEA)指数为 13.7%,高于 2002 年的 12.6%,在全部参与创业观察的 35 个国家中居于第五位。这表明这一时期我国创业活动处于比较活跃的状态。这一时期的创业主体较为分散,由于创业门槛降低、创业文化的普及以及政策的鼓励等多种原因,社会各个阶层都加入到了创业的行列。海外留学归国人员、下岗工人、进城务工人员、退伍转业军人、高校毕业生等都相继加入到了创业者的队伍。同时,创业活动被赋予新的使命。2007 年党的十七大报告中明确提出"以创业带动就业"。2007 年 8 月通过了《中华人民共和国就业促进法》,我国将鼓励创业纳入和谐社会建设的整体框架中,创业活动在政策层面被赋予了新的使命,受到高度重视,这是区别于前期创业活动的重要特征。

互联网技术引领新一轮的创业浪潮,特别是阿里在美国上市,一个小微企业通过 15 年的创业,最后成为全世界最大的电商之一,这对创业浪潮的影响非常大。有人说互联网创业进入 3.0 的时代,3.0 的时代是更年轻的创业者、更广阔的创业空间,3.0 时代使创业走进大众。互联网创业潮正在形成,创业人数越来越多,机会越来越多,天使投资人越来越多,创业媒体越来越多,创业服务机构越来越多,人才流动越来越多,政策支持越来越多。互联网企业创业决定性的因素是创新,它可以带动商业模式的创新,可以带动管理机制的创新,还可以促进技术研发的创新。互联网创业最有价值的是创业者,阿里巴巴等公司在纽约证交所上市就是典型的例子。

第二节 创业的主要动因

我国三次创业浪潮虽难与经济体制改革和生产方式改变的不同发展阶段直接相关,但是,创业浪潮的主要动因应该和国民经济转型、就业制度变迁、创业文化形成等方面有着密切的关系,这三者的变化直接引起了创业浪潮的起伏波动。

一、国民经济转型

发轫于1978年的经济体制改革,中国民营经济经历了从不被允许到被允许,从不被承认到被承认,从被承认到松绑,从松绑再到放开其手脚、鼓励其发展的艰辛过程,并且逐步成为中国经济发展中的中流砥柱。与此同时,我国经济体制改革也在对民营经济地位的不断修正中发展完善,传统的计划经济体制被打破,社会主义市场经济体制被初步建立。民营经济的发展直接推动了创业的发展。

(一)国民经济转型中,私营经济发展结点与创业浪潮的结点是一致的

1978年十一届三中全会改革开放,1988年宣布私营经济的合法地位,1992年邓小平南方讲话,1998年中国修改宪法,鼓励、支持、引导私营经济的发展,2001年,中国加入WTO。也就是说,民营经济的发展史和创业的发展史是基本一致的。

(二)国民经济转型中,改革初期中国创业活动甚少

中国经济转型目前看来经历了大致三个阶段,1978—1987年是中国经济转型的第一阶段,这一阶段中国的改革开放刚刚开始,私营经济还处于非法地位;由于转型第一阶段严峻的制度环境对非公有制经济的打压,中国创业活动少之又少。

(三)国民经济转型中,私营经济地位确定使创业活动有所发展

1988—1998年,第七届全国人大第一次会议通过的《中华人民共和国宪法修正案》第十一条增加规定:"国家允许私营经济在法律规定的范围内存在和发展,私营经济是社会主义公有制经济的补充,国家保护私营经济的合法的权利和利益。"至此,私营经济的法律地位和经济地位在国家的根本大法和党的决议中得到确定。这一阶段私营经济在中国第一次被合法化,尚处于补充地位,并未被作为中国经济发展的主要力量,许多相关的法规政策对民营和国有经济执行着

双重标准,民营经济无论在市场准入、资源获取,还是在税收政策保护上,与国有经济相比都处于绝对弱势地位,发展比较艰难。此阶段的规制性制度环境仍对民营经济的发展和创业活动的开展有着阻碍作用。

(四)国民经济转型中,私营经济重要作用凸显,创业活动也得到突飞猛进的发展

1999 年以来,私营经济在中国经济的发展过程中,起着越来越重要的作用。1999 年的宪法修正案规定"在法律规定范围内的个体经济、私营经济等非公有制经济,是社会主义的重要组成部分"。国家保护个体经济、私营经济的合法的权利和利益,私营经济从第二阶段的"经济补充"上升到第三阶段的国民经济的重要组成部分,被作为中国经济发展的一支重要的生力军,确立了其重要的经济地位。在这些制度的推动下,民营经济的地位发生了根本性的变化,从市场经济的补充和配角,变为一支有重要影响力的生力军。在这一阶段,民营经济的总量、规模、经营领域不断扩展,创业活动异常活跃。许多新创企业为克服其"新进入缺陷"和"小企业缺陷",以更快捷、更隐蔽、更灵活的方式成为新兴行业的先动者。

(五)国民经济转型进入新格局,同时伴随着创业大潮的到来

进入 21 世纪后,中国经济继续保持稳步高速增长。社会主义市场经济体制已经初步建立,市场在资源配置中的基础作用显著增强,宏观调控体系日趋完善;以公有制经济为主体,个体和私营等非公有制经济共同发展的格局基本形成,经济增长方式逐步由粗放型向集约型转变。当前,我国的经济转型从部分领域的转型进入到经济社会的全面转型阶段,经济结构和社会结构呈现为整体性的加速变迁。全球经济一体化的浪潮也在加快着我国的工业化、城市化和市场化的步伐。同时伴随着大数据时代、云计算、移动互联网和社交网络的广泛应用,移动互联网领域掀起了新的创业大潮,经济转型的过程与创业热潮还在持续。

二、就业制度变迁

从中华人民共和国成立以来中国经济、政治、社会发展的背景和特点看,中国就业制度的转型可以划分为三个阶段,即统包统配的计划调控阶段(1949—1979 年)、体制内计划调控与体制外市场调节相结合的双轨阶段(1979—1992 年)、市场导向型就业机制阶段(1992 年至今)。

(一)第一阶段,即统包统配的计划调控阶段,创业意识难以形成

自新中国成立一直到十一届三中全会期间,我国的就业制度都在计划经济背景下运行,同时也以浓厚的计划色彩为主要特色。在这一阶段,无论是在劳动力招收过程中,还是在劳动力再分配过程中,均实行统一的计划调配。所谓的统一的计划调配,指的就是各部门根据劳动力使用的计划,进行人员的招收和调配。而这一计划需要经由上一级主管部门的统一管理。统一的计划调配,能够更好地运用社会上的人力资源,能够更为迅速快捷地满足各个部门对人力资源的需求。计划经济时期,民众作为直接参加社会劳动的主体,虽有诸多创业行为,却很难有自主创业意识。因为在这个时期,创业是国家的事,政府会制定出创业的规划,老百姓根本无须思考这个问题,人们在各自的工作岗位上,只要服从国家计划,按计划劳作办事即可。实在没有出路的情况下,才会走向"个体户"。具体来说,一方面人们不需要产生通过创业来实现就业目的的想法,待业后所能做的只有等待,政府会根据国家劳动部门的计划指标,为每个需要就业的人安排一份工作,而且给的都是铁饭碗;另一方面,各行各业的创业从动议到实施直至完成,整个创业过程就是政府制订计划和落实计划的过程,无关个人,个人只要在各自的工作岗位上按计划劳作即可。

(二)第二阶段,即计划调控与市场调节相结合的双轨阶段,财力创业者开始形成

从 1978 年年底中共十一届三中全会召开到 1992 年中共十四大召开,是中国就业制度实行体制内计划调控与体制外市场调节相结合阶段。其间,以 1987 年提出"社会主义有计划商品经济体制,应当是计划和市场内在统一的体制"为标志,中国的就业制度进入了开始发挥市场机制作用的阶段。体制内计划调控与体制外市场调节相结合的就业制度便应运而生,其主要内容包括:"三结合"就业方针、劳动合同制、农业富余劳动力就业政策等。"三结合"就业方针即"在国家统筹规划和指导下,劳动部门介绍就业、自愿组织起来就业和自谋职业相结合"的三结合方针。这一方针的实质是"以生产资料公有制为主体,多种经济并存"的经济政策在就业政策上的体现,它的提出是对中国原有就业制度的突破,表明中国就业制度的指导思想发生了重大转变——开始由长期依靠计划经济来促进就业的单一轨道转向同时鼓励城镇居民"自愿组织起来就业和自谋职业"的多元化轨道上来。虽然国家不论从经济体制上还是从就业制度上都鼓励创业,但私营企业刚刚从禁锢的牢笼中解脱出来,经历过从新中国成立之后政策的各种变化,劳动者对于国家对私营经济的这种"允许和承认"仍不敢完全相信,对创业更多的是一种观望,有着过多的疑虑,认为这些所谓的"企业家"都是投机倒把的人。由于人们对待创业者普遍的消极看法导致能真正实施创业意愿的人仍在少数。

(三)第三阶段,即市场导向型阶段,推动了全民创业的发展

从 1992 年 10 月中共十四大召开至今,是中国就业制度开始进入实行市场导向型就业机制阶段,以中共十四大确立社会主义市场经济体制的改革目标为标志,就业及相关制度改革步伐不断加快。1999 年十五届四中全会明确提出"劳动者自主择业、市场调节就业、政府促进就业"的就业方针,以市场为主导的就业体制初步形成。从事个体经营和自由职业的大学生要按当地政府的规定,到社会保险经办机构办理社会保险登记,交纳社会保险费,鼓励和支持大学生自主创业,工商和税收部门要简化审批手续积极给予支持。可见,大学生的就业自主性得到了充分发挥,很多大学生能自主择业、自谋职业甚至自主创业。而由创业产生了多元化的就业形式,如临时工、钟点工、弹性工作制,并且个体、私营企业的创办也越来越多,尤其是以服务行业为主的第三产业,满足了人们多方面的物质文化需求。

2002 年共青团中央青工部主办的中国青年就业创业网正式运行,各地方团组织也相继成立并出台了青年就业与创业的支持平台和措施。2007 年 8 月,中国进行就业制度创新,专门制定了《就业促进法》,建立起一系列面向全体劳动者的促进就业制度,形成了较为完整的促进就业工作体系,成为中国就业工作的重要里程碑。2008 年国家推出了《关于促进创业带动就业工作指导意见》(简称《指导意见》)。《指导意见》的出台带来了极大的政策环境支持,对创业环境的进一步优化具有指导意义,创业者市场准入门槛降低,可得到更多培训,融资渠道将更多,市场环境将更好,享受更多公共服务。与此同时,国家为了鼓励社会劳动者创业,制定出了一系列的创业培训政策、创业场地政策、创业贷款政策、创业税费减免政策等优惠政策。我国就业制度的改革促使越来越多的劳动者依靠自己的资本、资源、信息、技术、经验以及其他因素创办实业,解决就业问题,为社会经济发展贡献智力、财力。

三、创业文化形成

创业文化是指与创业有关的社会意识形态、文化氛围,其中包括人们在追求财富、创造价值、促进生产力发展的过程中所形成的思想观念、价值体系和心理意识,主导着人们的思维方式和行为方式。

(一)计划经济铸成了我国根深蒂固的从业文化

几十年的计划经济体制,使人们长期安享于国家的大锅饭,"不患寡,患不均"之类传统的东西进一步得到了强化,安于现状、求稳怕变之类的与创业精神根本对立的意识得以助长。在这种文化长期熏陶下,人们过分依赖单位、政府;崇尚哪里需要哪里去,排斥独立行事、追求自我表现,而后者恰恰是最能激发人的创造力之所在。客观地评价,这种使人驯服、听话的从业文化与缺乏竞争性的计划经济体制是十分吻合的,但与鼓励竞争的市场经济却是迥然相悖的。

(二)经济转型促使创业文化初露苗头

改革开放以来,计划经济时期的大锅饭、铁饭碗渐渐被打破。如上所述,我国经济转型的第二阶段,尽管民营经济已经崭露头角,但民众对私营经济这种新兴的经济成分仍心存疑虑和困惑,对实现了财富增值的创业者也并不羡慕和尊重,甚至还有些敌对,将他们冠以"暴发户"、"二道贩子"的头衔,并将他们的创业活动看作"投机倒把"行为。因此这时期,成功的企业家并没有拥有较高的社会威望,创业活动依然不被推崇。

(三)市场经济的确立为创业文化奠定了基础

随着社会主义市场经济和以公有制为主体、多种经济成分共同发展的政策和体制逐渐确立,人们的价值观念有了明显的转变,市场意识、竞争意识和风险意识也不断增强。这些变化都为中国的创业文化植根于民众之中、繁荣于大江南北提供了良好的社会环境。从 20 世纪 80 年代初人们蜂拥下海经商,到现在理性抉择办企业;从普通百姓在日用商品市场开店铺,到高校教师在高新技术园区的科技创业,我们看到了人民群众的创业意识日益觉醒,自主创业的实践横跨各行各业,中国民众创业文化的发展出现了良好势头。自主创业已成为一项令人尊敬的工作,无论成功还是失败,创业者都会受到人们的尊重。人们对创业的"失败者"给予更多的包容和理解,而且其"受聘的机遇可能更多,因为失败意味着多了许多经验"。

(四)市场经济全面发展促使创业文化得以确立

随着市场化进程的加快,政府不断推出各种支持与鼓励创业的配套政策,如:国家在有关政策上支持和鼓励中小企业的创立和发展;地方人民政府根据实际情况,为创业人员提供工伤、财税、融资、劳动用工社会保障等方面的咨询和服务。以上海市为例,截至 2013 年底,上海市建立的各类创业咨询点已为近 20 万名青年提供免费咨询服务,其中仅上海市创业就业基金会就提供免费创业培训 12 497 人次,提供创业扶持资金近亿元,成功扶持青年创业企业近 2 000 家,创造就业岗位近 2 万个。目前,上海每年成功创业者超过 1 万人,平均每位创业者带动就业超过 6 人。上海目前拥有数量众多的创业孵化园区,包括留学回国人员创业园、高新技术产业园、文化创意产业园、科技孵化园区、大学生创业孵化园区、小微企业开业园区等,可以满足不同层次创业者的需求。其中,针对小微创业者的开业园区就有50多个,吸引了2 000多名创业者入驻。2014年11月20日,国务院发布《关于小型微型企业健康发展的意见》,制定了资金、税收、人力资源、孵化等诸多支持政策。

此外,我国在私有产权明确得到法律保护的前提下,社会观念对于创业活动的包容性逐步增强。一个突出的现象是,社会各阶层对财富缔造者的关注程度大大超过了以往,从世界级的胡布斯到中国的胡润百富,社会民众对财富的态度已经从隐晦变为直接,从鄙视变为尊崇,甚至一直被排斥于中国传统经济活动之外的女性,在这一阶段参与创业活动的人数也在急剧增加。社会对创业者的认可激发了创业者的创业热情,政府在私有财产保护以及立法上的支持也从侧面提高了创业者和创业企业的社会地位,这种地位的提升对于新创企业合法性的获得也起到了至关重要的作用。社会尊重创业者,崇尚创业的努力。这些年,"创业"、"创业型经济"、"创业型社会"、"自主创业"等已经成为我国的热门词语,大家耳熟能详。创业在我国也迅速开展并蓬勃发展起来。我国一些对外开放较早,民营经济发展较早、较好的地区,如深圳、浙江等地,创业已经成为人们较理想的职业选择。整个社会都从不同的方面来营造一个有利于创业的环境和氛围,创业活动成为21世纪中国十分重要的一个社会现象,已经是中国经济增长的强大推动力。除此之外,全国以中关村为代表的高新技术创业园如雨后春笋,方兴未艾,许多优秀的科技人才积极地参与科技创业,有力地推动着我国创业文化的繁荣与发展。

第三节 创业的基本功能

随着国民经济转型、就业制度变迁和创业文化确立,创业浪潮波澜壮阔,促使学者从增加就业、促进创新、创造价值、推动资源合理配置等方面,对创业基本功能进行深入探讨和总结。

一、增加就业

创业即就业,这是不言而喻的。创业能够增加就业,可以从如下几个方面阐述:

(一)从国际经验上看,在失业问题严重时国家的政策总是鼓励创业

例如,欧盟各国为了解决日益严重的失业问题,在 20 世纪 90 年代末起制定了鼓励创业战略,1997 年至 2001 年 5 年期间,欧盟就业岗位总量增长超过 1 000 万个。美国在 1993—1996 年间就创造了 800 万个新就业机会,而 5% 年轻的和快速增长的公司就创造了其中的 77% 的就业机会。

(二)从我国发展史看,经济变革时期国家政策鼓励自谋职业、自主创业

例如,我国从"九五"以来,在国有企业和集体企业下岗分流、减员增效的大背景下,实施积极的就业政策,其中一个重要内容就是鼓励和支持劳动者自谋职业、自主创业。根据 2010 年 9 月份数据同比增速测算,我国登记注册的自主创业类型的私营企业数量从"十一五"之初的 430.1 万户迅速增加到"十一五"末的逾 840 万户,年均增速高达 14.3%,个体创业从业人员年均增加 420 万人,年均增速超过 9%,成为我国吸纳社会就业的主渠道。2008 年至 2010 年,中国 90 个创业型城市的创业者人数累计超过 1 000 万人,年均增长率超过 15%。

(三)从就业效应看,创业带动就业具有乘数效应

例如,90 个创业型城市每万名经济活动人口中的创业数量从 2008 年的 130 人增加到了 2010 年的 168 人,有将近 42% 的新创办经济实体存活期达到 3 年,中国 1 人创业平均可以带动 3 人就业,通过创业带动就业是就业工作的新增长点。

我国和其他国家的创业型就业模式的经验都充分说明了创业对增加就业具有重大作用。我国有大量的农村剩余劳动力,每年有大量的大中专毕业生,这些人都需要工作,就业压力大。完全依靠政府和现有的企业及其他组织很难解决这些人的就业问题,唯一的出路就是大力提倡以创业型就业为主导的多种就业形式,并创造适宜的创业条件。

二、促进创新

创业过程的核心是创新精神,创新是创业过程的一个重要组成部分。我们可以从以下几方面看到:

(一)从国际经验看,创业型企业创新能力强于其他类型企业

例如,美国国家科学基金会、美国商业部等机构在 20 世纪 80 年代和 90 年代发表的报告令许多人吃惊。他们发现,在第二次世界大战以后,美国小创业型企业的研发比大企业更有效率且更为强劲:小企业每 1 美元的工商业科技研究开发经费产生的创新是大企业的 2 倍;每个工商业科技研究开发科研人员产生的创新是大企业的 2 倍。日本的研究表明,一半的企业技术创新是由小企业进行的,而且付出了高额的创新费用。新企业不仅创新效率高,而且创新的商品化效率也高,它们可以在较短的时间内使创新进入市场,平均大约 2.2 年,而大公司却要 3.1 年。根据有关统计资料分析,就创新的原动力而言,与大企业相比,中小企业的工作人员对技术创新所做的人均贡献是其 3 倍之多。若就高技术中小企业而言,则每位技术人员对技术创新所做出的贡献就更大了。

(二)从经济发展要素看,创业者易于将创新引向市场,并利用它为顾客创造价值

例如,从 2010 年我国市场营销报告看到,创业者开发的新产品或服务受到政策保护,使其不受竞争者的扼杀。创业过程包含着新产品和新服务的产生,这对创业的成功起着关键作用,而从整个经济社会的角度来看,这也是产业更替和演进的过程。从经济发展规律来看,许多新兴产业的产生与发展是由一大批富有创造力和创新精神的创业者推动的,尤其是一些高新技术产业,诸如半导体、软体、计算机、互联网,更是如此。

(三)从企业管理角度看,企业内创业对大公司的创新活动具有十分重要的意义

例如,从 2010 年我国企业发展蓝皮书中了解到,在如今技术迅猛发展、市场竞争日益激烈的时代,企业的实力不取决于规模而是取决于适应变革的能力。在知识经济时代,庞大的企业常常因不能及时跟上技术和市场变化而失去活力,走向"衰老",其主要原因就是创新能力不足,核心竞争力缺乏。与此同时,通过创业而形成的中小企业趁机切入市场,广泛存在,其中的佼佼者由于创新有力紧跟时代而成为成功的大企业。

因此,创业活动强化了创新能力这一核心竞争力。以市场为导向的创业过程就是科技成果产业化、商品化的过程,创新是创业的主要驱动力量,创业也是促进科技进步和技术创新的主要动力。

三、创造价值

创业的本质就是创造更多的价值,这是从创业的定义演绎出来的命题,在经济发展过程中也普遍得到了印证。我们从以下几方面叙述:

(一)从国际经验看,创业企业在经济增长和创造价值中起到重要的作用

例如:1979 年,美国麻省理工学院的经济学家伯克(Burke)发表了其经济研究的结果。他里程碑式的研究结果震惊了研究人员、政治家和商界。他的研究表明,在美国,创业型小企业在工作创造和经济发展中起着重要作用。他的研究发现,美国在 1969—1979 年,创业型小企业(雇员等于或小于 100 人的企业)创造了 81% 的新价值。因为他的研究结果,理论界和社会对创业的看法不可逆转地改变了。自此以后,创业一直被认为是经济发展的重要组成部分。特别是以美国为首的发达国家和地区的经济发展的巨大成功事实证明了创业对经济发展的促进作用,统计数据对此也加以证实。在 20 世纪最后的 25 年,创业者和创新者已经极大地改变了世界的格局。令人惊奇的是,如今美国 95% 以上的财富是由 1980 年以后出生的具有革命性的一代人创造的美国,创业已经成为创造美国经济持续增长奇迹的"秘密武器"。在美国,新一代的创业者如比尔·盖茨等已经被称为"美国的新英雄"。

(二)从我国经济发展看,经济改革发展中最有活力的是创业型企业

例如:以工业为例,据 1997 年的统计数据,小企业数量为 789.9 万个,占全部工业企业总数的 99.7%,实现工业产值 76 864.26 亿元,占全部工业产值的 67.58%。到 1999 年,小企业创造的产值占食品、造纸和印刷行业的 79%,服装、皮革、文体用品、塑料制品和金属制品行业的 80%,木材和家具行业的 90%。新创的中小企业是中国经济新的增长点,它们吸纳了大量的城镇就业人口和农村剩余劳动力,同时提供了大量的产品和服务,对中国经济的持续高速增长起到了重要作用。而这些中小企业,正是大量的创业者通过艰苦的创业活动建立起来的。

(三)从中外学者观点看,创业是为了创造价值

例如:2013 年在北京召开"社会创业,创造社会价值的现代方法"论坛中,中国高等教育学会会长特别助理认为:创业虽是人生态度的选择,但本质是一种创造价值取向驱动的过程。中山大学管理学院院长认为:创业目前已经成为战略管理和组织行为的重要领域,创业活动与战略行为的互补有利于构建可持续的竞争优势并实现财富最大化。吉林大学创业研究中心主任认为:整合平凡的资源实现不平凡的目标是创业重要的本质特点,其结果是价值的最大化。

因此,创业的关键不在于科技创新,创业对社会的贡献是创造了价值,是以较少的投入创造出较多的产出,促进社会经济的发展和社会总价值的提升。

四、推动资源的合理配置

竞争可以使社会资源趋于更合理的配置,创业企业要想很好地生存和发展,就必须具有一定的竞争力,要有一定的科技或者经营能力。创业推动资源合理配置可以从以下几方面看：

(一)从行业发展的角度来讲,创业推动了资源合理配置

创业企业的成功加入或多或少地影响现有行业的经营格局,加剧行业经营的竞争状态,形成优胜劣汰的局面,竞争的加剧有利于资源向经营良好、效率较高的企业流入,也就有利于有限的社会资源得到更合理地配置,从而产生出相对较高的社会效益和企业效益,增加社会福利和企业福利,促进中国社会主义市场经济快速发展。

(二)从经济体制改革过程看,创业企业是经济改革中最有活力的力量

创业企业直面市场,在市场中竞争,在竞争中推动资源的合理配置。经济体制改革的核心任务是将我国的企业从资源的计划配置推向市场的合理配置,创业企业创造的价值在经济总量中的比重越来越大,在资源市场的合理配置的转型中所做出的贡献也越来越大。

(三)从人力资源管理的角度看,创业企业是我国人力资源重新配置的润滑剂

我国的人力资源市场已真正成为市场自动进行合理配置的市场,创业企业的发展促进了其形成和发展。创业企业发展也促进失业者主动就业,自主就业,引导失业者创业,也是我国劳动力市场稳定健康发展的关键。

因此,创业在资源合理配置中的作用已经得到各方面的公认,研究创业企业资源配置的合理性和政策的倾斜度,成为当前推动创业创新企业发展的关键所在。

五、加快经济的转型发展

创业创新企业是我国最具活力的新经济力量,在加快经济转型过程中起到重要的作用,具体如下：

(一)加快知识向资本的转化

一个国家知识密集型企业所占比重的大小,往往可以反映这个国家科技实力和综合国力的强弱。知识密集型企业能为社会带来相对较高的附加值,同时创造较大的社会财富,这也是为什么中国要在企业经营方式上提倡"两个转变"的重要原因。在目前中国经济形势下,高新技术创业企业往往都是具有较高知识水平的创业者创办的,在知识和管理作为重要的资本参与企业的分配方面国家也给予了倾斜的政策。国家的政策支持有利于创业者发挥积极性,有利于促进创业企业的成功。因此创业的成功有利于知识向资本的转化,资本借助于知识的支持,又能发挥强大的作用,进而促进中国整体产业水平的发展。

（二）促进产业结构的升级

从经济发展规律看，许多新兴产业萌芽和成长是与一大批富有创造力和开拓精神的创业者分不开的。新兴产业大多以高技术改造传统产业，加速了产业结构的调整，促进了产业结构升级。

（三）推进企业生产方式转型升级

从生产方式改革过程看，提高企业技术创业创新能力是推动企业生产方式升级转型的关键。应对国际金融危机的实践表明，企业如果没有核心技术就难以抵御市场的冲击，更难以保持市场竞争优势。依靠技术创新和企业内部创业是推进企业转型升级，提高产品技术含量，提高产品附加值的重要保证。

因此，要加快经济转型发展，必须推动创业创新企业的发展，只有在创业创新企业发展动力充足，政策利好的情况下，我国经济向知识密集型企业发展，促进产业结构合理，推动生产方式转型升级才有前途。

六、影响未来中国经济的发展

创业将影响未来中国经济的发展，这是国际国内经济发展的历史证明的，现阐述如下：

（一）从国际经济发展过程看，新经济的兴起离不开创业创新企业的发展

例如：美国新经济的兴起与发展离不开 20 世纪 80 年代硅谷创业企业的大批创立，这些创业企业的成功为美国经济的发展作出了举足轻重的贡献，直到现在硅谷也依旧是美国经济赖以保持 2％～3％ 发展速度的重要支柱。

（二）从经济周期的动力机制与发展规律看，真正决定经济周期的是引领新兴技术发展的创业创新企业

当前，国际金融危机导致的经济衰退仍困扰着世界各国，寻找启动新一轮经济增长的新动源是各国政府眼下最为关注的战略性议题。在这种情况下，推动融知识、技术、管理、资本与创业精神于一体的创业型经济发展，不仅对技术创新、制度创新、产业结构调整有着重要作用，而且对培育经济增长的内生性动力具有重要的战略意义。

（三）从创业企业发展阶段看，中国目前刚刚步入创业时代

一大批创业企业尚处于初级阶段，并未真正成长起来，但这些创业企业充满了生机与活力，在政府创业促进政策的鼓励下，终会发展成健康成长的企业，这些企业将影响未来中国经济的发展，尤其是那些具有高附加值的知识型企业的不断创立与发展壮大，更会对未来几年、十几年中国经济建设的发展速度产生重要的影响。

因此,支持创业创新企业的发展是未来经济发展的关键,也是决定中国未来能否赶超世界先进国家,屹立在世界巅峰的关键。

第四节　创业与大学生的职业生涯发展

在大学生就业较为困难的今天,创业的全民化也为大学生的就业开辟了一条阳光大道。将创业列入大学生的职业生涯规划,促进大学生自主就业,是解决大学生就业难的有效途径和根本办法。

一、创业与传统职业生涯

由于受传统择业观的影响,我国大学生在规划自己的职业生涯时,往往将大学毕业后的职业定位在以下几个方面:

(一)等、靠、要

考大学靠压(家长监督学习);报自愿靠拍(家长定);上大学靠供(家长投资);找工作靠关系(家长运作);选择职业靠感觉(没有科学的分析,家长凭经验),这种"等、靠、要"心态,即便"等"到、"要"到一份工作也觉得处处不如意。也有些学生依靠父母的社会关系,盲目顺从父母的意愿,把希望寄托于家长的社会背景,通过亲戚朋友的关系,找一份理想的工作。这种过于依赖的心理,使大学生在就业过程中容易失去就业的主动性,使自己陷入非常被动的境地。

(二)升学

我国大学生每年毕业人数逐年增加,2014 年已经达到 799 万人。大学生就业形势严峻,就业压力非常大。因此,部分大学生为了延缓就业压力,推迟就业期的到来,在规划自己的职业生涯时,首选就是提高学历,认为这样会为未来就业增加筹码,提高步入职场的竞争力。同时,国家出台了新的研究生扩招政策,考研相对容易,能够拿到更高的文凭。但硕士研究生毕业后,毕业压力仍在,而且有了更为年轻的竞争者,压力越加沉重;读研期间,不一定能学到对自身职业有用处的知识,白白浪费了积累经验的时间;研究生扩招,会出现和大学扩招相同的结果——研究生学历贬值,也许毕业后只有一个选择——考博。

(三)考公务员

由于受社会舆论和学生家长的择业观念的影响,仍有相当一部分人认为大学生毕业后应当加入公务员队伍,谋求更体面、稳定性更高、待遇更好、有良好的保障、环境更优越的职业。公务员收入不是最高,但福利极好;有一定的社会地位及相应的权限;职业轨迹确定,工作没有太大的浮动性;国家机构员工,本身带有荣誉性。但并不是每个大学毕业生都适合公务员这样的职业的,因为公务员的工作枯燥,忙起来极忙,闲起来极闲;考试没完没了,升职总与考试、考核挂钩;有些机关人际关系复杂,钩心斗角;收入稳定,但没有大幅提高的可能,只能保持平均水准;大多清水衙门,晋升困难,很没有成就感。

(四)进企业

大学毕业生认为进入企业发展比较有前途,只要自己有能力,就能在公司的发展中找到立足之地。并且随着自己经验的积累,晋升很快,能够在短期内实现自己的价值。特别是一些外企,薪高,福利好,工作环境好;有系统的企业文化、管理制度,能够学到更多的东西;强调个性和创造性,有利于培养能力,也有利于搭建自己的人脉;注重员工发展,给予员工诸多培训。

(五)出国留学

面对高等教育日益开放、多元和国际化的奔涌浪潮,出国留学已成为不少大学毕业生及其家长面临的重大人生抉择。与 20 世纪八九十年代的精英留学相比,如今的海外留学经历已经不再吸引人。根据中国社会科学文献出版社发布的《中国留学发展报告 2013》:在海归中,年薪不足 4 万元的占 36.5%,不足 6 万元的占 67.2%,有 77.5% 的海归认为其薪资水平比预想中的低,38.5% 的海归认为薪资比预想低很多,认为实际薪资高于自己期望值的只有 1.8%。而同年度,北京市社会平均年工资为 69 521 元。这样看来,投入了巨大的资金成本,并没有为海归们换来与之相对应的薪水。事实上,许多留学生出国本意是留在海外工作,但是事与愿违。目前留学生出国留学大多还是选择商科专业,专业选择比较单一。但商科专业在国外却是难就业专业,与此同时,不少发达国家技术移民政策逐步收紧,也促使大量在当地无法工作和居留的留学毕业者不得不归国。

(六)自由职业者

SOHO 一族的生活虽然令人羡慕,能充分发挥自己的才能爱好,时间自由、充裕,能够全面安排自己的生活,挑战性高,生活不枯燥,按照自己的理想生活,心灵充实;但没有稳定收入,必须自己注意社保和养老问题,脱离社会太久,不容易融入,对自制力要求极高,会有入不敷出的情况,有江郎才尽的顾虑。自由职业适合有艺术气质的人,但存在的隐患也不容忽视,自控力强、计划性强、有理财观念的人能够适应自由职业,并保证自己的生活。

改革开放 30 多年来中国大学生择业观念的历史变迁,从择业方式来看,呈现出由当初"服从分配"到"自主择业",并开始出现"自主创业"的特点。大学生自主创业打破了大学生传统的职业生涯规划,自己的事业自己做主,全方位锻炼人的能力,最大限度激发人的潜质,培养系统性的思维能力,创业成功的成就感无可取代。2014年9月11日,李克强总理出席第八届夏季达沃斯论坛开幕式,致辞表示,"要破除一切束缚发展的体制机制障碍,让每个有创业意愿的人都有自主创业空间,让创新创造的血液在全社会自由流动"。借改革创新的东风,在960万平方公里大地上掀起了大众创业、草根创业新浪潮。而当前创业团队跟原来相比有所不同:更多创业者是大学生和海外归来的人,引领未来潮流的创业应该是大学生创业。特别是国家发出"加强对教师和学生的创业教育,鼓励他们自主创办高新技术产业"的号召后,高等院校对时代的召唤做出了明确的回应,很多大学相继成立了"创业者协会"、"大学生创业中心"等社团组织,并连年举办大学生创业计划竞赛等,很多高校师生投身创业实践,出现了师生议创业忙创业的新景象。

二、创业与职业生涯变革

2014年5月9日颁发的《国务院办公厅关于做好2014年全国普通高等学校毕业生就业创业工作的通知》中明确提出,2014—2017年,在全国范围内实施大学生创业引领计划。2014年5月13日国务院首次以"全国高校毕业生就业创业工作会议"的名称召开全国会议。2014年9月11日,李克强总理在2014年夏季达沃斯论坛上提出掀起一个"大众创业、草根创业"的新浪潮,这标志着大学生创业工作在中央政府的强力推动下进入历史新阶段。

在社会经济繁荣发展的同时,大学生创业成为大学生就业之外的新景象,同时也打破了大学生传统的职业生涯发展。大学生创业群体主要由在校大学生和毕业生组成,这部分大学生高知识高学历,对事物较有领悟力,自主学习知识的能力强,接受新鲜事物快,甚至是潮流的引领者。大学生对未来充满期望,他们有着年轻的血液、蓬勃的朝气,以及"初生牛犊不怕虎"的精神,而这些都是一个创业者应该具备的素质。大学生有着较高层次的技术优势,而目前最有前途的事业就是开办高科技企业。技术的重要性是不言而喻的,大学生创业,更多地从一开始就走向高科技、高技术含量的领域,"用智力换资本"是大学生创业的特色。一些风险投资家往往就因为看中了大学生所掌握的先进技术,而愿意对其创业计划进行资助。同时,大学生有对传统观念和传统行业挑战的信心和欲望,而这种创新精神也往往成为大学生创业的动力源泉,成为成功创业的精神基础。

如今,大学生创业已逐渐被社会所承认和接受,大学生创业不仅能提高自己的能力、增长经验,以及学以致用,同时还可以通过成功创业,实现自己的理想,证明自己的价值。

目前,大学生创业的渠道相当广泛,许多大学生创新意识强,有自己的专利或开发项目。创办高科技企业是大学生创业的一条理想之路,除此之外,还有许多创业之路可供选择。例如,一些大学生毕业后运用自己的专长、特长,个人或者合伙开办餐馆、书店、咨询公司等。此外,还可以先就业再创业,先成为自己就职公司中的"佼佼者",积累经验后再创业。而在准备创业的过程中,大学生可以利用与专业人士交流的机会获得更多来自市场的创业知识。大学毕业生自主创业不仅解决了自己的就业问题,而且还给别人提供了就业机会,可以说,对当代大学生而言,自主创业是职业生涯设计的一条光明之路、希望之路。

三、创业与人才培养创新

为了贯彻落实党的十七大提出的提高自主创新能力,创建创新型国家和促进以创业带动就业的发展战略,2011 年 4 月 22 日教育部下发《关于大力推进高等学校创新创业教育和大学生自主创新的意见》,首次建立教育部高教司、科技司、学生司、就业指导中心四大司局联动机制,形成了创新创业教育、创意基地建设、创业政策支持、创业服务四位一体整体推进的格局。

顺应世界知识经济的快速发展和我国建设自主创新型国家的迫切需要,培养创新创业人才是高等教育全面深化改革,不断提高质量的必然趋势。高校作为一个培养高层次人才的教育单位,面对振兴中国创业文化的历史使命,应义不容辞地为社会输送大批高层次的创业人才,并通过他们的创业实践来繁荣和发展中国的创业文化。美国高校重视培养大学生创业素质,不是将此作为一种"企业家速成"的职业培训,而是要"设定创业遗传代码",以造就"最具革命性的创业者一代"。因此,高校在进行创新创业人才培养时,应加强创业意识和创业精神的培养,注重创业专门知识和技能的传授,提高学生实际创业的能力,塑造大批未来创造实践中"为社会创造财富和就业机会的勇者"。

创业能力是指在各种创新活动中,凭借个性品质的支持,利用已有的知识和经验,新颖独特地解决问题,产生出有价值的新设想、新方法、新方案和新成果的本领。大学生创业者不论是创建新企业,还是在原有企业中采用新战略、开发新产品、开辟新市场、引进新技术或运用新资源,都是不同程度的创新活动,因而高校在改革人才培养时应将创新融入创业中,把创业的种子种到学生的心里,等着它在适当的时机开花结果,而不盲目追求"速成"老板。大学生有了创新意识才会有创造性的判断力,为毕业后自主创业提供意识保障。高校在培养未来创业者时,应多角度开展创新意识的培养,增强其自主创业意识,使大学生内心深处有"干出一番事业"的强烈要求和念头,确立崭新的多元的创业就业观,拓宽就业视野,变"外求"为"内求",变被动就业为主动创业,立志走上求新、求异、求发展、求开拓的创业之路。学校可以充分利用第二课堂,定期举行各种学术讲座、学术沙龙、大学生科技报告会、创业计划大赛、课外学术科技作品竞赛、大学生就业创业论坛、科技论坛,出版大学生论文集,鼓励学生积极参加学术活动,对于不同领域的知识有一个大体的涉猎,进行不同学科之间的交流,从而开阔学生视野,激发学生的积极性,培养学生创新创业素质,形成良好的创新创业文化氛围,将大学生的创新创业意识贯穿整个大学,同时在实践中不断提升其自主创业能力。过去开展大学生就业指导,主要是根据社会和用人单位的需要,强调技能方面的培训,通过掌握一技之长和就业技巧,来寻找适合自己的就业岗位。而创业教育则是一种多内容、多形式、全过程的教学,不仅有创业意识、创业知识、创业能力的培养,还有创业构思、创业项目、创业运作的引导以及优惠政策扶持等。

针对学生实际,学校开展创业教育应先从树立信心、锻炼意志品质入手,从入学教育开始,要注意宣传毕业生成功创业的事例,定期组织学生到毕业生创办的企业参观学习,体会创业者的艰辛和创业成功后的喜悦,帮助他们树立自主创业的信心。如在一、二年级着重于个人创业潜能的激发和创业知识的传授,使学生能掌握创业的基本知识、结构和流程。结合学科教学培养创造思维能力,结合各项活动锻炼学生的意志品质,引导他们进行广泛的社会调查,了解社会,提高社会适应能力及应变能力。同时通过职业生涯测评和心理测评,全面了解创业者的个人潜能,再进行引导和潜能教育,通过支持和动员广大学生结合专业特色和自身兴趣爱好积极参与"挑战杯"大学生课外科技学术作品竞赛,以此培养大学生的创新精神和专利意识,从而为进一步创业打下良好的基础,使大学生牢固树立创业精神,勇于创新创造,不断进取奋斗。三、四年级着重于创业计划的制订和初步实践,根据专业性质开设一些选修课程,把创业教育融于学科和整个教学过程中。通过学校创业孵化基地和创业园,提高学生创业能力和具体实施创业的执行能力,协助学生作出创业决策和制订创业计划。同时,加强创业相关法律知识的传授,包括企业的组织结构和知识产权的法律知识,保护创业的成果。

在我国就业压力十分严峻的形势下,大学生自主创业既可以为自己寻找出路,又能为社会减轻就业压力。现在想要自主创业的人不少,自主创业越来越被大学生所接受,他们不再完全依赖家长和学校帮助寻找工作,而是主动发现和寻找机遇,把创业当作一种职业理想,给自己一片更广阔的天空。未来自主创业的人会越来越多,甚至有可能成为就业的主流,成为大学生就业的首选。据报道,在 20 世纪末,国际教育界曾做过这样的预测:就世界范围而言,21 世纪将有50％的大中专学生会走上自主创业之路。1998 年 10 月在巴黎召开的世界高等教育会议更是明确提出"高等学校,必须将创业技能和创业精神作为高等教育的基本目标,为了方便毕业生就业,高等教育应主要关心培养创业技能与主动精神",要使高校毕业生"不仅成为求职者,而且成为工作岗位的创造者"。"没有创业就没有美国硅谷",高校毕业生创业不仅应作为一种能力来培养,更应作为一种文化来塑造。

案例分析

没钱没人没技术,大学毕业生如何靠回收手机年入千万

【导读】

一个刚毕业的大学生,没资金、没技术、没人脉,只凭一个点子却想创业,看起来很像天方夜谭,但是看似普通人的张晓真却真做到了这点。他创办的手机回收网站锐锋网,今年的营业收入可以突破 1 000 万元。他是如何做到的?

4 年前刚大学毕业时,张晓真还是一个喜欢看各种互联网大佬自传、期待自己能创立一个中国最大的网上手机回收渠道的高高瘦瘦的小伙子。但是 4 年后的今天,每天和员工一起处理大袋回收手机的他,笑容阳光、言辞诚恳,聆听他的创业故事,会让人感觉好性格为他带来了好运气。

他说自己天资并不出众,也没有什么社会资源,最大的特点就是喜欢看书和思考,做事不急躁。他创业期间几乎所有的机遇都来自互联网,并且在各方因素的影响下,走出了一条从手机回收到挖掘城市矿产的路,张晓真将之归为"缘分的牵引"。

一毕业就开始创业,是因为大学三年级张晓真就开始开淘宝店卖手机,成效还不错。于是他开始琢磨,中国每年有那么多人换手机,如果他能够把这些旧手机都回收了,应该是一件很牛的事情。有着年轻人无所畏惧勇气的他,参加了那一年东方卫视的《创业梦想》真人秀,平时还直接用 word 文档写了自己的商业计划书(因为当时他连 PPT 都不会做)开始在网上投寄给各家风投机构。后来 KPCB(凯鹏华盈中国基金)上海办事处一位高管发现了他的计划书,对这个商业计划颇感兴趣,经过一段时间的考察接触,KPCB 的高管最后试水地给了一小笔资金支持张晓真创业。

2009 年,他创办了锐锋网。通过透明的分品牌、型号网上定价方式吸引顾客,而且开通了包括 QQ、旺旺、微博在内的客服渠道,达成意向后顾客邮寄手机过来或由锐锋工作人员上门回收手机。当他的同学们穿梭于各大写字楼中做着朝九晚五的小白领时,他还和同事们像个小贩一样骑着摩托车到处去收手机。当收到第一批价值三四万元旧手机后,张晓真也是在网上到处寻找各种回收手机的二手机经销商,经过比较后找到一个青岛的二手手机店主,聊了一次后感觉这人靠谱他就把手机都快递过去,三四天后他就收到了对方打过来

的三四万元货款。后来两人保持了长期的合作。

随后,张晓真习惯了从网上搜索下游经销商,找到条件合适的后,他有时会和对方见个面,有时可能就凭聊了几次后的感觉直接发货过去。他说自己可能是运气好,也可能是直觉比较强,往往找到的都是靠谱的合作方,销售回款也一直很顺利。

可能在现代社会信任感缺失比较明显,他的真诚与配合更容易赢得合作伙伴的认可。而且他和什么行业的人打交道都没有压力,包括锐锋网后期发展的线下渠道以废品回收流动小贩为主,都是他自己一个个谈来的合作。

一年后张晓真为租写字楼跑到福州软件园寻找房源。正好遇到一个做培训软件的公司要分租写字楼,他和房东一席长谈后成了朋友。后来这个做培训软件的老板感觉自己的公司前景欠佳结业了,自己去某个网络公司应聘做了高管,却把积蓄给了张晓真,成为张晓真创办的锐锋环保的天使投资人。

时间来到 2011 年末。在此前,锐锋网回收的手机月均 1 000 台左右,通过深圳的几家贸易商将二手手机拆成不同零件后,重新卖给以第三世界市场为主的山寨手机制造商,虽然利润不错——5 元、10 元回收的手机往往能卖出 20 元,但他看到随着手机在全世界的普及,以及各国电信运营商送手机促销的普及,未来山寨手机的市场会越来越萎缩。

这时他从新闻中看到了关于日本横滨金属有限公司的一份数据:从金矿中挖出的 1 吨金矿石平均只能生产 5 克黄金,而一吨废弃的手机能够提炼出 150～200 克以上的黄金、100公斤铜、3 公斤银以及其他金属。此时,他遇到了后来的合伙人许海林。许海林幼年跟随父母移民香港,青年时期在美国就读,后来从事贸易工作,2003 年回到中国内地创办电池厂,至今其公司所生产的高倍率电池在各种车模、航模、无人飞机等应用市场占 70% 以上的市场份额。张晓真在网上认识的一名投资人在参观了锐锋网后,向许海林推荐了这家公司,理由是:"他公司回收的手机会拆出来许多旧电池,你是做电池的,不如你们合作看看有没有商机。"

许海林肯定了张晓真从手机回收转型城市矿产挖掘的方向,两人合作后将锐锋网扩大为锐锋环保,当中包括手机回收渠道平台及未来产业工业园等规划。与此同时,锐锋环保在张晓真的努力下,2012 年开始与福建中国电信合作开展回收手机返话费行动,一个月最高回收了 4 万台手机。

2012 年李克强总理访问比利时,造访了当地最大的贵金属精炼厂优美科。张晓真看到这个新闻后开始搜索优美科中国办事处电话,在和前台软磨硬泡了很久后,他拿到了一个部门负责人的电话,后来又接触到了优美科中国区负责人。再经过一段时间的沟通和考察,最终优美科接受了锐锋环保作为合作伙伴并签订协议,从 2013 年开始为锐锋环保提供贵金属提炼以及贵金属期货交易等服务。

2013 年,锐锋环保也开始与福建的各大购物商场、便利店、福建苏宁电器、神脑数码、福建中国电信等渠道达成了合作,在福建地区建设了 3 000 多个回收点。张晓真估计 2013 年锐锋的整体回收量会从 2012 年的数万台增长到 2013 年的 60 万台手机,而 2014 年预计月均回收量会超过 10 万台。2014 年的营业收入可以突破 1 000 万元。

他估计2015年通过优美科提炼的贵金属贸易收入会占锐锋环保收入的五成,如今锐锋环保还与优美科签订了意向协议,未来会在福建翔安建设废旧手机预处理产业园,将废旧手机一些前期处理工序如零件拆解、粉碎等步骤放到中国,他们购买设备,优美科提供技术。锐锋环保希望能身兼小型电器回收商以及废旧小型电器预处理中间加工商的角色,成为中国第一家系统的废旧小型电器回收商,像欧洲、日本的系统回收商一样与全球再生能源公司直接合作。

张晓真的叙述,会让人觉得锐锋环保的运气很好,提前进入了一个还未形成行业门槛的行业。但张晓真表示,锐锋的优势在于线上回收和线下回收渠道的管理运营经验,以及与优美科签订的意向性排他协议。而整个手机回收提炼的净利润率在10％左右,也暂时给这个行业筑起了"护城河"——因为现在回收手机做翻新的利润还很丰厚,同行并不愿意舍弃这块利润去转型环保方向,大资金也对赚这种烦琐的辛苦钱没什么兴趣。等到这个行业兴起,相信锐锋已经建立了先发优势。

一个刚毕业的大学生,没资金、没技术、没人脉,只凭一个点子却想创业,看起来很像天方夜谭,但是看似普通人的张晓真却做到了这点。他说自己的偶像是马云、周鸿祎这样的人,他从中学会了从用户免费的角度去抢市场,用借力的方法搭平台。他的创业经历就像一个现实版的"许三多"故事,照着人人都会说却很少人愿意去做的"大道理"为准则,本着最自然的道,才能体现最基本的潜质,走出别人因为太精明而不肯去走的成功路径。

【分析】

你认为,张晓真创业成功的主要原因是什么? 张晓真是如何积累创业所具备的素质和能力的? 请为你自己的职业生涯做一份规划,并完成以下表格:

我的人生目标:	
达到这一目标需要的资源和素质:	
我已经拥有的资源与素质:	我还未拥有的资源与素质:
为了达到目标,我需要怎样进一步完善自己的资源与素质?	

思考与练习题

1.创业的主要动因是什么? 为什么?

2.根据你的理解,中国创业文化是怎样形成的?

3.请举例说明创业的基本功能。

4.什么是创业与职业生涯规划的相互关系? 怎样才能处理好这些关系?

5.在大学生职业生涯发展中如何开展创业教育?

参考文献

[1]张玉利:《创业管理》(第二版),机械工业出版社 2011 年版。

[2]丁栋虹:《创业管理》,清华大学出版社 2006 年版。

[3]李家华:《创业基础》,北京师范大学出版社 2013 年版。

[4]王杜春:《大学生创业基础》,化学工业出版社 2013 年版。

[5]张耀辉:《创业基础》,暨南大学出版社 2013 年版。

[6]曹威麟等:《论中国创业文化的振兴与繁荣》,载《江淮论坛》2002 年第 5 期。

[7]马志伟:《中国就业制度的历史变迁与发展趋势研究》,吉林大学硕士论文 2013 年。

[8]李燕冰等:《新形势下大学生创业意识和创业能力的培养》,载《中山大学学报论丛》2005 年第 6 期。

第三章

创业的政策与环境

除了理解创业的动因与功能以外,我们还应该了解我国当前的创业政策与环境,从外部视角更好地把握创业的本质与推动因素。本章分成两个部分,专门对创业的政策和环境展开讨论。在一般论述创业政策的含义、类型、内容以及体系框架的基础上,我们首先以美国、德国、荷兰、日本为例,描述不同国家大学生创业政策的特点,让学生以国际比较视野来认识不同国度的创业政策;然后回顾我国大学生创业政策的发展历史,重点介绍我国大学生创业政策的具体内容;最后通过对大学生创业环境的概念界定与类别划分,让学生了解创业环境的相关内容和我国创业环境的特点,以及掌握发挥创业环境的作用和进一步优化创业环境的方法。

第一节 创业政策的定义与功能

一、创业政策的定义

在创业研究中创业政策是创业环境的一个重要维度,许多人将创业政策隐含于创业环境的研究之中。在 20 世纪 90 年代,创业政策就开始得到关注,但是直到 21 世纪初才有学者对创业政策进行系统的研究,其代表人物如 Lundstrom 和 Stevenson。

David M.Hart(2003)强调创业环境对创业活动的重要性,认为创业政策就是"为企业家创新与创业活动营造良好的环境和氛围的措施"。Collins(2003)指出,所谓"创业政策"就是政府所采取的促进小企业创立、成长的政策和支持措施。Degadt(2004)对前人的观点进行了综合,从创业政策作用的角度归纳出了创业政策的定义,认为创业政策是政府促进创造和创新,从定性上塑造良好的创业环境,从定量上激励更多人创建企业、提高初创企业的存活率的一系列政策和措施。相比之下,Collins(2003)的定义更加言简意赅。Lundstrom 和 Stevenson (2001)指出创业政策的本质就是刺激创业,政策制定和实施的过程就是设计和传递动力、技能和机会三要素来激励人们选择创业的过程。创业政策的有效实施能够更好地激发创业者的创业动机,发现创业机会,增强创业技能,从而实现创业。

综上,本书认为创业政策是政府为了能够更好地培育创业精神、激励创业行为,以及促进创业活动所采取的一系列公共政策和措施。创业政策的本质是激励创业,作用是营造良好的创业环境、扶持创业者的成长,进而提高创业活动的水平。

二、创业政策的类型

由于各国的经济发展状况不同,发展水平不一,因此,各国创业政策起步的时间和关注点也不尽相同。通过研究不同经济体的创业政策观点和方法,Lundstrom 和 Stevenson(2001)发现,国家对创业的接受是新经济发展的关键,不同的针对创业的国家政策,导致各国创业水平和新企业存活率有显著差异。他们将创业政策分为 4 种,即中小企业延伸政策、新企业创立政策、细分创业政策和全面创业政策。

第一种,中小企业延伸政策:针对现存中小企业,主要有提供信息、企业培训、融资担保、咨询、贷款等方面的政策。一个国家拥有完善的中小企业支持体系,才能实施该政策。如已实行比较完整的中小企业支援计划的美国、澳大利亚、加拿大等国都采取了这类政策。

第二种,新企业创立政策:针对改善经济环境,以减少企业创立和市场进退制度障碍的政策。这一政策主要包括创业小额贷款和担保,简化企业注册程序,提供一站式创业服务,提供相关信息、培训和企业孵化器等。

第三种,细分创业政策:针对特殊群体的创业政策。第一类是青年、妇女、少数民族和失业者这些弱势群体,他们很难获得创业信息和创业资金的支持,需要国家政策给予支持。第二类是技术创业者,这类人群具有较强的创业潜力,在创业技术等方面具有诸多优势,是国家提升创业水平的重点培育对象,提供相应的创业政策能够促进他们加快创业步伐,从而推进国家经济增长。

第四种,全面创业政策:针对范围比较广泛的政策。这类创业政策融合了上述三种创业政策的特点。

在相关的研究中,有些学者还结合个人的职业选择是如何受制度和文化环境的影响来划分创业政策。Verheul 等人(2001)从个人层面到国家层面,从经济学到社会学、管理学、心理学、科学学等学科,从创业者对文化、职业选择、创业机会以及资源可用性等多角度总结出了一套折中理论,给出了 5 种类型的创业政策。

第一种是创业需求政策:主要通过技术发展、全球化、经济发展、产业结构(外包、产业群及地区发展)等方面来影响创业机会的种类和数量。

第二种是创业供给政策:主要通过年龄结构、人口密度、城市化程度、移民人口、女性占劳动市场的比例等地区发展政策来影响创业机会的种类和数量。其中资源、个人能力及人们对创业的态度是创业的关键要素,而文化和制度环境对供给也产生重要影响。

第三种是创业的风险奖励机制:政府主要通过税收政策、收入政策、社会保障、劳动市场法、破产法等对个人决策和职业选择进行直接干预。

第四种是资源和知识的可用性政策:政府主要通过增加财政及其他信息资源来弥补缺口,包括刺激创业投资市场,提供金融支持,提供商业信息以及创业教育等。

第五种是培育社会创业价值观的政策:政府主要通过教育系统、新闻媒体等方面来关注创业,改变人们对创业的态度。

Zoltan(2001)从创业社会的 4 个层面,即个人层面、企业层面、经济层面和社会层面,给出与其相对应的 4 类创业政策,即从个人层面的就业选择政策、从企业层面的可行政策、从经济层面的支持政策以及从社会层面的社会政策。个人层面的政策是通过教育和职业选择等政策,促使个人发现创业机会并选择创业。企业层面的政策表现为政府通过融资政策、制度改革、技术商业化等措施来刺激新企业的创立。经济层面的支持政策旨在促进企业增长,进而推动经济增长,主要通过政府、大学、联邦政府基金、金融机构等部门为企业成长过程提供资金支持。社会层面的社会政策主要通过法律和制度来改善社会现状,营造更好的支持创业的社会政策环境。

结合我国经济发展水平,本书从地方和中央两个层面将我国的创业政策分为两类:一是地方创业政策;二是国家创业政策。地方创业政策是指地方政府为了鼓励创业活动,结合地方特色充分利用政策工具促进创业者更好地创业、坚持创业,从而能够更有效地取得创业成果的一系列政策和措施。由于地方政府的资源和优势不同,地方创业政策往往带有较明显的地域特色;也由于发展水平的地域差异,地方创业政策的侧重点也各有不同。国家创业政策是中央政府为了更好地促进创业者的创业而采取的一系列鼓励创业、支持创业行为、促进创业活动更有效进行的政策和措施。

三、创业政策的内容

创业是一个复杂的过程性活动,它是动机、机会、技能相结合的产物。创业政策的设计也应从以下三方面着手:首先要强化个人对创业的追求,激励人们创业;其次要为创业者提供培训和教育,使其获得必要的知识和技能;最后要为创业者提供良好的创业环境和资源。在创业政策的研究中,比较有影响的是Kayne、创业机会协会以及 Lundstrom、Stevenson 提出的创业政策理论框架。

Kayne(1999)提出的创业政策的内容包括以下五点:①创业共识;②税收和规制环境;③资金的获取;④创业教育;⑤知识资本。

创业机会协会(Association for Enterprise Opportunity,AEO,2003)理解的创业政策内容有:①建立创业社团;②提供金融支持;③开展创业教育;④创造竞争优势;⑤有形基础设施建设;⑥进行网络建设。

Lundstrom 和 Stevenson 认为创业政策分别作用于创业过程的前期、中期和后期,减轻创业者的资本约束,降低创业者进入壁垒,加强对于启动项目的商业支持,以及增加非目标群体的创业率,并以鼓励更多的人创建自己的企业作为首要目标。他们在对 13 个发达国家和地区进行研究之后提出了包含 6 个方面的创业政策内容框架:①创业促进;②创业启动环境;③创业教育;④创业启动融资和种子期资本支持;⑤创业启动商业支持;⑥目标群体战略。

Lundstrom 和 Stevenson(2007)在研究中发现,即使各个国家创业政策的侧重点各有不同,各国政府都对创业启动期和种子期的创业活动给予百分之百的金融支持,90%以上提供了商业支持,这充分表明了各国重视与金融相关的各项公共政策。在这个理论框架中,创业教育是其基本动力,而目标群体战略是创业政策起作用的对象。针对目标群体的创业需求,制定相应的策略也是创业政策的重点。这五方面的理论框架具体内容包括:①金融支持的公共政策:放松对金融机构的管制;成立专门的基金会;政府提供贷款及补贴;专门的风险投资机构等。②税收激励的公共政策:减免税收;税收优惠、改进税收征管体制。③规制的公共政策:简化企业创建手续;完善公司法相关的法律;强化知识产权保护。④商业支持的公共政策:构建企业孵化器,建立创业园区;成立各种协会,加强管理支持及咨询服务等。⑤加强创业教育:媒体宣传,社会鼓励创业,在学校开设创业课堂等。

四、创业政策的体系框架

创业是一个复杂的过程,哪些因素是创业的促进因素,以及如何通过合理的政策来促进这些因素形成并发挥应有的作用呢? 由于创业政策是影响创业活动和新创企业的公共政策,这决定了创业政策结构与创业活动结构必须具有一定的同构性。创业政策体系是对创业活动一系列要素及维度的组合,这些要素的组合更好地促进了创业活动的进行。

创业政策体系框架的研究在国外开展得较早,理论也较为成熟,大致分为以下两类:

第一类,由国际组织或社会团体提出的创业政策体系框架。其中,有代表性的有全球创业观察 GEM 框架、OECD 框架(2001)、瑞典小企业研究基金会所MOS 框架、创业机会协会(Association for Enterprise Opportunity,2003)框架和芬兰贸易与产业部门(Ministry of Trade and Industries,2004)框架等。创业机会协会从支持创业者和完善创业环境出发,提出了涉及 6 个方面的创业政策,内容包括:建立创业社团,创造竞争优势,开展创业教育,提供金融支持,进行网络建设,有形基础设施建设。芬兰贸易与产业部在 2004 年提出了促进区域创业的 5 项创业政策,包括创业教育培训和咨询政策,创业初期、成长阶段和全球化过程政策,税收政策,地区创业政策以及法律制度政策。

第二类,由个体研究学者提出的政策体系框架。其中,比较著名的有 Kayne(1999)、Lundstrom 和 Stevenson(2001)提出的创业体系框架。Kayne(1999)认为创业政策应着力于新企业的出现和增长上,政策内容应涵盖创业共识、税收和规制环境、资金的获取、创业教育、知识资本六大要素。Lundstrom 和 Stevenson(2001)对 10 个不同经济发展状况、人口数量、人口增长率和创业活跃程度的国家进行实证研究,总结出创业政策的一般框架。他们提出创业政策体系应包括 6 个方面:促进创业文化、开展创业教育、减少进入障碍、启动资金/融资支持、商务支持和刺激目标群体。并且,创业政策框架是围绕着动机、技能和机会三要素而建立的,制定政策应注重三个层面:①激发个人的创业意愿;②使创业者获得创业所需要的知识和技能;③为潜在创业者提供资源和环境支持。

国内学者王飞绒(2009)也对现有创业扶持政策进行梳理和分类,认为创业政策体系可划分成 6 大类别,分别为:资金扶持政策、场地扶持、税收扶持、社保扶持、特定人员扶持、其他扶持。

第二节 国外大学生创业政策

一、国外创业政策的主要特征

随着创业对国家经济发展的贡献越来越大,各国政府逐渐重视创业政策在提升本国创业活动水平中的作用。作为直接影响一个国家创业水平的手段或策略,创业政策在发展演变过程中表现出一些共同的特征。

(一)重视创业政策在促进中小企业发展中的作用

二战之后,由于认识到中小企业对整个国家的就业与经济发展活力有很大影响,欧美诸国开始重视本国中小企业的发展,出台了许多针对中小企业发展的相关政策与支持项目。20世纪90年代以来,这些国家纷纷扩展原有的中小企业政策,面向创业,对本国的中小企业政策加以完善。

新的创业政策具有以下特征:①更多地面对个人和个体行为,而不仅仅面向中小企业;②更多地促进新建企业数量增长,而不仅仅局限于现有的公司;③更多地支持企业发展的早期阶段,包括创业初期和起步阶段;④更多地支持形成企业文化,同时关注为企业创造和维持更有利的经营环境。

和中小企业政策相比,创业政策关注创办企业前、创办之中及初创企业之后的整个创业过程,其基本目标是鼓励更多的人将创业作为一种选择,从而开始创立企业并逐渐使初创企业成长壮大(见表3-1)。

表3-1 国外中小企业政策和创业政策的基本特征差异

特征	中小企业政策	创业政策
目标	促进企业成长、提高企业效率	激励更多的人成为新企业家
对象	现有中小企业	初生企业家、创业者、个体户
客户群体	容易识别:已有企业	很难鉴别:初生企业家
服务方式	直接的金融激励机制(税收、贷款、担保等)	非金融的商业支持(网络、教育、咨询等)
关注焦点	良好的商业环境(即税收制度、行政管理制度等)	创业文化、氛围(即形成创业精神)
传输系统	基于已建立的企业	有许多新成员
生效时间	更紧迫,一般四年内有结果	更长期(很长时间才有结果)

资料来源:傅晋华、郑风田、刘旭东:《国外创业政策的主要特征及对我国的启示》,载《中国科技论坛》2011年第9期。

（二）通过实施创业项目推动本国创业活动开展

从国外创业政策发展情况看，创业项目的实施是各国创业政策的重点。针对创业中最急需的资金、技术和信息需求，政府通过税收、贷款、金融、咨询服务等手段，以项目为载体，为创业者建立新企业提供全方位支持。同时，通过创业教育项目，为国家创业发展提供长期人才储备和智力支持，进而提高全民创业素质。世界各国出台的相关创业项目具体情况见表3-2所示。

表 3-2　各国政府支持创业的公共政策项目

国家	项目	项目内容描述	拟解决的问题
英国、美国	贷款担保项目	通过政府充当担保人而间接获取银行贷款	获得创业资金投入
英国	企业投资项目	通过税收优惠促使拥有一定财产的个人成为天使投资	扩大融资渠道
欧盟	欧洲伙伴计划	鼓励小企业之间的跨国合作贸易	降低市场准入门槛
荷兰、葡萄牙、英国	放松管制计划	政府机构尽力使小企业的行政负担达到最小	减小创业企业的行政负担
英国、法国、意大利	科技园区发展计划	试图推动基于企业基础上的新技术集群的发展	为企业发展提供技术支撑
美国	小企业创新研究项目	每年分配10亿美元用于刺激额外的研发活动，小企业之间通过竞争获取	鼓励小企业的创新和研究
日本	小企业协会培训计划	小企业协会与当地政府为小企业所有者及管理者提供创业培训	使创业者获得专业技能上的全面发展
美国	小企业发展协会计划	小企业发展协会的顾问为正在创业或已经在进行贸易的小企业委托人提供咨询	使创业者获得最新的创业信息和专业创业服务
澳大利亚、荷兰、加拿大	创业教育项目	通过将创业内容整合到各级学校课程中，培训创业意识	提升全民创业素质

资料来源：傅晋华、郑风田、刘旭东：《国外创业政策的主要特征及对我国的启示》，载《中国科技论坛》2011年第9期。

(三)建立制定和实施创业政策的组织管理机构

虽然不同国家对创业政策的具体实施与管理不尽相同,但都建立了相关的组织管理机构。其中,美国专门设立了一个专门机构(小企业管理局,SBA)负责制定和实施创业政策,并对创业活动进行指导和管理。英国的小企业服务也正在朝此转变。

区别于美国和英国的做法,欧洲一些国家通过明确的政府部门来主要负责创业管理,进而协调横向多部门采取共同的理念来指导创业行动,以此提高全国的创业水平。比如,荷兰的经济事务部(Ministry of Economic Affairs)负责协调创业政策的执行,但在政府各部门之间也有大量的协商和协调。在芬兰,创业项目由产业贸易部(Ministry of Trade and Industry)领导,但同时又由9个部委和芬兰地区权力协会(Association of Finnish Local and Regional Authorities)共同管理,通过协调委员会来协调各部门的工作。在西班牙,各部门之间的协调合作是通过在金融、财税和劳动力市场等不同领域设立工作小组来实现的,经济部部长则通过定期召开圆桌会议与地方相关负责人一起商讨相关事宜。

(四)政策越来越关注在全社会范围内培育创业文化

创业是一种复杂的社会经济现象,涉及各种生产要素的重新分配组合。由于各国国情不同,每个国家在制定创业政策上的主要政策目标不尽相同。一些国家为了就业增长而对创业有所青睐,比如西班牙和芬兰;另一些国家则更多地把创业作为财富创造和经济繁荣的来源,如冰岛和澳大利亚;还有一些国家把创业看作解决国内社会问题的手段。然而,不论创业政策目标如何多元化,各国在发展过程中均始终把培育本国创业文化作为政策设计的核心。通过在全社会营造浓厚的创业氛围,在社会成员中形成有利于创业的社会态度,进而达到鼓励创业、促进创业、显著提升创业水平的政策实施效果。为此,一些国家政府制定了明确的可以量化的考核指标,例如冰岛、荷兰,而多数国家政府则采用更加宏观、不能量化的方式制定其培育创业文化、提升全民创业素质的长期政策目标。

二、美国的大学生创业政策

(一)具有完善的创业教育体系

美国是世界上实行创业教育最早和最成功的国家,创业教育已成为创新型美国源源不断的动力。

1.多样化的创业教育组织机构。美国很多大学设有创业中心,其主要功能是把老师及学生的研究成果转移给企业。其他还有创业家联合会、智囊团、创业研究会、家庭企业研究协会等。

2.多种渠道的创业教育资金扶持。美国国家科学基金会设立了实施"小企业创新研究计划"的机构,鼓励包括大学生在内的创业者积极创业。此外,创业教育还得到了社会各界的广泛支持,例如科尔曼基金会(Coleman-Foundation)。

3.完备的创业教育课程体系。美国学校的创业教育课程,从小学、初中、高中、大学乃至研究生,形成了相当完备的体系。如今,美国已有超过 500 所的大学提供创业课程及学位。

4.通过立法来加强就业、创业培训。近半个世纪,美国颁布了很多相关立法,如《从学校到工作机会法》《劳动保障法》。通过这些立法来开展人员的多形式的培训。

(二)成熟的创业投融资机制

美国在政府应尽量不干预市场的前提下,实施了包括创业支援的中小企业政策。作为联邦政府制度,由中小企业部提供信用担保,但有的州政府除了提供信用担保以外还进行贷款。担保比例一般为贷款额的 76%,但对于 15 万美元以下的贷款,担保比例为 84%。中小企业部把中小企业划分为诞生期的企业(即刚创业的企业)、创业企业(即创业后 6 个月到 1 年的企业)和既有企业(即创业后 1 年以上的企业)。对不同企业根据其发展阶段提供不同条件的担保,有短期(不满 1 年)担保制度、中期(1 年以上)担保制度以及长期(7 年以上)担保制度。美国已构建了以发达的资本市场为基础,以民间资金为主力,并以私人或独立的创业投资公司为主要中介和以高利润为保证的创业投资机制。

(三)应急的创业政策

美国总统奥巴马在 2009 年 2 月 17 日签署了《美国经济复苏和再投资法案》(American Recovery and Reinvestment Act of 2009)。依照该法案,美国政府将以前所未有的巨大努力来复苏经济,保留或创造成百上千万的就业机会。该法案是特别针对所面临的空前的大萧条提出来的,包括一系列措施,如使国家基础设施现代化、扩大教育机会、提升能源独立性、保护并改善社会卫生保障以及降低税收等。

美国政府于 2009 年 5 月 17—23 日开展小企业周(Small Business Week)活动,以弘扬创业精神,促进美国经济赖以生存的大量创业者和小企业的发展,从而创造就业,促进生产力发展,推动创新。具体的支持政策包括:降低贷款费用,提供贷款担保,开放二级市场,简化申请程序等。

三、德国的大学生创业政策

和美国相似,德国也重视学生创业精神的培养,在学校开设创业课程,鼓励学生尝试创业实践。此外,以银行为中心的创业投资模式和对中小企业技术创新的支持也创造了良好的创业环境。

(一)积极培养学生的创业意识

德国政府和金融研究机构联合在中学、大学开设创业课程,让学生们很早就开始尝试自己开公司,接触和熟悉企业管理及经营知识。在德国经济研究所发起的"青年企业家"项目中,中学9年级以上的学生在学校的指导下创建微型公司,这些公司同正规公司一样被置于市场环境中运行。同时,政府与德意志协约银行也在部分大学开设讲座,并邀请企业界人士一起参与。德国的学者认为,大学生创业缺乏的不是创业知识、创业能力,他们最缺乏的是创业精神,所以德国政府明确提出高等院校要成为创业者的熔炉。1998年,德国大学校长会议和全德雇主协会联合发起了一项独立精神的倡议,呼吁在全国范围内创造一个有利于大学毕业生独立创业的环境,使大学成为创业者的熔炉。目前,德国政府已经在全国12所大学设立了创业学首席教授的职位。在西方首席教授职位的设立,意味着一个相对完备的教学研究单位的成立。

(二)支持大学创业的"EXIST"计划

德国联邦教研部通过实施"EXIST"区域创业计划,选出哈根、德累斯顿、耶拿/魏玛、卡斯鲁厄和斯图加特5个地区,支持这些地区的大学与校外经济界、科学界和政府部门建立合作伙伴关系,推动和支持大学的创业活动,提高创业质量。"EXIST"计划的目标是:改善德国大学和专科大学的创业环境,促进大学自身的改革,在大学内部培养企业文化,使大学更加向社会开放,提高大学创办企业的数量,保证增加新的工作岗位。"EXIST"计划的核心内容是"EXIST-SEED",重点放在支持早期的创业构想上。经过多年的实践,使200多所大学得到了该计划的支持,取得了丰富的经验和成果。

(三)提供宽松的信贷援助和担保支持

德国政府现有650项促进中小企业发展的计划。这些促进计划主要有两类:对现有企业的投资和对创办新企业的援助。对现有企业的投资促进计划是向企业提供依靠企业或通过正常银行贷款无法获得的投资,作为银行信贷融资的补充。对创办新企业的援助有范围广泛的促进计划,其中最重要的计划,一是德国平衡银行的"欧洲地区促进——产权资本援助计划",该计划向企业者提供的为期 20 年的长期低息贷款可以视为产权资本,在企业倒闭时银行不再收回;二是联邦政府的"欧洲复兴计划特殊资产基金",新成立的中小企业可按贷款方式获得资金援助,贷款金额为 4 万马克,前 2 年可以免付利息。对于环保和高技术产业的贷款期限为 1 年,限额为 100 万马克,或占其投资总额的 1/3,前 2 年不计利息,特殊情况贷款年限为 20 年,前 3 年不计利息。在担保方面,德国每个州都有专门为中小企业服务的担保银行,这些担保机构通过发行公债而设立。政府直接为向中小企业提供贷款的银行提供担保,承保损失可达 60%,最高达到 80%。为此,还有中介组织的担保服务。有意思的是,这些由政府提供的各项贷款和担保优惠措施并不是直接提供给创业公司的。德国政府规定,创业企业必须首先获得足够的私人投资作为本金,然后才能获得联邦政府或地方政府提供的补助资金,通过政府、私人投资者的多重审核,有效规避了项目风险。

(四)构建完整的社会化服务体系

在德国中小企业社会化服务体系中,工商会(DIHT)、中小企业联合总会(ZDH)以及工业联合会、同业公会等行业组织效率高,基层网络较健全,在中小企业发展中起着重要作用。ZDH 包括 55 个地方小企业分会、52 个国家级的行业协会和与中小企业有关的机构,为中小企业提供信息和建议,为企业提供贷款申请的鉴定和评估。除了上述机构外,德国还有一些社会服务机构在某一方面对中小企业提供项目支持和服务。如"创办人车间"项目,即是德国青年企业经营者协会(BJU)旨在帮助创办人的项目,向创办人无偿提供车间,让有经验的人帮助创业者,使企业能正常运作。另外有促进企业与投资者关系的"INSTI"项目,是联邦科教部、德国证交所和复兴贷款公司创立的专项促进计划,它为持有项目、专利的人和高新企业提供一个与投资人接触的平台,让有希望的商业项目和潜在的投资者对接。

(五)培养创新创业文化

在德国,从中小学到大学,再到企业,各个层面均有旨在传授创业知识、激发人们创业精神的相关课程和促进高校学生和毕业生再度创业的促进项目。德国政府把提高全体劳动者的素质作为一项战略任务来抓,职业学校遍布全国,设置的专业达 380 多个。职业教育经费主要由联邦、州政府及企业分别承担。学生既是公立职业学校的学生,又是工厂的徒工。职业学校的教学是在服从企业培训要求的前提下进行的。近年来,越来越多的高中毕业生,为在上大学之前获得一定的职业经历和经验,接受双轨制职业培训。

四、荷兰的大学生创业政策

荷兰位于欧洲西部,面积约 4.2 万平方公里,人口约 1 600 万,人均国民生产总值居世界第 10 位。由于其特殊的地理位置与地缘政治,荷兰自古以来便以贸易与商业作为立国之本,虽然有联合利华、飞利浦、壳牌石油等少数几家大型企业,但其经济仍以中小企业为主。长期以来,荷兰各大高校与其他层次的教育机构有着各种各样的创业教育培训课程,2000 年形成统一模式。荷兰经济部、教育文化科学部以及农业、自然与食品质量部 3 个部门联合在荷兰全国推广创业教育,并开展了名为"教育与创业合作计划"的项目,取代了之前规模较小的"学会创业"计划。其特色政策如下:

(一)项目带动创业政策

荷兰政府在创业教育上非常重视国际上的合作,与全球最大的创业基金会——美国考夫曼基金会(Kauffman Foundation)开展合作,为有创业想法的优秀学生提供各种创业实习的机会。被选中的学生将前往美国进行为期 6 个月高强度的创业培训,并与美国顶尖的企业家和教育家进行面对面的交流。学校同企业建立联系,通过举办创业大赛把大赛中学生的优秀创业项目提供给企业,经过专业研究考查后被采纳的项目,企业将会投入资金入股以及以决策指导的形式来扶持大学生创办实业。

(二)以政府为主导的创业教育培训模式

荷兰政府高度重视创业教育,2008 年向国会提交的《荷兰王国创业教育报告》称,至 2011 年,预期将投入 3 300 万欧元的资金来激励荷兰的创业教育。该项计划的目标有两个:一是让更多的荷兰的教育机构将创业教育融入其理念、课程设置与组织机构;二是使更多的荷兰学生在具备创业意识的基础上,对创业采取更积极的态度,并在毕业后的 5 年内真正创办自己的公司。许多荷兰知名大学,如格罗宁根大学、乌特勒支大学,将人才培养分为五种类型:本科生教育、预科教育、研究生教育、创业教育、成人教育。在具体的创业课程上,荷兰高校把"企业管理"与"创业学"这两门课程加以综合,并采用案例的教学法,就是以真实的案例引导学生吸取前辈的经验,并学会如何发现商机、把握商机和利用商机。许多创业教育课程的任课教师并不是专职教师,而是来自企业的管理人员,包括自己曾经选择创业而后成功或失败的人。邀请这些人前来做讲座、授课,或是参加说明会,能够使学生掌握第一手创业经验,并且跟上市场变化的步伐。另外,许多荷兰高校开设名为"三明治"的教育课程,即在学习过程中设有企业带薪实习模块,该模块为必修。虽然这并不是直接的创业教育,但给学生提供了接触真正的企业的机会,也使学生在学习的过程中了解到企业的管理与运营,为日后可能的创业打下基础。

(三)政府鼓励建立地方性创业中心

目前,由荷兰政府带头,从 2000 年至 2012 年共在全国范围内建立了 6 个地方性创业中心,主要由政府出资,推进企业与高校合作,为希望创业的学生提供创业实习、理论指导以及创业后的各种服务与支持。此外,各个创业中心都有各自的侧重点。具体情况如表 3-3 所示。

表 3-3　荷兰 6 个地方性创业中心简介

创业中心	译名	经费	参与者	侧重点
GeHerland Odemeemt	赫尔格朗省创业中心	289	阿纳姆学院、内梅亨学院、拉特保特大学、恩彻德-兹沃勒艺术学院	提升这些院校任课教师的创业意识与水平
Holhud Program on Entrepreneurship	荷兰创业计划	305	伊拉斯谟大学、莱顿大学、代尔夫特工业大学	与南荷兰知识联盟合作
Haastrh Centre for Entrepreneurship	马斯特里赫特创业中心	92	马斯特里赫特大学	同当地企业合作,为创业者成立以个国际知名的知识中心
Amstendam Centre for Entrepreneurship	阿姆斯特丹创业中心	290	阿姆斯特丹大学、阿姆斯特丹应用科学大学	主要研究各种不同的创业政策、教育方式对毕业生创业的影响
Dutch A glofood Network for Entrepreneurship	荷兰农产品创业网络	157	登博世学院、德伦登学院、方赫拉伦史登学院	将创业者的专长和专利市场化
Centre for Entrepreneurship in the Creative Industry	创新行业创业中心	78	乌特勒支艺术学院	将该艺术学院的毕业生培养成为创业型人才

资料来源:陈冲、钱逸昀:《中国、荷兰、比利时高校创业教育比较研究》,载《高等农业教育》2012 年第 2 期。

荷兰被称为"欧洲的门户",长期以来一直都是欧洲重要的物流与商业中心,商业被视为其立国之本,因此商业气息十分浓厚,社会对自主创业的态度也十分积极。

五、日本的大学生创业政策 ···

21 世纪初日本的教育体制改革充分调动了高校的创业热情,使高校通过多种形式参与企业经营。

(一)改革教育体制推动大学生创业

日本政府为了推动国家、公立学术机构研究人员参与科技创业,2001 年彻底取消了国立大学教职工的国家公务员地位,消除了学术机构研究人员在旧体制上的安逸感。而且,2004 年日本对教育界引入研究经费竞争机制和业绩外部评估机制,迫使研究者主动地参与科技创业活动。此外,日本还扩大了高校等学术机构的自主权,使其能够通过技术转让或兴办实业等形式参与创业。

(二)出台创业支援政策

2009 年以来,随着金融危机的影响,各企业经营不景气,就业形势也受到了严重的冲击。国家以及地方政府积极鼓励大学生创业,并出台了一系列支援政策。同样,日本也采取了相应的措施。自 2009 年 5 月起,日本的经济产业省设立了一个名为"大学@大学院创业教育推进网络"的新组织,目的正是在日本的大学校园内加强大学生的"创业教育"。该组织除了邀请在日本全国的大学各研究生院内进行创业教育课程的优秀老师做讲师以外,还将为大学生提供在优秀企业实习的机会。该组织 2009 年度的预算为 5 300 万日元。在设立该组织之前,由日本大和总研的调查资料显示,在美国的大学和研究生院,企业教育讲座有 5 000 个以上,近 20 年增长了 20 倍,而日本的创业人数的比率只有美国的一半。日本经济产业省因此认为,日本的创业教育还有很大的发展余地,促进大学生创业,将有利于恢复日本经济的活力。经济产业省还把开设创业教育课程的大约 250 所大学的教育内容以及教师情况等制作成数据库,并在该省的网页上公布。

六、国外大学生创业政策对我国的启示 ···

从以上的介绍当中,我们可以看到,国外的大学生创业政策有很多地方是值得我们借鉴的。

(一)注重树立创业素质理念

从荷兰的教育理念中我们可以得到一个观点:创业可以在人生的任何阶段进行,希望创业的人员也并非一毕业就必须去选择创业。作为一名成功的创业者,出色的管理技巧、丰富的市场经验与为人处事的能力是必不可少的,所有这些都需要长时间的积累与磨炼,而刚毕业的学生未必就具备这些素质。"创业教育"本身并不是为了"创业",而是为了提升国民综合素质与整个社会的创新风气,可以说这是荷兰创业教育理念最大的特色。创业教育不仅仅是解决就业问题的一种途径,也是提高社会创新能力与竞争意识的方法及手段,同时还为创新型国家的建设输送高素质人才。因此,原有的"为创业而实施创业教育"应当变成"为提高素质而实施创业教育"。学生在具备了创业教育的核心——企业家精神以及相对应的素质后,往往更能适应职场中的竞争。即使毕业后并未真正地创办公司,也能在现有的工作岗位中进行创新,实现自我与集体价值的统一。

(二)以立法促进创业

同国外成熟的创业政策相比,目前我国的法律法规略显落后,对大学生创业尚未形成有力的鼓励和保护。从我国的创业情况看,很多企业在创业期会面临各种法律障碍和产权纠纷,从法律上创造更加宽松的创业环境就成为亟待解决的问题。因此,有必要制定相关的法律法规,为大学生创业者这一"弱势群体"提供支持,优化创业环境,维护大学生创业者的利益。

(三)普及创业教育,扩大高校机构自主权

创业教育对创业精神的培养至关重要,我国创业教育普及度较低,没有形成健全的创业教育机制,因此,有必要让创业教育走进中学、高中和大学课堂,培养学生的创业精神,并且让创业实践走入校园,使学生更早地了解社会、懂得创业。高校机构是知识的天堂,蕴藏着巨大的创业潜力,政府如果能够让这种潜力释放出来,参与到创业活动中,则会产生巨大的经济和社会效益,不仅能够促进创业创新,还能够为学术研究提供更好的平台,使两者相辅相成。因此,应该扩大高校机构自主权,允许高校参与到企业活动中,创办高科技企业,推动经济发展。

(四)健全创业失败保障机制

健全的失败保障机制可以使创业者免去"后顾之忧"。我国的创业失败保障机制尚未形成,无形中束缚了创业活动的发展。在国外发达国家,健全的失败保障机制是创业体系的必要组成部分,因此,我国可以从产权转移、社会保障、再就业等方面形成保障机制,为创业失败人员创造良好的生活环境,使之能够顺利地进行再创业或就业。

第三节　我国大学生创业政策

一、大学生创业政策的历史回顾

(一)大学生创业政策的概念界定

全球知识经济时代的到来以及兴起于 20 世纪 80 年代的美国大学校园的创业活动,除了带动 20 世纪 90 年代初我国学界对创业及创业教育问题的关注之外,也带动了 1998 年清华大学发起的首届"清华大学创业计划大赛"以及以此为载体进行的、从校园走向市场的大学生创业活动。这些也使大学生创业逐渐上升为一个政策问题而引起政府的关注和重视,大学生创业政策也由此进入了人们的视野。

大学生创业政策是针对大学生(广义)这一目标群体的创业政策,其目的在于培育大学生的创业意识,激励大学生的创业动机,提升大学生的创业能力,从而促进大学生创业活动的顺利进行。同时,以创业带动就业,促进社会经济全面协调发展。

(二)大学生创业政策的时期变化

从事物发展的视角来考察我国大学生创业政策,具体可分为以下几个时期。

1.1999—2002 年:以高校自由探索为主,提倡大学生高科技创业

为了与 1995 年 5 月《中共中央国务院关于加速科学技术进步的决定》提出的"在全国实施科教兴国的战略"这一宏观政策要求相呼应,也为了适应国际教育改革与发展的趋势,教育部率先对清华大学等一些大学校园发起的大学生创业活动表明了态度,即鼓励和支持大学生自主创业。如 1999 年 1 月教育部制定、国务院批转发布的《面向 21 世纪教育振兴行动计划》第 27 条指出:加强对教师和学生的创业教育,采取措施鼓励他们自主创办高新技术企业。1999 年 5 月《国务院办公厅转发教育部等部门关于进一步做好 1999 年普通高等学校毕业生就业工作意见的通知》也提出,"鼓励和支持毕业生到非国有制单位就业或自主创业"。1999 年 6 月,在第三次全国教育工作会议上,时任国家主席的江泽民也要求政府给予政策、小额贴息贷款等方面的支持,扶持大学生开办企业,特别是小型科技民营企业。与此同时,团中央、教育部、中国科协、全国学联联合主办了首届大学生"挑战杯"创业计划大赛,2000 年和 2002 年又分别在上海交通大学、浙江大学举办了第二届、第三届创业计划大赛。

这些由政府部门参与举办的创业计划大赛增加了大学生创业活动在社会层面的权威性和认可性，在全国也产生了很强的政策信号。这对于在高校普及创业知识、倡导创业理念、引领创业行为具有前所未有的意义，在大学生中间也起到了很好的教育和示范效应。

2002 年 4 月，教育部召开了普通高校"创业教育"试点工作会议，正式发文确定清华大学、北京大学、中国人民大学、北京航空航天大学、上海交通大学、南京经济学院等 9 所高校为创业教育试点院校，并给予资金和政策支持。如大学生、研究生（包括硕士、博士研究生）可以休学保留学籍创办高新技术企业。在此期间，教育部先后召开了几次创业教育试点院校座谈会，教育部高教司还举办了"教育部创业教育骨干教师培训班"，积极推动高校创业教育的开展。此后，以开设创业教育课程为表征的一些高校的创业教育活动得到发展，大学生中也涌现出一股前所未有的创业热潮。

以上表明，这一时期，政府已经开始通过一定的制度措施正式参与大学生的创业活动，也为今后大学生创业政策指明了方向。其政策呈现出以下几个方面的特点：一是政策的导向是配合国家"科教兴国"这一远大目标，鼓励大学生利用自己的学科、专业优势，从事高科技创业；二是把推进大学生创业作为改革高校毕业生就业制度的一个突破口；三是政策发布的主体是以教育部为主，活动实施的主体主要是高校；四是政策很笼统，主要提出一些原则和方向，对大学生创业主要是精神性扶持。

2.2003—2006 年：提供创业优惠政策，重视普遍的创业活动

大学生创业活动曾经随着 2001 年以来大量学生企业的倒闭而陷入低谷。但 2003 年以来，随着大学扩招之后大学毕业生逐步走向就业市场，毕业人数剧增，面临严峻的就业形势，创业话题再度被提起并得到政府的关注和重视。

2003 年 5 月，国务院办公厅在颁布的《关于做好 2003 年普通高等学校毕业生就业工作的通知》中要求，凡高校毕业生从事个体经营的，除国家限制的行业外，自工商部门批准其经营之日起，1 年内免交登记类和管理类的各项行政事业性收费。有条件的地区由地方政府确定，在现有渠道中为高校毕业生提供创业小额贷款和担保。

同年 6 月，国家工商总局发布通知，就 2003 年普通高等学校毕业生从事个体经营出台了比较具体的有关收费优惠的具体政策。2004 年 4 月，共青团中央、劳动和社会保障部联合发布了《关于深入实施"中国青年创业行动"促进青年就业工作的意见》，要求从普及创业意识、培养创业能力、提供创业服务、优化创

业环境、完善对青年的就业服务五个方面采取措施，引导、帮助广大青年（包括大学毕业生）在创业中实现就业。

在随后的 2005 年，国家更是加大了对大学毕业生自主创业的支持力度。如《关于进一步做好 2006 年高校毕业生就业有关工作的通知》（社厅〔2006〕17 号）第四条、《关于做好 2007 年高校毕业生就业有关工作的通知》（劳社部发〔2007〕13 号）第三条，以及《关于进一步加强创业培训推进创业促就业工作的通知》（劳社部发〔2007〕30 号）等政策对大学生创业活动的优惠扶持力度有所加大。其中包括扩大创业教育试点范围，设立大学科技园以及创业孵化机构，加大创业培训力度，建立创业孵化基地，实施创业税费减免，小额担保贷款等。

这一政策得到了许多地方政府的响应。如建立高校创业园区，为大学生创业实践提供场所；设立扶持大学生创业基金，为新创企业减免税收、租金及行政性收费。上海市政府从 2006 年起，连续 5 年，由市科委、市教委每年各投入 5 000万元，每年向基金会投入 1 亿元专项拨款，以鼓励和支持大学生进行自主创业实践；河南、山东等省则推出了高校毕业生"试营业制度"，实行货币出资"零缴付"、经营场地"零成本"、服务创业"零收费"等优惠措施。

以上政策表明国家已经意识到要促进大学生创业，不仅要有创业鼓励措施，还要创造良好的创业环境和市场条件。与上一阶段相比，这一阶段大学生创业政策也发生了一些明显变化：一是与以往仅重视大学生高科技领域创业不同，开始重视一般行业的大学生创业（如服务业、个体零售业），并给予了许多实质性的优惠政策；二是创业政策的关注点更多地投到了大学毕业生身上，强调创业培训在促进大学毕业生开拓就业领域中的重要作用。

3.2007—2011 年：更多部门参与，重视全面改进创业环境

2007 年 8 月开始浮现的金融危机所带来的劳动力市场需求的萎缩以及大学扩招步伐加快所带来的越来越多的大学毕业生不能如期就业，使大学生就业问题日益成为社会关注的热点问题，成为直接关系社会和谐稳定的大事。在这种政策背景下，以创业来缓解或解决大学生的就业问题就成了国家大学生创业政策的一个愈加明确的政策信号。此时，有关扶持大学生创业的政策的出台频率明显加快，政策内容也更加详细，政策发布的主体也由以前的几个部门到现在十几个部委，除教育部以外，还有劳动与社会保障部、科技部、中华全国总工会、共青团中央、工业和信息化部、国家工商行政管理总局、中华全国工商业联合会、财政部、中国人民银行、国家税务总局等。

这说明中国政府从中央到各个政府部门对于大学生创业已形成了基本的政策共识，给予大学生创业更多、更广泛的重视，也显示出我国政策制定部门对全

面改进创业环境有了更深刻的认识。

一是从提供单纯的创业技能培训,到提出包括创业意识、创业知识、创业技能培养的全面的创业教育,希望从源头上促进大学生创业。如 2010 年 5 月,教育部召开了"全国推进高等学校创新创业教育和大学生自主创业工作"的视频会议,并下发《教育部关于大力推进高等学校创新创业教育和大学生自主创业工作的意见》,提出"通过开展创新创业教育工作,促使高等学校不断更新教育观念、改革人才培养模式、教育内容和教学方法,将人才培养、科学研究、社会服务紧密结合,实现从注重知识传授向更加重视能力和素质培养的转变,提高人才培养质量"。2011 年 3 月,国务院总理温家宝在《政府工作报告》中也专门强调,要"提高教育质量,增强学生的就业创业能力"。从以上政府颁布的有关大学生创业的政策以及国家领导人的讲话中可以看出,政府已经意识到学校教育在推进大学生创业方面的重要作用,并把创业人才培养与高校的人才培养模式改革以及人才培养质量的提升联系起来。

二是从单纯提供创业优惠政策到提供创业服务。基于"克服国际金融危机造成的严重冲击,实现高校毕业生就业的基本稳定"的现实需要,此阶段出台的大学生创业政策一般把大学生创业工作纳入各地创业带动就业工作总体规划,对大学生创业实行创业培训、项目开发、小额担保贷款等一体化的服务。如 2010 年人力资源和社会保障部在不到两个月的时间内连续发布了《关于实施 2010 高校毕业生就业推进行动大力促进高校毕业生就业的通知》和《关于实施大学生"创业引领计划"的通知》两项政策,除了强调继续加强创业教育、开展大学生创业培训(实训)、加大对大学生创业的政策优惠扶持(如大学生自主创业三年内每年减免 8 000 元税费)之外,着重提出了要为大学生创业提供指导服务和孵化服务,如指导大学生制订创业计划书,为大学生制定创业路线图,成立大学生创业导师团、专家志愿团,为创业大学生提供低成本的生产经营场所和企业孵化服务。

二、大学生创业政策的内容介绍

熊伟(2009)构建了大学生创业政策的一般框架,该框架由 5 个基本维度和 11 个分维度构成,基本维度包括核心要素、成长性、依存性、水平性以及创业政策影响创业活动的技术性。并分析大学生创业政策的自身特点,总结出大学生创业政策体系所应包括的政策内容,如舆论宣传、教育培训、开业优惠、金融优惠、税收减免、财政扶持、所有制优惠、产业引导、综合服务等。董元梅(2010)对我国大学生创业政策进行系统梳理,并将其划分为创业教育政策、财政金融支持政策、商务支持政策、培育创业文化政策四部分内容。

参照前人的研究成果,并结合我国的实际,本书认为,我国大学生创业政策体系可归类为四个方面:①创业教育政策,包括创业培训、高校创业教育、举办创业大赛等;②财政金融支持政策,包括提供贷款担保、无偿资助、信用担保、配套资助和贷款贴息等;③税收优惠和规制环境扶持政策,包括税收减免、降低注册资本要求、降低进入壁垒等;④场地及费用扶持政策,包括资助创建创业园区、经营场地房租补贴或减免、创业相关费用支出补贴等。

(一)扶持大学生创业的教育政策

我国创业教育于20世纪90年代在一些高校悄然兴起,清华大学开展了以学生创业计划竞赛为载体的创业教育探讨与实践,复旦大学教育学生创业基础知识和基本技能,华东师范大学尝试开设"创业教育"课程。1999年,教育部《面向21世纪教育振兴行动计划》中指出要实施高校高新技术产业化工程,在高校周围建立高新技术产业化基地,加强对学生的创业教育,鼓励他们自主创办高新技术企业。2002年4月,教育部在清华大学、北京航空航天大学、中国人民大学、上海交通大学等9所大学开展创新创业教育试点工作,我国高校创业教育由自发探索阶段转向政府部门引导下的多元探索阶段。经过十几年的发展,我国大学生创业教育取得了一定的成效。

1.设立创业教学课程

2010年,教育部在《关于大力推进高等学校创新创业教育和大学生自主创业工作的意见》中要求在高等学校大力推进创新创业教育,将其纳入专业教育和文化素质教育教学计划和学分体系中,建立多层次、立体化的创新创业教育课程体系。2011年,《教育部高等教育司2011年工作要点》中要求建设"大学生创业教育网络课堂",编写推广优秀创业教育教材,推广创业教育典型经验;国务院在《关于进一步做好普通高等学校毕业生就业工作的通知》中规定,高校要广泛开展创业教育,积极开发创新创业类课程,完善创业教育课程体系,将创业教育课程纳入学分管理。目前,我国许多高校建立了创业教育专门管理机构和研究机构,开设创业教育课程,成立创业教育协会,积极开展国内外创业教育交流。以上海为例,90%以上的高校已实施创业教育,开设了100多门创业教育课程。

2.开展多种创业竞赛活动

教育部、科技部共同主办的"春晖杯"中国留学人员创新创业大赛已成功举办多届,涉及电子信息、生物医药、光机电一体化、新能源、新材料、资源与环境、科技农业等高新技术领域。2009年,教育部主办的"2009全国大学生创业大赛"

在深圳举行,全国 61 支参赛队决出了"创业之星"十强。2009 年,教育部、财政部重点支持项目全国高校"创意创新创业"电子商务挑战赛而向全国高校(含港澳台地区)举办大学生学科竞赛。2011 年,教育部《关于做好 2012 年全国普通高等学校毕业生就业工作的通知》要求,各地及高校要广泛开展创业大赛、创业模拟等实践活动。2011 年 3 月全国大学生自主创业工作经验交流会的数据显示,仅 2010 年,各地高校就举办了 2 万多场创业大赛、创业论坛等活动,参加的大学生超过 300 万人次。

3.加强创业教师队伍建设

2010 年,教育部在《关于大力推进高等学校创新创业教育和大学生自主创业工作的意见》中要求,高校要引导各专业教师、就业指导教师积极开展创新创业教育方面的理论和案例研究,积极从社会各界聘请企业家、创业成功人士、专家学者等作为兼职教师,建立一支专兼结合的高素质创新创业教育教师队伍。至 2011 年,由教育部主办的"全国高校创业教育骨干教师高级研修班"已连续举办 9 期,通过交流、借鉴国内外创业教育经验,改革教学内容和方法,提高有关教师的业务素质和教学水平,该研修班共为全国高校培养创业教育骨干教师 1 000 余名。

4.建设大学生创业实践基地

2001 年,科技部和教育部认定清华大学、北京大学、上海交大、复旦大学等 22 所高校为首批"国家级大学科技园",为高校培养创新创业人才、加速科技成果转化、营造创新创业环境,提供了支撑平台。教育部网站相关数据显示,截至 2010 年,我国仅大学科技园在孵企业就有 6 500 余家,科技企业孵化器在孵企业超过 5 万家,从业人数超过 100 万人。国家大学生创业实习或孵化基地能够整合各种优势资源,对大学生开展创业指导和培训,提供创业项目孵化的软硬件支持,是高校开展创新创业教育、促进学生自主创业的重要实践平台。2010 年,教育部会同科技部,以国家大学科技园为主要依托,在全国范围内建立了 66 个"高校学生科技创业实习基地"。各省教育行政部门结合地方实际,建立了省级大学生创业实习和孵化基地,并推动本地区有关地市、高校、大学科技园建立大学生创业基地,充分发挥基地的辐射示范作用。

5.建立弹性学制

教育部于 2014 年 12 月就 2015 届高校毕业生就业工作下发通知,从 6 个方面入手对本届 749 万毕业生的就业问题进行部署。引人注意的是,全面推进创新创业教育和自主创业工作被摆在首位,并明确提出,高校要建立弹性学制,允许在校学生休学创业,加大对他们的资金支持。教育部在通知中也强调,要将创新创业教育贯穿人才培养全过程,面向全体大学生开发开设创新创业教育专门课程,纳入学分管理。组织学生参加各类创新创业竞赛、创业模拟等实践活动,着力培养学生创新精神、创业意识和创新创业能力。通知要求加大对大学生自主创业资金支持力度,多渠道筹集资金,广泛吸引金融机构、社会组织、行业协会和企事业单位为大学生自主创业提供资金支持。

(二)扶持大学生创业的金融政策

大学生创业面临的主要问题之一是缺乏启动资金。据麦克斯研究院发表的大学生就业报告显示,近几年来,80%以上的大学生创业资金来自父母、亲友的支持和个人储蓄。国内对于家庭条件不好的大学生来说,创业资金缺乏是他们进行自主创业的最大障碍。政府部门的各种优惠政策以及金融机构的信用贷款,能够助推大学生们更好地创业。

1.小额担保贷款政策

2006年,中国人民银行、财政部、劳动和社会保障部在联合发布的《关于改进和完善小额担保贷款政策的通知》中提出,自愿到西部地区及县级以下基层创业的高校毕业生,可向当地经办银行申请小额担保贷款,从事微利项目的,由财政给予50%的贴息。2009年,国务院办公厅在《关于加强普通高等学校毕业生就业工作的通知》中规定,登记失业的自主创业高校毕业生,可申请不超过5万元的小额担保贷款;对合伙经营和组织起来就业的可适当扩大贷款规模;从事当地政府规定的微利项目的,可按规定享受贴息扶持。根据中央的政策精神,各地政府也纷纷出台了相应政策。例如河南省规定,大中专毕业生可申请的自主创业小额担保贷款额度不超过5万元,合伙经营的总额一般不超过50万元,小额担保贷款期限一般为2年,可展期2年。从事微利项目(微利项目是指国家限制行业以外的商贸、服务、生产加工、种养等各类经营项目)的,由中央财政据实全额贴息。对符合条件的劳动密集型小企业发放小额担保贷款,其贷款额度在200万元以内的,由财政部门按照中国人民银行公布的贷款基准利率的50%给予贴息(展期不贴息)。

2.创业基金政策

2005年,上海设立了以政府为主导的大学生科技创业基金,并在10余所高校设立分基金。大学生创业企业只要有意向,可以向基金会提出申请,根据不同情况可以获得5万～30万元不等的基金资助。2010年,陕西省出资5 000万元设立高校毕业生创业基金,大学生可申请担保贷款和免担保贷款两种创业贷款,贷款期限内不计息,银行手续费、担保费等也将在创业基金中列支,大学生不用负担。毕业生合伙创业最高可贷款50万元,贷款期间还有创业导师对口指导帮扶。2011年,上海成立青年创业就业基金会,通过三种途径助推青年创业:一是通过共青团中央和全国青联倡议发起的"中青年创业国际计划",为符合条件的青年企业家提供3万～5万元免息免保的创业启动资金贷款;二是通过举办创业大赛,直接奖励优秀创业者2万～3万元不等;三是向已经步入正轨的青年创业企业提供进一步股权融资所需的资金。

3.税费减免政策

2003年,财政部、发改委在《关于切实落实2003年普通高等学校毕业生从事个体经营有关收费优惠政策的通知》中规定,凡2003年应届高校毕业生从事个体经营的,除国家限制的行业外,自工商部门批准其经营之日起1年内免交登记类和管理类的各项行政事业性收费。2006年,财政部《关于对从事个体经营的下岗失业人员和高校毕业生实行收费优惠政策的通知》中规定,毕业2年内的高校毕业生从事个体经营的,自其在工商部门登记注册之日起3年内免交有关登记类、证照类和管理类收费。2010年,财政部、国家税务总局《关于支持和促进就业有关税收政策的通知》中规定,从事个体经营的高校毕业生,在3年内按每户每年8 000元为限额依次扣减其当年实际应缴纳的营业税、城市维护建设税、教育费附加和个人所得税。

4.注册资金优惠

人力资源和社会保障部在《关于实施2010高校毕业生就业推进行动大力促进高校毕业生就业的通知》中要求,对高校毕业生初创企业,可按照行业特点,合理设置资金、人员等准入条件,并允许注册资金分期到位。重庆市规定高校毕业生投资设立注册资本在50万元以下的有限责任公司,依法允许注册资金2年或5年内分期到位。甘肃省规定高校毕业生申请开办注册资本在50万元以下的非公有制企业,其注册资本达不到规定标准的,允许在2年内分期注入,首期注入资本可放宽到规定注册资本最低限额的10%,最低注册资本金可降低为3万元。江苏省规定高校毕业生在毕业后2年内自主创业的,到创业实体所在地的工商部门办理营业执照,注册资金在50万元以下的,允许分期到位,首期到位的资金不低于注册资本的10%(出资额不低于3万元),1年内实缴注册资本追加到50%以上,余款可在3年内分期到位。

(三)扶持大学生创业的培训政策

2011年,国务院在《关于进一步做好普通高等学校毕业生就业工作的通知》中强调,要积极推广成熟的创业培训模式,鼓励高校毕业生参加创业培训和实训,提高创业能力。对高校毕业生在毕业年度内参加创业培训的,根据其获得创业培训合格证书或就业、创业情况,按规定给予培训补贴。辽宁省启动"万名大学生创业培训计划",对实施大学生创业技能培训的机构予以补贴,并为创业者无偿提供产权和使用权归政府所有的房产、土地。福建省开展大学生"十百千万"创业助力计划,在全省建立 10 个毕业生创业培训基地,扶持 100 个毕业生创业项目,为 1 000 名有创业意向的毕业生提供系统的创业辅导,组织 10 000 名毕业生参加创业培训。西安委托陕西省教育学院对大学生进行创业培训,内容包括创业基本理论知识、创业案例分析和西安市创业政策解析以及适当的实例,安排约 30 天 200 个课时。培训资金由市财政给予补贴,标准为每人每期 2 000 元,每课时 10 元,由市多个部门对创业培训定点机构进行考核评估,评估实行动态管理,逐步建立以学员满意度、培训合格率、开业成功率等为指导的创业培训质量评估系统。

(四)扶持大学生创业的服务政策

2010 年,人力资源和社会保障部在《关于实施大学生创业引领计划的通知》中要求建立大学生创业项目库,举办创业项目展示和推介引导活动;积极会同教育部门和高等院校,为在校大学生提供创业指导服务,将创业指导与创业教育、创业培训(实训)紧密结合,指导大学生制订创业计划书,为大学生制定创业路线图;建立完善大学生创业导师制度,组织一批有社会责任感的企业家和专业人士成立大学生创业导师团、专家志愿团等;建立创业大学生俱乐部、创业大学生联合会等多种形式的大学生创业交流平台;发挥创业指导服务中心及公共就业服务机构的作用,提供形式多样的创业服务;为大学生创业提供孵化服务;积极会同有关部门,充分整合政府、企业、高校、社会团体等多方资源,发挥小企业创业基地、科技企业孵化器等的助推作用,利用现有园区和孵化基地的优势,建立一批大学生创业园,为创业大学生提供低成本的生产经营场所和企业孵化服务;将创业实训、创业孵化、创业指导相结合,细化、规范服务流程,建立不同阶段大学生创业的全方位、阶梯形的创业孵化服务体系;根据当地实际,会同有关部门完善创业场地、创业设施等硬件建设,制定大学生创业园区房租补贴、经营场地补贴政策。

2008 年,国务院在《关于促进以创业带动就业工作指导意见的通知》中要求各级政府部门要改善行政管理,禁止任何部门、单位和个人干预创业企业的正常经营,严格制止乱收费、乱摊派、乱罚款、乱检查、乱培训行为。进一步清理和规范涉及创业的行政审批事项,简化立项、审批和办证手续,公布各项行政审批、核准、备案事项和办事指南,推行联合审批、一站式服务、限时办结和承诺服务等,开辟创业"绿色通道"。

2011 年,国务院在《关于进一步做好普通高等学校毕业生就业工作的通知》

中强调,要根据高校毕业生特点和需求,组织开展政策咨询、信息服务、项目开发、风险评估、开业指导、融资服务、跟踪扶持等"一条龙"创业服务。

三、大学生创业政策的实施成效及其问题

(一)我国大学生创业政策的实施成效

1.大学生创业环境得到明显改善

全球创业观察(GEM)对创业环境优劣的衡量有 9 个方面,分别是:金融支持、政府政策、政府项目、教育和培训、研究开发转移、商业环境和专业基础设施、国内市场开放程度、实体基础设施的可靠性和文化及社会规范。2002 年全球创业观察中国报告的数据显示,我国的创业环境综合指数是 2.65,在 37 个 GEM 参与国家和地区中排在第 23 位,处于中下水平。在上述 9 个方面中,突出问题是创业投资的比例很低,创业教育和培训相比西方非常落后,政府项目不多且提供组织服务比较弱,政府为创业企业提供服务的效率相对较低。

近些年来,随着中央及地方政府部门多项促进大学生自主创业活动的财政金融支持政策、税收优惠政策、创业教育政策、培训政策以及服务政策的颁布与实施,大学生自主创业的环境得到明显改善。2014 年 1 月 18 日发布的全球创业观察中国报告的数据显示,2002—2012 年间,我国的创业环境综合指数从 2002 年的 2.69 提高到 2012 年的 2.8,在 GEM 参与国家(共 69 个)的排名为第 36,处于中上水平。

2.大学生创业人数逐年增加

我国大学生创业政策的出台,为大学生创业活动提供了越来越多的政策支持,大学生创业活动更加活跃,创业的人数也呈逐年增加的趋势。在全球的创业活动中,中国处于非常活跃的状态。2006 年全球创业观察中国报告的数据显示,我国的创业活动指数为 16.2%,高于 2002 年的 12.3%、2003 年的 11.6% 和 2005 年的 13.7%,在 GEM 参与国家中排名第 6 位,已远超日本、新加坡、印度、泰国等其他亚洲国家。其中最值得关注的是,受过高等教育的 18~24 岁的自主创业者在创业活动中的比重大幅提高,超过了 20%。这说明,大学生自主创业活动较前几年更为活跃。此外,麦可思研究院发表的就业蓝皮书显示,2010 届大学毕业生自主创业比例达到了 1.5%,比 2009 届(1.2%)高 0.3 个百分点,比 2008 届(1.0%)高 0.5 个百分点。教育部相关数据显示,2011 年全国大学生自主创业人数 15.9 万人,比 2010 年增加 47.2%。这表明随着创业政策的出台,大学生创业人数在逐年增加。

3.促进了大学生就业与地区经济增长

大学生创业政策的积极意义还在于推动创业活动减少了就业压力,促进了经济繁荣,不但能够帮助大学生实现自我就业,新企业还可以向社会提供更多的就业岗位,帮助他人实现就业。2006年全球创业观察中国报告数据显示,有50%的新企业生产了新产品,使用了新工艺,有29%的新企业在未来5年能提供20个以上的工作岗位,有44%的新企业能提供1~5个工作岗位。2006年,我国的创业活动活跃程度高于创业GDP曲线,表明我国的创业活动对GDP贡献的潜力在增加,对未来经济稳定发展起着积极作用。通过提供新颖的产品、新颖的工艺、更多的出口、更多的工作机会,创业活动成为经济增长的主要推动力。

(二)我国大学生政策执行过程中存在的问题

大学生自主创业政策在执行过程中,经历了种种困难与不被理解,最终步上轨道,逐渐被大学生和各级政府所认同。但随着政策执行的深入,由于各地区对其诠释方式的不同,大学生创业政策在执行过程中不可避免地遇到了执行偏差,使得政策的中心主旨发生了变异。如若不重视,将会削弱创业政策实施的效果。

1.偏重减轻就业压力而忽视其深层含义

国家提出大学生自主创业政策的初衷是缓解大学毕业生的就业压力,但是在政策逐渐推行的过程中,我们又挖掘出其更深一层的执行意义——打破传统就业常规,唤起大学生的创造潜力,激发大学生不服输的意识,提升大学生的自身素质,培养他们自立自强的精神等。正是这一深层含义,使得国家将大学生创业政策推广至今。创业政策推行到现在,已经远远不是为了缓解就业压力,而是为了转变大学生传统的就业观念,树立其远大的人生理想,唤起其活力和潜力等,其推行意义远远超过初衷。但是在执行这一政策的过程中,有些地区往往遵循其提出的初衷而淡化了其后来衍生出的深层含义,导致各地大学生创业政策的出发点往往是救急。这在一定程度上弱化了大学生的创业精神,容易使创业者在创业过程中产生浮躁心理,不利于其潜能的激发和创造力的展现。

2.过于看重创业的结果而偏离了政策的导向性原则

由于大学生投资创业存在一定风险,所以并不是每一个自主创业的大学生都能够收获成功的,这是大学毕业生选择自主创业前所顾虑的一个重要问题,也是大多数毕业生宁愿降低身价去为别人打工而不选择自主创业的原因之一。为了扭转这一局面,各地政府部门推出的创业优惠政策大多是针对一些低技能、简单化、可行性强的个体运营企业,如连锁餐饮公司、家政服务公司、货物运输公司,这种无形中引导准备自主创业的毕业生选择简单、零技术的投资方向的做法虽然很务实,也能大大提高大学生创业的成功率,但是在一定程度上扭曲了政策的导向性原则,忽视了大学生的潜能的激发,削弱了他们的竞争意识,让他们在大学中学到的技能和知识难以得到应用。长此以往,会使大学在校生、即将升入大学的学生以及家长产生"读大学无用,还不如直接去经商"的错误看法,降低了年轻人的求学意识,影响社会的发展。

3.各项创业优惠政策难以真正实施

国家为了鼓励大学生创业而出台的一系列创业优惠政策,如简化相关手续审批流程、减免税收、为大学生创业贷款提供担保、降低贷款利率、为毕业生免费保管档案、免费提供创业咨询服务、为创业企业员工进行免费培训和测评等,为大学生创业活动提供了一定的便利条件,但其中一些政策界定得并不十分明确,给实际操作带来了一定的困难。有些在执行过程中变了样,尤其是在经营领域、融资渠道和税收优惠等关系到大学生创业的关键问题上,创业者并没有享受到真正的优惠待遇。一些地方政府甚至出于自身利益的考虑,并没有很好地落实国家下达的相关政策,对其采取"上有政策,下有对策"的执行方式,即剔除不利于地方政府利益的政策,只执行一些优惠力度较小的政策等;或采取变身术,在政策地域化的过程中曲解国家扶持政策等。至今仍然有些地方向大学生创业者收取人事档案管理费用,而各大银行出于贷款安全方面的考虑拒绝为创业者提供信用贷款,某些地方税收机关虽然碍于国家政策而不得不减免大学生创建企业的税收,但为了不影响政府财政部门的税务收入而向其收取其他名目的费用以充抵税收,有些地方应国家要求所建立起来的大学生自主创业中心有名无实,里面的工作人员对大学生创业方面的知识知之甚少,他们并不能为大学毕业生提供有价值的创业建议和创业风险评估,致使创业咨询中心徒有虚名而不能真正发挥作用,再加上户口、档案和职称评定等问题也成为创业大学毕业生不得不面临的现实问题。

4.各大高校开展的创业教育偏离政策预期

受到大学生创业政策初衷的影响,各大高校的领导、教师、学生以及家长都认为创业是为了缓解就业压力施行的不得已而为之的做法,这些误解大学生自主创业本质意义的看法使有些高校对创业教育活动的开展并不十分热衷,甚至偏于冷淡。目前,大多数高校开展的创业教育均是对大学生创业政策的机械执行,所开设的创业教育课程缺乏系统性和针对性,这些课程大多只是创业知识的概述,缺乏对创业实践的讲解与操作,缺乏创业教育方面的师资力量。现今高校创业教育方面相关课程大多由学院辅导员来讲授,他们并不是这方面的专家,对大学生创业政策方面的相关知识了解不足,无法胜任创业教育课程的教授,授课质量无法保证;学校与社会企业联系不足,对学生的创业教育又停留在纸上谈兵的状态,并没有让学生进入到相应的企业中进行实践。

第四节　创业环境的定义与类别

早期的创业研究侧重于考察创业者才能、个性特质和社会文化背景等,随着研究深入,创业环境研究引起了学者们的重视,创业环境已成为影响创业的核心要素。

一、创业环境的定义

20 世纪 30 年代,Weber、Barnard 等管理大师开始对创业环境问题进行开创性研究。Barnard 从组织与协作理论角度,提出组织行为可看作是对环境条件的反应。达夫特(2003)定义组织环境为存在于组织边界之外,可能对组织局部或整体产生影响的所有因素。Gnywali & Fogel(1994)认为创业环境是创业者进行创业活动、实现创业理想过程中必须面对和能够利用的各种因素的总和。国内学者对创业环境概念的研究大致包括三种:一是平台论,把创业环境看作创业活动的平台,认为创业环境是政府和社会为创业者创建新企业所搭建的一个公共平台(叶依广和刘志忠,2004);二是因素论,认为创业环境是创业过程中发挥重要作用的各种因素的组合(张玉利和陈立新,2004);三是系统论,认为创业环境是创业的外部条件,是由综合因素构成的多层面的复杂系统(池仁勇,2002)。

关于创业环境与创业关系的理论解释主要有两种:一种是资源依存理论,另一种是种群生态学理论。资源依存理论认为,组织不可能从内部生成所有的必要资源,所以任何一个企业组织都处于一种与环境因素相交易的关系。新企业的创建、生存和发展与其获取可预测的、稳定的必备资源的能力具有直接关系。种群生态学理论是以组织群落作为分析单位,通过检验企业的,特别是新创企业的"出生率"和"死亡率"来研究进化和选择。该理论认为,组织的生存和发展不仅依赖于必要资源的可获得性,而且也与取得资源的合法化和具备的市场竞争能力密切相关。

综上,结合我国经济社会发展的特点,本书认为创业环境是创业者在一定的创业平台进行创业活动,实现创业理想过程必须面对的和能够对创业活动产生影响的各种外部环境因素的总和。

二、创业环境的类别

创业环境的类别主要包含以下 5 种:

(一)政策制度环境

政策和制度环境可以为创业者创造新的市场机会,有利于企业创新性发展。例如,政府制定的税收优惠政策、金融政策、贸易政策、福利政策等会直接影响创业者的创业决策和企业选择。

(二)经济环境

创业机会不仅取决于人口数量,还取决于居民实际购买力。实际购买力取决于可支配收入、储蓄、信贷和债务等。不同国家和地区,收入水平和分配及产业结构差异很大。全球产业结构包括四种:自给型经济,无法产生创业机会;原料出口型经济,较容易出现工具、设备、消费品和奢侈品的创业机会;工业化进程中的经济,新的富有阶级和扩大的中产阶级对某些新产品有需要,这些市场容易产生创业机会;工业化经济,各种产品或服务都容易出现创业机会。经济环境影响着家庭收入分配、消费者储蓄、债务和信贷适用性等,从而影响消费支出能力。在高储蓄国家和地区,新创企业获得资本相对容易,并能以较低资金成本开展创业活动。而债务—收入比高的消费者更可能去购买新产品或服务,从而为创业者创造更多创业机会。

(三)技术环境

新技术和新产品不断涌现是未来技术创新的主要驱动力,新技术的"创造性破坏"带来无限的创业机会。同时,多样性的技术渠道和畅通性的技术转移对新创企业的绩效产生积极影响。

(四)社会文化环境

人们赖以生存的社会环境造就了人们的价值观和世界观。不同的社会文化环境影响着人们的生活方式和消费方式,产生了来自不同地区、不同群体的消费需求,从而形成了不同的市场。随着地理迁移的便利性和追求个性化的需求,大众市场日益转变为更加分散的具有个体差异特性的小众市场,每一个群体都有其独特的爱好和消费特征。创业者对于社会文化环境的变化产生的新市场、新业态的深刻认识和有效把握可能会创造出新的创业机会。

(五)自然环境

原材料短缺、能源成本增加、环境污染治理使得创业者在勘探、开发和研发新材料、新能源或节能产品等方面有很大的创业机会。面对自然环境的变化,人们在优化生态环境、促进社会经济可持续发展方面,为创业者提供了广阔的发展空间。

三、我国当前创业环境的特点

(一)促进创业带动就业已经成为共识

创业,是最积极、最主动的就业,它不仅能解决劳动者的就业问题,还能通过带动更多就业产生倍增效应。在我国,每新增1个个体工商户,可以带动2人就业;每新增1个私营企业,可以带动13人就业。创业的倍增效应在不少城市的实践中得到验证。比如2007年宝鸡市有2 730人成功创业,带动就业2.91万人。2004年以来,深圳共培养孵化创业成功小老板近1 000名,直接创造就业岗位近6 000个,占全市促进就业人数的10%左右。可见,深圳改革开放30多年的历史,就是一部创业史。弘扬创业精神,营造创业环境,发挥创业带动就业的作用,正在成为全社会的共识。

(二)结构调整和体制改革为创业提供有利条件

当前和未来十几年,我国处于创业、创新的黄金时代,我国经济运行中的结构调整和体制改革,为促进创业带动就业提供了有利条件。

首先,经济发展为创业提供了基础。国内外经验表明,在成熟稳定的经济体中,创业机会并不多。而我国为促进国民经济又好又快发展,关键要在加快转变经济发展方式、完善社会主义市场经济体制方面取得重大进展,从而为创业者充分施展才能提供广阔的空间。

其次,我国广阔的市场为创业提供了机会。经过近30年的高速增长,我国经济总量和市场容量大大增加,成为世界第四大经济体,市场需求旺盛,为创业提供了机遇。随着我国经济发展更加注重提高自主创新能力、提高节能环保水平、提高经济整体素质和国际竞争力,以及新技术的涌现、互联网的运用、新能源和新材料的开发,为创业提供了全新的空间。

(三)创业服务体系亟待健全

我国创业服务体系亟待健全。"十五"期间,全国有150万人参加了创业培训;"十一五"期间培训了200万人,但远远满足不了市场需求。从地域来看,创业咨询和服务人员大多分布在我国的大中城市,中小城市仍然非常缺乏开业指导和创业培训;从部门来看,创业咨询和服务人员主要分布在劳动保障系统的公共创业服务机构内。此外,我国创业金融服务薄弱,资金问题是创业企业初创和发展过程中的重大制约因素。根据《中国企业家》杂志 2007 年的调查,被调查的147 家企业中,78.3%的企业创业资金来源于创始人的自有资金,8.7%的企业创业资金来源于团队集资以及风险投资,而没有一家企业的创业资金来源是银行贷款。可见,城市创业金融体系还很难对创业企业提供有效支持,非正式投资占绝对主导地位。我国在信息服务、市场拓展服务等方面也做得还不够,导致不少创业者刚开始创业时不知道应该从哪里做起。

第五节　创业环境的作用与优化

一、创业环境的作用

(一)公共政策环境的影响

Dana(1990)对马来西亚的实证研究显示,政府设立的商业发展部门过多的程序要求和集中的权力阻碍了创业,同时在圣马丁的研究中提出商业规章过多压制了创业增长。Young & Welsch(1993)指出政府规章过多、税率高、通胀率增长、营运资本缺乏、获取贷款困难和货币价值的季节性波动是墨西哥创立企业的关键障碍。Fonseca 等(2001)认为政府制定的政策和法律对于创业者的意愿和行为都具有重要影响,创建企业成本高的国家,个人成为创业者的意愿很低。张玉利和陈立新(2004)认为,政府通过行政体制和市场体制改革对市场机会产生重要作用,特别是经济转型国家,政府的改革和开放政策通过经济增长和市场变化率影响创业机会。信继欣和彭华涛(2007)研究发现,政府通过政策支持、法律规范及优良服务,营造公平、友好的创业环境,可以激发区域的创业活动。赵西华和周曙东(2006)调查发现,政策支持、创业环境、创业资本、创业经验和胆识等因素的缺乏影响了农民创业。

(二)经济文化环境的影响

Bosma & Harding(2007)研究发现,人均 GDP 相近的国家表现出类似的创业活动,国际上的创业活动水平随着人均 GDP 的变化呈现显著不同。朱明芬(2010)实证分析了农民创业行为的影响因素,结果显示,区域经济发展水平对农民创业与否起着决定性的作用,地区经济越发达,农民创业越容易。袁应文

(2008)研究认为,社会和公众对创业活动的积极态度对激发人们的创业意愿有重要影响,如果社会大多成员怀疑创业的可行性,创业意愿将受到抑制,创业活动难以发展。崔萌(2010)研究认为创业氛围对创业成功率有着显著的影响。钟王黎和郭红东(2010)实证分析表明,农民亲朋好友中创业人数与其创业意愿呈正相关,农民受周围创业氛围的影响,创业意愿更强烈。

(三)教育培训环境的影响

Pennings(1982)、Hawkins(1993)研究表明,提供创业培训和咨询服务能提高新创企业诞生率。Hyungrae & Lee(1996)对韩国48家新创企业的研究表明,受教育程度对创业具有积极影响,有教育背景的创业者比没有教育背景的创业者更有可能获利。Turker & Selcuk(2009)调查表明,如果高校能提供足够的创业教育和激励,年轻群体的创业者数量会有所增加。张秀娥、王冰、张铮(2012)认为,教育和培训是创业活动开展的必要条件,也是创业者将潜在商业机会变为现实的基础,创业者掌握创业技能对选择创业方向和把握未来企业发展路径十分必要。

(四)金融服务环境的影响

Pennings(1982)发现融资渠道的可获性对新创企业诞生率有重要贡献。Hawkins(1993)调查发现,日本大部分创业者通过信用保证协会或地方政府获得了创立企业的贷款,促进了创业的发展。Meier & Pilgrim(1994)实证研究表明,在发展中国家,缺少创业资金,信贷计划以及金融体系的制约是影响潜在创业者创新和成功的最大障碍。Bartik(2001)对美国的区域创业环境研究显示,金融市场中的创业投资、政府税收等因素的差异决定着区域创业活跃程度的不同。Kenschnigg & Nielsen(2004)通过建立有双重道德风险的创业融资模型,分析出税收政策对激励机制有很大影响,对创业投资的发展具有明显的促进作用。

(五)基础设施和自然环境的影响

完善的农村基础设施可以在充分开发利用现有资源、引进外部资源、提高生产效率三个方面促进农村经济发展,因此,农村基础设施建设被视为农村创业者进行创业的必要条件(Fox等,2001;Skuras等,2000;孙红霞等,2010)。Marshall(2001)认为信息通信技术能把先进的城市金融服务普及到农村地区,改善农村教育,推动农村创业。Ba等(2000)认为农村要鼓励农民创业,必须具备良好的信息通信技术,因为信息通信技术有助于小企业针对特定的目标顾客设计专门产品,并与大企业形成有效竞争。王天权(2006)认为,农村交通设施、信息化通信设备落后,农民获取信息和知识的渠道少,制约了农民创业的发展空间,而农村基础设施的改善,各级政府招商引资条件优惠等条件使相当一部分有创业意愿的农民选择返乡创业。农村地理位置决定信息资源的可获性程度，影响企业投入和产出成本、信息传播和政策执行，从而影响农民创业及企业的发展（North 等，2000）。自然资源、地貌风光等客观上也会造成农村创业机会的差异，影响农民的创业行为（孙红霞等，2010）。林斐（2004）认为，利用本地资源条件是农民工返乡创业的基础驱动力，农民返乡创建企业多是依托当地资源建立和发展起来的。

二、大学生创业环境存在的主要问题

自 1998 年清华大学首开"创业计划大赛"以来，大学生创业潮方兴未艾。当前，我国正处于国际、国内的大变革之中，世界科技革命浪潮、全球经济一体化以及国内经济和社会转型等，为大学生创业提供了广阔的舞台。然而，由于多种因素的影响，我国大学生的整体创业环境尚存在一些亟待解决的问题，与蓬勃发展的大学生创业活动还不太匹配，主要体现在以下几个方面：

（一）缺乏有力的创业扶持政策

近年来，中央政府及地方各级人民政府高度重视大学生创业，出台了一系列优惠政策，对大学生创业起到了积极的推动作用。如浙江省规定，大学毕业生选择自主创业的，除国家限制的行业外，可在 3 年内免交登记类、管理类和证照类的各项行政事业性收费。同时，还可以向当地经办银行申请小额担保贷款，对从事微利项目的，贷款利息由财政承担 50％。然而，由于大学生并非我国现阶段创业大军的主体，因而政府对大学生创业的扶持并没有上升到战略高度，各项工作都处于启动阶段，还有待进一步加强。一方面，从中央和地方出台的各项扶持政策来看，主要集中在创业企业注册、税收和资金支持等方面，而针对大学生创业教育、培训和指导等方面的政策则明显不足，而且各个职能部门都是基于各自的视角制定相应的政策，不太注重各项政策之间的协调和整合。另一方面，一些优惠政策缺乏相应的配套措施和实施细则，难以执行。据了解，不少大学生创业者在办理各种登记手续时，由于相关部门不知如何操作，结果还是按正常程序走，大学生创业者并没有受到优惠待遇。此外，在实际操作中，有关资金扶持的创业政策对大学生创业企业的规模、创业领域等具有一定的要求，能享受到这些优惠政策并不是一件容易的事情，再加上本身的资金支持力度不大，从而使很多大学生创业者没有申请的积极性，政策的执行效果大打折扣。

(二)创业教育和培训体系不健全

有学者指出,系统的创业教育是大学生成功创业的重要保障。发达国家基本上都有比较完善的创业教育体系,如美国的创业教育贯穿小学、初中直至研究生的整个正规教育过程。我国的大学生创业教育始于20世纪末,以1998年清华大学举办的大学生创业计划竞赛为开端,主要着眼于解决大学生的就业问题而不是培养创业人才,虽然取得了一定的成绩,但与国外相比仍然存在较大差距。作为当前大学生创业教育的重要基地,各个高校虽然也重视大学生创业教育,但由于受办学理念和应试教育等因素的影响,并没有将创业教育上升到应有的高度,缺乏对创业教育的正确认识。在教育对象上,很多高校只是将大学生创业教育视为就业指导工作的一部分,主要面向即将毕业的学生,而没有将其融入大学生培养的全过程;在教育师资方面,高校教师大多是学术专家出身,普遍缺乏创业经历和实践能力,难以胜任大学生创业教育的需要;在课程体系设置方面,创业教育课程所占的比重偏低,有的甚至没有列入培养计划;在教育方式上,偏重于理论教育,如向大学生灌输创业的意义以及创业的基本知识,忽视对大学生创业技能的培养。除高校外,很多地方政府也都针对大学毕业生开展了创业培训活动,收到了一定的效果,但培训的层次总体上还比较低,培训内容的针对性也不强,而且缺乏系统性和连续性,难以收到预期的培训效果。

(三)创业融资面临较大困难

资金是任何创业者都必须具备的一项重要资本,对大学生创业者来说更是如此。如果缺乏足够的资金支持,大学生创业就很难取得成功。一项有关大学生自主创业的调查显示,大学生创业资金中有82%来自个人和家庭,其他渠道的融资则非常有限。不少大学生尽管具有很高的创业热情,但因为缺乏足够的启动资金而没有实施创业或因为中途资金缺乏而导致创业失败,"资金条件"被受调查的大学生列为创业失败的主要原因之一。虽然政府部门和一些高校设立了专门的大学生创业扶持基金,但基金规模普遍不大,而且由于牵涉面广,对大学生创业个体的扶持力度较小。据了解,一些高校对大学生创业的启动扶持资金少的仅有几百元,最多也就几千元,主要目的是激发大学生的创业意识,实际帮扶作用并不大。同时,社会上尽管也有一些风险投资基金,但由于我国的资本市场还不完善,而且风险投资机构对投资项目的发展前景和创业团队的管理能力等要求较高,现实中很多大学生根本达不到这么高的要求,申请风险投资对大多数大学生创业者而言可望而不可即。此外,由于大学生创业申请的信贷额度一般较小,且缺乏有效的信用担保,银行出于控制信贷风险、降低信贷审批成本等方面的考虑,也往往不太愿意给大学生创业项目提供信贷支持,因此使国家出台的相关信贷优惠政策难以得到有效执行。

(四)缺乏良好的创业文化环境

我国延续几千年的传统文化比较强调安稳、守旧,而不太鼓励创新和创业。尽管改革开放已有 30 多年,但传统文化中的一些消极因素对当前的创业仍然产生较大的负面影响。从整个社会来看,虽然有很多人通过自力更生、艰苦创业取得了成功,也引起了很好的社会反响,但社会的整体创业氛围还不够浓厚,依然有不少人认为学生考上大学就是端上了"铁饭碗",毕业后就应该去政府机关、事业单位工作或者起码到大公司就职,对选择自主创业的大学生则会产生诸多联想和猜疑,认为其没本事找到好的工作才去创业。一般而言,家长也都希望子女在毕业后能找到一份稳定的工作,而不太支持甚至坚决反对子女去冒险创业,压抑了不少大学生的创业欲望。同时,当前社会上流行"以成败论英雄",颂扬成功的创业英雄却难以宽容创业失败者,从而使大学生在放弃"工作"选择去创业时面临很大的心理压力,担心创业失败而不敢大胆开拓。除了缺乏良好的创业文化外,我国当前整体的社会诚信文化意识还比较淡薄,一些人不以失信为耻反以失信为荣,各种违法、违规经营和商业欺诈行为屡见不鲜,严重扰乱了市场经济秩序,给涉世未深、缺乏商场历练的大学生创业者带来了很大阻碍,影响了大学生创业活动的顺利开展。

三、优化大学生创业环境的基本对策

金融危机尽管对我国的实体经济和大学生就业产生了较大冲击,但同时也给大学生创业带来了难得的机遇。从中央到地方,各级政府陆续出台了一系列经济刺激方案,对经济复苏、积极就业、引导创业起到了积极的促进作用,大学生创业所面临的经济环境必将得到逐步改善。除此之外,我们认为,还应该从以下几个方面着手,进一步完善大学生创业环境。

(一)强化扶持政策,为大学生创业提供有力的政策支持

国外的成功经验表明,政策扶持是大学生创业的重要保障。在我国大学生创业尚处于起步阶段的情况下,政府政策的支持无疑具有更为重要的意义。因而,各级政府都要在现有的基础上更加重视大学生创业,将其作为"促就业、保民生"的一项战略性工作来抓,进一步强化大学生创业扶持政策。一方面,政府应深入调研分析大学生的创业现状,了解大学生创业的真正需求,以增强各项创业扶持政策的现实针对性。要切实加强相关职能部门之间的沟通和协调,整合政策资源,充分发挥政策的合力效应。另一方面,要继续加大对大学生创业在行政

事业收费减免、税收优惠等方面的力度,并通过多种渠道筹集资金,扩大创业专项扶持基金的规模,同时要制定更具操作性的配套措施和实施细则,以利于政策的贯彻落实,让更多的大学生创业者能够比较便利地享受到优惠政策带来的好处。此外,针对大学生创业中普遍遇到的资金缺乏和银行融资难问题,应进一步完善信贷政策,相关金融机构尤其是国有银行要切实执行国家政策,在信贷风险可控的前提下优先为大学生创业项目提供低息贷款,简化贷款审批程序,增加信贷额度,必要的时候可由政府、高校等以适当的方式为大学生申请贷款提供信用担保,以缓解大学生创业的资金压力。

(二)加强高校创业教育,为大学生创业奠定坚实的基础

创业教育是高等教育发展的内在要求和必然趋势,它是一种全新的教育理念,在传统教育的基础上更加注重培养学生的创业意识、创业精神、创业品质和创业能力。在当前建设创新型国家的时代背景下,高校要肩负起为社会培养创新创业人才的使命,逐步建立并完善大学生创业教育体系。一方面,高校要结合当前大学生的思想状况和创业需要,进一步加强和改进大学生的思想教育工作,通过多种方式引导广大学生树立正确的人生观、价值观和强烈的社会责任感,努力培养其吃苦耐劳、勇于面对挑战、自信心和诚信等良好的创业人格,为创业奠定坚实的思想基础。另一方面,高校的创业教育应建立在对教学内容和教育方式改革的基础上,注重创新和实践。要继续深化课程体系改革,加大创业教育课程以及实验、实习和社会实践等教学环节在整个课程体系中的比重,建立健全相应的教育质量评价体系,将创业教育贯穿于大学生培养的全过程。此外,高校要充分利用社会资源,加强与相关政府部门和企业界的联系,建立大学生创业教育实习基地;邀请社会上的一些创业成功人士到学校开设创业讲座,灌输创业理念,激发大学生的创业意识,拓宽大学生的创业知识面,增强大学生的创业自信心。

(三)加快发展中介机构,为大学生创业提供完善的社会服务

发达国家由于创业发展起步较早,一般都有比较成熟的市场化运营的创业中介服务体系,对创业起到了积极的推动作用。而在我国,创业尤其是大学生创业的发展时间较短,尚处于起步阶段,相关中介服务体系很不健全,难以对大学生创业形成有效的支持。因而,现阶段对大学生创业的扶持还只能以政府为主导。但随着各方面条件的不断成熟,我国也将会像国外那样走市场化的路线,以各种社会中介机构作为扶持大学生创业的主体,而政府则主要做好相应的服务和监管工作。当然,中介机构的发展壮大不是一蹴而就的事情,而是一个长期过程。相关政府部门要充分认识到中介机构在未来促进大学生创业发展中的重要作用,加快发展以服务创业为宗旨的各类社会中介机构。在这方面,可借鉴国外的有益经验,结合我国的具体国情,通过政策引导、资金扶持等多种方式,积极推动中介机构的发展,并加强相关领域的立法工作和制度建设,建立规范、完善的中介机构市场运行机制,为大学生创业提供专业咨询、项目评估、信息查询、信用担保和创业技能培训等多方面的服务,以弥补大学生自身创业存在的资金、知识和技能等方面的不足,促进大学生创业的健康、快速发展。

(四)培育创业文化,为大学生创业营造良好的社会氛围

人是环境的产物,社会文化环境会对人的价值观念和行为方式等产生潜移默化的影响,其中既有积极影响,也有消极影响。就大学生创业而言,社会文化环境的影响也是不容忽视的,大学生创业意识的形成、创业行为的产生和创业活动的顺利进行等都离不开良好的社会文化环境的支持。相关政府部门在加强大学生创业硬环境建设的同时,应进一步强化创业软环境建设,充分认识到社会创业文化对大学生创业的重要影响,加快建立以政府为主导,高校和其他社会力量共同参与的创业文化建设机制。在具体实施方面,要综合利用电视、报纸和网络等多种媒介,加大舆论宣传力度,发挥创业成功人士的榜样作用,破除当前一些社会陈旧观念的束缚,在全社会营造起一种创业型的社会文化,形成鼓励创业、尊重创业、宽容失败的良好的社会文化氛围,为大学生创业创造宽松、和谐的环境,从而激发更多的大学生投身创业浪潮。此外,要通过加强立法和制度建设以及宣传教育等多种途径,加快我国社会信用体系的建设步伐,在全社会树立守信光荣、失信可耻的观念,并形成一处失信、处处受制约的良好机制,增强全体公民的诚信意识,为大学生创业营造公平竞争、诚信经营的市场环境,促进大学生创业活动的健康开展。

案例分析

有班不上加盟连锁/创业不是为赚钱

【导读】

2014年4月1日,烟台大学人文学院大三男生小李的新店开张了,取名"天下第一粉",专做重庆特色小吃酸辣粉,开张第一天人满为患。小李已在老家找好了工作,在一所高中当语文教师,可小李说,他不满足那种按部就班的上班族生活,更青睐自己创业。他做通了家里人的工作,先在学校干点小生意,练练手,为今后走上社会积累经验。今年3月,他联系到青岛台东八路的"天下第一粉"连锁店,花5 000元学费将手艺学到手,开了这家店。

小李说,家里给了他5万元创业费,租门面花了2.5万元,加盟费花了5 000元,买设备花了3 000元,加上其他各种费用后所剩无几,只留下了周转资金用来进货。酸辣粉5元一份,每份能赚2元,每天都能卖出去60多份。当记者问及创业风险时,小李说,自己创业虽有风险,但能从中学到很多东西,这是用金钱难以买到的。

同样是烟台大学大三男生的小杨个性开朗,他与同学合伙经营的小服装店已红红火火地热卖一年了。小杨称,他一直是背着家里人开店创业的,如果家里知道了,一定不会让他干下去。因为没有启动资金,小杨刚开始每学期开学的学杂费就会先期投到店里来,等一学期下来,赚够了学费再补交上去。现在,小杨每月都有几千元的进项。虽然平时每隔一两周都要到北京、上海、西安等地去进货,但他把时间安排得非常有条理,课程并未受到影响。由于怕耽误上课,他还从校外雇了个人来看店,每月给的工资不低于社会上同样的工种,俨然一个标准的学生小老板。

尽管小店经营得有声有色,小杨却称,他创业并不是为了赚钱,老家有产业,但他也不想回去,他准备考研,继续给自己充电,等过段时间就把旺铺转让出去。

【分析】
当前我国大学生创业的优惠政策已经相当成熟,作为一个大学生应该如何利用现有的优惠政策更好地创业并使自己的创业有较好的持久力?

思考与练习题

1.不同国家的大学生就业政策有不同的特点,请分析不同国家大学生就业政策的优缺点。

2.结合我国当前的创业优惠政策,谈谈如何更好地发挥这些创业政策的作用。

3.在深入分析我国创业环境的基础上,谈谈如何更好地创业。

4.国家鼓励大学生创业并出台了各种优惠政策,这是否说明鼓励大学生创业是解决就业问题的一条捷径?

5.请结合您自己以及身边大学生的创业故事,评价一下我国当前的创业环境。

参考文献

[1]沈超红、彭巍:《国外创业环境研究内容分析》,载《湖南大学学报》(社会科学版)2010年第1期。

[2]谢慧明:《我国创业政策比较研究及国外创业政策的启示》,载《经管研究》2013年第3期。

[3]段美:《大学生创业能力培养》,河北农业大学 2011 年硕士学位论文。

[4]时丽红:《我国大学生创业政策研究》,郑州大学 2012 年硕士学位论文。

[5]吉祥华:《国内外创业环境研究综述》,载《中国集体经济》2013 年第 8 期。

[6]吴晓红、刘金升:《大学生创业能力提升策略研究》,载《黑龙江教育学院学报》2014 年第 3 期。

[7]赵璐诗:《美国、荷兰政府对大学生创业政策扶植经验及启示》,载《商业经济》2013 年第 1 期。

[8]谭远发、邱成绪:《中国创业十年变迁及其政策研究——基于全球创业观察视野》,载《中国劳动》2013 年第 10 期。

第四章

创业者

在关注大学生创业政策与环境的同时,我们也需要分析和了解创业者的素质能力、创业动机以及创业意愿等。从个体要素的角度来了解什么样的大学生适合创业、创业的推动力是什么,从而更好地认知自身是否具备创业素质能力和动力机制,也是非常重要的。本章分别讨论创业者的素质和能力、创业动机的概念与分类、创业动机的驱动因素以及大学生的创业意愿与能力,帮助大学生了解什么样的人才能成为一个成功的创业者。

第一节　创业者的素质和能力

一、创业者素质的定义

如前文所言,创业已经是一种普遍的社会经济现象,也是当今国际社会发展的重要主题。创业者是创业活动的推动者和实施者,回顾和分析创业者的素质对理解和推动大学生的创业有重要的意义。国外学者早在 18 世纪就开始对创业者素质特征进行了研究,他们从不同角度对创业相关概念进行了广泛的探讨和挖掘。纵观相关研究,国外学者及专家都倾向于运用各种素质特征对创业者进行界定,将其概念化。

所谓素质特征,英文为 competency,是哈佛大学麦克利兰教授(1973)根据大量的实证研究结果提出的,指和参照效标有因果联系的个体的潜在特征。具体来说,素质是指能够将某一工作中表现优秀者与表现一般者区分开来的个体潜在的深层次特征。

法国经济学家 Richard Cantillon(1755)首次提出创业者一词,并将其定义为"敢于冒险开创一项新事业并勇于承担责任的人";法国经济学家 Say(1800)明确给出了创业者的定义,他将创业者描述为经济活动过程中协调资金和劳动力关系的代理人,是开创一个事业或企业的经济个体;Frank Knight(1921)赋予创业者不确定性决策者的角色,认为创业者要承担由于创业的不确定性所带来的风险;由于创业活动中会产生大量的创新行为,所以奥地利著名经济学家Schumpeter(2000)将创业者形象地比喻为创新者。创业过程中往往伴随着大量的创新,如产品的创新、服务的创新、商业模式的创新。创业者是指导并能够创建新企业的人。他们能有效地协调各种稀缺资源并进行有效的综合,最终做出明智决策(Casson,1982)。他们往往具有高敏感性,能够敏锐地发现市场并获得创业机会(Kirzner,1997),通常这种敏感性能将他们与一般人区分开来。在现代经济中,创业者扮演着极其重要的角色(Lazear,2005)。香港创业学院院长张世平(2008)认为,创业者是一种主导劳动方式的领导人,是一种需要具有使命、荣誉、责任能力的人,是一种组织、运用服务、技术、器物作业的人,是一种具有思考、推理、判断的人,是一种能使人追随并在追随的过程中获得利益的人,是一种具有完全权利能力和行为能力的人。近年来,专家学者对创业者素质特征有了更进一步的认识。Deakins & Freel(2009)认为,创业者是企业资源和生产要素的组织者,他们是经济产生变革的催化剂。2009 年英国著名财经杂志 Economist 专题报道了创业者,并称创业者为"全球英雄"。Minitti(2010)提出创业者的行为取决于个人素质特征,但是也与社会经济因素有很大的关系,所以对它的界定应该涵盖这两个方面。Minitti 的观点给创业者素质特征的研究注入了新鲜的思想。可见,国内外专家学者对创业者素质特征看法不一,众说纷纭,这一方面表明了国外学者对创业者素质特征研究的重视,另一方面也揭示了国外学者在创业者的含义认识上存在着差异。但值得注意的是,他们都倾向于将创业者行为归结为创业者某些素质特征的结合,这进一步证明研究创业者素质特征的重要性。

在中国,随着改革开放的深入,传统的高度集中的计划经济体制在中国逐步解体,社会主义市场经济体制逐步建立起来并得到快速发展,创业活动正处于前所未有的机遇时期。实践的迫切需要推动了理论研究的发展。近年来,国内学者也对创业者的素质特征进行了广泛的研究。但较国外发达国家而言,中国大多数研究都是对国外相关研究的翻译或者是简单模仿,并没有形成自己的研究方法及体系。

综上,本书认为创业者是特指开创一个事业或企业的特定群体及个人。成功的创业者往往具有与表现一般者区分开来的个体潜在的深层次特征。

二、创业者的心理素质

早在 1970 年,Homaday 和 Bunker 在《人事心理学》一书中就开始讨论成功创业者的心理特征。一些研究者认为,那些拥有创业心理特征的人比不具备创业心理特征的人具有更高的实施创业行为的倾向。Kirzner(1973)提出了一个描述创业者心理认知特征的术语——敏感。他认为创业者具有一般人所不具有的能够敏锐地发现市场获得机会的"敏感",只有具备这种敏感的人才能被称为创业者。Kirzner 的理论引发了许多心理学学者对于创业问题的研究,特别是对创业者心理特性、成就感动机、冒险倾向等方面的研究。以往创业研究文献表明,成功创业者一般具备下面几方面心理特质:成就需要、内控倾向、风险承担倾向和自我感知能力等。

(一)成就需要

McClelland(1967)从成就动机理论出发对成功创业者特征进行了分析,从心理社会学角度出发,提出为什么在某个时间点上,某些社会存在经济和社会的高速增长。他把这种增长归结于这些社会中的大多数人的成就需要,认为成就需要是从文化中获得的,是创业者的关键心理特征。高成就需要个体具有以下特征:对决策承担个人责任、设置目标并努力实现、有反馈的需要。后来的研究也验证了很多成功创业者有高成就需要(Beglev & Boyd,1986;Johnson,1990)。另有研究者对创业者和其他群体在成就需要方面进行了比较,结果表明创业者的出现和成就需要之间存在密切关系。可见,创业者应当具备一定的成就需要来推动他们实施创业的行为。由于有了争取成功、追求优越感、希望做得最好的需要,他们就有了更多的创业推动力。这些心理特征表现在:为自己设定挑战性目标,喜欢通过自己的努力解决问题,要求立即得到反馈信息,弄清楚工作结果等。

(二)内控倾向

内控倾向是个体相信通过他们的行为能够控制事件的发生(Rotter,1966)。研究者认为创业者较其他群体具有更高的内在控制源,但此方面的研究结果并不像成就需要那样显得一致。虽然高自我控制是成功经理与成功创业者的共同特征,但是它仍不能区分成功创业者与不成功创业者。创业者通常认为能力和努力才是决定成功的关键,他们相信自己的行为可以对周围发生的事情起到决定性的作用,他们不但控制着自己的生活而且影响着周围的世界。创业者的内控性心理特征表现在:①如果取得好成绩,他们倾向于将成绩归结于自己的素质,如努力和能力;②他们更容易被激励,而且不需要过多地直接指导;③他们相信自己的努力会带来好结果。

(三)风险倾向

创业是有风险的,无论是新创企业,还是现有企业的创业活动,都承担着巨大的风险。Chell Haworth 和 Brearly(1991)将风险承担者描述为在新创企业中,当成功的概率不高时,追求商业创意的人。因此,较强的风险承担能力是成功企业家必备的重要特质之一,对高风险可能带来的高收益的追求是企业家区别于一般个体的重要活动。Lyigun 和 Qwen(1998)认为,风险承担的能力也是个体决定是否选择成为企业家的重要因素之一。他发现随着平均资本收入的提高,更多人会选择相对稳定的职业,而不是成为取得风险收入的创业型企业家。因为尽管作为企业家的预期收益会随着平均资本收入的增加而增加,但企业家收入显然是有风险的。创业者抱着对未来的美好预期展开行动,创业企业必须面对来自市场、消费者、供应商、融资渠道、环境等的各种不可知和不确定性,只有那些愿意承担风险的个体和企业才有可能生存和成功(张玉利等,2010)。可见,早期人们认为风险承担倾向是创业者的个性特征。当前的多项研究表明,虽然高风险行为倾向并不一定是创业者独有的心理特征,但是,创业者应该具备适度的承担风险的心理素质。面对不确定的创业环境,创业者应该能够有一定的预知风险以及承担风险的心理素质。

(四)自我感知能力

心理学者强调自我感知能力在创业中的作用,包括创业者的职业选择、目的、绩效等方面(Gartner,1989;Krueger and Brazeal,1994)。自我感知能力的重要作用表现在创业者行为设置的选择方面,人都倾向于选择他们预期能够很好控制的形势,而避免不利于控制的形势(Bandura,1982)。Chen(1998)等据此提出了创业者自我感知能力模型来预测一个人成为创业者的可能性,以便从经理人员中甄别创业者。他们选择学生和小企业经理人作为两个样本进行了实证分析,结果证明,潜在的创业自我感知能力可以作为甄别创业者的典型特征。Chen 的研究也表明,创业者与非创业者在创业自我效能感上存在显著差异,并将影响创业绩效。创业者的自我感知能力主要表现在:①能够更好地认识自己以及自己的能力;②能够更好地控制自己的行为;③能够更好地预见自己的行为后果,从而选择适当的行为;④能够更好地对自己的行为后果做出反馈和思考。

三、创业者的人力资本

人力资本理论指出，知识和继续学习的能力有助于个体获得出众的识别能力，这使得他们在一系列活动中更有生产力和效率。Beeker(1987)将人力资本分为一般人力资本和特殊人力资本。一般人力资本主要包括个体的个人特质、受正规教育的水平、拥有的知识域和以往的工作经验等；特殊人力资本是指个体针对某一特定行业的知识和经验背景，又分为产业人力资本和创业人力资本，其中产业人力资本包括个体所拥有的特定产业知识、技能和经验，创业人力资本包括创新精神以及先前的创业经验等。创业者的人力资本主要包含知识储备、技术能力、先前经验三个方面，这三个方面大致可以分成两大类：一类是通过正规教育或培训等方式取得的知识和技能，即一般人力资本；另一类是通过个体工作经历所积累的相关产业知识和经验，即特殊人力资本。

创业者可以通过学习和教育等途径获得知识与技能，知识与技能对创业活动的重要性已获得学者的基本认同。管理大师德鲁克（2000）认为，任何敢于面对决策的人，都可能通过学习成为一个创业者并具有创业精神，创业是一种行为，而不是个人性格特征。创业者的人力资本对创业活动的影响主要体现在以下几个方面：

(一)创业者人力资本的提升有助于更好地识别创业机会

知识能够提升个人的识别能力，而创业者能够通过接受正式教育（如大学教育）和非正式教育（如工作经历和成人教育）来增加自己的知识，进而提升自己的人力资本。Davidssona(2003)也指出，如果有合适的创业机会存在，那么拥有更高人力资本的人能更容易地识别这些机会。个体通过教育和经历获取和积累人力资本，不同的途径也导致个体获得不同形式的知识。显性知识更容易得到而且可以通过书本媒介更有效地传播，它有助于均衡型机会的发现。隐性知识最可能源于以往的工作经历和专家的建议，使得创业者探寻创新型机会更有效率。Klepper(2005)指出，创业者已有的知识，如个人的工作经验、教育背景以及其他独特的经验，都会影响对于机会发现的敏感度与认知。

(二)创业者人力资本影响着创业过程

创业者的教育、创业经验等背景因素影响着创业过程，创业者可以通过受教育的过程系统地学习各项创业所需的技能，而其创造力与判断力也因受教育而有效提升，工作经验（包括创业经验）有助于创业者进行创业决策。JO(1996)等人通过对韩国48家新生企业的研究，发现在早期阶段，创业者背景与企业绩效相关,有过更好的教育和更多商业经验的创业者经营的企业的利润较高;没有良好教育背景,只有初创、管理和高成长经验的创业者经营的企业的利润较低。在企业的成长阶段,也有相同的效应,创业者具有通过以前从事与产品相关的工作经验获得的专业化知识对企业成长起积极效应;创业者只有初创、管理和高成长经验,对企业成长起消极作用。

(三)创业者人力资本是创业是否成功的关键因素之一

创业者的智力增加创业的可能,而创业者的教育则显著影响创业成功。创业者的能力素质,既决定了风险企业在当前残酷的市场竞争中的优劣成败,也决定了风险企业是否能够延续一时的成功,走向持久的辉煌。有研究显示,产业和行业知识增加创业成功的概率,以挑战驱动的创业与成功有显著正相关关系。

四、成功创业者的素质和能力

美国《时代周刊》评论曾经有这样一段话,"在21世纪,改变你命运的只有你自己,别期盼有人会来帮助你。从现在开始学习、改变、创业是通往新世界的唯一道路"。

(一)成功创业者应具备的基本素质

创业者的素质,不但是企业在当前激烈的市场竞争中取得优劣成败的关键因素,也是企业能否延续一时的成功,走向持久的辉煌的保证。可见,创业者在新企业的创建和成长中起着至关重要的作用。那么,创业者的哪些因素影响着新企业创建的成功与否和其成长绩效?这一直是创业研究中备受关注的焦点。英国的科林·巴罗在《小型企业》一书中提出小企业人的6个特点:①全身心投入,努力工作;②接受不确定性;③身体健康;④自我约束;⑤独创性和敢冒风险性;⑥计划与组织能力。美国的唐·多曼在《事业革命》一书中提出了创业者的5种人格特征:①愿意冒风险;②能分辨出好的商业点子;③决心和信心;④壮士断腕的勇气;⑤愿意为成功延长工作时间。美国的第姆·伯恩在《小企业创业蓝图》一书中提出了对企业家的4点要求:①信心;②专门知识;③积极主动的态度;④恒心。著名管理专家威廉·拜格雷夫将优秀的创业管理人素质归纳为10个以"D"字母为首的要素:①理想(dream);②果断(decisiveness);③实干(doers);④决心(determination);⑤奉献(dedication);⑥热爱(devotion);⑦周详(details);⑧命运(destiny);⑨金钱(dollar);⑩分享(distribute)。

如今,创业已成为时代的焦点。创业是极具挑战性的社会活动,是对创业者自身智慧、能力、气魄、胆识的全方位考验。一个要想获得成功的创业者,不仅要具备一般人的基本素质,同时还要了解作为创业者所应具备的创业素质和创业能力。根据我国的创业环境及众多成功案例,创业者应培育和养成以下三个方面的基本素质,即心理素质、身体素质和知识素质。

1.心理素质

所谓心理素质是指创业者的心理条件,包括自我意识、性格、气质、情感等心理构成要素。作为创业者,他的自我意识特征应为自信和自主;他的性格应刚强、坚持、果断和开朗;他的情感应更富有理性色彩。成功的创业者大多是不以物喜,不以己悲,面对成功和胜利不沾沾自喜,得意忘形;在碰到困难、挫折和失败时不灰心丧气,消极悲观。创业的成功在很大程度上取决于创业者的心理素质。在创业的过程中难免会遇到诸多挫折、压力甚至失败,这就需要创业者具有非常强的心理调控能力,能够持续保持一种积极、沉稳、自信、自主、刚强、坚韧及果断的心态,即有健康的创业心理素质。宋代大文豪苏轼说:"古之成大事者,不唯有超世之才,亦必有坚韧不拔之志。"只有具有处变不惊的心理素质,才能到达胜利的彼岸。

2.身体素质

所谓身体素质是指身体健康、体力充沛、精力旺盛、思路敏捷。几乎所有的企业家都认为良好的身体素质是成功创业的第一大前提。在创业之初,受资金、环境等各方面条件的限制,许多事都需创业者亲力亲为,他们要不断地思考来改进经营,加上小企业的创业与经营是艰苦而复杂的,创业者工作繁忙、工作时间长、有巨大的风险与压力,若无充沛的体力、旺盛的精力、敏捷的思路,必然力不从心,难以承担创业重任。

3.知识素质

创业者的知识素质对创业起着举足轻重的作用。在知识大爆炸、竞争日益激烈的今天,单凭热情、勇气、经验或只有单一专业知识,要想成功创业是很困难的。创业者要进行创造性思维,要做出正确决策,必须掌握广博的知识,具有一专多能的知识结构。

具体来说,创业者应该具有五个方面的知识。①相关的法律知识:创业者在创业过程中应做到用足、用活政策,依法行事,用法律维护自己的合法权益。②管理知识:创业者在创业过程中应了解科学的经营管理知识和方法,提高管理水平。③科学知识:掌握与本行业、本企业相关的科学技术知识,依靠科技进步增强竞争能力。④市场营销知识:具备市场经济方面的知识,如财务会计、市场营销、国际贸易、国际金融。⑤人文地理:具备一些有关世界历史、世界地理、社会生活、文学、艺术等方面的知识。

当然,这并不是要求创业者必须完全具备这些素质才能去创业,但创业者本人要有不断提高自身素质的自觉性和实际行动。

(二)成功创业者应具备的创业能力

除了具有一定的心理素质、身体素质和知识素质外,要成为一名成功的创业者,还应当具有一定的创业能力。成功创业者应具备的创业能力有以下 7 个方面:

1.经营管理能力

创业条件中资金不是至关重要的,最重要的是创业者个人的经营管理能力。经营管理能力是一种较高层次的综合能力,是运筹性能力。它涉及人员的选择、使用、组合和优化,也涉及资金聚集、核算、分配、使用、流动。作为创业者,只有学会效益管理、知人善用,最大化地充分合理地整合资源,才能形成市场竞争优势。

2.领导决策能力

领导决策能力是一个人综合能力的表现。一个创业者首先要成为一个领导决策者,他如同战场上的指挥员,要具有感召力和决策力及统揽全局和明察秋毫的能力。在混乱不堪的情况下,能比别人更快、更准确地判断问题的所在,并以自己的认识来处理问题。

3.创新能力

创业实际上就是一个充满创新的事业,所以创业者必须具备创新能力,无思维定式,不墨守成规,能根据客观情况的变化,及时提出新目标、新方案,不断开拓新局面。在竞争激烈的市场中,缺乏创新的企业很难站稳脚跟。

4.社交能力

目前“朋友经济”在招商中的作用日益显现。人脉圈日益成为创业信息、资金、经验的“蓄水池”,有时甚至在商业活动中能起到四两拨千斤的神奇功效。扩大社交圈,通过朋友掌握更多信息、寻求更大发展,日益成为成功创业的捷径。

5.创业意识和激情

要想取得创业的成功,创业者必须具备自我实现、追求成功的强烈创业意识和激情。它们能帮助创业者克服创业道路上的各种艰难险阻,将创业目标作为自己的人生奋斗目标。只有具备了强烈的创业意识和激情,才能不断地去挖掘和寻找创业资源(包括资金、技术、市场团队等),不断地去解决经营过程中遇到的各种矛盾。

6.竞争意识

随着我国社会主义市场经济从低级向高级发展,竞争愈来愈激烈。创业者若缺乏竞争意识,实际上就等于放弃了自己的生存权利。创业者只有敢于、善于竞争,才能取得成功。创业者创业之初面临的是一个充满压力的市场,如果创业者缺乏竞争的心理准备,甚至害怕竞争,就只能是一事无成。

7.诚信

诚信乃创业者之本。创业者在创业过程中,要言出即从,讲质量,以诚信动人。如不讲信誉,就无法开创自己的事业;失去信誉,就会寸步难行。

第二节　创业动机的概念与分类

一、创业动机的概念

动机,在心理学上一般被认为涉及行为的发端、方向、强度和持续性。人类从事任何活动总会指向一定的主观意愿的满足,如同吃饭穿衣为基本生存保障,求学上班为求知温饱一样的简单。恩格斯说过:"决不能避免这种情况:推动人去从事活动的一切,都要通过人的头脑,甚至吃喝也是由于通过头脑感觉到的饥渴引起的,并且是由于同样通过头脑感觉到的饱足而停止。"创业活动同样也需要一定的推动力才能维持比较持久的创业行为以取得成功。各国学者根据各自不同的研究背景和目的,对创业动机给出了各自不同的定义。Vroom(1964)将动机用函数的形式表示出来,即动机是效价、期望和手段三者的乘积。Ryan 和Deci(2000)认为创业动机是生物、认知和社会规范的核心,它与创业意向一样也包含着能量、方向和持久的激励。Robichaud,McGraw 和 Roger(2001)把创业动机看作是创业者通过经营所属的企业来寻求达到的目标,创业者的目标决定了其行为模式,进而决定了创业是否成功。Shane,Locke 和 Collins(2003)认为创业动机是个体的一种意愿和一种自发性,这种意愿会影响人们去发现机会、获取资源以及开展创业的活动。Baum 和 Locke(2004)认为,创业动机是创业者在追求成就的过程中,在头脑中形成的一种内部驱动力,有目标导向和自我效能感两个衡量指标。何志聪(2004)则认为创业动机不是一个抽象的概念,而是内化为创业者个体的目标,激励创业者的行为,激励创业者去寻找机会、把握机会,并最终实现创业成功的动力。Carsrud 和 Brännback(2011)认为创业动机是将创业认知和创业意向转换成创业行为的"火花"和关键。综上,创业动机是由个体为了实现创业目标而引起的,欲满足各种创业需要的特殊心理状态和意愿。它是激励和维持个体的创业行为,并将个体创业行为导向某一目标,以满足个体实现创业需要的内部动因。

二、创业动机的分类

关于创业动机的分类,不同的学者从不同角度进行了划分。Cooper 和 Dunkelberg(1986)根据创业动机的差异性,确定了两类创业者——艺术型创业者和管理型创业者。前者是指具有强烈动机去做他们想做的事情,并喜欢给自己做老板,他们受到个人挑战或者生活方式需求的强烈驱动。管理型创业者则是受到经济利益驱动或者为家族做贡献,他们关注于构建一个组织以便于他们能够更多地参与管理细节和控制体系。简而言之,前者更注重非经济利益,后者更关注经济利益。

Amit R 和 Muller E(1995)从动机的角度将创业划分为推动型创业和拉动型创业。推动型创业是指创业者对当前的现状不满,并受到了一些非创业者特征因素的推动而从事创业的行为。拉动型创业是指创业者在"新创一个企业"的想法以及"开始一个新企业活动"的吸引下,由于创业者自身的个人特质和商业机会本身的吸引而产生的创业行为。

Chaganti R 等人(1995)则将创业动机划分为四类:一是个人挑战,二是为家族做贡献,三是经济需求,四是生活方式需求。LeComu M.R 等人(1996)通过以往的实证研究得出小企业所有者的创业动机包含三个方面:①不是只有一个主要目标如财富最大化,而是有多个复杂的目的;②具有绝对非金钱方面的动机;③具有相当多的自由来追求目标,包括金钱或者其他方面。常常被引述的动机因素包括控制自己的生活、具有个人和家庭生活方面更大的灵活性、达到更高的社会地位、受到尊重、具有采用自己方式工作的自由。

GEM 报告(2001)最先提出了生存型创业和机会型创业的概念。这一概念的提出建立在之前学者对推动型创业和拉动型创业的研究基础之上。在 GEM(2002)报告中,Roynolds 等人指出生存型创业是指那些由于没有其他就业选择或对其他就业选择不满意而从事创业的创业活动;机会型创业是指那些为了追求一个商业机会而从事创业的创业活动。当前文献中,对于创业动机划分最为细致的当属 Drnovsek M 和 Glas M(2002),他们将创业动机细化为 11 个方面,包括想取得一些成就并得到赞成,延续家族传统,发展关于产品/服务的一个想法,在圈子里更有影响力,看到一个很有前景的机会并想实现它,发展成为一个人物,对收入不满并且想获得更多,几乎看不到其他工作可能性,控制自己的人生,为家庭提供安全保障,终生不失业等。

另外很多学者,如 Woo(1991)、Miner(1992)、Wright(1997)、Westhead 和 Wright(1998)、Burke(2003)、Schwienbather A(2006)等,也从不同的角度对创业动机类型进行了定义。概括而言,重要的类型包括生活方式和连续创业者、艺术家和机会主义创业者,以及发明家型创业者等。《科学投资》(2007)研究了国内上千例创业者案例,发现国内创业者基本可以分为以下几种类型:

第一种类型:生存型创业者。创业者大多为下岗工人、失去土地或因为种种原因不愿困守乡村的农民,以及刚刚毕业找不到工作的大学生。这是中国数量最大的创业人群。清华大学的调查报告显示,这一类型的创业者,占中国创业者总数的90%。其中许多人是被逼上梁山,为了谋生混口饭吃。一般创业范围均局限于商业贸易,少量从事实业,也基本是小打小闹的加工业。当然也有因为机遇成长为大中型企业的,但数量极少,因为现在国内市场已经不像20多年前,如刘永好兄弟、鲁冠球、南存辉他们那个创业时代,经济短缺,机制混乱,机遇遍地。如今这个时代,多的是每天一睁眼就满世界找钱的主儿,少的是赚钱的机会,用句俗话来说,就是狼多肉少,仅仅想依靠机遇成就大业,早已经是不切实际的幻想了。

第二种类型:变现型创业者。就是过去在党、政、军、行政、事业单位掌握一定权力,或者在国企、民营企业当经理人期间聚拢了大量资源的人,在机会适当的时候,跷足下海,开公司办企业,实际是将过去的权力和市场关系变现,将无形资源变现为有形的货币。在20世纪80年代末至90年代中期,第一类变现者最多,现在则以第二类变现者居多。但第一类变现者当前又有抬头的趋势,而且相当部分受到地方政府的鼓励,如一些地方政府出台鼓励公务员带薪下海、允许政府官员创业失败之后重新回到原工作岗位的政策,都在为第一类变现型创业者推波助澜。这是一种公然破坏市场经济环境,人为制造市场不公平竞争的行为。

第三种类型:主动型创业者。又可以分为两种,一种是盲动型创业者,另一种是冷静型创业者。前一种创业者大多极为自信,做事冲动。有人说,这种类型的创业者,大多同时是博彩爱好者,喜欢买彩票,喜欢赌,而不太喜欢检讨成功概率。这样的创业者很容易失败,但一旦成功,往往就是一番大事业。冷静型创业者是创业者中的精华,其特点是谋定而后动,不打无准备之仗,或是掌握资源,或是拥有技术,一旦行动,成功概率通常很高。

《科学投资》在调查中还发现一种奇怪类型的创业者。除了赚钱,他们没有什么明确的目标,就是喜欢创业,喜欢做老板的感觉。他们不计较自己能做什么,会做什么。可能今天在做着这样一件事,明天又在做着那样一件事,今天和明天做的事情之间可以完全不相干。其中有一些人,甚至连对赚钱都没有明显的兴趣,也从来不考虑自己创业的成败得失。奇怪的是,这一类创业者中赚钱的并不少,创业失败的概率也并不比那些兢兢业业、勤勤恳恳的创业者高。而且,这一类创业者大多过得很快乐。

我国学者曾照英、王重鸣(2009)通过研究发现,大多数创业者的创业动机并不是单一的,而是多方面的。他们将中国创业者创业动机划分为两大类型:事业成就型和生存需求型。其中,事业成就型包括获得成就认可、实现创业想法、扩大圈子影响、成为成功人士、控制自己人生等五个维度;生存需求型包括不满薪酬收入、提供经济保障、希望不再失业等三个维度(见图4-1)。在这之前,国内学者对创业动机维度的定义是基于西方创业者的创业动机研究得出的结果,而这个模型则是针对中国创业者提出的,因此在一定程度上丰富了我国创业动机研究的内容。综上,形形色色的创业者走上创业之路,其动机概括下来有以下几种:生存需要型、利益驱动型、压力驱使型、积累学识型和实现理想型。

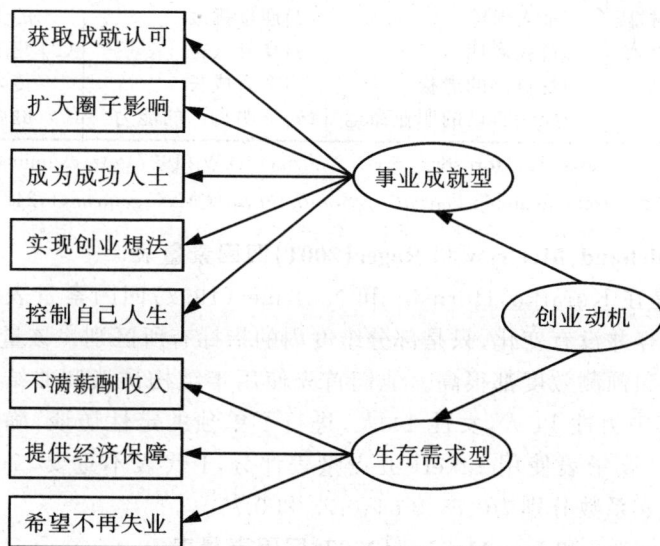

图4-1 创业动机的两因素模型

资料来源:曾照英、王重鸣:《关于我国创业者创业动机的调查分析》,载《科技管理研究》2009年第9期。

三、创业动机的测量

（一）Kuratko,Hornsby 和 Naffziger(1997)四因素量表

Kuratko,Hornsby 和 Naffziger(1997)在总结前人研究的基础上,对来自美国中西部的 234 名创业者进行了结构化访谈,经过对数据进行收集和分析,提出了创业动机的四因素结构模型,包括：外部报酬(extrinsic rewards)、独立/自主(independence/autonomy)、内部报酬(intrinsic rewards)、家庭保障(family security)。在此基础上他们编制了创业动机量表,该量表从以上四个方面来测量创业动机。量表使用 Likert 七点量表进行评分,1 代表不相关,7 代表非常相关。所测得的克伦巴赫 α 系数分别为 0.74、0.80、0.73 和 0.66,信度可靠(见表 4-1)。

表 4-1　Kuratko,Hornsby 和 Naffziger 创业动机四因素指标

外部报酬	独立/自主	内部报酬	家庭保障
(1)获得个人财富 (2)增加个人收入 (3)增加收入机会	(1)人身自由 (2)个人保障 (3)自我雇佣 (4)是自己的老板 (5)控制自己的职业命运	(1)得到公众的认可 (2)迎接挑战 (3)享受兴奋 (4)个人成长 (5)证明自己的能力	(1)家庭成员将来的保障 (2)建立一个可以传承下去的家庭企业

资料来源：Kuratko,D.F.,Hornsby,J.S.,& Naffziger,D.W.(1997).An examination of owner's goals in sustaining entrepreneurship.*Journal of Small Business Management*,1,24~33.

（二）Robichaud,McGraw 和 Roger(2001)四因素量表

该量表是在 Kuratko,Hornsby 和 Naffziger(1997)四因素量表的基础上提出的,因素内容并没有变化,只是部分维度内的指标有所区别。该量表的内容效度、结构效度和预测效度都很高。他们首先使用半结构访谈和非结构访谈法对 28 位被试(其中男性 14 人,女性 14 人)进行了单独的定性访谈,确保了该量表的内容效度。该量表使用 Likert 五点量表评分,1 代表不重要,5 代表非常重要,克伦巴赫 α 系数分别为0.78、0.84、0.73 和 0.75。

（三）Taormina 和 Kin-Mei Lao(2007)四因素量表

该量表是用来测量中国创业者的创业动机的量表,维度包括"成就驱动"(achievement striving)、"社会网络/关系"(social networking/Guanxi)、"乐观"(optimism)三个个体变量,以及"商业环境"(business environment)这一环境变量。量表采用 Likert 七点量表进行评分,1 代表非常不同意(或非常不重要),7 代表非常同意(或非常重要),所测得的克伦巴赫 α 系数分别为 0.87、0.76、0.80

和 0.82。

（四）Morales-Gualdrón，Gutiérrez-Gracia 和 Dobon（2009）五因素量表

Morales-Gualdrón 等人针对学术型创业家的创业动机测量编制出了五因素量表，包括"个人动机"（personal motivations）、"科学知识"（scientific knowl-edge）、"资源的可获得性"（the availability of resources）、"孵化器组织"（the incubator organization）和"社会环境"（the social environment）。与普通创业者不同的是，学术型创业者不是为了追求财富而创业，其自身所掌握的科学知识却是创业的主要驱动力量；其次就是个人动机，包括"成就的需要"和"独立的需要"。该量表共有 28 个项目，克伦巴赫 α 系数 0.80，通过内容效度和结构效度来验证该量表的效度，结构效度已通过聚合效度和区分效度的评估得到了验证。

之后中国的部分学者也开始在国外各种创业动机量表的基础上，编制和修订适合中国创业者的创业动机量表，但是多数量表由于样本等因素的影响没有获得比较广泛的推广，如曾照英、王重鸣（2009）编制的创业动机二因素量表，高日光、孙健敏（2009）创建的大学创业动机四因素模型等。

四、创业动机理论

（一）推动理论和拉动理论

Gilad 和 Levine（1986）提出了创业动机的"推动理论"（push theory）和"拉动理论"（pull theory）。"推动理论"指出个体是被外在的消极因素"推着"去创业的，例如对当前工作的不满意、寻找工作困难、工资低、非弹性工作制等，这些消极因素激活了潜在创业者的才能。而"拉动理论"认为个体在创业活动中被寻求独立、自我实现、财富及其他合理的结果所吸引。在这两类因素中，主要是"拉力"因素激励个体成为创业者（Keeble，Bryson & Wood，1992；Amit & Muller，1995；Orhan & Scott，2001）。Gilad 和 Levine（1986）在其研究的基础上总结出创业活动的影响公式：$E_t = E(PL_t, PS_t, O_t)$ 公式中，以 E_t 来表示在 t 时的创业活动的程度，它受到在 t 时测得的"拉动"力量强度（PL）、"推动"力量强度（PS）和除这两个因素以外的其他影响因素的力量强度（O）三者的共同作用。

（二）简单和复杂创业动机理论

顾桥、梁东和赵伟（2005）依据马斯洛的需要层次理论提出了简单创业动机理论和复杂动机理论。简单创业动机理论包含两个维度：经济性和社会性。它只说明了创业者的创业动机是循序渐进的，具有明显的方向性，即从低级向高级发展。它是从创业动机本身去分析创业动机的性质创业动机之间的内在逻辑关

系。但实际上,在整个创业过程中,创业者的创业动机往往是不断变化的,应该从更全面、复杂的背景中去研究创业动机。为此,顾桥等(2005)又提出了创业动机的复杂理论。这是一种较全面的三维动机理论,包括动机、创业者发展和企业发展三个维度,这反映了创业者在创业过程中的生命周期、企业的生命周期与创业动机的空间关系。

(三)创业解放理论

Rindova,Barry 和 Ketchen(2009)从解放(emancipation)的视角对创业过程进行了阐述。作者从解放的视角指出,个体创业的目的是打破权威束缚,追求自主,改变他们目前的社会地位,努力消除各种约束因素。他们认为创业过程包含三个核心要素:寻求自主(seeking autonomy)、创作(authoring)、做出声明(making declarations)。Rindova 等(2009)认为希望获得自主是驱使个体创业的主要动力,这也得到了许多研究者的证实(Herron & Sapienza,1992;Kolvereid,1996)。追求自主是解放的目标,许多创业者是想从被管束的职责中解放出来,脱离约束。因此个体创业的动机不仅仅是为了追求机会,还为了能脱离工作环境中的约束,这些约束可能是来自知识的、心理的、经济的或社会的等。但该理论并不否定创造财富也是创业动机的一个因素。创作是指为了维持和尽可能地推动创业过程的发展,对企业中的各种关系、职务安排和规章制度进行详细界定,或者是创业者在创业过程中,通过吸引资金和社会资源的方式得以扩大创业的社会基础的各种活动。创作一般是创业者参与组织中的各种关系、组织结构、组织规范和规则的制定过程。做出声明是指创业者对外说明创业活动的意义和产品的价值,从而尽可能多地获得各种支持,比如资金支持。声明的对象是那些关注产品的特殊观众,将修辞、演讲和倾听习惯与声明联系在一起,以引起观众的注意,因为,符号和文化资源也能影响人们对创业活动的理解和对产品的接受。

第三节 创业动机的驱动因素

一、个人特质因素

个性特质、组织因素和环境因素被看作是创业成功的原因而得到创业研究的关注(Baum & Locke,2004)。近几年创业研究主要集中于影响创业的环境特点和机会特点上,虽然这些研究极大地提高了我们对创业现象的理解,但忽视了个性特质在创业过程中的作用,而个性特质在创业过程中影响着创业者决策的制定(Shane et al.,2003)。

创业的艰辛与风险同在,创业者的创业动机各种各样,个人特质是推动创业者维持一定创业行为的关键因素之一。个人特质是创业动机的驱动因素之一,其主要表现在三个方面:

(一)人格特质

人格特质是个人心理思维及行为模式的综合体,亦是个体对压力源的感受或压力源对个人的主观意识。早在 1970 年,Homaday 和 Bunker 在《人事心理学》一书中就开始讨论成功创业者的人格特征。

Kuratko,Homsby 和 Neffziger(1977)发现创业者是为以下一些因素所激励的:外在的奖励、独立的需求、内在激励和家庭安全。Stewart,Watson 和 Garland(1998)发现公司管理者、小企业拥有者和创业者在成就需求、风险承担倾向和创新偏好上有显著差别。

心理学模型从人格特质的角度区分了创业者和非创业者(Shaver and Scott,1991;Brandstatter,1997)。建立了一系列显著特质,包括风险承担倾向(Brockhaus,1987;Hisrich and Peters,1995)、成就需求(Johnson,1990)和控制欲望(Bonnettand Fumham,1991)。

成功的企业家具有较强的凝聚力,即领袖气质,因此企业家早期研究的重点在于区分企业家与非企业家、企业家与公司经理、成功企业家与不成功企业家的个体特征。这些对个人品质的研究认为企业家个体应具备某些特性,例如:对成功的高度追求、创新的能力、内在控制力、对冒险的嗜好、旺盛的精力、坚强的毅力、自我效验、独立等。Whetton 和 Cameron(1998)研究发现外向性特质(extraversion)、开放性特质(openness)影响创新能力与创业倾向。但是,个体在不同的时间和情境下很少做出一致的行为,因此个性特质不能很好地预测将来的创业行为(Gartner,1989)。这也是早期关于个性和心理特质研究的不足之处,即假设个体的特质不随时间的改变而改变(Dmovšek & Glas,2002)。

西方以往对创业特质的研究结果较为丰富,但是由于创业特质是一个心理概念,受到文化、组织价值以及组织特征的影响,因此,姜红玲、王重鸣和倪宁(2006)对中国背景下高科技企业的创业特质进行研究发现,创业特质是由创新性、内控性、稳健性、合作性四个维度构成的。大多数的个性特质都和创业倾向有着显著的影响,如经验开放性和外向性都与个体创业倾向存在显著相关,开放性、外向性都是个体创业应该具备的个性特征;此外,责任认真性与个体创业倾向也存在显著差异（范巍、王重鸣，2004）。

（二）自我效能感

自我效能感是指相信一个人能够聚集和运用必要的资源、技能和能力，在给定的任务上获得一定水平的成就（Bandura，1997）。自我效能感的概念被创业研究领域引入后，成为预测创业行为的重要变量，被重新定义为"创业自我效能感"（entrepreneurial self-efficacy，ESE），是指个体相信自己能够成功扮演各种创业角色，并完成各项创业任务的信念强度（Boyd & Vozikis，1994）。Luthans 和Ibrayeva（2006）认为创业自我效能感"是创业者的一种信念和自信，具体是指创业者对其能力能够影响所处环境并通过相应行为获得成功的自信"。高自我效能感的个体具有高创业倾向（范巍、王重鸣，2004），这可能是因为高自我效能感的个体为了实现特定目标会投入更多的努力，面对挫折仍能坚持，并设置更高目标。自我效能感对创业过程很重要，因为这一过程经常充满着不确定因素（Shane et al.，2003）。

（三）目标

目标的重要性和影响在创业动机研究中得到了关注（Locke & Latham，2002，2004）。目标是将来可能是什么的心理表征，使个体（如创业者）不放弃（Perwin，2003），为了目标而坚持不懈（Bagozzi & Dholakia，1999；Bagozzi & Kimmel，1995；Perwin，2003）。因为目标具有指导性、激励性且影响毅力，因此它能使个体付诸创业行动（Carsrud & Brännback，2011）。Locke 和 Latham（2002）认为目标促使个体实现目标的策略得以唤醒、发现和产生，并通过以下四个机制来影响任务绩效：第一，目标的指导功能，它能指引个体的注意力和努力朝向目标相关的活动，而远离不相关的事项；第二，目标具有激励功能，高目标比低目标能产生更大的努力；第三，目标影响毅力；第四，目标可以间接地影响行动。

二、个人背景因素

个人背景和家庭因素主要包括家庭背景、教育背景、年龄、性别和创业精神等。社会学理论认为，个体的行为差别很大程度上源于成长过程中不同的经历背景。创业者的成长环境和经历影响着他们的创业行为的发生。

在家庭背景方面，McClelland（1965）的研究表明创业者决定创业可能受到其家庭背景的影响。自雇倾向的父母会在其子女的早期教育中灌输独立、成就感与责任的观念，故父母对子女早期教育与对子女创业决策的支持可能造成正面影响。Scott 和 Twomey(1988)的报告中说,父母拥有公司的学生更倾向于选择自己创业,而选择去大公司工作的概率也相对低。但是,Brenner(1991)在美国商学院的本科生中却发现父母在学生创业倾向中的影响作用并不大。Ghazali(1995)也发现在新加坡,父母对学生的职业选择影响并不大,但学生的背景以及性格与创业兴趣之间却表现出很大的联系。在年龄方面,Foley(1985)发现管理者的年龄是企业成功的一个很重要的因素。清华大学中国创业研究中心等机构联合公布的《中国百姓创业调查报告》表明,中国 35 岁以下的创业者占受访创业者的 65%;在 26 岁至 35 岁之间创业的人约占接受调查者的一半,达 47%;在 36 岁至 45 岁之间创业的人占 27%;25 岁以下的创业者占 18%;46 岁以上的创业者占 8%。在性别方面,Hisrich(1986)认为决定创业的创业家之性别并无显著差异,只要具有目标导向与热忱特质的人就有可能创业,而性别并无扮演特别的角色。过去的实证发现,女性仍居少数的原因可能是其他因素造成而非来自性别的差异(如中国传统妇女不太期望成为创业家)。然而 Matthew 和 Moser(1996)在一个纵向课题研究中也发现,男性对创业的兴趣比较稳定,而女性的创业兴趣则会随着时间递减。钱永红(2007)认为由于女性和男性在社会角色、思维模式等方面的差异,会使得男性和女性在受到各个创业影响因素影响的时候具有系统的性别间差异。

在教育背景方面,Barkham(1993)指出,教育水平更高的企业家更易于创立更大的企业。他还发现,以前有过相关创业经历的企业家更容易承担更大的风险。最后,他发现具有更多市场、管理和相关技术的企业家常常与更大的公司联系在一起。Clouse(1990)做了一个实证分析,将创业教育和学生创业决定做了回归联系,发现有多元经验的学生创业时更加能处理好复杂的情况。他发现学生在接受创业教育前后,其决定创业与否有着显著的差异。接受过创业教育的学生更易于承担风险,做出有利于自身的决定。Kuratko,Homsby 和 Neffziger(1977)发现创业者比小企业拥有者的教育程度更高,而大公司的经理们受教育程度是三个组里面最高的,可见,尽管知识对个体创业来说是重要的,但过度的知识会导致创业倾向及其行为的降低。范巍、王重鸣(2005)在研究个体特征与创业倾向关系中,通过对 210 名被调查者的调查实证研究发现,拥有工作经验的MBA 以及经管专业的学生比一般专业以及其他学历学生更多地接触社会经济层面,因而具有较高的创业倾向。

许多学者认为工作经验(包括创业经验)有助于创业者进行创业决策。郑蕙萍(1999)指出,台湾的创业家在决定创业前大多具有 5 年以上的工作经验与 3 次以上的创业经验。因此工作经验(包括创业经验)有助于创业决策、创业精神的形成,并且有助于取得创业成功。创业家具有通过以前从事与产品相关的工作经验获得的专业化知识对企业成长起积极效应,创业家只有初创、管理和高成长经验,对企业成长起消极作用(Joe et al.,1996)。此外,Stuart 和 Abetti(1990)发现先前的经验和管理工作对今后的创业表现有非常高的相关性。这说明,以前曾有过创业经历的企业家们对今后处理不确定性和具有挑战性的事情表现得更加有能力。可见,企业家的个人背景因素包括家庭影响、个性特质、性别、教育背景和工作经验等,对其创业动机和创业活动的开展具备相当影响。

三、外部环境因素

当一个人拥有创业的想法,而且已具备创业家的个性特质准备创业时,他们还需要来自他人的支持,以鼓励他们去实现自己的理想(Greenberger & Sexton,1988)。另外,社会和企业家网络对创业者的决策制定过程起着重要作用,因为他们为创业者提供了创业入门支持和专业技术指导(Smeltzer & Fann,1989;Reynolds & Miller,1992)。社会网络技能和策略会给创业者以新的见解,同时也提供促进创业成功的其他因素(Liao & Welsch,2003),比如金融资本、信息、潜在的雇员、接近客户的机会、情感理解、鼓励等一切可以提供的帮助(Welter,2011)。国内也有学者研究发现,社会支持网络对于创业者而言不仅是其获得宝贵资源的首要渠道,同时也是保证创业者旺盛创业精神的重要变量(韦雪艳,段锦云,2011)。家庭一直是创业者开展创业活动的影响因素。Djankov,Miguel,Qian,Roland 和 Zhurayskaya(2006)研究发现家庭网络无论是对机会型还是生存型创业者来说,都具有积极的影响,但这种影响的积极效应对于机会型创业者来说要比对生存型创业者更加明显。Wagner(2005)的研究发现,机会型创业者比生存型创业者更可能拥有一种家庭角色模式。

国家经济政策影响着创业活动,进而影响经济的增长(Van Praag & Versloot,2007)。研究表明,制度,特别是管理制度对潜在创业者的影响更大,当国家的经济自由程度增加时,个体更愿意自己创业(Gohmann,2010)。创业不单是个体行动的结果,外部因素(如经济情形、政府法规)也起到了重要的作用(Shane et al.,2003)。

(一)大学环境

学校环境的影响可以分为直接影响和间接影响。直接影响是指,学校的各种政策和规章制度对创业的影响。具体来说,既包括学校是否为学生的创业活动提供了必需的时间和空间,又包括学校是否有相应的支持、服务体系。间接影响是学校的教育体制改革中是否将创新教育和个性化教育纳入体系,以培养学生的创业意识,是否在教学环节中着重培养学生的实际动手能力以提高学生的创业能力。Autio et a1.(1997)通过四个不同国家对技术背景学生的调查显示,职业倾向和创业信念是由对创业作为职业选择的态度和大学环境的支持程度所决定的。Vende Ven,Hudson 和 Schroedcr(1984)对新创 IT 企业的研究指出,企业家的教育水平和商业观点的特殊性对新创企业的成功是非常重要的。具体来说,他们发现大学教育出来的企业家更易于与长时间存活的公司联系在一起。Chen(1998)在对一个美国学校 MBA 学生的调查中发现,学生上过管理类课程的数目与创业倾向正相关。更多实证结果来自小企业专业的学生和其他经管类专业学生的对比。小企业专业的学生对成就有更高的需求,同时,他们对创立公司也有积极的影响(Sagie & Elizur,1999)。但是,是自选创业课程还是常规创业课程应该对这些结果负责,还并不清楚。更进一步,Hostager 和 Becker(1999)在对一个创业项目中的学生做调查研究时并没有发现创业教育和动机之间有关联。还有更加悲观的研究结果是,对 89 个商学院学生创业倾向的跟踪调查表明,在接受了四年商业课程培训之后,学生的创业倾向反而降低了(Whit-lock & Masters,1996)。

(二)社会环境

创业环境既包括国家的政治、经济、技术和法律环境,也包括不同地区具体的政府政策、当地的经济发展水平和教育水平,以及当地的人力资源状况等。政治经济制度方面的因素总会影响人们创业的动力、创业的机会、创业的难易程度和创业成功的可能性。Bloogood 和 Sapienza(1995)提出潜在影响企业家行为的创业环境,包括家庭和支持系统、财政资源、雇员、顾客、供应商、地方社区、政府机构和文化、政治及经济环境。Fred(2000)也描述了转型冲突在传统经济中影响企业家的创业环境,包括政治和不健全的法律环境、政策的不稳定性、非正式的约束、不发达和不规范的金融环境和文化环境等等,提出环境是给定的并将持续一定时期。有很多学者对改善企业家成长环境进行了相关的研究,国外某些研究者研究了在一个国家或地区中,环境条件在企业家创业中起的作用(Bruno & Tyebjee,1982;Manning,Birley & Norbum,1989;Gartner,1985);还有的研究了政府在企业家发展中能做什么和已经做了什么(Goodman,Meany & Pate,1992;Mokry,1988;Westhead,1990)。马克斯·韦伯是第一个重视社会文化条件对企业家形成影响的学者,他把欧洲企业家阶层的形成归因于新教精神的发扬。而近年来对东方经济神话的研究中,人们发现基于孔教精神的家庭、家族和社会关系网络对企业家的形成与成功起着重要作用。Wh(1983)指出华人企业家的孔教根源深深地影响了他们在实业经营中的行为,也决定了企业家的成长模式。社会、文化和经济等相关变量因素,包括对创业的态度、可获得资金和新创企业孵化器的存在等,与性格特质类似,对创业活动也是很重要的(Penningsand Kimberly,1997;Histich and Peters,1995)。同时,有一些学者则从创业者所处的环境与性格特质的交互作用,来研究创业者的创业动机,并建立了相应的模型(Dubini,1988;Greenberger and Sexton,1988;Learned,1992;Herron and Sapoenza,1992;Naffziger et a1.,1994)。还有许多研究者则注重探讨企业家的创业活动与经济环境的依存关系。Highfield 和 Smiley(1987)的研究证实了如下假设:一些宏观经济要素,例如经济增长率的降低、失业率增加等,助长了创办企业的数量。较落后的地区有利于创办新企业,因为在那里企业家更易于效法和模仿。以上研究均可以说明社会环境对企业家有很大的影响作用。但需要指出的是,现有的大部分研究都是基于曾创立过自己的公司或有企业工作经历的专业人士样本而展开的,以上研究是否能够运用到学生群体仍然是个疑问。Robinson(1991)指出,学生群体和一般企业家群体的个性特质在很大程度上是不同的,这样就有可能造成不稳定的结果。影响大学生创业选择的社会因素有两方面:一是社会为大学生提供的创业硬软件环境;二是为大学生提供创业的社会舆论。对大学生创业来说,"硬"的社会环境主要指风险投资机构对大学生创业项目的关注和扶持;"软"的社会环境是指与大学生创业相关的政策环境、法律环境、商业环境。而整个社会对大学生创业的看法,不但影响大学生的择业选择,还影响大学生创业的成功。

第四节 大学生的创业意愿与能力

一、大学生的创业意愿

创业意愿对创业行为有很好的预测作用。Krueger 等(2000)认为,人们无法观察到创业行为产生的经过,所能看到的只是行为发生与否的结果,为了对行为进行有效的预测,有必要了解引发行为产生的影响因素。创业意愿能够作为创业行为的有效预测指标。个体创业意愿可能是创业者自发产生的,也可能是受到了所处环境的影响而产生的,同样也有可能是创业者个体特征与所处环境共同作用的结果。Phan(2002)认为学生的创业意愿指的是学生会选择自主创业的可能性。

贺丹(2006)通过对浙江大学的408个学生的问卷调查,并运用结构方程模型的实证研究得出结论:个体特征和学生创业的特殊性会对创业态度产生正向的影响;家庭背景、教育背景对学生的创业态度显著负相关;创业态度、创业环境对学生的创业倾向也有显著的影响。潘新新、赵有生(2006)通过对温州生源大学生的研究发现,由于父母都是商人,所以绝大多数学生有创业意愿。有56.10%的受访者表示会在在校期间创业,而有68.71%的受访者则表示会在毕业之后进行创业。钱永红(2007)研究认为创业意向影响因素可划分为两个层次和六个维度。两个层次分别是:①个性特质水平;②个体资源水平。六个维度包括:①成就动机;②自主性;③风险承担;④资源获得;⑤创业回馈;⑥未来成就。吴凌菲(2008)创造性地提出了"感知创业价值"的概念,并将其分为感知创业利得和感知创业利失两个维度,进而构建了感知价值—态度—行为意愿三者可能的概念模型。通过实证研究得出感知创业价值可以作为创业意愿的直接前测变量。并在文中提出可从三个方面来促进大学生创业意愿的形成:①增加感知创业利得;②减少感知创业利失;③培育积极的创业态度。

二、大学生的创业动机

根据Erkko Autio等人的研究结果,影响大学生创业动机的大概有四个因素:对成就的需要、对独立性的偏好、控制的欲望、改变家庭和个人的经济状况。大学生创业是适宜的创业环境与做好创业准备的大学生相结合的产物。大学生的创业动机主要包括以下四种:

(一)生存的需要

首先是部分家庭经济困难或出身农村的同学为了顺利完成学业,利用课余时间打工来维持正常的学习和生活。打工的过程中,有些具有创业素质的人会发现商机,且去把握它,开始走上了创业的道路。其次,当前我国高校学生中城镇生源的95%均是独生子女,培养他们的独立性已经成为当务之急。目前已有部分学生开始独立承担自己的学习、生活费用,也有一定数量的创业先行者,以学习为主要目的,从事一些投入时间和精力较少的行业,对经济回报要求较低。

(二)积累的需要

按照奥尔德弗(Alderfer)的人本主义需要理论(ERG理论),人的需要分为生存(Existence)的需要、相互关系(Relatedness)的需要、成长发展(Growth)的需要。这三种需要并不一定按照严格的由低向高的顺序发展,可以越级。当代大学生随着年龄的增长,对于相互关系和成长的需要会逐渐强烈。一部分大学生为了增加自己的实践经验,丰富自己的社会阅历,或者为了自己以后的发展或实现自己的某个目标做好经济上的准备,在条件成熟的情况下也会利用课余时间走上创业道路。这个类型的创业者往往以锻炼为目的,承受失败的能力较强。同时由于压力较小,失败和半途而废的比例比较高。

(三)自我实现的需要

调查中我们发现69%的同学认为进行创业是实现理想的一个途径。心理学研究表明:25～29岁是创造力最为活跃的时期,这个年龄段的青年正处于创造能力的觉醒时期,对创新充满了渴望和憧憬。他们思维活跃,创新意识强烈,同时,所受的约束和束缚较少,对成长的需要也更强烈;再者,由于大学生所处的环境,他们往往更容易接触一些新的发明和学术上的新成果,或者他们中的一部分人本身已有了自主知识产权的科研成果。为了能早日实现自己的目标,他们中的一部分人改变了自己的成功观念,开始了自己的创业生涯。

(四)就业的需要

当前,我国大学生就业形势相当严峻,一方面表现为需求不足,另一方面表现为大学毕业生的工资待遇降低。在这种情况下,为了找到一份自己满意的工作,有一部分大学生也开始了创业。

三、大学生的创业能力

(一)大学生创业能力结构

创业能力是一种决定创业能否成功的关键因素,主要表现在能否在创业过程中恰到好处地运用所拥有的知识解决具体问题的能力。创业能力是个人综合能力的一种体现,在创业的过程中发挥着不可代替的作用,在一定程度上决定着事业的持续扩大与发展。创业能力是创业者各方面能力的综合,包括学习能力、沟通能力、领导能力以及决策能力等。关于创业能力的构成模型,国外学者通过文献分析和比较分析等做了积极的探索,概括有以下主要观点:

Hood Young(1993)认为创业能力包含专业技能、准备商业计划能力;口头和书面表达能力、逻辑思维能力、分析能力;人际关系技巧;领导能力、管理技能、决策能力;目标设置技能。Baum(1994)认为创业能力包含自我管理能力、知识能力、认知能力、机会识别能力、机遇发展能力、行政管理能力、人力资源能力、决策能力、领导能力。Man(2008)认为创业能力包含承诺能力、概念能力、机会识别能力、人际关系能力、组织能力、策略能力。Thomas(2008)认为创业能力包含战略能力、概念能力、关系能力、机会能力、组织能力。Siwanm 和 Jennifer (2010)认为创业能力包含概念与关系能力、人际关系能力、商业与管理能力、狭义创业能力等。

我国学者在结合前人研究的基础上也开始对大学生创业能力模型进行研究。目前国内对创业能力模型的构建主要有以下成果(见表 4-2)。

表 4-2 创业能力模型的构建

研究者	构建方法	模型维度
冯华、杜红等(2005)	文献分析法	承诺能力;情绪能力;概念能力;机会能力;关系能力;组织能力;战略能力
木志荣(2006)	调查分析法	识别商机能力、创意激发能力、资金筹集和运作能力、团队建设能力、市场营销能力、管理能力
隋博文、董雄报(2008)	德尔菲法、重要性排序法(IOM 方法)	专业技术能力;交往协调能力;决策能力、经营管理能力
杨伦超(2008)	文献分析法	创业知识、创业技术;创业能力(狭义)、创业心理
张明林、关小燕(2008)	理论分析法、单因素模糊分析法	经营业务能力;创新能力;人际交往能力;资源整合能力;领导和管理能力;表达能力
芮国星等(2009)	文献分析法	自我激励与自我突破;行业及技术知识;创造能力;关系能力、与重要客户建立关系能力;激励下属能力、决策与计划能力、市场营销能力、人事管理水平、形成良好企业文化能力、领导与管理能力、对下属培养与选择能力、组织能力、授权能力、工作效率与时间管理水平;远见与洞察能力、个人适应能力、技术发展趋势预测能力
何忠伟等(2010)	调查分析法、德尔菲法	创业品质;创业能力(狭义)、创业意识、创业条件
苏益南等(2010)	灰色模糊分析法	创新能力和应变能力;识别机会能力;人际交往能力;整合资源能力
杨雪、李文生(2010)	文献分析法	经营业务能力;人际交往能力;资源整合能力、领导和管理能力;表达能力
陈子彤、李娟(2011)	调查分析法、文献分析法、德尔菲法	承诺能力、自我管理能力;知识能力;概念能力;机会能力;关系能力;组织能力;战略能力

续表

研究者	构建方法	模型维度
封伟令、梁迎春(2011)	调查分析法、项目分析法、因子分析法	成就导向；关系能力；经营管理能力、服务意识与品格素质、领导能力；驾驭市场能力、客户导向和重视绩效细节
李芳凝、张建哲(2011)	调查实证分析法	反省和学习能力；机会识别能力；团队合作能力、人际交往能力；组织管理能力、谋略决策能力、资源整合能力、领导感召能力；独立工作能力
王饮寒等(2011)	模型实证分析法、调查分析法、主成分分析法	挫折抗压能力、情绪控制能力；自主学习能力；领导沟通能力、决策影响能力
李良成等(2014)	文献分析法	自我效能、知识及专业技能、学习和创新能力、机会识别能力、人际关系能力以及组织与管理能力
杨道建等(2014)	文献分析法、模型实证分析法	机会发掘能力、组织管理能力、战略决策能力、资源整合能力、创新创造能力、挫折承受能力

资料来源：李良成等：《大学生创业能力模型研究》，载《华南理工大学学报》（社会科学报）2014年第8期。

综上所述，国内外学者对于何谓大学生创业能力以及大学生创业能力的模型尚未形成统一的认识。结合国内外学者的研究，我们认为大学生创业能力是大学生的一种综合素质能力，至少应包含学习能力、创新能力、组织协调能力、机会识别能力以及一定的知识技能等方面。

（二）我国大学生创业能力的现状

近几年，大学毕业生人数迅猛增加，高校毕业生就业形势复杂严峻。在当前就业问题依旧严峻的形势下，党和国家提出"以创业带动就业"，并把支持和鼓励创业作为解决就业问题的主攻方向。党的十八大重申，要贯彻政府促进就业和鼓励创业的方针，以创业带动就业。大学生具有自身的知识和专业优势以及学校教育资源优势，无疑是最具创新、创业潜力的群体。但实际上大学生创业能力问题却一直备受社会各界质疑。资料显示，近年来我国高校毕业生自主创业的比例并不高：2013届为2.3%，2012届为2.0%，2011届为1.6%，2010届为1.5%，2009届为1.2%，而且最后能够坚持下去的只是少数。据统计，我国创业者的技能指数低于世界平均指数，大学生创业失败率高达70%，创业成功率只有 2%～3%。① 高桂娟(2013)等人采用自编问卷对上海三类高校进行抽样调查,运用调查数据对大学生创业能力现状进行研究。研究显示,大学生创业能力整体处于中下水平,同时,大学生创业能力在学校类型、性别方面没有显著差异,但在专业方面存在显著差异。与其他发达国家相比,我国大学生创业呈现以下两个特点:

1.想法多于行动

自从 1998 年 5 月份清华大学举办首届创业大赛之后,创业成为社会关注的热点之一,大学生创业也在全国各地蔓延开来。虽然大学生创业的热情不减,但毕业之后真正加入创业行列的高校大学生并不多。以清华大学为例,由于毕业于清华大学的毕业生就业较其他高校容易,同时在创业过程中要承担相应风险,虽然清华大学创业环境较好,但选择创业的毕业生并不多,2007 年调查显示,该校约 500 人选择创业,仅占毕业生总数的 1%,而相对于世界名校斯坦福来说,大学生的创业比例可达到 10%。

2.创业科技含量和成功率低

大学生在校期间,参加的创业大赛大多是关于高科学技术的。一旦学生毕业脱离学校,仅凭个人之力难以承担高额投入,风险投资公司也不会缺乏理性地投资于毫无经营管理经验、规模小而且风险大的企业。正因为如此,大多数毕业生在毕业初期选择投资少、风险相对较小的传统行业(零售、批发、餐饮等)。

(三)我国大学生创业能力的评价

大学生创业能力评价体系的建立能够定量地评价大学生的创业能力,我国的学者也开始尝试结合实际情况构建我国大学生创业能力的评价体系。

在以往的文献调研中,我们也发现不少学者利用量表编制的方法来评价创业能力。这些量表大致可以分为两类:一类是关于创业能力某些方面的量表;另一类是关于创业能力的综合量表。

关于创业能力某些单项方面的量表,比较有代表性的主要有以下几个:①创业意向和自我效能,如 Chandier 等人 1994 年编制的创业能力量表,其内部一致性系数为 0.7,共包含 6 个测试项目;②影响与激励、组织与协调能力,如 Chandier 等人 1994 年编制的管理能力量表,其内部一致性系数为 0.86,共包含 6 个测试项目;③创业警觉性,如苗青 2006 年编制的创业警觉性量表,该量表包括 3 个因素 15 个测试项目,其内部一致性系数分别为 0.86、0.84、0.82;④以往知识,如 Shalie 于 2003 年编制的已有知识量表,该量表没有相关测量学数据报告,

---

① 大学生创业教育委员会:《大学生创业教程》,立信会计出版社 2010 年版。

共包括 6 个测试项目;⑤风险感知能力,如 Simon 等人 1999 年编制的风险感知能力的量表,包括 6 个分量表,其中 4 个较好的分量表内部一致性系数分别为 0.84、0.85、0.67、0.95,共计 35 个测试项目;⑥社会能力,如 Baron 等人 2003 年编制和 2007 年修订的社会能力量表。

关于创业能力综合量表,比较有代表性的研究还不是很多。其中,Edgar 和 Dirk 就为此编制了两个量表。从他们在 2008 年编制的量表来看,该量表包含了创业过程中关键的四大能力:识别机会、评估机会、建立关系网络和人际沟通能力。其内部一致性系数均达 0.7,共计 13 个测试项目。他们在后续的研究中,通过对创业者和创业领域的专家对创业能力重要性进行评分,总结出最重要的八项能力,依次为:决策能力、发现并解决问题的能力、机会识别能力、创新思维、机会评估的能力、沟通能力、商务交易与谈判的处理能力、构建关系网络的能力。这个量表的测量学指标虽然还没有公布,但为本研究对创业能力结构理论框架的提出,提供了重要的参考依据。

上海对外经贸学院的王辉和张辉华通过对 12 位创业大学生样本的案例研究和 544 份问卷数据的实证分析发现,大学生的创业能力主要由机会把握力、创业坚毅力、关系胜任力、创业原动力、创新创造力、实践学习力和资源整合力七个维度构成,并且在结构上表现出独特性,在内涵上表现出差异性。高桂娟等(2013)对上海三类高校进行抽样调查,编制了"大学生创业能力评价量表",该量表由 13 个评价指标组成,创业能力、社会能力等 13 个要素是大学生创业能力的主要因素,高桂娟还使用该评价量表,运用调查数据对大学生创业能力现状做出了基本评价。李晓峰等(2013)基于物元与可拓集合理论,建立了大学生创业能力评价的多维可拓物元模型,并提出了创业能力的可拓评价方法。他认为该方法不仅能够形式化地描述影响大学生创业能力的各种因素的状态,而且可以对大学生的创业能力做出准确评价。林佩云等(2014)认为应该建立大学生创业能力综合评价体系,学生创业评价要素可以归纳为"创业品质、创业素质、创业实践能力"三大方面。创业品质(执着、冒险、创新、领导、直觉、机遇)、创业素质(竞争意识、应变意识、自制意识、管理意识、法律意识、心理素质)、创业实践能力(计划能力、组织能力、指挥能力、协调能力、控制能力、激励能力、创造能力、适应能力、营销能力、财务能力)分别按照 30 分、30 分、40 分的分值进行分配。这三部分评价内容所属的评价要素也依据平均的原则进行分配。大学生创业能力综合评价采取定性与定量相结合的评价方式,评价分数采用百分制。每学年由辅导员、班主任、班级同学和大学生本人,根据大学生参与创业教育及实践的情况,依据评价要素,在分值范围内打分,不同人员评价分值所占比例不同。

(四)我国大学生创业能力存在的问题及其原因分析

我国在大学生创业能力培养方面还存在许多缺陷和不足,这些问题不是单一方面的,而是涉及从家庭、个人的观念意识和素质,到高校的创业教育、国家政策、社会环境以及文化氛围等多个层次和环节。而且这些问题是相互影响和相互作用的,所以需要我们从个人家庭、高校、政府和社会环境四方面来探究其存在的问题和原因。

1.家庭及个人的创业意识薄弱,观念陈旧

在大学生创业方面,首要的问题是大学生个人和家庭的观念存在偏差,这需要追溯到长期沉淀在我们心理深层的传统观念。长期以来,人们习惯处于被动的地位,往往安于现状,对于主动的创新和变革并不接受。从家庭来看,家庭成员的价值观、父母对创业的态度以及家庭环境和状况对大学生创业造成了一定程度的影响。很多家长期盼自己的孩子能有一份可靠、稳定的工作,尤其是那些"地点好、环境好、压力小、层次高、工资高"的工作单位是家长的首选。他们对于大学生创业有些不能理解,觉得辛辛苦苦上了四年的大学就白费了,创业的风险大、不稳定,是没有未来的职业,并且对于大部分普通家庭来说也承担不起巨大的资金投入和风险。家长对大学生创业的冷漠和排斥心理直接限制了大学生的创业意愿和大学生创业能力的培养。从个人来说,大学生始终受到自身就业观的束缚,择业期望值过高,而且受家庭的溺爱,长期养成了"等、靠、要"的思想,创业意识淡薄,缺少敬业精神、团队精神、合作精神等,并且动手能力较差。以上的主客观原因,导致大学生创业步履维艰,机关、大企业、大城市得到追捧。

2.高等教育缺乏系统化的创业教育理论和课程设置

从高校的教育来看,长期以来高校一直注重理论教育,分数的高低始终是评价学生好坏的唯一标准,应试教育常常固定着人们的思维。高校创业教育严重缺失,创业教育体系不完善,脱离社会和实际,在这种体系的笼罩下,大学生缺乏创新精神和创业能力。具体来说,第一,在认识方面,高校对于创业教育的目的、意义、内容等方面还没有深刻的领会,一般只是喊喊口号。由于重视程度不够,所以大部分高校还没有固定的组织机构和从事专项工作的人员,仅仅停留在对大学生进行一两场创业讲座而已。第二,在课程方面,目前尚无统一、科学的创业能力培养方面的教材,只是孤立地开设一些相关的创业选修课,没有专门的创业专业和系统的课程。第三,在师资方面,高校中创业型的教师屈指可数,有创业实践经验的更是寥寥无几。这些教师对学生的创业教育仅仅是"浅尝辄止",甚至是"纸上谈兵"。第四,在社会实践方面,由于高校缺少支持创业的专项资金和系统化的创业教育,又很少与企业在这方面进行联系,所以大学生缺少了创业的实践活动。

3.我国创业的基础设施不完善,政策措施不配套

近几年,国家和各个地方政府纷纷出台了一系列大学生创业政策来支持和扶持大学生创业,可以说在一定程度上促进了大学生创业。但是,在实际操作过程中,我们发现这些政策还存在着一些问题。首先,创业的基础设施不完善,即与创业相关的政策、法律、金融等设施不完备。政府在创业培训、进入障碍、商务支持等方面的政策操作性不强、适用性不够全面,有些政策更是治标不治本。创业基金政策滞后,融资渠道单一,而大学生在创业的过程中缺乏资金是最大的问题。创业环境政策缺失,包括硬环境(基础设施、场地等)和软环境(创业的文化氛围等)。其次,政策措施不配套。目前我国除了教育部门、劳动保障部门、人事部门、公安部门外,其他部门比如银行业、保险业等相关部门,对于扶持大学生创业的配套政策都还没有制定。这也是制约大学生创业能力培养的一个重要原因。

4.创业的社会文化氛围不浓

目前,我国还没有形成一个大学生自主创业和鼓励创业的良好的社会文化氛围。造成这种情况的原因有几个方面。首先,我国的传统文化制约着人们创新求变的思想。长期以来,由于受封建思想的影响,人们始终笼罩在"墨守成规、安于现状、顺其自然、听天由命"等思想下,渐渐地就形成了一种强大的传统习惯,也造成了人们做出安分守己、怕风险图安稳的行为。其次,我国传统的经济体制也制约着人们创新求变的思想。由于受几千年来重农抑商、重工抑商思想的影响以及长期的计划经济体制束缚了人们的创新思想,导致全社会还没有形成敢于创新的宽松氛围。另外,中国的家庭教育和学校教育的培养模式和思想,又在一定程度上影响了大学生创业能力的提升。"分、分、分,学生的命根"、"捧上金饭碗"等等从小到大不断充斥着学生的大脑。所以,中国社会的"墨守成规"、"官本位"等陈旧观念仍然根深蒂固,严重影响着中国的社会心理和人们的价值取向。在这样的社会文化氛围中很难孕育出更多的创业人才,也浇灭了大学生仅有的一点创业热情。

四、培育大学生创业者的对策思考

大学生创业能力培养是一项涉及全社会、复杂的工程,离不开个人、家庭、高校、政府、社会的努力。要进一步完善我国大学生创业能力培养体系,必须提高各组成部分的重视程度,建立起一个个人和家庭、高校、政府、社会四位一体的,科学高效的创业能力培养的运行机制和体系。

（一）个人与家庭方面：转变观念，进行自我培养

观念是行动的向导和指南，学生本人和家长只有从思想上接受创业，认识到创业也是就业的一条出路，这样才能重视创业，选择和支持创业。

第一，家长要转变观念，帮助孩子树立正确的创业观。家长要多了解当今的就业形势，多与孩子沟通，摒弃传统的知识观、学业观和学生观，充分认识到实践知识和书本知识同样重要；要帮助孩子树立正确的创业观，因为家长相对于孩子来说有着丰富的经验，对于其在创业过程中遇到的一些价值观问题能给予正确的引导。

第二，大学生要转变传统的就业观。要转变终身就业观，树立动态就业观，树立"先就业，后择业，先生存，后发展"的观念，在工作中不断学习发展，寻找适合自己的工作。

第三，大学生要学会自我培养，为创业做准备。大学生要增强创业意识和创业精神的自我培养；参与创业实践活动，积累创业经验，提高创业能力。

（二）高校方面：建立完善的创业教育体系

高校作为创业教育的载体，对大学生创业能力培养起着关键的作用。而创业教育的教学理念、科学的创业理论课程体系和实践活动、高素质的创业教育师资队伍、完整的教学体系和研究体系，是高校开展大学生创业能力培养的四个关键部分。

1.高校领导者要树立全新的创业教育观，改革人才的培养模式

在高校创业能力培养中，高校领导者的观念以及认识程度起着决定性的作用。高校应以大学生为本，着眼于培养高层次、高质量的具有创业能力的大学生。除了高校领导者自身要更新教育理念外，还要帮助大学生树立创业意识，鼓励学生投身到各种社会实践活动中去，施展自己的才华，积极主动创业。

2.构建科学的课程体系，理论课程与实践课程相结合

创业课程体系是大学生创业能力培养的核心部分，要以加强基础理论学习、注重实践活动、拓宽口径、突出特色、提高能力为创业教育的原则。教材的选择要以发挥学生的主观能动性和创造性为基础，以市场需求为导向，教材内容要具有多样化、弹性化、特色化、个性化的特点。实施大学生创业能力培养的课程体系要以各个年级学生的特点以及对创业的认知程度为依据，构建由浅入深的理论与实践相结合的课程体系，真正把大学生创业能力培养融入大学教学中。

3.构建一支高素质的创业教育师资队伍，优化师资队伍配置

在实施创业教育的过程中，教师的观念、素质、知识水平、创业精神以及创业能力，对大学生创业能力培养具有决定性的影响。创业教育的从教人员除了要

具备基本的知识和能力外,更要具备更高层次的素质和能力,其中包括:全新的创业教育观念、不断探究新的教育思想的精神、创新和创业精神、创业能力以及专业的实践能力等等。

4.构建大学生创业能力培养实践基地,亲身体验创业

大学生创业能力培养实践基地是沟通理论教学和实践的媒介,是大学生亲身体验创业的平台。通过创业实践活动,学生可以积累经验,挖掘自身潜在的能力,增强对创业环境的认知。

(三)政府方面:建立完善的创业支持系统

将近年来,为有效促进大学生创业,中央和地方政府出台了一系列的政策,这些政策对培养大学生创业能力无疑具有重要的作用。政府部门应从创业服务体系和创业政策入手,逐步建设完善的、系统的基础设施,构建起"鼓励创业、支持创业、服务创业、保护创业"的创业政策体系,使更多的大学生成为创业者,实现创业促就业的倍增效应。

1.搭建政府公共服务平台,建立完善、系统的创业服务体系

为了做好大学生创业能力培养这项工作,政府首先必须设立专门的机构——国家大学生创业服务中心,统一负责研究、解决大学生创业前、创业中出现的问题;另外,地方也要设立地方大学生创业服务中心,从基础环节入手,提供创业信息、创业培训、创业项目、创业导师、创业基地、政策咨询、法律援助、心理指导等一条龙服务。

2.构建完善的创业政策体系

近年来,为支持大学生创业,国家和各部门出台了许多优惠政策,涉及工商、税务以及资金贷款等方面。在此基础上,各地政府为了扶持当地大学生创业,也纷纷出台了相关的政策法规,并且优惠力度更大。面对当今严峻的大学生就业形势,为鼓励大学生采取各种灵活积极的方式进行创业,以创业带动就业,必须完善大学生创业政策体系。第一,完善和落实优惠的创业政策,降低大学生的创业成本。第二,拓宽大学生创业融资渠道,解决创业融资难题。第三,国家应为大学生创业设置创业保险制度,在一定程度上为大学生承担风险。

(四)社会方面:营造创业文化氛围

大学生的创业活动从观念上的转变到行为上的选择,从本质上讲都属于冒险行为,尤其是在创业过程中会承担各种风险,成败并存,得失同在。此时,社会大环境的协助就显得十分重要,社会要能够提供一个鼓励创新和允许失败的宽容氛围,企业、社区和协会机构还要负起相应的社会责任。全社会要营造出良好的创业氛围,鼓励大学生创业;企业要主动担负起应有的社会责任,帮大学生圆

创业梦;社区要努力创新服务方式,为大学生提供创业服务;创业协会组织要积极组织大学生创业实践,助大学生成功创业。

案例分析

北京一大学生创业,年入 170 万

【导读】

一个年轻人开拓出了一种叫作"小管家"的新家政商业模式。凭借新模式,这位创业者在北京,仅一个社区就年收入 170 万元。面对我国汹涌而来的社区经济,"小管家"铺就的是一条"沃尔玛"式的道路,一扇虚掩的财富大门正在徐徐打开……

张松江,出生于 1978 年,土生土长的北京人,如今是新理念保洁服务有限公司的总经理,公司注册商标为"小管家"。尽管人们还都把他的公司称为"家政公司",但在张松江看来,他的"小管家"从开始就已经背离了传统家政。在极短的时间内,"离经叛道"使得"小管家"由穷困潦倒转而获取巨额利润,并因此搭建起一个面向未来的庞大商业帝国架构。对于传统的家政行业来说,"小管家"的成功模式所产生的影响很可能是颠覆式的。

1999 年,张松江在北京联合大学毕业,到择业时他才发现,自己怀里的一张大专毕业证书几乎没有任何用处。他与其他 3 个朋友商量,决定一起创业。

他在报纸上看到一个美国品牌保洁公司招加盟商的广告。4 个人就跑到那家公司去看——写字楼里面简直可以用金碧辉煌来形容。在对方"专业"的讲解后,他们相信了"保洁市场利润空间无与伦比"。

于是,4 个人立即凑了 3.9 万元加盟金,交给了那家公司。随即,对方给他们进行了为期两天的保洁清洗培训。

他们本来以为,像什么饭馆的招牌清洗、灯箱清洗、建筑物外墙清洗、大型油烟机清洗、中央空调清洗……商机无处不在。然而,等他们跑去谈生意时,却到处吃闭门羹,根本没人用他们。两个月过去了,他们没有找到一个客户。

最初筹集的钱花光了,大家只好每人再筹集了 5 000 元。直到第四个月,终于等到了一位"大"客户。这位"大"客户是他们租住的那栋写字楼的经理。那位经理要求他们把这栋写字楼的地毯洗一遍。那些地毯的总面积超过 3 000 平方米。为此,张松江报价为每平方米 3 元,也就是说,活干完了应该可以拿到 9 000 元钱的报酬。

张松江领着员工大干了一场,可等他们干完了,那位经理只给了 1 500 元钱,随后丢下一句:"就这么多,没钱了。"

碰壁次数多了,张松江渐渐明白了保洁行业到底是怎么一回事。在原来做培训的时候,那家"美国品牌"公司告诉他们,做保洁清洗,市场的价格绝不低于每平方米 10 元钱。但在现实中,市场行情是每平方米 1 元钱。不仅如此,如果没有人脉关系,就算凭 1 元钱的价钱你也休想拿下一个仅有微薄利润的保洁工程。

张松江郁闷到了极点,从不对家人诉苦的他,最后还是将创业的烦恼告诉了父亲。望着创业遇到挫折的孩子,父亲平静地说:"没有关系,钱的事不用担心,我给你筹。"

父亲的话给了张松江莫大的安慰。当晚,张松江躺在床上,翻来覆去睡不着觉。他打开灯,随手翻开一张报纸。翻着翻着,报纸上一则广告吸引了他。那则广告说,北京的SOHO现代城推出了可移动墙壁的房屋。

可移动的墙壁——所有开发商都把墙壁做成死的,他们却做成活的。这墙活了,他们生意不就活了吗?别人的生意这样,我呢?要想有利润就得有别人没有的东西,就得把大家都认为是不能改变的固定思维模式打破。思维的闸门一旦打开,张松江再也抑制不住内心的喜悦。他想到了由户外转向户内。

虽然户内保洁也有人做,但是现在的户内保洁太没有特点了。像SOHO现代城这样的高档社区,肯定需要一种更高档次的服务。麦当劳、肯德基走遍全球,凭的不就是一个严格的操作规程与标准嘛!对于保洁来说,这个标准应该是对卧室、卫生间、厨房等不同性质房屋进行分类,然后确定不同的服务标准。

从第二天开始的十几天时间里,他进一步完善方案,然后鼓起勇气去找SOHO现代城中海物业公司的经理。那位将近50岁、有着丰富经验的物业经理被眼前的年轻人打动了。

他说:"每天来这里要求做我们清洗业务的人多了,但是没有一个人能够提出你这样的想法。这里的活,我交给你了。"这时,父亲筹到的10万元钱也交到了张松江手里。他把几个朋友一起合伙参股的钱退掉,然后自己注册了新理念保洁服务有限公司。在SOHO现代城的地下室里开始了新的旅程。

那段日子是极为艰苦的。地下室的潮湿程度达到了早晨放一只公文包,晚上拿走的时候都会从上面往下滴水。没有椅子,他们就坐在地上,每天跟民工一样吃2.8元一份的盒饭。

好在没过多久,就有一位客户提出要他们去家里做地板打蜡,没有做过地板打蜡的张松江竟然大着胆子答应了。等到了客户家里,面对地板,张松江和自己的员工面面相觑:怎么办?

虽然张松江有着种种超前设计,但是对这户内具体的活完全不懂。张松江一想,这打蜡应该和擦地一个道理,于是就把地板蜡放到擦地机里,挨着屋子擦。在地板湿的时候,地面确实很光亮。可是等地板一干,张松江傻眼了:原来的地面只是不光亮而已,而现在不仅依旧不光亮,而且还用擦地机擦出了一圈圈白乎乎的擦痕,简直不成样子。无奈之下,张松江当晚找到做过打蜡的朋友,来了个现学现卖。第二天一早,张松江立即带着员工来到客户家,给客户认认真真地把地板重新打好。等客户回来看到光亮的地板时,非常满意,付给了他们800元钱。

钱赚到了,但张松江却非常难过。这样的服务离自己的要求差得太远了。别说特色,连最基础的东西都做不好,这怎么能有前途呢?

张松江找到SOHO现代城的经理,提出了一个要求,那就是给现代城一些已经装修好但是还没有出租的房间进行免费保洁打蜡。这是任何一位经理都乐于接受的好事情。但是,对于张松江来说,这太重要了。他要通过为这些房间保洁磨炼自己员工的技术,研究一套有自己特点的操作规程与操作技巧。

　　功夫不负有心人,通过与员工对一间间房屋、一个个细节部分的实践、记录与推敲,张松江总结出了自己的一套针对不同房间的工作程序和工作标准,在技术上也取得了飞跃。

　　以地板打蜡来说,他将擦玻璃的方法移植到了地板上,而且在工具、使用方法上都做了重大改进。因此,他们擦地板比传统打蜡法多花一倍的时间,但是擦出来的效果却让人感觉比传统打蜡服务高出几个档次。

　　就这样,张松江第一个月就赚到了 3 万元钱,开始打开了局面。靠着自己的坚毅和勤奋,他一步步地接近了自己的目标,实现了飞跃,完成了很多人梦寐以求的事。

　　【分析】有人说过,创业就像学游泳,也需要专业的训练,从不会到学会需要具备一些素质和技能要求。否则,即使你暂时会了,如果技术不过硬,浪头来了,一样把你打翻陷入生死危机。创业是极具挑战性的社会活动,是对创业者自身智慧、能力、气魄、胆识的全方位考验。什么样的大学生适合创业呢?是否所有大学生都适合创业?结合前面的案例,请分析大学生该如何发挥自身的优势更好地创业。你觉得你是否是一个合格的创业者?

思考与练习题

　　1.如果你准备创业,你觉得你该从哪几个方面做好准备?

　　2.你认为大学生的创业优势在哪?

　　3.每个大学生都想毕业以后找到一条商机之路,搞创业。你觉得这是否是大学生的真实愿望?

　　4.结合大学生的特点,客观评价大学生的创业能力。

　　5.为何大学生的创业成功率比较低?请谈谈你的看法。

参考文献

　　[1]段锦云、王朋、朱月龙:《创业动机研究:概念结构、影响因素和理论模型》,载《心理科学进展》2012 年第 5 期。

　　[2]刘瑛、负晓燕:《大学生创业动机概念模型研究》,载《机械管理开发》2011年第 2 期。

　　[3]王颖:《女性企业家的创业动机研究》,西安理工大学 2010 年硕士学位论文。

[4]孙强:《高校学生创业动机的影响因素及对高校创业教育的启示》,南开大学 2011 年硕士学位论文。

[5]张婧:《创业者素质研究综述》,载《科学与管理》2008 年第 2 期。

[6]何建华:《创业者素质研究:文献回顾与分析》,载《人力资源》2012 年第 8 期。

第五章

创业团队建设

拥有一支优秀团队对新创企业的发展起着举足轻重的作用,而团队精神又是支撑创业团队共同奋进的重要支柱。团队合作是一种先进的合作方式,正因为我们每一个人都不是万能的,所以我们执行项目方案离不开合作,一个人的成功总是离不开团队,同时团队也是由每一个个体构成的,离开个体,团队不复存在,总之,良好的团队精神将使我们的合作更有效。

本章包括四个方面的内容,首先是创业团队的界定及其对创业重要性的分析,其次是阐述如何组建创业团队,再次是讨论创业团队的管理和领导创业者的角色与行为,最后是叙述大学生团队创业的现状与提升。

第一节 创业团队的界定与意义

一、工作组、团队与创业团队的区别

在进行创业之前,创业者都会面临如何组建创业团队的问题,毫无疑问,高效的创业团队是企业成功的关键因素,投资者都希望找到诚实、高效、有经验的创业团队进行投资。

创业团队有别于工作组和一般团队。我们平时所说的工作组,只是一群互不依赖,却因为工作的相关性而被集合在一起的人,他们因为工作被安排到了一起。但是实际上却独立工作,也就是说,他们的成果只对个人负责。

团队(Team)的内涵要高于工作组,团队一般是由少数有共同责任、共同目的的人组成的,为了达到团队的目标或达成产品高质量的结果,他们各自发挥自己的长处,协同工作,在自己的岗位上卖力。

创业团队（Entrepreneurial Team）不仅涵盖了团队的要素，还要求成员之间通过认知分享、才能互补、风险共担、合作行动来促进新创企业的逐步发展，创业团队是一个为达到创业目标而奋斗的人所组成的特殊群体。一个运作良好的高效创业团队都有一些显著特征，这些特征也是判断一个创业团队是否高效的重要因素：

（1）目标清晰，指创业团队是否充分了解所要达到的目标，并深信该目标所包含的重要意义。

（2）技能互补，指创业团队是否有这样一群人，他们具备实现目标所必备的各种技术和能力，而且彼此都有着良好的个人品质，从而能顺利完成任务。

（3）沟通良好，指成员间能否畅通地进行信息交换，成员之间的默契程度是否良好，是否可促使信息迅速、准确地反馈，以及提高决策和处事效率。

（4）相互信赖，指成员间是否相互关心和信任，无论何时何地，无论需要何种支持，他们都能高效率地给予，共同协作，为实现目标而奋斗。

（5）恰当领导，指创业团队的领导是否具备鼓舞团队成员、增强成员自信心、激发成员潜力的能力，能否在恰当的时机给予团队成员恰当的支持和指导，而非一味主观限制团队成员个性的表达。

（6）一致承诺，指团队成员对团队的价值观是否有深刻的认同感，是否把团队目标当作自我目标来实现。

二、创业团队的重要性

创业团队是两个或两个以上具有一定利益关系的、拥有所创建企业所有权或处于高层主管位置并共同承担创建和领导新企业责任的人所组成的工作群体。团队创业有助于创业的成功和新事业的发展。

团队能提高机会识别、开发和利用能力。团队成员不同的知识、经验和技能的组合，使团队对创业机会的识别能够进行更为科学、理性的评价，对机会开发方案的选择更为准确、全面，以避免决策失误。同时，团队成员广泛的生活联系和内部更多的积累，可以有效地获得开发机会所需要的资源，增加机会开发成功的可能。

团队能提高新企业的运作能力，发挥协同效应。把互补的技能和经验组织在一起，超过了团队中任何一个人的技能和经验。这种技能和经验在大范围内组合使团队能应付多方面的挑战，比如，创新研究开发、市场营销、财务管理、质量控制和客户服务，并形成一种协同工作的整体优势。

团队能为加强组织发展和管理工作提供独特的社会角度。通过努力克服障碍,团队成员对相互的能力建立起信任和信心,并加强共同追求高于和超乎个人及其职能之上的团队业绩的愿望。工作的意义和成员的努力都使团队价值深化,从而使团队的业绩最终成为对团队自身的激励。

团队有利于营造更轻松愉快的心理环境。团队的良好氛围与团队的业绩是相辅相成的,它能够使团队的成员愿意为了实现团队的目标而一起工作,并且为了团队的业绩成果而充分信任。这种令人满意的心理环境支持、创造了团队的业绩,也因团队的优异业绩而得以延续。

通过之前的论述我们知道,优秀的创业团队是多元化的,他们在角色结构、技能结构、权力结构上应该尽量做到合理。一个优秀的团队,应该有明晰的目标,有良好的沟通,有合适的领导者,而且应该相互信赖。过去诸多的事实告诉我们,团队比个人更具创造性,集体合作的成果大于个人成果的和,这就是对团队重要性的最好诠释。

这里只对创业团队的重要性作简要论述,下一节我们在讨论创业团队的优势时大家将会进一步明白团队创业为什么是重要的。

三、团队创业的优劣势

(一)团队创业的优势

俗话说:"一个好汉三个帮。"几个人齐心协力,整合各自优势,所产生的能量会远远超过个体单独产生的能量。同样的道理,一个由研发、技术、市场、财务、融资等组成的可以进行优势互补的创业团队,是创业成功的法宝。团队创业会带来各方面的优势,至少包括以下几点:

1.促进优势互补

不管一个人如何的优秀,他都不可能具备所有的经营管理经验,同时任何人都不可能在知识、资源、能力、技术等方面具有同样的比较优势,特别对于那些首次创业的人,他们往往缺乏对市场的判断力,缺乏对潜在市场的洞察力。创业团队的建立将会十分有效地解决这些问题:在一个团队中,不同的人掌握不同的社会资源,他们具备不同的知识、能力和经验,有的有客户关系,有的有政府关系,有的有理论、有经验,有的懂技术,有的擅长内务,有的擅长外交……这种优势互补的创业模式将会极大地强化团队成员间的彼此协调。一般来说,一个团队的角色结构和能力结构越合理,这个团队的知识面就越宽广,创业成功的可能性也就越大。

2.减少决策风险

一个新创企业在起步阶段总会遇到各种困难,如果创业者在遇到麻烦时完全亲自解决,不仅会花费大量的精力和时间,而且常常会由于创业者对问题洞悉得不到位而加大问题的解决难度,从而增加决策风险。而当创业人员是一群人而非个体时,成败就变成了集体的事情,只要创业团队成员能够同甘共苦,发挥每个成员的特长,就必定能提高解决问题的效率,增加解决问题成功的可能性。

3.缓解融资问题

中小企业融资问题一直困扰着很多新创企业,究其原因,无非是银行贷款难度大,同时民间借贷利率偏高,许多中小企业难以负担。在外部融资极其困难的情况下,内部融资成了解决中小企业融资,特别是新创企业融资问题的办法。在经济不景气的大环境下,内部融资的作用尤其显著。

(二)团队创业的劣势

团队创业虽然有诸多好处,但是在现实生活中我们也发现,组建了自己的创业团队并不一定就能成功,当中的原因可能是经济萧条、竞争恶化、产品定位不合理等,但不可否认的是,团队创业并不一定是一种完美的创业模式,在我们看来。至少有以下几点劣势:

1.思想冲突

新创企业团队一般都由少数几个人组成,大多数成员都直接参与管理决策,而且因为都是企业的创始人,不论是否有经验,他们在企业中都担任要职,都发表"重要意见",关于一个问题难免会出现不同的见解,提出不同的方法。在出资人出资比例相当的情况下,这种现象尤其严重,甚至会引发激烈争论,问题却迟迟得不到解决,一旦出了问题又互相指责,互相推诿。"艄公多了要翻船"即为此理。

2.管理冲突

既是员工又是出资人的双重身份,往往使合伙人成为创业团队最难管理的人群。许多创业团队的成员不能在企业中摆正自己的身份,常常认识不到自己也是企业的员工,也应该遵守企业的规章这一事实。在现实中,很多创业团队成员会自觉或者不自觉地提高自己的地位,越位发号施令,这会导致企业管理成本的增加。

3.利益冲突

企业利润会随着企业的壮大而增加,当企业规模壮大后,当初出资谨慎的企业合伙人常常由于原先出资过少而后悔,心态逐渐开始不平衡,工作量不少可分红时却少于别人,容易产生"老板为老板打工"的心态;还有那些掌握核心技术或无形资产,没有出资或出资较少的创业团队成员,当这些知识投入没有被恰当量化成货币时,有的人会产生不平衡的心理。当诸如此类的局面不能被合理化解时,合伙人之争常常会瞬间激化。

第二节　创业团队的组建

一、创业团队的组建原则

　　民营企业实现良好发展有三个重要前提:良好的团队和创业文化,优质的资源与制度基础,以及较好的产业机会与组织前景。为了更好地了解我国创业企业经营团队的实际运作情况,中山大学创业中心常务副主任任荣伟博士带领他的团队曾对珠三角地区的 109 家科技企业创业团队进行了问卷调查,从有效回收的 89 项问卷的调查结果来看:当初创业团队成员能够聚集一起共同创业,其缘由是多方面的。在选择"创业团队成员的最重要的聚合因素"一项中,选择"个人志趣具有一致性"、"亲情或朋友之间的友情"以及"能够给企业带来关键资源的个体",三者加总占据总人数的 80％ 以上,而选择"专业技术与管理能力的互补性"、"具有好合好散机制"占比只有 16.9％。这说明,在初始的创业过程中,创业者基本上没有太多地考虑团队结构和制度建设的问题。显然,创业团队先天的缺失为日后的合作和持续发展留下了隐患。这同时也说明,创业团队聚合的过程中所考虑的成员情感因素要远大于人的能力与资源因素。

　　任荣伟博士的调查清楚地描述了创业团队成员散伙或离职的主要原因。70％的人认为散伙是因为"合作不愉快、人际关系难处理"、"对公司未来发展前景感到渺茫和不确定",以及"当初建立的信任基础发生动摇"。而选择"对公司分配机制不满意"、"报酬不理想"等原因的只有 10％。在调查创业团队成员被解职的原因时,选择"与董事会配合协调不一致"、"经营理念偏差、行动不一致"的占总调查人数的 90％ 以上。由此可见,创业团队之所以解体,最重要的原因在于"团队合作精神"未能持续,合作的信任基础发生了动摇。

　　建立优势互补的创业团队是人力资源管理的关键。团队是人力资源的核心,"主内"与"主外"的不同人才,耐心的"总管"和具有战略眼光的"领袖",技术与市场两方面的人才都是不可偏废的。团队还是人力资源管理的核心,而人力资源是企业的根本,一个企业如果不能拥有自己优势的核心人力资源,其成功的可能性几乎为"零"。为此,组建一个合适的、具有战斗力的创业团队就是团队首领的当务之急。

(一)合伙人原则

一般企业都是招员工,而员工都是在做"工作"。但创业团队需要招的是"合伙人",因为合伙人做的是事业,一个人只有把工作当作事业才有成功的可能,一个企业只有把员工当作"合伙人"才有机会迅速成长,所以,创业团队要先解决价值分配障碍,然后去找自己的"合伙人"。

(二)激情原则

激情是衡量一个人是否能够成功的基础标准。创业团队一定要选择对项目有高度热情的人加入,并且要使所有人在企业初创时就有每天长时间工作的准备。任何人,不管其有无专业水平,如果对事业的信心不足,将无法适应创业的需求,而这种消极因素,对创业团队所有成员产生的负面影响可能是致命的。创业初期,整个团队可能需要每天 16 个小时不停地工作,并要求在高负荷的压力下仍能保持创业的激情。

(三)团队原则

团队是企业凝聚力的基础,成败是整体而非个人,成员能够同甘共苦,经营成果能够公开且合理地分享,团队就会形成坚强的凝聚力与一体感。团队中没有个人英雄主义,每一位成员的价值,表现为其对于团队整体价值的贡献。每一位成员都应将团队利益置于个人利益之上,个人利益是建立在团队利益基础上的,因此成员必须愿意牺牲短期利益来换取长期的成功果实,而不计较短期薪资、福利、津贴等,将利益分享放在成功后。这样的团队是不可能不成功的。

团队原则中还体现要有共同的理念和愿景。创业过程充满艰辛和风险,成员的个人目标要与企业的愿景一致,即认同团队的努力目标和方向,也就是对企业文化的认可。创业团队成员需要拥有共同的价值观,把个人目标整合到组织目标中,增强团队的凝聚力。一个好的领导者就像是一个好的创业家。创业家在一个新创的事业中,常常需要扮演两种角色:创造远景,及时与大家沟通。一个相互间默契的团队,能够具有比一般的团队更有弹性、更快速解决问题的能力。

(四)互补原则

建立优势互补的团队是创业成功的关键。"主内"与"主外"的不同人才,耐心的"总管"和具有战略眼光的"领袖",技术与市场两方面的人才,都不可偏废。创业者寻找团队成员,首先要弥补当前资源能力上的不足,要针对创业目标与当前能力的差距,寻找所需要的配套成员。好的创业团队,成员间的能力通常都能形成良好的互补,而这种能力互补也会有助于强化团队成员间彼此的合作。从人力资源管理的角度来看,建立优势互补的创业团队是保持创业团队稳定的关键。在创建一个团队的时候,不仅仅要考虑相互之间的关系,最重要的是考虑成员之间的能力或技术上的互补性。从创业资源的角度来看,在引进了不同背景的创业人员的同时,也引进了不同的人际网络。

此外,创业团队还要注意个人的性格与看问题的角度,团队里必须有总能提出建设性意见和不断地发现团队问题的成员,一个都喜欢说好话的组织绝对不可能成为一个优秀的团队。

二、创业团队的组建方式

现实生活中,创业团队的组成方式是多种多样的,有的是因为团队成员间有共同的志趣,他们都深信某个创意,都萌生创办企业的想法,因而聚在了一起;有的可能是因为过去曾经有过一段珍贵的友谊而产生成立合伙企业的想法;有的是由于有一个熟人先创办一个企业,其他合伙人继而陆续加入。总的来说,我们可以把创业团队的组成方式分成两个大类:一类是核心主导型,另外一类是群体创业型。

(一)核心主导型(Core Leading)

创业团队中有一位充当领导角色的核心人物(Core Leader),核心人物从企业创办之前就开始策划创业团队的组成和企业蓝图,通过仔细分析后选择合适的人员加入团队,而这些后来加入的成员通常只是支持者的角色,地位与核心人物有一定的差别。

核心主导型的特点在于企业向心力强,组织结构严密,核心人物个人权力大。这种模式的优点是办事效率高,当有才能的人担任领导者时往往能带动企业迅速发展,但是往往也由于决策程序简单而加大决策风险。当角色成员与核心人物面临意见冲突时,容易造成团队破裂。

(二)群体创业型(Group Business)

创业团队成员往往是亲朋密友的关系,他们就某个想法达成共识后,开始了共同的创业行动。创业开始阶段并没有核心人物,而是根据各自特点自发组织定位,成员间是亲密的合作伙伴的关系。

群体创业型的特点在于企业结构相对松散,由于没有明显的核心,团队容易形成多头领导,决策效率偏低。但是正因为决策是通过大量沟通讨论后的结果,所以决策的可行性强,同时创始人之间地位平等,有默契,因而较少出现队员离队的现象。

三、创业团队的组建结构

所谓创业团队结构（Entrepreneurial Team Structure），是指创业团队的组成成分及其关系。创业团队结构是创业团队共同协调的基础。

创业团队成员的文化水平差异、知识背景差异、年龄差异等结构特征常常会对企业的绩效产生影响。一个优秀的创业团队，成员间的分工必须明晰完整，必须包括技术、营销、公关、生产、市场、融资等各方面的人才。需要有领导者，同时还必须有技术专家、赞助商、市场顾问等各种角色。只有拥有多方面的人才，才能形成优势互补，这样的企业才具有发展的前景。创业团队内部的结构是错综复杂的，但是，无论创业团队成员之间是何种关系，他们在团队中都有固定的角色、特定的能力和权力，因此，角色结构、技能结构和权力结构经常成为我们观察创业团队结构的基本视角。

（一）角色结构

角色结构（Character Structure），是指创业成员在企业内部进行不同分工，担任小角色所呈现的结构形式。许多学者的研究表明，团队创业的效果要远远优于单独创业。美国 20 世纪 60 年代高成长企业中有 83.3％ 都是属于团队创业的形态，因此我们可以得知，具有完整角色结构的创业团队将表现得更加高效。明确的角色分工对企业有深刻的意义，而那些角色模糊、角色错位的团队往往会对新创企业的长久发展形成阻碍。

（二）技能结构

技能结构（Skill Structure），指的是创业团队中不同成员拥有的不同能力结构。一个分工明晰、技能机构完整的企业应包括市场、生产、物流和技术等各方面的人才。技能结构的完备对控制企业成本至关重要，某一方面技能人才缺失所导致的直接后果是企业生产成本的加大。

（三）权力结构

权力结构（Power Structure），指的是如何在团队成员当中合理分配决策权力。领导者在创业团队中处于核心地位，新创企业很多时候依赖领导者的及时决策，因此创业领导者的权力大于一般成员也是合理的。这说明企业的权力分配不是一味"兼顾公平"，而是要与他们的角色和能力相一致。权力是否合理分配，同样会影响到团队的业绩。

角色结构、技能结构、权力结构是创业团队结构的三个重要维度，只有在角色结构上具有充分性、完整性、明确性，在技能结构上具有互补性、完整性、对称性,在权力结构上做到匹配性,才能使企业绩效得到有力提升。

四、创业团队组建常见的误区

随着市场竞争的日益激烈,现代企业更加强调发挥团队精神,但在团队建设过程中,难免会走入误区。常见的误区有:

(一)"团队利益高于一切"

团队首先是个集体。由"集体利益高于一切"这个被普遍认可的价值取向,自然而然地可以衍生出"团队利益高于一切"这个"论断"。但在团队里如果过分推崇和强调"团队利益高于一切",可能会导致两方面的弊端。一方面是极易滋生小团体主义。团队利益对其成员而言是整体利益,而对整个企业来说,又是局部利益。过分强调团队利益,处处从维护团队自身利益的角度出发常常会打破企业内部固有的利益均衡,侵害其他团队乃至企业整体的利益,从而造成团队与团队、团队与企业之间的价值目标错位,最终影响到企业战略目标的实现。另一方面,过分强调团队利益容易导致个体的应得利益被忽视和践踏。如果一味只强调团队利益,就会出现"假维护团队利益之名,行损害个体利益之实"的情况。作为团队的组成部分,如果个体的应得利益长期被漠视甚至侵害,那么他们的积极性和创造性无疑会遭受重创,从而影响到整个团队的竞争力和战斗力的发挥,团队的总体利益也会因此受损。

(二)团队内部不能有竞争

有人认为,讲团队精神,团队内部就不能搞竞争。这种观点肯定是错误的。在团队内部引入竞争机制,有利于打破大锅饭。如果一个团队内部没有竞争,在开始的时候,团队成员也许会凭着一股激情努力工作,但时间一长,他会发现无论是干多干少、干好干坏,结果都一样,那么他的热情就会减退,在失望、消沉后最终也会选择"做一天和尚撞一天钟"的方式来混日子。这其实是一种披着团队外衣的大锅饭。通过引入竞争机制,实行赏勤罚懒、赏优罚劣,打破这种看似平等实为压制的利益格局,团队成员的主动性、创造性才会得到充分的发挥,团队才能长期保持活力。

(三)团队内部皆兄弟

不少企业在团队建设过程中,过于追求团队的亲和力和人情味,认为"团队之内皆兄弟",而严明的团队纪律是有碍团结的。这就直接导致管理制度的不完善,或虽有制度但执行不力,形同虚设。纪律是胜利的保证,只有做到令行禁止,团队才会战无不胜。三国时期诸葛亮挥泪斩马谡的故事就是一个典型的例子。

马谡与诸葛亮于公于私关系都很好,但马谡丢失了战略要地街亭,诸葛亮最后还是按律将其斩首,稳定了军心。严明的纪律不仅是维护团队整体利益的需要,在保护团队成员的根本利益方面也有着积极意义。比如说某个成员没能按期保质保量地完成某项工作或者是违反了某项具体的规定,但他并没有受到相应的处罚,或是处罚根本无关痛痒,这就会使这个成员产生一种"其实也没有什么大不了"的错觉,久而久之,遗患无穷。如果他从一开始就受到严明纪律的约束,及时纠正错误的认识,那么对团队及他个人都是有益的。

(四)牺牲"小我"换"大我"

很多企业认为,培育团队精神,就是要求团队的每个成员都要牺牲小我,换取大我,放弃个性,追求趋同,否则就有违团队精神,就是个人主义在作祟。诚然,团队精神的核心在于协同合作,强调团队合力,注重整体优势,远离个人英雄主义,但追求趋同的结果必然导致团队成员的个性创造和个性发挥被扭曲和湮没。而没有个性,就意味着没有创造,这样的团队只有简单复制功能,而不具备持续创新能力。其实,团队不仅仅是人的集合,更是能量的结合。团队精神的实质不是要团队成员牺牲自我去完成一项工作,而是要充分利用和发挥团队所有成员的个体优势去做好这项工作。团队的综合竞争力来自对团队成员专长的合理配置。只有营造一种适宜的氛围,不断地鼓励和刺激团队成员充分展现自我,最大限度地发挥个体潜能,团队才会迸发出如原子裂变般的能量。

第三节　创业团队的管理

一、创业团队管理教育

对于在校大学生创业团队而言,如何将他们纳入真正意义上的创业中来,为将来走向社会打下创业基础,是目前学校创业教育中需要引起关注的重要问题。因此在大学生创业团队的建设和管理上,必须对他们进行系统的理论教育,这样才能从真正意义上做到理论和实践的统一。

(一)要加强对创业团队成员的价值观、人生观、道德观的教育和社会责任感的培养

在当今社会,影响当代大学生思想状况的因素是多元化的,大学生的思想容易受到外界的影响。在创业团队中,必须加强这方面的思想教育,而不至于在创业历程中被金钱和利益所左右。另外,社会责任感的培养也十分重要。社会责任感是人们对自己在社会中的责任的情感体验,在创业团队中,只有具备较强的社会责任感,才会关心国家、社会和集体的前途,关心环境,关爱他人。而这恰恰是创业的深层内容和高层目标。培养创业团队中各个成员的社会责任感,可以在创业企业内部形成一个负责的团队,对外而言也是对创业团队形象的良好塑造。这也正是创业团队走上良性循环发展道路的基础。

(二)要加强对创业团队成员法律意识的培养

随着依法治国的理念越发深入人心,法律在社会生活中将起着更为重要的作用,并成为社会有序健康发展的有力保证。创业自然也要遵循社会法律体系。创业的首要问题,往往是设立企业从事经营活动,这就必须到工商行政管理部门办理登记手续,申领营业执照等,对于《公司法》、《合伙企业法》、《个人独资企业法》、《合同法》、《担保法》、《票据法》等法律,以及《企业登记管理条例》、《公司登记管理条例》等工商管理法规、规章,作为创业团队成员都必须有所了解。因此,加强对创业团队成员的法制意识培养是必需的,创业教育者的主导作用应充分发挥出来了。

(三)要加强对创业团队成员的创新意识和创新精神的培养

这方面主要是教育和引导创业团队成员增强创新意识,并逐步升华为创业精神。创新就是强调一种创造性思维,就是凭借知识、智慧和胆识去开创能发挥个人所长的事业。要提醒创业团队成员全面理解创业的深刻含义,让他们形成一种不创新就不会有创业机遇的共识。同时,还要使他们明白,创业不是普通的比赛或设计,而是要求能结合专业特长,根据市场前景和社会需要开发出独特的具有创新性的成果,这样才能达到真正的创新。

(四)要努力提升创业团队成员的创业技能

具体来讲,创业技能包括对企业人、财、物及技术资源的配置能力;对市场及环境信息资源的配置能力;对社会关系资源的配置能力;对组织及制度资源的配置能力;对个人行为资源的配置能力。因此在进行创业教育过程中,对创业团队成员进行行之有效的创业技能教育和培养是必需的,同时在对成员之间的协同能力的培养上也需要教育者用合理的方法和教育进行引导,从而实现创业团队的协同共振的效果。

(五)要强化创业团队成员知识体系的培养

以经济管理类大学生创业成员基本素质为例,在对他们进行的知识体系的培养上主要以金融、商务、法律、市场、营销、管理、财务、税收、企业设立程序和宏观经济政策等知识为主线。此外,还要使他们具备必要的自然科学知识,如商品类别、产品性能、技术性质等。所以,创业能力教育并不独立于正规的学科教育之外,而是内化在学科教学之中,是高校学科人才培养的本质要求。

创业能够成功,是因为创业者能够做出比竞争对手更高明的决策,而做出正确的决策要求创业者拥有一支有竞争优势的团队。所谓团队精神就是团队成员为了团队的利益与目标而相互协作、尽心尽力的意愿与作风。它是精神文化、组织文化、制度文化在团队中的应用,也是塑造企业团队员工形象的一种科学而有效的手段。团队具有巨大的潜力,就能促使企业尽快地步入正轨,能帮助创业者实现企业的既定目标。因此,如何管理创业团队,就是摆在创业者面前的一道难题。

二、创业团队管理的内容

通常情况下,对于任何一个企业或组织来说,其团队都必须具备五个基本要素,即目标、定位、职权、计划和人员。这五个要素的紧密结合构成了一个团队的基本框架。根据团队的基本框架可以构建创业团队的管理。

(一)创业团队的目标管理

目标管理是指一种程序或过程,它使组织中的上级和下级一起协商,根据组织使命确定一定时期内组织的总目标,继而决策上下级的责任和分目标,并把这些目标作为组织经营、评估和奖励每个部门和个人贡献的标准。

对于每一个新创企业来说,在设置目标时,要切合实际,上下级之间要充分沟通与评估,这样双方的困难和期待也会更清晰。在达到预定的期限后,下级首先要进行自我评估,提交书面报告,然后上下级一起考核目标完成情况,决定奖惩,同时讨论下一阶段目标,开始新循环。如果目标没有完成,应分析原因,总结教训,切忌相互指责,以保持相互信任的气氛。目标管理可以培育团队精神,改进团队合作,也正因为有目标的存在,团队中的每个人才有可能知道个人的坐标在哪里,团队的坐标在哪里。

(二)创业团队的定位管理

团队定位和团队目标是紧密联系在一起的。团队目标决定了团队的定位,明晰的战略定位是创业企业组织设计的蓝图,只有明确了战略定位,创业企业才能确定其团队组织的规模、产品或服务的范围、组织的结构等。

(三)创业团队的职权管理

管理的过程,可以说是不断地分权、分责、分利的过程。职责就是任务,即做什么事,做到什么程度,横向、纵向的关系及完成任务应配备的权限。组织设计中,职责应落实到每一个人。在创业团队的职权管理过程中,领导者要真正地授权给团队,而不仅仅是让他们参与,要准许团队做出长期的、战略性的决定;要善于除去矛盾的根源,尽力统一经理与团队成员的观点,降低压力,准许团队做出更多的决策;同时要加强团队成员的培训,最大限度地发挥团队的功效。

(四)创业团队的计划管理

创业团队应该如何分配和行使组织赋予的职责和权限?团队成员多少合适?团队成员分别做哪些工作?如何做?这些都是创业团队计划管理应该回答的问题。团队计划处于整个企业团队管理活动的统筹阶段,它为下一步整个企业团队管理活动制定了目标、原则和方法。企业团队计划的可靠性直接关系着企业团队管理工作整体的成败。所以,制订好团队管理计划,是企业团队管理部门的一项非常重要和有意义的工作。

(五)创业团队的人员管理

任何团队都是由不同的个人组成的,确定团队目标、定位、职权和计划,都只是为团队取得成功奠定基础,团队最终能否获取成功、达到目标,还是要取决于人员的表现,因为不同个体有不同的特点,团队成员之间的关系也是影响团队是否成功的因素。在团队的人员管理中要注重团队精神的培养和人员的激励,尽量让成员参与管理,共同决策,充分调动成员的积极性、主动性和创造性。团队成员之间应该相互依存,相互宽容,互敬互重,彼此信任,共同提高。

第四节 创业领导者的角色与行为

一、创业领导者的角色定位

明茨伯格在《管理工作的本质》中,对角色一词是这么解释的:"角色这一概念是行为科学从舞台术语中借用过来的。角色就是属于有一定职责或者地位的人的一套有条理行为。"而所谓创业领导能力(Entrepreneurial Leadership),指的就是一种影响创业群体实现目标的能力。做出正确的选择,并唤起创业团队成员的热情去实施方案,是每个创业领导者的责任和义务。简而言之,领导要明确目标,制定一系列决策并推动决策的执行。为使这样的目标得以实现,领导必须在创业团队中担任多种角色。通过结合明茨伯格角色理论的研究成果,我们把创业领导者的角色归纳为六种,分别为企业形象的代表人、企业战略的设计者、企业行为的指挥家、企业创新的推动者、企业运行的协调者和企业的最大决策者。

(一)企业形象的代表人

领导者是创业团队的代表人物,是新创企业的形象代表。代表人角色是领导者最基本的角色,企业的形象对企业来说是重要的,因为企业形象的好坏会影响企业在社会公众心目中的地位。企业的形象不仅表现在企业产品质量和企业员工素质上,更集中表现在企业的创始人身上。因此,领导者要履行这方面的一些责任,其言行举止、价值观念所反映出来的内容应与企业的长远利益相匹配。同时,作为企业的创始人及代表人,往往有必要主持一些仪式,如接待重要来宾、参与客户举办的活动、参与战略伙伴举办的活动等,这些都要求领导者对自己的形象有所注意。

(二)企业战略的设计者

企业战略所包含的内容是多方面的,如:如何确定新创企业的任务? 如何发现企业面临的机会和威胁? 如何认定企业的优势和弱点? 如何建立新创企业的长期目标? 如何制定并选择可行的企业战略?

为一个新创企业制订合适的战略计划是有难度和风险的,但这却是每一个创业领导者的首要任务,化解问题虽然也是创业领导者的工作之一,但是一个优秀的领导者更应该是一个"运筹帷幄"的领航人,也就是担当企业战略设计者的角色。

作为企业战略的设计师,新创企业领导者应该熟悉组织的运作,善于整合和重构组织,并在这个过程中提出创新。企业战略的设计不仅包括组织政策、短长期策略和系统运作战略的设计,更重要的是如何在企业战略上体现企业的基本观念,包括新创企业的最终愿景、核心价值观和最终目的。

(三)企业行为的指挥家

成功的创业领导者必然是优秀的企业行为指挥者。这里的指挥是指创业领导者和管理部门针对创业团队成员和下属组织或个人执行既定的任务,促使他们努力完成既定目标,是创业领导者管理权力的突出表现,能促使下属服从企业意志,实现企业目标。指挥具有强制性,同时也兼顾协商性,充分尊重有关人员的想法,允许他们在一定范围内根据实际情况灵活处理。通常情况下,指挥包括说明、号召、命令或示范等方式。指挥不是万能的,好的创业领导者应针对既定目标进行指挥,而不应该插手具体的工作流程,做到该放手时就放手,同时,具体分工应选定合适的人选。只有做到灵活而正确地指挥,才能做好指挥者的角色。

(四)企业创新的推动者

管理学发展到了今天,我们依然认为大部分的市场份额会被那些不断超越自我的创新者所占有。因此,新创企业的领导者唯有不断带头吸收新知识,树立随时在产品、技术、市场上进行创新的观念,才能提高新创企业的核心竞争力,才能使企业占据有利的市场地位。对于领导者来说,新创企业就是一个新创的集体,由一群按照一定组织原则的团队成员组成。但是发展到一定程度后,有一些本来在市场上一度领先的企业往往就会失去创造的动力,变得迟钝麻木,出现疲惫衰退之状。要保持持久的创新能力,领导者必须首先维持企业各项指标的健康,关注企业的重要指标,经常对企业进行诊断,防患于未然。同时应该注意在观念和行动上打破拒不纳新、因循守旧的心理定式,防止僵化,随时准备"二次创业"。

(五)企业运行的协调者

新创企业团队成员的行为过程,也是企业目标和计划完成的过程。由于新创企业团队经验不足,很可能在发展过程中出现认知偏差等现象,有时候甚至出现客观情况的变化超过原来的预期,或部门之间配合不够,从而使整个组织的运行轨道发生偏离。这就要求企业除了有制度的约束外,还要求领导者在其中担当调整者和协调者的角色。一旦发生突发事件使企业陷入困境时,领导者应迅速对此做出调整,以保证计划的科学性和实践意义。而当团队成员工作进度不同而造成部门间发展不平衡时,领导者应合理地统筹工作,通过推广先进技术使落后部门得以提高效率,或在必要时进行合理的人、财、物之间的调整,将各方面的工作有机配合起来,相互协调,以促进事业的顺利发展。

(六)企业的最大决策者

对于新创企业的领导者来说,如何决策几乎是他们每天所要面对的事情。美国学者马文(P.Marvin)曾经对部分高层管理者做过调查,发现90%以上的管理者认为决策是他们每天工作耗时最多、最困难,却又最重要的事情,一个新创企业的领导者尤其如此。由于团队成员往往缺乏管理、营销等各方面的经验,在团队成员对决策是否执行产生疑惑时,或者面对几项方案难以抉择时,领导者的决策往往会在这个时候成为最终的决策。领导者的明智度将决定决策的可行性,重大决策往往还影响深远,非正常情绪下的决策大多数只会导致失误,因此,培养"先冷静,后决策"的习惯对领导者来说至关重要。

在一个新创企业团队面临决策时,常常遇到的问题是,几个背景不同的人都会根据自己的感觉和经验去决策,最经常犯的错误是因为每个人都坚持自己的意见,讨论经常会因此陷入僵局。为了使决策效率不受阻碍,领导者此时要勇于主持决策的落实。创业的过程充满了不确定,没有人能够确保不犯错误,甚至错误的决策比正确的还要多,但是既然是新创企业的灵魂人物,勇于承担决策造成的损失就成了领导人物应尽之责。

二、创业领导者的素质要求

　　创业中最重要的元素无疑就是人,而创业团队中最重要的人无疑就是团队当中的领导者。我们从上述的创业领导者角色分析可见,创业领导者的影响力几乎覆盖新创企业的各个方面。正由于领导者角色的多样化,对创业领导者的素质需求也是多样的,领导者个人素质的高低决定着创业的兴衰成败。2010年,美国公布一份报告,发现近20年来成功创业者的平均智商仅在中等水平,但是却有着很高的情商和个人魅力,比尔·盖茨之所以能够成为IT行业的显赫人物,其独特的个人素质是注定了他不同寻常的因素。从对创业领导者的基本素质要求上来说,有几点非常重要:

(一)创新思维

　　创新思维指的是洞察先机的思维能力。金利来领带的创始人曾宪梓曾经说过:"做生意要靠创意而不是靠本钱。"由此可见领导者具有创新能力很重要。纵观美国制造业几十年来的发展,我们可以看到不同时段有不同的经营策略:20世纪60年代规模效益第一;70年代价格优势第一;80年代质量第一。90年代市场响应速度第一;而到21世纪,则是技术创新第一。21世纪的中国,同样需要创新,领导者只有在思想上、管理上和技术上都具备创新的思维,才能带领新创企业提高竞争力。中西方创业领导者擅长的创新模式有所不同,中国过去的创业者由于受儒家文化影响深刻,比较钟情于微创新,讲究在和谐、中庸、相对平稳的环境中去探索。而西方的创业领导者更善于颠覆式创新,与微创新有所区别的是这种创新方式通过不断的颠覆和被颠覆来推动产业的进步,最终推动技术和产品的创新。领导者们可以糅合两种创新模式,在不同行业、不同领域内有所选择。

(二)眼光长远

　　创业领导者不懈追求的目标就是为个人和企业创造出新的价值。这里所说的价值不能被片面理解为利润最大化,一个仅仅为赚钱而去创建企业的人,只会着眼眼前利益,为蝇头小利而斤斤计较,这样的创业者顶多是一个商人,而非企业家。普通商人只要企业稍有利润,就可能将之作为提款机,从而错过一次又一次的企业扩张机会,最终的结果只会被后来者居上。优秀的创业领导者的做法是把创建伟大的事业作为人生的长远目标,他们独具的素质是能够看到企业长远的利益,把现有的资金投入到企业将来的发展中去;也只有这样,一个新创企业才能永保市场竞争力。表现在行动中,优秀的创业领导者们总能吃苦耐劳而不奢华,看重钱,但不把钱看作享受的资本,只是将其作为个人价值标准的衡量尺度。

(三)意识超前

社会上很多创业家之所以不能取得成功,一个很大的原因在于他们喜欢跟风,当看到有人在某一领域取得成功时,马上蜂拥而进,结果导致行业竞争激烈,利润单薄,甚至造成恶性竞争,最终把整个行业的效益拉下来。那些意识超前的创业家们已经成功地抽身之时,其他竞争者还在垂死挣扎。要打破这一条,创业领导者一定要有预见性。当一个想法大家都还没有意识到,或是一个领域大家都还没有进入时,创业者就须为投资和进入部署,这样成功的可能性就会增大。

(四)职业素养

无论是创业团队的内部成员,还是外部风险投资者,都希望创业的领导者是一个有职业道德的人,创业者在任何时候都不应该透支自己的道德。在全球经济一体化的背景之下,企业的社会责任成为不可逆转的世界潮流。职业道德要求创业领导者讲诚信,无论对团队成员还是外部投资者都应该坦诚、真实,信守合同、遵纪守法,奉行公平交易的准则,同时要求新创企业要有值得信赖的内部组织结构和外部交易行动。

(五)心理素质

成功的新创企业要求其领导者具备良好的心理素质,良好的创业心理品质对创业实践起调节作用。首先,创业者时常需要面对各种抉择,因此,能否拥有独立思考、独立判断的素质对于创业领导者来说至关重要,这不仅关系到创业领导者在行动中是否容易受他人影响和支配,还关系到新创企业能否开拓创新,打破因循守旧的局面。创业领导者还应当敢作敢为。所谓敢为,指的是在现阶段这个投资风险加剧的年代,创业领导者应具备的敢于冒险、敢于行动、敢于承担行为后果的能力。另外,创业者的恒心、毅力和坚韧不拔的意志,同样是十分可贵的心理素质。创业不是一个立竿见影、迅速见效的事情,而是一个长期坚持、努力付出的过程,这一特征决定了创业者要有敢于朝着既定目标进发的毅力,纵有迂回曲折也不轻易改变初衷。也正由于创业是艰巨的,因此创业者还应该懂得进行自我调节,积极看待外部施加的各种压力,冷静分析、控制压力,乐观面对,找出原因。很多创业者之所以常常错过市场机遇,是由于他们容易受到压力的干扰,导致洞察力减退,不能正确看准行情,或是虽然看准了行情,却由于外部的干扰迟迟未下决心,直到时机流失才后悔莫及。

(六)社交能力

社交能力指的是创业者能够妥善处理与公众(政府部门、新闻媒体、客户等)

之间的关系,以及能够协调创业团队成员之间关系的能力。社交能力实际上也是一种社会实践能力,要求创业者在实践中学习,不断积累并总结。要形成这种能力,创业者们一要敢于冒险和接受挑战,敢于和陌生人打交道。二要养成观察与思考的习惯。社会上掺杂着不同的人和事,养成对复杂的事情多加思考的习惯有助于我们获取更多信息。三要处理好各种关系。社会活动是靠各种关系维持的,处理关系的最高境界是要在毫无压迫的环境之下把诚意传达给别人,使别人感受到诚意并产生共识,最终接受自己的观点。总之,创业领导者只有搞好内外团结,处理好人际关系,才能建立一个有利于自己创业的大环境,从而为企业扩张奠定基础。

(七)身体素质

随着工作节奏的加快,生活方式的多元化,竞争日趋激烈,创业者的心理承受能力也日渐加重,"身体是革命的本钱",如何对自己的健康状况进行重新认识,把危险消除于萌芽阶段,是对创业者们的重大考验。做好自身的健康管理,不仅有利于对新创企业的管理,还是对社会的一种贡献。

优秀的创业领导者需要具备的素质还远远不止这些。优越的分析决策能力、应变能力、用人能力、组织能力、计划管理能力等都是一个优秀创业领导者创造事业应有的素质。当然,这并不是要求创业者都具备这些素质才能去创业,但创业者本人要有不断提高自身素质的自觉性和实际行动。提高素质有两个途径:一靠学习,二靠改造。要想成为一个成功的创业者,就要有成为一个终身学习者和自我改造的决心。

第五节 大学生创业团队的现状与提升

随着经济全球化、分工专业化日益显著,在向市场经济转轨和参与国际竞争的社会大背景下,我国大学生所创企业的发展面临着巨大的挑战。

一、大学生创业团队建设的现状

我国大学生创业团队多是由一些因私交很好而在一起的伙伴组成的,例如朋友、同事、同学、校友等,多是由人际关系来寻找共同创业的伙伴,或是有相似的理念和观点,例如具有相近技术研发背景的人,基于对某一技术的狂热而结合。可以说,人际上的交集是成为群体性创业团队成员最重要的条件。创业团队的人员流失率高是一种普遍的现象。据一家管理咨询公司2007年的调查，在我国100家由大学生创办的成长较快的中小企业中，其中一半的创业团队无法顺利熬过公司创立的头5年，在12个创业团队的个例中只有2家在创立后的5年内团队仍然保持初期的完整。随着创业规模的不断扩大，创业团队产生分裂，除了队员能力与发展方向和组织要求不适应之外，更多的冲突源于创业团队的创业阶段向集体化阶段过渡时期和团队的后期管理上。

二、大学生创业团队建设存在的问题及其原因

人际上、技术背景上的交集是在校大学生创业团队走到一起创业的条件，这种交集并不具有稳固性，因此创业过程中会出现各种各样的问题。主要表现在以下几点：

（一）创业团队初建阶段资金来源缺乏

在校大学生创业团队的建立动因，在于自发组建的创业团队成员对项目的良好预期，而项目的推荐需要比较充足的资金支撑，而资金来源的缺乏可能是每个在校大学生创业团队不得不面临的瓶颈问题。因此，很多在校大学生创业团队成立最初是通过大家分摊项目所需的资金，每个人根据自身的经济状况出不同份额的资金，这为日后的利益分配矛盾埋下了伏笔。

（二）团队在创立初期无明确的利润分配等激励方案

正是由于第一点所提到的资金来源问题，很多大学生创业团队在企业发展初期，或者是没有考虑到，或者是碍于面子，没有明确提出未来项目成功后具体的利润分配激励方案，等到团队规模扩大的时候就开始为利润怎么分配而发生争执。而在创业团队后期的发展和管理中，又缺乏职位和权力的激励。

（三）随着创业团队规模的增长，创业团队成员的学习能力不足

这一点在我国众多的大学生创业团队中表现得非常明显。很多企业的创业元老缺乏持续的学习精神与吃苦耐劳的品质，当初的成功往往是因为有创业激情，敢拼敢干。但随着团队进入一个规范发展的时期，他们自身意志和学习能力的制约反而会成为创业团队发展的阻力。有的团队成员或者因为创业项目执行过程中事务过多而影响到正常的专业学习，导致延迟毕业，有的甚至因为学业上的挫折而放弃继续留在创业团队。在这种情况下，创业团队很有可能走向分裂。

（四）创业团队没有科学合理的管理制度

因为创业团队基于良好的人际关系组建，"制度"一词没有引起重视，因此

虽然团队中表面上有工作分工,但缺乏明确的惩戒措施,一些制度要么缺失,要么执行不力,流于形式。这也是团队成员间容易引发矛盾冲突的一个重要根源。

三、提升大学生创业团队建设的对策

从人力资源管理的角度来看,建立优势互补的创业团队是保持创业团队稳定的关键。在创建一个团队的时候,不仅仅要考虑团队成员之间的关系,更为重要的是考虑成员之间的能力或技术上的互补性。在团队已经组建以后,无论是有核心主导的创业团队还是群体性的创业团队,要保持项目团队的稳定性和创造力,需要注意以下几个方面。

(一)成员要有共同的目标远景,保证团队成员间通畅的沟通渠道

团队成员必须认同团队将要努力的目标和方向,同时还要有自己的行动纲领和行为准则。这些其实就涉及团队文化的建设问题。良好的沟通渠道不仅反映了创业团队成员的沟通力和协调能力,更体现了完善的企业制度和健康的企业文化。创业团队成员的理念、能力、经验等是影响企业成败的关键因素。创业过程充满风险和艰辛,创业团队成员必须具有共同的愿景和理想,这样他们在碰到困难时,才能够同心协力,共渡难关。

(二)建立学习型组织,保持团队的创造力和学习力

所谓学习型组织,是指通过培养弥漫于整个组织的学习气氛,充分发挥员工的创造性思维能力而建立起来的一种有机的、高度柔性的、扁平的、符合人性的、能持续发展的组织。这种组织具有持续学习的能力,具有高于个人绩效总和的综合绩效。当企业形成一定规模后,企业要发展,必定会扩大团队队伍,可能会出现原有团队成员退出和新成员加入的情况,这时候保持原有创业团队的学习力和创造力是非常重要的。构建学习型创业团队可以增加企业的压力与动力,可以促进分工与协作,可以很好地保持创业团队的创造力和学习力。

(三)以法律文本的形式确定一个清晰的利润分配方案

应把最基本的责权利界定清楚,尤其是股权、期权和分配方案,此外还包括增资、扩股、融资、撤资、人事安排、解散等等与团队成员利益紧密相关的事宜。关于如何分配的问题,目前还没有任何有效的公式可以套用,也没有简单而行之有效的答案。不过,创业企业可以从下述几个方面入手:一是体现差异化。一般情况下,不同的团队成员对企业做出的贡献总是不同的,因此合理的报酬制度应该反映出这种差异。二是注重业绩。有许多企业团队成员在企业成立期内所做

的贡献程度变化很大,但报酬却没有多大的变化,这种不合理的报酬制度将严重影响企业的团结和稳定。三是充分考虑灵活性。各团队成员在某个既定时间段的贡献也有大小之分,而且会随着时间的流逝而发生变化,其业绩也可能同预期效果有很大出入。另外,团队成员很可能会出于种种原因而必须被替换,在此情况下就需要再另外招聘新成员加入到现有团队来。灵活的报酬制度包括股票托管、提取一定份额的股票以备日后调整等,这些机制有助于让团队成员产生公平感。

(四)严格规范在校大学生创业团队管理制度

1.制定严格的创业团队管理章程

没有规矩,不成方圆,作为在校大学生创业团队,要进行有效的管理,首先要有一套目标明确、定位科学、发展思路清晰的团队管理章程,章程包含了团队的创立目的、经营的范围和方向、团队资金组成、团队部门设置以及团队成员分工、成员权利与义务、人事制度等各个方面。只有制定一套规范科学的团队管理章程,创业团队后面的工作才能顺利开展,各种关系才能理得清楚。

2.要建立赏罚分明的内部奖惩制度

作为一个创业团队,我们不希望有任何凌驾于团队组织之上的个人,无论是团队的发起人还是团队的关键成员都要遵守团队的规章制度,一旦有违规现象就要在团队会议上给予批评,并给予创业奖金扣减处罚。例如规定财务管理人员发现团队的成员违规使用不能报销或无效的发票,则给予财务人员10%的票面奖励,这个10%的票面罚金则来自违规成员的奖金扣除或从月工资中扣除。这样大家都会自觉遵守团队的财务管理制度。

3.建立顺畅的团队沟通和交流制度

团队管理过程中,很多问题的产生来源于不顺畅的沟通和交流。这就要求上自团队领导者下至团队普通成员要在遇到问题和矛盾的时候及时沟通和交流,指出彼此做得不妥的地方。可行的沟通和交流的方式和途径非常多,关键是要常规化、制度化,如规定每星期开一次会,会议的方式可以是网上QQ群交流,也可以是面对面的会议,根据大家的学习和工作时间安排来定,可以灵活处理。但是每次交流的目的要达到,不能交流完以后问题依然存在,有问题会议上要彻底解决,执行过程中出现的新问题再另行及时解决。

案例分析

黄金创业团队——腾讯公司

【导读】

腾讯的马化腾创业五兄弟,堪称难得,其理性堪称标本。12 年前的那个秋天,马化腾与他的同学张志东"合资"注册了深圳腾讯计算机系统有限公司。之后又吸纳了三位股东:曾李青、许晨晔、陈一丹。这五个创始人的 QQ 号,据说是从 10001 到 10005。为避免彼此争夺权力,马化腾在创立腾讯之初就和四个伙伴约定清楚:各展所长、各管一摊。马化腾是 CEO(首席执行官),张志东是 CTO(首席技术官),曾李青是 COO(首席运营官),许晨晔是 CIO(首席信息官),陈一丹是 CAO(首席行政官)。

之所以将创业五兄弟称之为"难得",是因为直到 2005 年的时候,这五人的创始团队还基本保持这样的合作阵形,不离不弃。直到腾讯做到如今的帝国局面,其中四个还在公司一线,只有 COO 曾李青挂着终身顾问的虚职而退休。

都说一山不容二虎,尤其是在企业迅速壮大的过程中,要保持创始人团队的稳定合作尤其不容易。在这个背后,工程师出身的马化腾从一开始对于合作框架的理性设计功不可没。

从股份构成上来看。五个人一共凑了 50 万元,其中马化腾出了 23.75 万元,占了 47.5% 的股份;张志东出了 10 万元,占 20%;曾李青出了 6.25 万元,占 12.5% 的股份;其他两人各出 5 万元,各占 10% 的股份。

虽然主要资金都由马所出,他却自愿把所占的股份降到一半以下,47.5%,"要他们的总和比我多一点点,不要形成一种垄断、独裁的局面"。而同时,他自己又一定要出主要的资金,占大股。"如果没有一个主心骨,股份大家平分,到时候也肯定会出问题,同样完蛋。"

保持稳定的另一个关键因素,就在于搭档之间的"合理组合"。

据《中国互联网史》作者林军回忆说,"马化腾非常聪明,但非常固执,注重用户体验,愿意从普通的用户的角度去看产品。张志东是脑袋非常活跃,对技术很沉迷的一个人。马化腾技术上也非常好,但是他的长处是能够把很多事情简单化,而张志东更多是把一个事情做得完美化"。

许晨晔和马化腾、张志东同为深圳大学计算机系的同学,他是一个非常随和又有自己的观点,但不轻易表达的人,是有名的"好好先生"。而陈一丹是马化腾在深圳中学时的同学,后来也就读深圳大学,他十分严谨,同时又是一个非常张扬的人,他能在不同的状态下激起大家的激情。

如果说,其他几位合作者都只是"搭档级人物"的话,那么曾李青是腾讯五个创始人中最好玩、最开放、最具激情和感召力的一个,与温和的马化腾、爱好技术的张志东相比,是另一个类型。其大开大合的性格,也比马化腾更具备攻击性,更像拿主意的人。不过或许正是这一点,也导致他最早脱离了团队,单独创业。

后来,马化腾在接受多家媒体的联合采访时承认,他最开始也考虑过和张志东、曾李青三个人均分股份的方法,但最后还是采取了五人创业团队,根据分工占据不同的股份结构的策略。即便是后来有人想加钱、占更大的股份,马化腾也说不行,"根据我对你能力的判断,你不适合拿更多的股份"。因为在马化腾看来,未来的潜力要和应有的股份匹配,不匹配就要出问题。如果拿大股的不干事,干事的股份又少,矛盾就会发生。

当然,经过几次稀释,最后他们上市所持有的股份比例只有当初的 1/3,但即便是这样,他们每个人的身价都还是达到了数十亿元人民币,是一个皆大欢喜的结局。

【分析】

可以说,在中国的民营业中,能够像马化腾这样,既包容又拉拢,选择性格不同、各有特长的人组成一个创业团队,并在成功开拓局面后还能依旧保持着长期默契合作,是很少见的。而马化腾成功之处,就在于其从一开始就很好地设计了创业团队的责、权、利。能力越大,责任越大,权力越大,收益也就越大。结合前面的案例,你看到的是一支怎样的创业团队?如果即将创业,你打算怎样打造一个卓越的企业团队?

思考与练习题

1.列举你所熟悉的创业者,试作对比,你觉得是团队创业还是个体创业的成功率更高?

2.与你的同学模拟构建一个创业团队。

3.请收集一些创业失败的案例,用本章学到的知识分析他们失败的主要原因,即分析是否存在致命缺陷,并提出改进措施。

4.请归纳成功的创业团队都有哪些共性。

5.假如你要组建一个创业团队,你会选择什么样的人作为你的队友?

参考文献

[1]王端旭:《民营科技型企业创业团队散伙现象成因分析》,载《科学学与科学技术管理》2005 年第 4 期。

[2]朱克勤:《关于创业团队问题的思考》,载《经济与管理研究》2004 年第 2期。

[3]孙海法、伍晓奕:《企业高层管理团队研究的进展》,载《管理科学学报》

2003 年第 4 期。

[4]陈春花、杨映珊:《科研团队领导的行为基础、行为模式及行为过程研究》,载《软科学》2002 年第 4 期。

[5]丁彪:《领导行为有效性的研究进展》,载《人类工效学》2002 年第 1 期。

[6]肖智星、陈春花,《组织文化视野下的领导行为方式研究》,载《科技进步与对策》2001 年第 11 期。

[7]魏云峰、张列平:《团队化程度对于创新激励的影响》,载《上海交通大学学报》2001 年第 6 期。

[8]金泉:《创业团队构成异质性、互动质量与创业绩效的关系》,复旦大学2010 年博士学位论文。

[9]王年军:《大学生创业团队的理论与实证研究》,武汉理工大学 2012 年博士学位论文。

[10]丁栋虹:《创业管理》,清华大学出版社 2011 年版。

[11]爱范儿:《种子》,光明日报出版社 2011 年版。

[12]谢科范等:《创业团队管理与实践》,知识产权出版社 2011 年版。

[13]刘志阳:《创业学》,格致出版社、上海人民出版社 2008 年版。

[14]邓靖松:《团队信任与管理》,清华大学出版社 2012 年版。

[15][瑞士]亚历山大·奥斯特瓦德、[比利时]伊夫·皮尼厄:《商业模式新生代》,王帅等译,机械工业出版社 2012 年版。

[16]储盈:《创业兵团》,中华工商联合出版社 2012 年版。

[17][加]梅尔达德·巴格海、[美]杰姆斯·奎励杰著,魏薇译:《一的力量》,上海财经大学出版社 2012 年版。

第六章

创业精神

在知识经济时代,全球产业结构正面临彻底的解构与再重组,创业精神正是驱动这次重组的最主要动力。对国民经济来说,创业者通过引入和实施产品创新、过程创新、市场创新和组织创新等创造性思想促进经济的发展;对个体而言,创业不但是一种充分实现自我的机会,更是发挥个人潜能的舞台,创新与创业将成为知识经济社会的常态行为。

作为一个还未步入社会的在校大学生,或者是一位刚进入社会的大学毕业生,不管将来是选择创业还是就业,都应该具备创新意识与创业精神,这对于是否最终可以拥有成功的人生至关重要。本章将从认知创业精神的本质入手,分别论述创业精神的主要作用和影响因素,并对大学生创业精神展开现状与对策分析。

第一节 创业精神的本质

一、什么是创业精神

创业精神这个概念最早出现于 18 世纪,其含义在不断变化。20 世纪的经济学家约瑟夫·熊彼特(Joseph Alois Schumpeter)专门研究了创业者创新和追求进步的积极性所导致的动荡和变化。他将创业精神看成是一股"创造性的破坏"力量。创业者采用的"新组合"淘汰了旧有的产业,新的、更好的经营方式摧毁并替代了原有的经营方式。现代管理学之父彼得·德鲁克(Peter Drucker)将这一理念更推进了一步,他认为创业者是主动寻求变化、对变化做出反应并将变化视为机会的人。只要看一看传播手段所经历的变化——从打字机到个人计算机再到互联网再到移动互联网的普及,这些观点便一目了然。

对什么是创业精神,美国安利公司董事会主席史提夫·温安洛先生曾讲过三个故事,阐述了他对创业精神的理解,即创业必须有产品和顾客,创业需要团结和分享,以及创业还要勇于冒险。

第一个故事发生在非洲象牙海岸的一个小村庄。一位先生有一部手机,他发现了一个地方手机接收信号最好,于是他将这部手机固定在那个位置,并宣布小岛上的第一个公共电话厅成立了!许多人来打电话,他赚了不少钱,然后,他用赚的钱购买了小村庄里第一台游戏机,生意就做起来了。

"很多人都知道买和卖的概念,一个人、一部手机、一台游戏机和很多顾客,这位先生就是一名货真价实的创业者。"温安洛表示,"创业最基本的两个元素就是产品和顾客。"

第二个故事发生在格陵兰。"在零下 40 摄氏度的气温里,总有一群群的狩猎者去捕猎海象,让人吃惊的是猎人之间的关系。他们会在一间小木屋里扎营,把海象肉分给伙伴和猎狗带回家中,但每一次他们都会留下一些肉,给下一次进驻的猎人。"

"懂得分享,在乎集体的成功,而绝不是独自拥有。"温安洛道出创业精神的精髓,"只有分享成果,彼此扶持,团结在一起,才可以发挥最大的力量。"

第三个故事是温安洛的亲身经历。他 12 岁那年,父亲带着他们一家六口到美国西部寻找机会,"当时坐的车是一部有 10 吨重、铁皮打造的小巴"。在前进的路上,一座摇摇欲坠的桥横跨陡峭的峡谷。"父亲是工程师,我们很信任他,但那个桥破旧得似乎能被一只停在上面的苍蝇压垮。"父亲停下车,查看了一下地形,他将车倒退了 100 米,然后加足马力,全力以赴地飞跃了那座破桥。"我当时坐在父亲旁边,今天我能站在这里,就是告诉大家我是达标的,"温安洛风趣而自信地说,"创业是要冒险的,当然前提是盘算清楚,一旦决定,就要加快速度,勇往直前。"

关于创业精神,哈佛大学商学院也提出学院派的观点,即"创业精神就是一个人不以当前有限的资源为基础而追求商机的精神"。[①] 从这个角度上来讲,创业精神代表着一种突破资源限制,通过创新来创造机会、创造资源的行为,而不是简单地体现在创造新企业,或体现在创新上。创业精神是"没有资源创造资源,没有条件创造条件,用有限资源去创造更大资源"。

因此,我们将创业精神定义为,创业精神是指在创业者的主观世界中,那些

---

① 阿玛尔·毕海德:《哈佛商业评论——创业精神》,中国人民大学出版社 2004 年版。

具有开创性的思想、观念、个性、意志、作风和品质等。以下几个故事也许还可以进一步加深我们对创业精神的理解。

故事一

曾经在一本杂志上看过这样的故事:将一个空桶装满大石头,此时小朋友会说:"桶已经满了。"少年会说:"桶里还可以加一些小石子。"青年会认为还可以在放入小石子的基础上倒入细沙。那么这个时候桶真的已经满了么?经验告诉我们的答案往往是"是",但实际上在加入几杯水之后,你会发现桶仍然可以容纳得下。如果问在一只盛满水的杯子里还能不能添加东西,我想最普遍的回答是不行,也许少数的别出心裁者会想到加入食盐、海绵等答案。但实验告诉我们,继续加进两盒回形针和若干枚硬币后,杯口的水仍然没有一滴溢出。这就是所谓的"经验主义",它导致我们凭借着以往的同种经验分析着不同性质的事物,得到千篇一律的答案。很多时候,这种经验实际上已经变成了一种偏见,而偏见也往往会使很多商业机会擦肩而过。

所以,要想成为一名创业者,首先需要的就是敢于走出经验的误区,大胆地进行创意并实践,从而捕捉到商业机会。

故事二

一个美国旅行团到澳大利亚旅游,飞机降落时,其中一个乘客看到当地居民的家门口有一堆堆黑乎乎的东西。抱着好奇心,下飞机后,他就去看个究竟。通过了解,他得知这些是由于政府重建城市而被挖出的大量朽木,并且是400多年前欧洲移民用来圈地用的。对这些垃圾,人们一直没有合适的处理办法。这位游客很快意识到有一个巨大商机就在面前:只要稍加处理,这些朽木就可以成为工艺品,而且一定会赢得欧洲人的青睐。于是,他开始"白手创业"行动:首先与当地居民签订朽木的统一处理协议,不花分文就将这些资源据为己有;接着公开招标,请木器加工厂进行加工制作;第三步即面向英联邦国家召开销售订货会,结果订货商趋之若鹜,所有产品以每个14~18美元的价格被订购一空。这位旅行者净赚了1 000多万美元。这位美国人有资金么?没有!他身上有资源么?也没有!他之所以能够"空手套白狼"、"化腐朽为神奇",不仅仅是因为他的"金"点子,更在于他身上所具有的能够迅速为自己创造、整合资源的能力,进而实现资源利用的最大化。

所以,创业成功与否很大程度上不是你拥有多少资源,而是能在多大范围、何种程度上创造资源或是进行资源整合,而这种能力也是衡量创业精神的核心指标。

故事三

网景创始人、互联网最具传奇色彩的技术创新者和创业者安德森曾说:"创新通常非常简单,任何个人都有可能在不经意间完成。"虞锋不就是因为在美国等电梯时的偶然发现,由大楼内的显示屏想到了国内的巨大市场,从而创立了"聚众传媒"。如今"聚众传媒"已经占领了全国楼宇视频传媒业务的一半以上,并正以每月1 000个楼宇的速度快速扩张,在强势打造着中国的第四媒体。

所以,创业的"金"点子很可能就埋藏在你身边,只要你具有丰富的想象力和足够的警觉性能够识破它那虚伪的外衣,你就迈开了创业道路至关重要的第一步。

真正的创业者并不是追求个人的财富,而是追求自己的理想。真正的创业者把创业当作自己实现人生价值的一种方式。真正的创业者看重的是创业过程,在创业过程中,实现个人价值的提升,而这种提升体现在对社会的贡献上。真正的创业者的激情来自他的事业给社会带来的积极影响。选择了创业就是选择了面对更多困难、迎接更多挑战,而创业精神就体现在战胜困难与挑战的过程中。

二、创业精神的内涵

从理论上说,创业精神有三个层面的内涵:哲学层次的创业思想和创业观念,是人们对于创业的理性认识;心理学层次的创业个性和创业意志,是人们创业的心理基础;行为学层次的创业作风和创业品质,是人们创业的行为模式。

从实践上来看,创业精神的主要含义为创新,也就是创业者通过创新的手段,将资源更有效地利用,为市场创造出新的价值。虽然创业常常是以开创新公司的方式产生,但创业精神不一定只存在于新企业。一些成熟的组织,只要创新活动仍然旺盛,该组织就依然具备创业精神。

"创业精神"类似一种能够持续创新成长的生命力,一般可区分为个体的创业精神及组织的创业精神。所谓个体的创业精神,指的是以个人力量,在个人愿景引导下,从事创新活动,进而创造一个新企业;而组织的创业精神则指在已存在的一个组织内部,以群体力量追求共同愿景,从事组织创新活动,进而创造组织的新面貌。

"创业"是创业者依自己的想法及努力工作来开创一个新企业,包括新公司的成立、组织中新单位的成立,以及提供新产品或新服务,以实现创业者的理想。创业本身是一种无中生有的历程,只要创业者具备求新、求变、求发展的心态,以创造新价值的方式为新企业创造利润,那么我们就能说这一过程中充满了创业精神。

创业精神所关注的在于"是否创造新的价值",而不在于设立新公司,因此创业管理的关键在于创业过程能否"将新事物带入现存的市场活动中",包括新产品或服务、新的管理制度、新的流程等。创业精神指的是一种追求机会的行为,这些机会还不存在于目前资源应用的范围,但未来有可能创造资源应用的新价值。因此我们可以说,创业精神即是促成新企业形成、发展和成长的原动力。

因此,我们可归纳出普遍为企业所运用,与某些普遍适用的行为特性相关联的五大创业精神狭义上的内涵:创新力、执行力、必胜的信念、注重价值创造和甘冒风险的精神。

(一)创新力

创业永远是一个动态的、学习的过程,不断梦想和创造、创新的精神是创业精神的第一源泉,创业者就应该是在梦想之路上狂奔的人。在如今的知识经济和智慧经济时代,一个企业的生存、发展和繁荣,日益依靠创新的能力——能够迅速变为有效的新产品、新服务、新方法、新工具、新流程和新商业模式的新主意,能够及时地发现问题、解决问题、识别应对风险、革新自我和创造机会的能力。优秀的创业者了解自己周围的人才和环境,并能有效地调动一切资源,朝向一个新的目标而努力。

在20世纪二三十年代,福特一世以大规模生产黑色轿车独领风骚十余载,但随着时代变迁,消费者的消费需求也发生了变化,人们希望有更多的品种、更新的款式、更加节能的轿车。而福特汽车公司的产品,不仅颜色单调,而且耗油量大、废气排放量大,完全不符合日益紧张的石油供应和日趋紧迫的环境治理的要求。此时,通用汽车公司和其他几家公司则紧扣市场脉搏,制定出正确的战略规划,生产节能降耗、小型轻便的汽车,在20世纪70年代的石油危机中,后来居上,使福特汽车公司一度濒临破产。所以,福特公司前总裁亨利·福特深有体会地说:"不创新,就灭亡。"

提起创新,人们往往先想到技术创新和产品创新,其实企业创新的形态远不止这些。一般来说,企业创新主要包括发展战略创新、产品(或服务)创新、技术创新、组织与制度创新、管理创新、营销创新等。

提升创新力的主要方式:一是企业的领导者要有强烈的创新意识。要树立知识价值观念,确立"终身学习"理念,高度重视自身知识结构的更新,并顺应企业的变化,不断改进思维方式和工作思路,以一个战略家的姿态未卜先知,抢占制高点,从而在新的变化面前从容不迫。二是建立企业创新的激励机制。通过新产品(服务)开发项目负责制、岗位竞争、人才流动等激励措施,体现责任大、贡献大、回报大的经济报酬原则。三是构建"鼓励冒险,宽容失败"的创新型企业文化。对待职工新颖的想法,领导要积极支持,使员工在这种文化氛围中具有开阔的视野,丰富的想象力,锐意进取的雄心,使管理方式更为多元化、人性化。诺基亚总裁曾说:"如果我的员工是生活在恐惧之中,那他就不会有创造力。"诺基亚以鼓励创新、宽容失败营造了让每一个员工发挥创造力,将自己的想法转换为集体行动的环境。英利中国从 20 世纪 90 年代末介入光伏行业,到今天占据世界光伏产业十分之一的市场,靠的也是这种"失败了算我的,成功了是你的"的企业文化精神。一个研发项目失败了,100 多万元打水漂,高层没有任何责难并支持继续搞下去,展现了企业对失败高度宽容的态度,现在英利平均每两天就有一项创新成果,并将创新融入企业的灵魂。四是加强员工培训。员工的创新能力并不是天生的,在很大程度上取决于后天的学习和训练。企业应重视员工素质提升,加大员工学习培训经费的投入,对员工加强创新方面的学习、训练,提升其创新技能,从而提高企业的创新水平和持续发展能力。

(二)执行力

在某个时间你产生了一个想法,而实际上,还有另外一些人也因同样的大环境产生了同样的想法。竞争已经开始了!谁能先执行起来?谁的执行最好?创新思路能否付诸实践,产生预想或更好的效果,靠的就是执行力。再伟大的目标与构想,再完美的操作方案,如果不能强有力地执行,最终只能流于形式或空谈。

执行力是贯彻战略意图,完成预定目标的操作能力,是把企业战略、规划转化成为效益、成果的关键。对个人而言执行力就是办事能力,对团队而言执行力就是战斗力,对企业而言执行力就是经营能力和竞争力。

中国企业虽然经过 20 多年的市场化运作,已具备基本的运作架构及机制,但还远远不足以保障其在执行力上与国际企业相抗衡。国内企业(包括国内很多优秀的企业,如海尔、联想、TCL 等)仍需要从组织管理机制上不断完善,以提升执行力。这种执行力上的差距在近年来国内企业的"西进运动"中显露无遗,无论是 TCL 的国际化进程所遭遇的重重波折,还是中海油、海尔在海外并购上的铩羽而归,都暴露了国内公司在企业基本管理运作机制上的缺陷,极大地影响了它们国际化的能力。

面对日益市场化、国际化的经营环境,企业必须结合自身的实际情况,全力以赴地夯实管理的基础,以市场、客户为导向构筑强大而均衡的执行力,才能登堂入室与国际企业真刀真枪地过上招。一是要完善和优化组织架构,按照"客户导向"的原则重新布排,形成对客户需求和市场反应的流程,确保灵敏反应,与市场形成良好的对接;组织架构要根据流程变动进行调整,包括职能部门设置、职能划分,补充一些关键部门,对流程运作形成支持。二是提升人力资源管理。企业由于过往主要是依靠企业家的才能而取得成功,往往会造成企业家个人对人力资源的误读,认为企业最大的资产就是领导人的智慧和资源,从而忽视了下属能力的培育与发展,导致许多企业发现"头"不够用,"腰"(指的是企业的中层管理人员)也不够硬,企业无法保持持续快速的发展。人力资源的挖掘、培育与使用是企业执行力的重要着力点,建立完善的体系及激励约束机制,招聘高级的人才,让符合企业战略发展的人才充分发挥价值,才能形成企业发展的合力。三是构建和谐的企业文化。企业文化作为一种隐性的力量,在关键时往往能释放惊人的力量。企业文化也是可以塑造的,它可以由企业的相关人员精巧设计,并通过一系列有效手段有针对性地传达给企的每个员工。看看海尔砸冰箱的故事、通用电气的杰克·韦尔奇的自传,就能明白这些优秀企业的领导者是如何精巧地设计其企业的文化根基,又如何通过简洁、有效的手段将其在各个层面延展开来的。

执行力可以从五个步骤入手:一是简单,做客户所需要的,简约表述,说得明白才能做得清楚,按标准做事,从流程入手;二是听话(如:一块钱俩、五毛钱不卖),先有执行力,后有创造力,自以为是的下属常在执行任务时改变既定的轨迹,结果绕了很多弯路;三是服从原则:凡是正式的决定都是对的,要求员工服从目标,服从领导,服从变化,服从结果;四是找方法,执行者既是服从性强的"智者",也是找方法的"勇者",难的不是如何用思维工具激发出更好的想法,而是怎样将想法付诸实践;五是检查,机制决定心态,执行力不是做出来的,而是检查出来的,用科学的考评和到位的监督促进执行力的提升。

企业的生存之道正逐渐从抓住机会和资源,转向以市场、客户为中心,这个时候决定企业命运的将不再仅仅依靠企业高层抓资源、抓机会的能力,而需要充分体现企业的综合运作水平。这需要企业从基本功开始,扎扎实实地做好企业管理与执行的系统。

(三)必胜的信念

美国成功学奠基人、最伟大的成功励志导师奥里森·马登说过这样一段耐人寻味的话:"如果我们分析一下那些卓越人物的人格品质,就会看到他们有一个共同的特点:他们在开始做事前,总是充分相信自己的能力,排除一切艰难险阻,直到胜利!"所有创业失败者都是被自己打败的,而不是被竞争对手打败或者因为商业环境等条件导致失败的;而所有创业的失败都首先来自丧失了创业精神或者说失去了取得成功的信心。企业在发展过程中免不了出现危机和困难,越是危急当头,就越需要我们付出更大的热情和勇气。对于成功的企业而言,正如比尔·盖茨所说的，面对挑战，微软员工几乎达到了乐此不疲的境界，这就是微软帝国赖以构建的坚实基础。创业中国认为成功的开始不过就是一个想法，一个强烈成功的想法，是奋斗拼搏的动力，没有破釜沉舟不留后路的意识，是不可能发挥自己的潜能的。

那些能够东山再起的创业者，失败后每天支撑自己向前的也正是一种持续的精神力量，这种精神力量就是相信自己，相信自己仍旧能转败为胜，创造更大的商业传奇。美国地产大亨唐纳德·川普曾经是全世界最穷的人，最高时负债92亿美元，但是不到10年的时间，他凭借自己的顽强信念和精神，不仅还清了债务，还再次成为亿万富翁。这些都首先来自他顽强的创业必胜的精神信念。

很多人往往在做某事之前瞻前顾后，害怕失败，因而总是迈不开步子，不是集中精力去争取成功，而是把精力耗费在避免失败上。从事任何开创性的工作都是关隘遍布、险阻林立的，没有坚定的必胜的信念作精神支柱，是不可能克服一个又一个困难，到达光辉的彼岸的。曾经闻名遐迩的苹果电脑公司，当年两个年轻人创业时靠的是400美元贷款，租借一间废旧汽车库，在旧货摊上购买一些元器件。他们抱着定能成功的信念，连续两年每周工作7天，每天干15个小时，克服了许多看来无法克服的困难，争分夺秒地搞出新产品才获得成功。

(四)注重价值创造

市场经济承认个人利益，重视物质利益。但是这绝不意味着市场经济等于物欲横流，或者创办企业一定是唯利是图。实际上，创业具有"修身、齐家、治国、平天下"的意义，规划人生目标，反映人生价值，实现社会责任，体现崇高理想和远大志趣。

"我的责任就是为公众提供卓越的产品，丰富他们的生活，并带去乐趣。如果我们公司的利润下降、收入减少，就说明了我们没有履行我们的社会责任。"松下电器创始人松下幸之助如是说。创业家们坚信，他们的事业对全人类有着重要的意义，他们坚信，他们能为消费者、员工，当然也包括他们自己创造价值。我们称他们的工作带有使命感。这就引申出两个问题：我们的战略是什么？我们如何实现它？在这两方面都表现出众是所有伟大的创业家的共性：他们能制定聪明的战略并创造卓越的价值。

苹果电脑的创始人史蒂夫·乔布斯说："这款电脑是我们创造出来的最棒的工具……但最重要的是让电脑走进千家万户。"创业的愿景就是一件事情：清楚地描绘出需要并愿意购买某种产品和服务的消费者，并对欣赏和使用我们产品的客户心怀感激。谁都无法否认，每个人都有自己的理想，都有自己的生活，其区别只在于，有的人心中只有他自己，想到的是个人的名利；有的人心中只有少数与己有关的人,想到的是小集团的利益;而有的人心中装的是融入社会的事业,是那些渴望帮助的百姓大众。事实证明,个人的理想总是在无私和忘我中升华为人类的共同理想,进而在奋斗中熔铸理想信念的力量,开创出美好的未来。

关于创业,还有一个观点:业比天大,创业不仅是为自己实现的人生价值搭建一个平台,而且是为其他人创造就业机会,这是一个非常值得提倡的东西。在西方发达国家,大部分人都是在中小企业工作,这是解决一个国家就业问题的根本之道。当前我国许多地方政府出台了一系列鼓励创业的政策,鼓励年轻人创业,鼓励退休的老年人创业,营造了一个良性的创业、就业环境,是对创业价值的积极肯定。

从这个观点延伸开去,企业的一个不可或缺的目的就是让员工实现自己的价值。"让更多的人成功才是企业的成功",华旗总裁冯军说,我们一直鼓励员工"内部创业",团队里的每个人能够独立把自己的工作做好,就是创业能力和创业精神。阿里巴巴的总裁马云指出老板要把员工当作自己的第二客户,要创造独特的价值让员工感受到他不是你的机器,是一个活生生的人。奇虎360董事长周鸿祎也说:"时机不成熟,就不创业,先给别人打工。把公司让我做的事情做好,提高自己的能力,逐步就知道创业的方向了,我在方正工作时,从来没有觉得自己是打工,我一直认为自己是在创业,因为我觉得是在积累自己的能力,积累自己的资源,也为企业创造了价值。"

(五)甘冒风险

敢于走前人和别人没有走过的路,敢于尝试,甘冒风险,是开启创业成功大门的钥匙。敢冒风险是理智基础上的大胆决断,是自信前提下的果敢超越,是新目标面前的不懈追求。很多时候,只要积极地尝试过、努力过,姑且不论成败,也毕竟拥有了经验,而且人的精神意志也会在不断尝试的过程中渐渐得到锻炼和提升。

创业者不可能在安全的等待中成功,只能在冒险中创造机遇才有可能获得成功。

假如,你手里有3万元钱,而有个人却突然告诉你:"十公里外有一个亿万富翁在等你,并且会按照你到达的快慢给你相应的报酬。也就是说,如果你能在10分钟之内到达将获得10万元,10~12分钟到达将获得5万元,12~14分钟到达将获得3万元,超过14分钟将一无所获,但前提是你必须放弃现在的3万元,一切必须从零开始。"

如果曾经有人一分钱也没拿到,也有人拿到了10万元,你会不会去?很多人都不会去，也不敢去。因为辛辛苦苦跑过去的结果可能是一无所获，或者收入微薄。

然而，创业者却会义无反顾地跑去。创业环境的不确定性，创业机会与创业企业的复杂性，创业者、创业团队与创业投资者的能力与实力的有限性，是创业风险的根本来源，包括资金风险、技术风险、市场风险、政治风险、管理风险、生产风险等。而创业就一定要在风险与收益之间进行抉择与权衡，不能为了收益而不顾风险的大小，也不能因害怕风险而放弃目标，要在争取实现目标的前提下管理风险，控制风险。

巨大的机会常常隐藏在风险中。伟大的创业者与平庸的创业者之间的差别就在于捕捉机会和规避风险的能力。创业者不是要万无一失地去做事情，而是要尽量地规避风险并获得高回报。

企业家们迎接风险的方式各有不同。如英国 *The Big Issue* 杂志创始人 John Bird 正是通过风险的把握而获得成功的。Bird 说，企业家甘冒风险的勇气从某方面看来自他们热衷于接受挑战的满足感。有一些企业家更是充满自信，在他们的字典里根本没有风险二字。巴西新兴互联网企业 ig.com 的掌门人 Aleksander Mandic 就是这样一种人。他告诉我们，他并不认为自己是在冒险，因为他根本没有看到任何风险的存在。Body Shop 公司的 Anita Roddick 也持相同的观点："真正的企业家不为任何困难所吓倒，因为根本没有任何事物能够动摇他们对远大理想和抱负的不懈追求。"

以上的创业精神内涵在不同的企业和不同的创业者身上也表现出不同的思想观念、心理素质、举止行为和事业成果，优秀的创业者在朝夕相处的日常工作生活之中潜移默化地把自己的创业精神传染给所有的员工，形成企业自信、激情、实干、智慧、坚韧、果敢等独特的精神文化和创业气质。他们每个人的精神都是一笔社会财富，每个人都是我们创业的一面镜子。创业精神是一种高尚积极的精神，这种精神可以让人充满激情，产生求知欲，精神振奋地对待现实生活和目前的工作，也让更多的创业奇迹在其中孕育产生。

三、创业精神的测量

对于创业精神的测量，我们一般依据五个指标：创业意识、创业态度、创业能力、创业品质、创业环境掌控力。

创业意识，包含了创业意愿、创业动机、创业价值观、自我定位、危机意识、竞争意识。

创业态度,包含了创新精神、敬业精神、冒险精神、务实精神、团队精神、时间观念。

创业能力,包含了组织能力、专业知识、沟通能力、心理素质、公关能力、感召力、判断决策力。

创业品质,包含了坚韧性、自信心、独立性、诚实守信、敢为性、合作性、责任心。

创业环境掌控力,包含了人际资源拓展力、环境适应力、机遇把握能力、资金获取能力、法律政策把握力。

第二节　创业精神的来源

一、中国传统文化与创业精神

进入 21 世纪以来,面对经济市场化和全球化进程逐步加快的局面,尤其是面对当前全球性的金融危机尚未见底,大学生就业压力越来越大的新形势,各大高校愈来愈意识到开展创业教育的重要性。对于开展创业教育应开设哪些课程、开展创业教育有哪些有效途径等一系列问题,很多高校尚处于探索阶段,但有一点是明确的:在高等学校开展创业教育的目标并不是要把每一个大学生都培养成毕业后去自主创业的人才,而是要通过创业教育使他们具备完善的创业精神,为其人生发展夯实基础。

对于创业精神,江泽民同志曾有过明确的论述:"我们的社会主义现代化建设还处在艰巨的创业时期。伟大的创业实践,需要有伟大的创业精神来支持和鼓舞。解放思想、实事求是,积极探索、勇于创新,艰苦奋斗、知难而进,学习外国、自强不息,谦虚谨慎、不骄不躁,同心同德、顾全大局,勤俭节约、清正廉洁,励精图治、无私奉献,这些都应该成为新时期我们推进现代化建设,所要大加倡导和发扬的创业精神。"仔细探究不难发现,江泽民同志所论述的创业精神的内涵正是中国传统文化的核心精神所在。

博大精深的中国传统文化是中华民族的骄傲和宝贵财富,它包括"天人合一、贵和尚中"的和谐精神,"刚健有为、自强不息"的进取精神,"仁者爱人、修己安人"的博爱精神,"重义轻利、见利思义"的义利观,"修齐治平、内圣外王"的人格理想等一系列基本内容。可以看出,创业精神是中国传统文化精神的当代体现,在高等教育中大力弘扬中国传统文化精神有利于培育当代创业精神,两者一脉相承、密不可分。

(一)用"天人合一、贵和尚中"的和谐精神培育"同心同德、顾全大局"的创业精神

"天人合一"、"贵和尚中"是中国传统文化的基本精神之一。中国古代的天人合一思想,强调人与自然的统一,人的行为与自然的协调,道德理性与自然理性的一致。这种思想在中国长期实践的结果就是得到自然界与人的统一,人的精神、行为与外在自然的一致,自我身心的平衡与自然环境的平衡的统一,以及由于这些统一而达到的天道与人道的统一,从而充满了完满和谐的精神追求。

"贵和尚中"思想,作为东方文明的精髓得到了整个中华民族的认同,也正是由于这种认同,中国人十分注重和谐局面的实现和保持,这对于社会的稳定和发展是必不可少的。

中国传统文化中"天人合一"、"贵和尚中"的精神,激励人们自觉地维护整体利益,坚持集体主义的价值取向。把天地人看作一个统一的整体,强调并努力创造三者之间的和谐,以维护这个整体的和谐为己任,并把个人、家庭和国家的利益看作不可分割的统一体。这种"尚和谐、重整体"的文化意识正是培育"同心同德"、"顾全大局"的创业精神的深厚土壤。

(二)用"刚健有为、自强不息"的进取精神培育"勇于创新、艰苦奋斗"的创业精神

"刚健有为、自强不息"作为中国传统文化的基本精神之一,是人们处理天人关系和各种人际关系的总原则,是中国人积极进取的人生态度最集中的理论概括和价值提炼。《易经》讲"天行健,君子以自强不息",这是对中华民族"刚健有为、自强不息"精神的集中概括和生动写照。自强就是具有自觉性,充分发挥主观能动性,积极进取,奋发向上;遇到困难和挫折,绝不退缩,能克服并战胜它。也就是说自强包括了自尊、自信、奋发、坚毅等精神和品格。

"刚健有为、自强不息"精神的一个突出表现,是"日新"、"革新"的观念在历史实践中为人们所普遍接受,并积极促进"顺乎天应乎人"的社会变革。《周易·革卦·象传》说:"天地革而四时成,汤武革命,顺乎天而应乎人。革之时,大矣哉!"《礼记·大学》说:"苟日新,日日新,又日新。"这种"推故而别致其新"的不懈追求,不仅是个人不断创新、进入人生新境界的动力,而且是推动整个社会不断进步的指导思想。在中国历史上绵延不断的改良、革命、维新、变法活动,都把"汤武革命,顺乎天而应乎人"当作变革社会的理论根据,体现了"日新又日新"的积极进取精神。

"刚健有为、自强不息"的积极进取精神在现代集中表现为与时俱进的创新精神。创新就是要不断解放思想、实事求是、与时俱进。与时俱进、勇于创新、艰苦奋斗是创业精神的必备元素,是我们克服前进中的困难,不断创造人间奇迹的源泉,也是自立于世界民族之林的可靠保障。

(三)用"仁者爱人、修己安人"的伦理精神培育"以人为本、无私奉献"的创业精神

"仁者爱人、修己安人"是中国传统文化中最为重要的伦理精神。"仁者爱人"作为一个伦理学概念,反映了伦理学道德义务的本质特征。首先,道德义务的重要特征之一,就是不论任何社会,凡有人群的地方,社会的人际关系就承担着一定的道德义务和责任,每一个人就要对他人、对社会履行一定的道德义务。其次,"仁者爱人"强调个人对他人、对社会自觉地履行道德义务和道德责任。再次,"仁者爱人"反映了道德义务所要求的克己的高度自觉的精神。

"修己安人"所反映的则是中国传统文化中处理群己关系的基本准则。"修己"即自我的涵养,"安人"则是社会整体的稳定和发展。道德关系上的自我完善("为己"),最终是为了实现广义的社会价值(群体的稳定和发展)。

具有独立创业精神的人,不应当是信奉个人主义的自私自利者,相反,他应当具有广泛的人文关怀,充分表现出个人对社会、对国家、对他人的道义责任和法律责任,自觉履行这种责任,在社会生活中自觉把握和促进人与自然、人与社会的和谐发展。"仁者爱人、修己安人"蕴含的恰恰是对他人的积极肯定和对群体的高度责任,转化成今天的语言就是在处理人与人之间的关系时要推己及人,以人为本;在处理个人与集体的关系时要严于律己,无私奉献。这种"以人为本、无私奉献"的精神应当成为每一个创业者必备的一种道德品质。

(四)用"重义轻利、见利思义"的义利观培育"诚实守信、清正廉洁"的创业精神

"义"者宜也,含有应当之意,引申为一般的道德规范。"利"则泛指利益、功效等。义利之辩首先联系着道义原则与功利原则,以及两者的相互关系。中国传统义利观非常重视"义",孔子对此曾做过多次论述:"君子以义为上"(《论路·阳货》);"君子义以为质,礼以行之,孙以出之,信以成之"(《论路·卫灵公》);"君子喻于义,小人喻于利"(《论路·里仁》)。

中国传统文化义利观肯定"义"的内在价值,并不意味着完全否定"利"在社会生活中的意义。"富与贵是人之所欲也"(《论路·里仁》);"富而可求也,虽执鞭之士,吾亦为之"(《论路·述而》)。但是"谋利"应在"合义"的原则之下,不义之财虽有利而不取,"不义而富且贵,与我如浮云"(《论路·述而》)。相对于义,利始终处于从属的地位。可见,中国传统义利观要求"重义轻利、见利思义"。

创业的最原始动力是尽最大可能谋取最大化利益，这也是大多数创业者所追求的基本目标。在市场经济条件下我们无奈地看到很多创业者见利忘义，违背中国传统的"重义轻利、见利思义"的义利观，把谋取利益这一基本目标当成了唯一目标，为了谋取利益他们不惜违法乱纪，最终害人害己。要治愈这一顽疾就必须传承"重义轻利、见利思义"的义利观，牢记"诚实守信、清正廉洁"的创业精神，在道义许可的范围内谋求正当之利，做到重利而不废义，义利统一。

（五）用"修齐治平、内圣外王"的人格理想培育"谦虚谨慎、励精图治"的创业精神

"修身、齐家、治国、平天下"是中国传统知识分子孜孜追求的最高君子人格——内圣外王。"内圣，是就其修养的成就说的；外王，是就其在社会上的功用说的"。内圣和外王是相互统一的，内圣是基础，外王是目的，只有内心的不断修养，才能成为"仁人""君子"，才能达到内圣；也只有在内圣的基础之上，才能够安邦治国，达到外王的目的。同样，内圣只有达到外王的目的才有意义，外王实现了，内圣才最终完成。

"内圣外王"的君子人格是创业者必备的精神素质。唯有注重个人修养，不断修身，达到"内圣"，才能做到谦虚谨慎，不致在创业过程中走入歧途。唯有以"外王"作为奋斗目标才能励精图治，知难而进，为国家的繁荣与富强贡献毕生精力。

近代以来的历史表明，在国家发展的关键时刻，在民族危机的紧要关头，青年学生总是勇立时代潮头，以无所畏惧的姿态冲锋在前。在当前全球化的创业大潮中，谁取得创业成功，谁就会站在时代高端。当代青年学子应该以"内圣外王"的精神不断激励自己，充分发扬以爱国主义为核心的民族精神，将创业重担与祖国命运相连，在全球化的创业大潮中开创出一片新天地。

大力弘扬中国传统文化精神在培育当代大学生的创业精神中发挥着重要作用，但这并不意味着中国传统文化可以包治百病。正如胡锦涛同志在中共十七大报告中所指出的："弘扬中华文化，建设中华民族共有精神家园。中华文化是中华民族生生不息、团结奋进的不竭动力。要全面认识祖国传统文化，取其精华，去其糟粕，使之与当代社会相适应、与现代文明相协调，保持民族性，体现时代性。"

二、创业精神的决定因素

我们经常听那些有名的企业家说起：在他们还没有运作百万美元规模的公司之前，借着在街边售卖饮料、在车库里生产些小玩意，逐步培养起自己的经商技能。看起来好像每一位成功的大人物都是为了商业而生的,创业精神是一种天赋。我们可以从下面这些企业家身上找到创业精神的重要决定因素。

(一)激情(Passion)

没有人能比维京集团(Virgin Group)创始人理查德·布兰森(Richard Branson)更理解"激情"一词的含义。布兰森的激情,从他对创建公司的强烈欲望中可窥一斑。始建于 1970 年的维京集团,目前旗下拥有超过 200 家公司,业务范围涵盖音乐、出版、移动电话,甚至太空旅行。布兰森曾打过一个比方,"生意就好像公共汽车,总会有下一班车过来"。

(二)积极性(Positivity)

亚马逊(Amazon.com)创始人杰夫·贝佐斯(Jeff Bezos)非常清楚积极思考的能量。他以"每个挑战都是一次机会"为座右铭,把一家很小的互联网创业公司发展成全球最大的书店。

亚马逊于 1995 年 7 月正式启动,两个月内就轻松实现每周 2 万美元的销售额。20 世纪 90 年代末,互联网公司纷纷倒闭,亚马逊股价也从 100 美元降至 6 美元。雪上加霜的是,一些评论家预测,美国最大的书店巴诺(Barnes & Nobles)启动在线业务,这将彻底击垮亚马逊。紧要关头贝索斯挺身而出,向外界表达了乐观和信心,针对批评言论,他还一一列举公司的积极因素,包括已经完成的和准备实施的。

贝索斯带领亚马逊不断壮大,出售从图书到衣服、玩具等各种商品。今天,亚马逊年度营业收入已超过百亿美元,这很大程度上要得益于贝索斯的积极思考。

(三)适应性(Adaptability)

适应能力是企业家应具备的最重要的特质之一。每个成功的企业主,都乐于改进、提升或按照客户意愿定制服务,以持续满足客户所需。

谷歌创办人谢尔盖·布林(Sergey Brin)和拉里·佩奇(Larry Page)更进一步,他们不仅对变化及时反应,还引领发展方向。凭借众多新创意,谷歌不断引领互联网发展,将人们的所见所为提升到一个前所未有的新境界,你可以想想 Google Earth 技术带来的变化。拥有这种先锋精神,也无怪乎谷歌能跻身最强大的网络公司行列。

(四)领导力(Leadership)

好的领导人一定具有很强的个人魅力和感召力,有道德感,有在组织里树立诚信原则的意愿;他也可能是个热心人,具有团队协作精神。在已近迟暮之年的玫琳凯·艾施(Mary Kay Ash)身上我们可以发现所有这些元素。她创建了玫琳凯(Mary Kay Cosmetics)品牌,帮助超过 50 万名女性开创了自己的事业。

很早以前，身为单亲母亲的艾施为一个家用产品公司做销售。虽然 25 年间她的销售业绩一直名列前茅，但是由于性别歧视，艾施无法在晋升和加薪时获得和男同事一样的待遇。艾施受够了这种待遇，于是在 1963 年用 5 000 美元创办了玫琳凯公司。

艾施以具有强大驱动力和富于灵感的领导风格闻名，她创办公司的态度是"你能做到！"。她甚至会用卡迪拉克轿车奖给顶尖的销售者。由于其强大的领导力技巧，艾施被认为是近 35 年来最具影响力的 25 位商业领袖之一，而玫琳凯也被评为美国最适合工作的企业之一。

（五）雄心壮志（Ambition）

20 岁时，戴比·菲尔兹（Debbi Fields）几乎一无所有。作为一个年轻的家庭主妇，她毫无商业经验，但她拥有绝佳的巧克力甜饼配方，并梦想全世界的人都能分享到。

1977 年，菲尔兹开设了自己的第一家店（Mrs.Field's）。尽管很多人认为她仅靠卖甜饼无法将业务维持下去，但菲尔兹的果断决定和雄心壮志使得小小的甜饼店变成了一家大公司，600 多个销售点遍布美国和其他 10 个国家。

第三节　创业精神的作用

一、创业精神与校园创业实践

亨利·福特曾说："任何人只要做一点有用的事，总会有一点报酬，这种报酬是经验，是世界上最有价值的东西，也是人家抢不去的东西。"由此可见，创业实践的经验对于创业者来说具有举足轻重的意义。

有专家指出，当前大学生创业面临五大障碍：一是缺乏启动资金，二是缺乏市场经营实践经验，三是心理承受能力弱，四是创新能力不强，五是所学知识与实际运用联系不紧密。而据另一项调查显示，"实践经验不足，缺乏社会关系"以50％的比例高居各种障碍之首。虽然现在的大学生具备一定的理论基础，有一定的知识面，然而大学生毕竟身处校园，不能很好地了解和把握市场规律和游戏规则，同时又欠缺实际的经营管理能力和各种理财能力，在创业过程中处理各种具体事务时就难免显得力不从心。所以大学生要经历从学生时代到职业时代的转变，完成从学生到创业者（经理人）的角色转换，最终取得创业的成功，突破实践经验不足的瓶颈就显得尤为关键。

对创业者来说，必须明确自己的目标，踏踏实实地学习，兢兢业业地工作。因为正如台湾塑胶集团董事长王永庆所说的："经验，必须是刻苦耐劳，踏实地磨炼出来的心得才有用。如果是走马看花，参观性质、客串性质，只能称为经历，称为经过，所谓过来人并不能说就有经验，时间并不等于经验，这点是要分辨清楚的。"

俗语说：没有金刚钻，别揽瓷器活。那么反过来说，一个熟练的工匠，得到了金刚钻，什么样的瓷器雕刻不了呢？而一个执着的创业者，具备创业的基本素质，又积累了丰富的创业经验，距离梦想是否也更加接近了呢？

大学时代是人生的一个黄金时代，是实现自我蜕变、明确人生定位的关键时期。一般来说，大学生们的自我意识在大学期间基本觉醒，能找到自己的兴趣和价值所在，从而为自己拟定一个初步的人生规划，这就为以后的成功打下了初步的基础。

机遇总是垂青有准备的人，就有创业意向的大学生来说，大学期间就应为以后的创业做一些初步的准备，积累一些必要的经验。一般来说，大学一年级时，就应主动接受职业价值观方面的教育，开始了解自己的兴趣、特长和专业背景，为今后选择创业、确定职业目标奠定基础。大二、大三时通过参加社会实践和实习活动，对专业的社会需求和发展前景作深入了解，根据实践中自我适应程度的反馈信息，反思和调整自己的职业取向，初步确定与自己能力相吻合的职业选择。例如，要对个人的创业条件进行分析，准确定位。同时看自己是否具备未来的老板气质和心理素质，比如承担风险能力、创新能力、决策能力和领导能力。

此外，在学习、工作的过程中，还应做好市场调查和分析，准确掌握市场信息，做好市场预测，建立经营思路，设计市场进入策略，对经营项目的投资、筹资、成本、收益等做出可信的测算，学会常用的财务管理知识。

二、创业精神与毕业就业选择

随着高等教育从"精英教育"向"大众教育"迈进，高校毕业生就业形势日益严峻，大学毕业生数量将远远超过空缺岗位的数量。有专家指出，今后在很长一段时期内，大学生将面临更为严峻的就业形势。因此，创业精神对于大学生毕业就业选择具有十分重要的意义。

创业精神有利于缓解大学生就业压力。大学生的创业能力有利于解决大学生就业难的问题。创业能力是一个人在创业实践活动中的自我生存、自我发展的能力。一个创业能力很强的大学毕业生不但不会成为社会的就业压力,相反还能通过自主创业活动来增加就业岗位,以缓解社会的就业压力。当前国家各级党政部门,纷纷把"鼓励和支持高校毕业生自主创业"作为化解就业难的主要政策之一。

三、创业精神与人生价值实现

创业精神有利于大学生自我价值的实现。大学毕业生通过自主创业,可以把自己的兴趣与职业紧密结合,做自己最感兴趣、最愿意做和自己认为最值得做的事情,在五彩缤纷的社会舞台中大显身手,最大限度地发挥自己的才能,并获得合理的报酬。当前社会鼓励大学生创业,虽然基于的是化解就业难的角度,但从大学生自身来说,其创业的主要原动力则在于谋求自我价值的实现。而只有提高大学生创业的比例,整个社会才能形成创业的风气,才能建立"价值回报"的社会新秩序。

应当注意到现实中的创业精神并不是"比尔·盖茨"精神,不少的创业者,不愿意把企业做大。在东南亚有很多的家族企业,业绩非常好,就是不愿意上市,他们认为财务公开、业绩公开的方式会限制他们的自由,只要合法经营、照章纳税,保证企业的良性运作就行。

在欧洲、南美洲的一些国家,很多商店到了周末就要关门,不管顾客是否还需要购买商品,因为店主要出去旅游、购物、做礼拜或者休息,这些创业者一样觉得自己需要周末,需要放松,开店只是他们的一种生存方式。

开发出 Gmail 的剑桥大学创业讲师道森·金,仅仅开发出 3 个月后就将它卖给了谷歌,他 28 岁时已经创建了 6 家公司,并且全部高价卖掉,据他自己说最便宜的也卖了 200 万美元。当有学生不解地问他为什么不自己把这些企业做大做强,形成他自己拥有的强大品牌时,他只是淡淡地说他喜欢的只是创建新的企业,而不喜欢管理企业。

从马斯洛的需求理论来看,处于不同层次的创业者们都有不同的追求,也就是说对于创业精神的内涵,也存在不同的理解。有的人创业是为了不依赖他人而独立生存;有的人创业是为了拥有永远不会失业的安全感;有的人甚至为了拥有更加宽广的发展空间,而放弃了无忧无虑生存的工作;有的人创业,放弃了高薪,只是为了过一种更加受人尊重的生活,用自己的能力去打拼出属于自己的世界;还有的人,在创业成功、万人敬仰的时候,卖掉自己的企业,转身去做教育、公益或慈善事业,以帮助更多的人为乐趣。其实以上这些都是追求体现自身价值的生活方式,来源于个人自身的价值观。

对于我们大学生来说,不论你出于什么目的走上了创业的道路,其创业精神的本质就是选择了自己当老板的一种自由的生活方式,不一定要达到别人眼里的拥有多少资产、拥有多少房产、企业的规模多大、公司排名第几等所谓的"成功"标准。只要自己觉得开心、快乐,自己认为走对了人生道路,实现了人生价值,就是自己的成功。

第四节　大学生创业精神的培育

当前,我国正处于计划经济向市场经济转型时期,要确立完善的市场经济体制,还需要很长的时间。在这期间,需要旺盛的创业精神,持续不断地创业。在世界经济论坛中国企业高峰会议上,一份由埃森哲公司(Accentune,全球领先的管理及信息技术咨询机构)提交的、对 26 个国家和地区的企业就如何鼓励企业的创业精神进行的一项为时 3 年才得以完成的报告指出:"上世纪 80 年代,中国企业最缺什么? 结论是:创新意识。21 世纪中国企业又缺什么? 答案是:创业精神。"该报告指出:"中国有相当多的企业和政治领导人已经能够认识创业精神的重要性,中国 97% 的企业高层管理人员认为创业精神非常重要,88% 认为他们的企业在未来两年里将会变得更富创业精神。"

我国各地的创业精神和创业活动很不均衡。在高等教育中,实施大学生创业教育和创业精神培养的制度不健全,氛围不浓厚,不能很好地满足社会发展对创新型人才的需求。"中国的创业教育还不成熟,特别是在学生的培养目标中,我们还没有把创业精神作为一种需要学生在大学教育中获取的意识和行为特性。""创新精神与实践能力,或创业精神和创业技能,恰恰是我国高等教育的薄弱环节。"因此,如何培养和塑造能够适应这种变化并在社会变化中具有创业精神的人才,是当代中国高等教育改革与发展面临的重要课题。高等学校要担负起全面推进创业教育,培养高素质的创业型人才的历史使命。

一、营造校园创业文化

我国将大学生创新能力的培养作为教育改革的重要目标。高校的文化氛围对大学生创新能力的培养起着非常重要的作用。而如何营造良好的校园创业文化氛围,是广大教育工作者必须密切关注和亟待解决的课题。

（一）营造校园创业文化氛围的原则

1.坚持理论创新原则，提升校园文化的整体水平

当前不断变化的新形势对高校的创业教育工作提出了新的要求，大学应组织专门的教师队伍对校园文化进行深入系统的理论研究和探索，并且找出符合本校的创业教育工作的特点；积极探索校园文化建设的新途径、新载体、新路子，最大限度地挖掘校园文化的思想性、知识性以及社会价值，充分发挥其在开展创新创业教育研究中的作用。

2.坚持文化育人原则，提高创新创业人才的素质

李岚清同志在北京大学百年校庆上的讲话中强调：不要只精于科学而荒于人文。他告诉我们，在经济社会快速发展的今天，不仅要精通科学技术领域的专业知识，还要加强人文精神领域的开拓和研究。优秀的文艺作品，高雅的文艺演出，厚重的历史展览，催人奋进的刊物，以及精心设计的景点、装饰，这其中都蕴含着极为珍贵的人文精神，所以，大学老师在引导学生重视掌握和运用科学技术专业知识的同时，也要对学生进行人文教育和文体活动、社会实践等方面的培养，以此提高学生的综合能力，从而培养文理兼备的综合型人才。

3.坚持实践创新原则，强化创新创业人才的科研能力

结合当代大学生的性格以及心理特征，学校应有目的、有效果地举办和组织一些内容丰富、形式多样的社会实践活动，使学生有更多的机会依托学生组织参与寒暑假的社会实践活动，依托校企合作参与岗位体验等。可以举办学术沙龙、鼓励学生成立科研兴趣小组，充分发挥导师的指导作用，申报并完成科研项目，让学生在实践中不断提高能力；可以通过优秀科研论文、调查报告的评比活动，提高大学生分析、思考、总结的能力，让学生在丰富的校园文化活动中提高自己的社会实践能力；可以通过模拟实验室、实训实习基地等环节，从各方面锻炼大学生的实际操作能力和随机应变的能力。

4.坚持师生主体原则，提升创新创业人才的创造力

大学应构建和谐并有创新氛围的校园文化，把教师和学生作为营造校园创新创业氛围的主体。改变一些僵硬的体制和政策，激发大学生的创造活力，营造校园文化自由的氛围，从而提升师生们发挥创造力的积极性。在营造校园创新文化氛围的过程中，要"以人为本"，坚持师生主体原则，将师生的愿望和诉求作为开展创新创业教育工作的出发点，建立让师生身心愉悦的校园文化氛围。

5.坚持和谐文化原则，为创新创业人才营造良好氛围

和谐的高校文化是大学开展创新创业教育的根本所在，也是增强师生凝聚力、提升高校核心竞争力、不断创新的重要保证。学校在建设校园文化中，应把握好以下几个方面:一是优化校园环境,为师生提供良好的生活、工作和学习的环境;二是注重加强全校师生的道德规范教育,提升校园的文明程度和人际关系和谐程度;三是丰富校园创新文化活动,培养、锻炼大学生的综合能力,促进大学生在人文素质修养方面的提升。

6.坚持独创灵活原则,兼顾校园管理和创新创业文化活动的自身特性

大学在开展创新文化教育时,应立足校园发展实际,围绕校园文化活动发展的重点内容和方向,兼顾大学部门管理需要,考虑创新文化活动的自身特点,即兼顾独创新原则以及实效性原则。独创的创新文化能够在受众脑海中留下深刻的印象,具有强大的吸引力,能够使人长久记忆。但是独创性并不是目的,创新文化还应具有可理解性,易于为大众所接受,也就是校园文化必须具有实效性。这两个原则,能够使大学在建设创新创业文化的同时,促进校园管理工作更加有效地完成。

(二)营造校园创新创业文化氛围的途径

培养大学生的创新创业精神、意识和能力本身是很难直接开课教授的,重要的是要在校园文化中营造浓厚的创业创新气氛,创造有利的条件。

1.良好的校园环境是营造校园创新创业文化氛围的前提

培育适宜创新的校园文化环境,养成思辨、争鸣、交锋的习惯和能力,是营造校园创业创新文化的基本前提。良好的校园文化氛围,是活跃思想、产生新思维、形成新思想的温床,是知识创新、思想创新、文化创新的必要条件。作为大学创新创业文化主体的师生,必须具有创新精神、创新意识,才能产生创新思维。要有"争鸣"的意识、愿望和要求,学会交流,敢于交锋,在交流和交锋中学习思辨,提高思辨能力。要敢于怀疑,敢于批判。通过怀疑、批判、交流、交锋,提出问题,提出见解、观点、主张,以达到大学生创新创业意识的形成。

2.人文素质熏陶是营造校园创新创业文化氛围的基础

高校应注重校园文化,让大学生各取所需,整体提升人文品位,提高人文修养。高校的校园文化建设中,应该首先注重传统文化的学习,讲学内容可以涉及历史、文学、艺术等方面。

3.独立人格塑造是营造校园创新创业文化氛围的主体

营造校园创新创业文化氛围,需要有创新人格的主体。创新人格指创新精神或创造性个性倾向,是校园创新文化氛围营造的动力和方向性保证。培养创新创业人才需要培养创新的人格。高校教育者应以自身的人格魅力"随风潜入夜,润物细无声"地深入大学生的灵魂,以其示范作用、激励作用、熏陶作用塑造学生美好的心灵,促进创新人格的形成和发展;抓住学生自组织教育的契机,选

准切入点,通过学生自组织管理与学生自我教育的良性互动导向自我意识、自我评价、自我控制、自我内省,从而促进学生独立人格的形成。

4.激发学生潜能是营造校园创新创业文化氛围的关键

如何激发创新潜能,是学术界乃至各行各业都在探究的重要问题。激发潜能是每个人所面临的最大挑战,我们生活的社会,接受的文化传统,都会影响每个人的成长。在校园文化中,我们要让学生认识到你是你自己的产物,造就你的是你自己的遗传基因、肉体、有意识心理和下意识心理、经验、时空上的特殊位置和方向等,当然也包括已知的和未知的能力。你需要有能力去影响、应用、控制和协调所有这些东西。用积极的心态去指引你的思想,控制你的情绪,掌握你的命运。你的心理包含着双重潜在的巨大能力:下意识能力和意识能力;一个是绝不酣睡的巨人,它是下意识心理;一个是正在酣睡的巨人,当醒着的时候,它的潜在能力是无限的。

5.继承、借鉴和吸收能促使校园创新创业文化氛围的升华

从一定意义上说,继承、借鉴、吸收是创新活动的前提,只有在继承、借鉴、吸收基础之上才能创新。创新要以"传统"为基础,要以客观现实存在为出发点,了解传统,把握现实,才能超越传统,才能提高和发展。传统文化是历史的积淀、社会意识的潜流,它已渗入社会心理的深层,其烙印是无法抹去的,其影响是随处可见的。大学生只有学习、钻研传统文化,才能正确地判断和鉴别它,剔除糟粕,吸收精华,才能清楚创新的需求,确定创新的目标,把握创新的方向。只有了解继承、借鉴、吸收和创新之间的关系,才能帮助大学生树立继承、吸收、借鉴是为了创新——创新离不开继承、吸收、借鉴的观念,从而升华校园创新创业的文化氛围。

二、开设创业指导课程

(一)开展创业思想教育课程

通过理想教育端正创业目标,有目标才有动力,有理想才有追求,可以说创业目标就是人生目标的浓缩,也是人生理想的现实体现。应通过广泛深入地开展创业教育,使大学生树立创业理想,增强大学生的创业意识,使他们愿意创业、乐于创业。学校可以通过创业思想教育帮助大学生端正创业态度,树立正确的人生观、价值观;可以通过创业理论教育使学生明确创业的目的和意义,从而将创业理想化为自己自觉的行动,积极主动地投身于创业实践;可以通过创业典型教育激发大学生的创业欲望,让他们创业有动力,学习有典型,追赶有目标。

（二）创业心理训练

心理训练是在专门人员的指导下，参与者自己练习、实践、锻炼的方法，实质上是一种特殊的教育过程，"心理训练是一种要求个人充分发挥自主性的自我改变历程，通过训练将使个人对自己有更真实的了解、更恰当的引导和更主动的控制。也就是让一个人自己掌握自己，而不是被环境、习惯和以往经验所控制"。①首先，高校应开设心理课程，如"心理与情商教育"、"心理训练"和"大学生创业心理品质的陶冶"等，传授心理知识，将心理知识内化为大学生的心理品质；其次，开展心理咨询活动，帮助大学生分析创业过程中出现的心理问题，进行咨询指导，助其自助；再次，进行自我修养指导。如何挖掘和开发自己的心理潜能？如何培养自己的创业心理品质？最关键的还是要通过自我修养才能达到。古人曾强调"吾日三省吾身"，就是要对照标准，经常看看自己的心理品质是否符合要求，就是要有一面镜子，时时端正自己，这样持之以恒地坚持下去，终会形成良好的创业心理品质。

（三）培育创业人格

美国斯坦福大学教授推孟（Lewis M.Terman）在30年中，追踪研究了800人的成长过程。结果发现，他们中成就最大的20%与成就最小的20%的最明显的差异就是个性方面的不同。高成就者具有谨慎、自信、不屈不挠、进取心、坚持性、不自卑等心理特征。这说明个性特征对个体的创业来说是非常重要的，尤其是"独立性"、"坚持性"、"敢为性"、"克制性"等。所以，人格教育对创业精神与创业能力的培养是相辅相成的。可以采取运用创业案例剖析创业者的人格特征和心理学专题、心理训练，让学生掌握形成心理素质与优良人格特征的途径。从世界观和方法论的角度看，创业精神是一种实事求是的精神。创业不是纸上谈兵，需要根据实际情况提出新的思路，需要扎扎实实地付出艰苦的努力，引导学生以实事求是的态度面对学习、工作和生活。

三、提供创业实践平台

（一）建设有利于创业的环境

学校要广泛利用广播、电视、校刊、校报、板报等宣传工具，大力宣传创业的重要意义，宣传创业的经验，宣传成功创业的典型，树立勇于创业的榜样，弘扬创业精神，在校园形成讲创业、想创业、崇尚创业，以创业为荣的校园舆论氛围，引

---

① 郑解、刘冰峰：《论大学生独立创业精神的培养》，载《科技创业》2007年第1期。

导鼓励创新、开拓进取、宽容失败、团结合作、乐于奉献的校园创业文化氛围的形成。首先要经受竞争环境考验。不良的创业心理品质往往表现出自卑胆怯,它往往来源于成功经验的缺乏。当今社会充满竞争和挑战,需要年轻人大胆展示自己,充分发展自己,努力把握各种创业的机会。这就要有敢想、敢做、敢闯、敢冒险的心理品质。这些心理品质只能从行动中来,从竞争中来,从实践中来。因此,年轻人应积极参与竞争,不要坐等机会的来临,只要有机会就要大胆地去争取,多从事几种职业,多参与几次竞争,通过竞争积累成功的经验,通过竞争获得自信的快乐,通过竞争战胜孤僻、害羞、怯懦等心理障碍。其次要经受不利环境的磨砺。生活比别人苦点,工作比别人累点,环境比别人差点,这也是一种磨炼创业心理品质的方法。环境在给人施加压力的同时,也为人准备了一份智慧和才能。人们最出色的事业往往是在承受巨大压力下取得的。

(二)树立创业榜样进行引导

榜样的力量是无穷的,他人的创业行为和成就是一笔宝贵的财富,古往今来,创业成功者具有一些共同的心理品质:自信,心态积极,喜欢独立思考,具有寻根究底的好奇心和探索精神,敢于创新,敢于竞争和冒风险,热情,专注,意志坚定,不怕挫折,情绪稳定等。一是要借鉴历史上的创业榜样,编选他们创业成功的案例,通过他们明确创业目标,激发创业热情,树立创业志向;二是要学习现实生活中的创业榜样,各行各业的创业典型是大学生学习的活教材,通过"请进来、走出去"的方式,让大学生们耳濡目染,受到熏陶;三是教师应成为创业的榜样,教师具有创业的成功经历,不但对学生有示范作用,还可以迁移到教学当中,这会给大学生创业者以莫大的启示和感染。

(三)提供创业实践锻炼的机会

良好的创业心理品质的形成重在实践训练,积极的实践能带来及时的反馈和成就感,也能带来节节成功的喜悦;切切实实地投入到创业实践中去,定能磨炼出坚强的创业心理品质。一是学校要构建创业实践基地为学生提供创业实践的便利,如创业见习基地、创业实习基地和创业园等,实现产、学、研一体化;二是社会要为大学生提供更多的创业岗位供学生选择,如勤工俭学岗位、社区服务岗位等,使其经受创业实践熔炉的考验;三是大学生自己课余应主动参与创业实践,从小商品推销到饭店洗盘子,从为人打工到自己开店,熟悉各种职业特点和自己的能力特点,积累创业经验,增长创业才干,减少将来创业的盲目性。只有经受创业实践的锻炼,创业目标才会更加明晰,创业信念才会更加强烈,才会形成良好的创业习惯和人格。

四、加强对外创业交流

开展创业教育系列活动,搭建创业教育的国际与国内交流平台,了解国内外先进的创业教育理论体系和实现形式,丰富创业教育的形式,完善创业教育实践环节和课程内容,对推进创业教育体系建设具有积极的意义。

案例分析

上大学期间就开始"折腾"的潜在创业者

【导读】

范志平是上海海洋大学计算机技术专业硕士毕业生。在读大学期间他就是一个不愿意"循规蹈矩"的人,他在课余时间卖过电话卡,在新生入学时卖过日用品,还开过餐馆……虽然每次的业务坚持的时间都不长,但是不仅让他赚了钱,还让他对创业上了"瘾"。他一直有一个强烈的愿望,就是自己开公司,自己当老板。

在他眼里,创业就是最神圣的就业,除了可以养活自己以外,还能以提供工作岗位的方式为社会做贡献。这让他感觉更能体现自身的价值。

读研期间,范志平一边学习,一边四处寻觅合适的创业方向。2007年的一天,他在图书馆的报刊阅览室偶然翻到一张报纸,上边写着:农业部正在全国范围内,推进实施"无公害食品行动计划"。他顿时眼前一亮,农业在上海的比重不大,相对来说竞争不会很激烈;而服务业又是上海重点发展的领域。多年磨炼出来的"商业直觉"告诉他,如果走"农业服务"路线,很可能有戏。

通过沟通,导师和校方领导都很支持他的想法:成立一个帮助农民实现无公害生产的农业技术服务公司,帮农民增收,又确保消费者吃着放心。接下来的一年里,他走访了50家无公害农业生产企业,参加了3次农业展览会、4次食品安全学术会议,发放了2 000份市场调研表,结果证明计划可行。

在上海市大学生科技创业基金会的基金扶持下,他的公司——上海齐民信息科技有限公司,在2008年初正式注册成立。公司主要从事农产品品牌策划和推广、食品安全追溯、农业区域性电子商务等服务。

温州人的创业精神

【导读】

温州人在创业创新实践中推动经济的不断发展和社会的不断进步,又在创业创新的实践中锻炼、提高自身的各项素质和创业创新的能力,进行人自身的创新,推进了人自身的文明建设,逐步形成了独具特色的人文精神品格。温州人身上蕴含着一种令人折服的精神素质。

温州人精神,又称温州精神。它是处于创业创新时期的温州人的共同理想、信念追求、价值取向、行为态度等因素的组合,是通过社会实践的融汇、培养、凝聚而形成的一种观念和意识。20 世纪 80 年代的温州人精神,被人所称颂的主要是"四千"精神,即:走遍千山万水,历尽千辛万苦,说了千言万语,想出千方百计,以千家万户的生产经营,适应着千变万化的社会需求。这体现出温州人的吃苦耐劳、不断追求、奋力创业的精神风貌。90 年代,温州人精神被概括为"四自"精神,后来又表述为"四敢"精神。1993 年温州进行第二次创业,讨论"温州人精神",概括为"四自"精神,即自力改革,自担风险,自强不息,自求发展。1998 年10 月温州市第八次党代会报告概括温州人精神为"敢为人先,特别能创业"。后来人们把温州人精神概括为"四敢"精神:敢为人先,敢冒风险,敢于创业,敢于创新。2005 年 5 月,温州城市精神被概括为"敢为人先,民本和谐"。

温州人身上最重要的一是商业智慧,敢为人先,富有新的创意;二是合作精神,共生共赢,善于集聚优势。

创新,是温州发展生生不息的动力;创新,是温州人的品格和灵魂。不断创新,是温州人一贯的精神品格,正在成为温州人最重要的一种能力。致力于创新的温州人,又在创新活动中锻炼和提高着自身,进一步树立创新意识,培养创新能力,一点一滴地塑造着新的人。创新激活了社会生产力,创新也升华了人的潜能,推进了人的发展。

【分析】

从这两个案例中,你都得到哪些关于创业精神的启示?你也具备这些创业精神吗?如果还没有,请分析为什么。

思考与练习题

1.我们为什么要倡导大学生在校期间努力培养创业精神?

2.根据所学创业知识,结合当前大学生就业难的问题,论述要自主创业的大学生最重要的应该具备什么样的创业精神?

3.如何理解创业精神是时代精神、民族精神和科学精神?

4.为什么说创业精神是创业的精神动力和思想保证?

参考文献

[1]李肖鸣、朱建新:《大学生创业基础》(第 2 版),清华大学出版社 2013 年版。

[2]李肖鸣:《大学生创业精神导论》,清华大学出版社 2011 年版。

［3］傅佩缮、丁彦文：《点击"六十四字创业精神"》，学习出版社 2012 年版。

［4］P.E.Drucker 著，张炜译：《创新与创业精神》，上海人民出版社 2002 年版。

［5］牛长松：《英国高校创业教育研究》，学林出版社 2009 年版。

［6］阿玛尔·毕海德等：《哈佛商业评论——创业精神》，中国人民大学出版社 2004 年版。

［7］蒋云飞：《赢在创业》，机械工业出版社 2009 年版。

［8］李志能、郁义鸿、罗博特·D.希斯瑞克：《创业学》，复旦大学出版社 2006 年版。

［9］陈涛、曹广喜：《大学生创业教育教程》，高等教育出版社 2012 年版。

［10］上海市教育委员会组编：《大学生创业素质通论》，高等教育出版社 2010 年版。

［11］秦虹：《培养学生创业精神与技能的研究》，天津市教育科学研究院，国家重点课题，2008 年。

［12］谢志远：《大学生创业教育与创业精神的培育》，载《船山学刊》2004 年第 3 期。

［13］谢相勋：《论培养学生独立创业精神的现代人格——高等教育面向 21 世纪的重要使命》，载《乐山师范高等专科学校学报》2000 年第 4 期。

［14］贾文华：《试论大学生创业精神与创业能力的培养》，载《商丘师范学院学报》2006 年第 3 期。

［15］郑解、刘冰峰：《论大学生独立创业精神的培养》，载《科技创业》2007 年第 1 期。

第七章————————————————————————

创业机会的识别

　　源于一定的市场需求和变化的创业机会,是具有商业价值的创意,它表现为特定的组合关系。善于识别创业机会,并转化为创业实践,是大学生创业中一个非常重要的环节。本章将从了解和认知创业机会的概念、来源和类型入手,分析创意与机会之间的联系和区别,介绍识别创业机会的一般步骤与影响因素,以及帮助大学生习得有助于识别创业机会的行为方式。

第一节　创业机会的特征与类型

一、创业机会的内涵 ···

(一)创业机会的定义

　　创业是建立在机会的基础之上,创业需要密切关注机会,无论是什么类型的创业,如果创业者没有把握好创业机会,那么创业就很难成功。什么是机会? 就其语言文字的角度而言,机会的本意是指具有时间性的有利情况,一种恰好的时机。也有许多学者给机会下了定义,蒂蒙斯(Timmons,1999)认为,机会是指尚不明确的市场需求,或者未被利用的资源和能力;艾克哈特和夏恩(Eckhardt and Shane,2001,2003)则认为,机会是个体获取、整理并解读信息价值的过程等。机会总是存在的,当一类机会消失了,另一类机会就会产生。未被利用的资源或能力就意味着机会,当一种需求得到满足,另一种需求又会产生。

　　那什么是创业机会呢? 到目前为止关于创业机会没有一个统一的学术定义。对创业机会的界定比较具有代表性的是奥地利经济学派和行为学派。奥地利经济学派代表人物主要有熊彼特(Schumpeter)和科兹纳(Kirzner)。熊彼特

(1934)认为,创业机会就是指通过把资源创造性地结合起来,满足市场的需求,创造价值的一种可能性;由于市场始终发生着变化,技术、政策、规则等因素的变化会产生新的信息,新信息会改变资源的均衡价格,从而产生了大量的创业机会,而企业家就是在不确定、变化以及技术剧变阶段中"震动"和"扰乱"经济平衡的创新者。科兹纳(1979)认为,创业机会的最初状态是"未精确定义的市场需求或未得到利用/未得到充分利用的资源和能力";创业机会就是在不确定的、非均衡的状态下那些追逐利润的企业家凭借胆识、想象力和异质性等独特的警觉性发现其市场存在的机会,而他们对创业机会的识别和利用能够促使市场由非均衡走向均衡。

行为学派则认为,创业机会通常是:①企业家在复杂、不确定和快速变化的环境中发现的;②不能直接且客观地进行描述,它们有别于企业家对它们的感知或者构造;③由进行经验推断和有认知偏见的有限理性的企业家发现;④寓于企业家有意识的、非优化的、循序渐进的认知过程中,这个过程涉及个体对机会信号不同的感知以及相应地追求不同层次机会的心理构造。

综上,创业机会是指创业者通过对新产品、新服务、新原材料、新生产方式的引入和新组织方式等有利市场环境的利用,并通过创新性的活动对其资源进行整合重组,从而获得利润的一种情境。一般而言,创业机会的出现往往是在某个行业或者市场存在的缝隙中,市场机制越不完善,相关信息的不对称、缺口或不协调就越大,意味着商业机会越多,创业机会也越多。这就是近年来外国投资者纷纷到中国投资、大批海外留学人员回国创业的原因。

(二)创业机会与创意

创意是指具有一定创造性的想法或概念,它是否具有商业价值存在不确定性。一般而言,创意是指在知识和经验积累到足够的程度,在对某些行业有深刻了解之后,可能产生的某种创造性的想法,它是一种非习惯的方式思考问题,就是看到与别人所见相同的东西,而想出与别人所思不同的东西。比如,日本生宝公司根据市场调查研究发现,在日本有 40％的主妇有全职或兼职工作,其中70％的家庭在早上洗衣服,而多数主妇又希望多睡一会。于是推出了一款早晨全自动洗衣机,主妇们只要在临睡前调好时间,第二天早晨醒来,衣服就自动洗好。这种洗衣机一上市,就广受家庭主妇的青睐,销量直线上升。

一个好的创意可能会成为一个好的创业机会,但是也可能不能成为创业机会,创意从数量上来看比创业机会要多得多(见图 7-1)。创业机会是具有商业价值的创意,表现为特定的组合关系。在大多数情况下,创业机会源于创意,因此如何鉴别哪种创意具有真正的商业价值或者说商业潜力,并将其转化为创业机会,是创业者要面对的一大挑战。

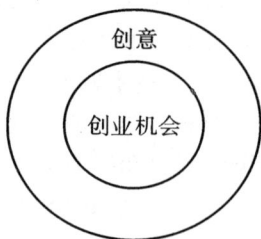

图 7-1　创业机会与创意的关系

(三)创业机会与商业机会

商业机会也称市场机会,是指有吸引力的、能实现某种商业盈利目的之可行的突破口、切入点、环境、条件等。商业机会一般而言分为两类:一类是昙花一现的商机,这是一般性的商机;另一类是持续一段时间,且不需要较多起始投入的商机,这才是适于创业的商业机会即创业机会。蒂蒙斯(1999)认为,创业过程始于商业机会,而不是资金、战略、网络、团队或商业计划。开始创业时,商业机会比资金、团队的才干和能力及适合的资源更为重要。商业创意来自创业机会的丰富和逻辑化,并最终演变成为商业模式,好的商业模式具有对社会资源的极大整合力。因此,商业机会是一个人决定是否创业最核心的要素,也是创业行为的起点。一个人只有发现了商业机会,才可能进一步去配置如资金、团队等资源,以及考虑这个商业机会是否能够赢利。如果能赢利,那么这个商业机会就是创业机会,进而决定是否创业。奥地利经济学派认为,创业机会与商业机会的根本区别就在于利润或价值创造潜力的差异,创业机会具有创造超额经济利润的潜力,而其他商业机会只可能改善现有的利润水平。

二、创业机会的特征

蒂蒙斯(1974)在《创业学:21 世纪的创业精神》中提出,好的创业机会有以下四个特征:第一,它很能吸引顾客。只有能吸引顾客,才可能具有良好的市场前景和潜力,才可能创造出超额的经济利润。第二,它能在你的商业环境中行得通。创业机会应当是创业者有条件加以利用的市场机会,且市场的成长性较好,不需要太多的起始投入,适合创业者所处市场环境。第三,它必须在机会之窗存在的期间被实施。"机会之窗"实际上是一种隐喻,它描述企业实际进入新市场的时间期限,一旦新产品市场建立起来,机会窗口就打开了。创业者利用机会时,"机会窗口"必须是敞开的。随着市场的成长,企业进入市场并设法建立有利可图的定位。在某个时点一旦错过机会窗口,市场成熟时,机会窗口就会随即关闭(见图 7-2)。美国创业者的一项研究调查发现,若机会之窗的时间短于三年,新事业投资失败率高达 80％以上;如果机会之窗的时间超过七年,则几乎所有投资的新事业都能获得丰厚的回报。第四,必须有必要的资源(人、财、物、信息、时间)和技能。这些是创业必备的物质基础,只有这样创业者才可能有条件对其加以利用和整合,创造出超额的经济利润。

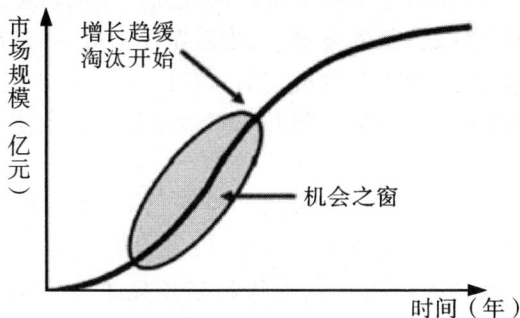

图 7-2　机会之窗

　　我国清华大学教授傅家骥(2003)则提出,对某一创业机会进行识别,通常需要通过五个方面的特征进行分析和判断:一是特定商业机会的原始市场规模;二是特定商业机会将存在的时间跨度;三是特定商业机会的市场规模及其增长速度;四是特定商业机会是不是较好的商业机会;五是特定商业机会对某个创业者自身的现实性。

　　综上,一个好的创业机会必须是能够实现价值的商业机会,一般而言,应具备以下几个特征:

　　(1)真实的市场需求,即那些具有购买力和购买欲望的消费者有未被满足的需求。

　　(2)能够回收投资,即在承担风险或投入资源之后,可以带来回报和收益。

　　(3)具有竞争力,即消费者认为购买你的产品或服务比购买其他产品或服务能够获得更多的价值。

　　(4)实现目标,即满足那些具有冒险精神的人和组织的目标。

　　(5)有效的资源和技能,即不超出创业者所能具备的资源、能力、法律等必备条件范围。

三、创业机会的类型

(一)根据创业机会的来源分类

创业机会根据其来源可以分为问题型机会、趋势型机会和组合型机会三种类型。

1.问题型机会

问题型机会是指由现实中未被解决的问题而产生的机会。这种类型是普遍存在的,比如商品质量问题、服务态度差、售后跟不上等,在解决问题中就存在着创业机会。据说联邦快递的创业者史密斯就是因为在工作中感觉采购来的物品不能在需要的时间内送达而产生了创办联邦快递公司的想法。

2.趋势型机会

趋势型机会是指在变化中看到未来的发展趋势,预测机会的发展潜力。这种机会一般产生于重要领域改革或时代变迁的时期,尤其是现代科学技术更新迅速的时代。例如,我国人口老龄化趋势越来越显著,60岁以上的老年人口已经超过1.3亿,人口老龄化出现加速态势,老年人市场将成为未来国民经济各行业中有较大影响的消费市场之一,老龄产业也将成为"朝阳产业",精明的商家就会从中看到巨大的商机,如医疗机构、药品及保健品、旅游业等都将有巨大的市场潜力。再比如马云在创立阿里巴巴时,他就预测到网购是中国未来市场发展的趋势,网上销售将会成为人们生活中很重要的一部分。

3.组合型机会

组合型机会是指将现有的两项以上的技术、产品、服务等因素组织起来,实现新的用途和价值而获得的创业机会。例如芭比娃娃就是将婴幼儿喜欢的娃娃与少男少女的形象结合起来,形成了一个新的组合,满足了脱离儿童期但还未成年的人群的需求,最终获得了创业上的巨大成功。

(二)根据目的与手段关系的明确程度分类

萨拉斯瓦西等(Sarasvathy et al.,2003)根据创业机会所蕴含的"目的—手段"关系的明确程度,将创业机会划分为识别型机会(目的—手段关系明确)、发现型机会(目的—手段关系有一方不明确)、创造型机会(目的—手段关系均不明确)三种类型。

1.识别型机会

识别型机会是指市场中的"目的—手段"关系十分明显,创业者可以通过"目的—手段"关系的连接来辨别机会。它多处于供需尚未均衡的市场,创新性较低,不需要复杂的辨别过程,只要拥有较多的资源,就可以较快进入市场并获利。

2.发现型机会

发现型机会是指"目的—手段"中的任意一方状况未知,等待创业者去发掘机会。它是一种最为常见的机会类型,比如一项技术被研发出来,但是还未进行商业化成为产品之前,需要通过不断尝试去挖掘市场机会。

3.创造型机会

创造型机会是指"目的—手段"关系都不明确,创业者只有比他人更有先见之明,才有可能创造出有价值的市场机会。由于创业者拥有的技术、信息、资源等都相对比较有限,所以这种机会类型对于创业者来说比较难以把握,往往要求创业者有敏锐的洞察能力和整合创造性资源的能力,并且要承担巨大的风险,但是也可能给创业者带来巨大的利润。

(三)阿迪奇维利分类法

阿迪奇维利(Ardichvili)等人根据创业机会的来源和发展情况,对创业机会进行了分类,构建了一个阿迪奇维利创业机会矩阵。该矩阵有两个维度:横轴以探寻到的价值(机会的潜在市场价值)为坐标,表示创业机会的潜在价值明确程度;纵轴以创业者创业价值的能力为坐标,表示创业者是否能够有效地利用人力、物力、财力、时间等资源把握好创业机会。以矩阵的四个象限分别表示四种类型的创业机会(见图 7-3)。

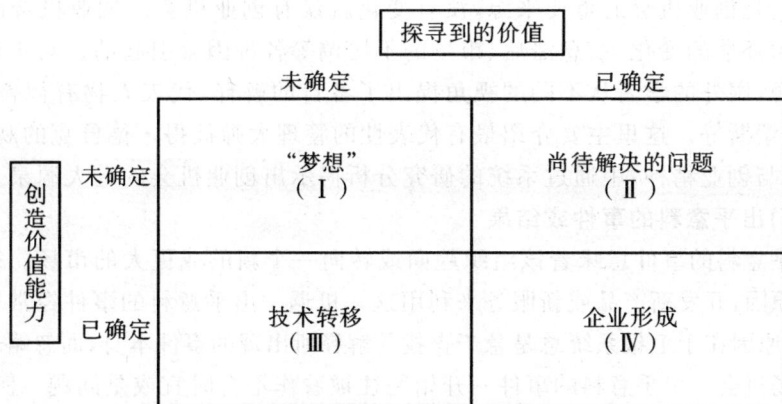

图 7-3 创业机会的四个类型

资料来源:林嵩、姜彦福、张帏:《创业机会识别:概念、过程、影响因素和分析架构》,载《科学与科学技术管理》2005 年第 6 期。

(1)第一象限。阿迪奇维利称这种机会为"梦想",它的价值并不确定,创业者是否具备实现这一价值的能力也不确定。

（2）第二象限。阿迪奇维利称这种机会为"尚待解决的问题"，它潜在的市场价值已经基本明确，但是创业者的价值创造能力尚未明确。

（3）第三象限。阿迪奇维利称这种机会为"技术转移"，它的价值尚未明确，而创业者的创业能力已经较为确定。

（4）第四象限。阿迪奇维利称这种机会为"企业形成"，它的价值和创造者的价值创造能力都已经确定，他认为，比起右下角的创业机会，右上角的创业机会其成功可能性不大。

第二节　创业机会的主要来源

创业机会源于何处？这个问题很重要，但是比较难以阐述清楚。本节主要介绍国内外学者对于创业机会的主要来源的几个观点，在比较众多学术观点的基础上，提出本书的看法。

一、国外学者的理解

变化是创业机会的重要来源，没有变化就没有创业机会。创业机会的出现往往是由环境的变化、信息滞后、市场的不协调等各种因素引起的。对于创业机会的来源，国外的学者从不同的视角提出了各自的解释，代表人物有德鲁克、熊彼特、蒂蒙斯等。这里主要介绍最有代表性的管理大师彼得·德鲁克的观点，他在《创新与创业精神》中通过系统的研究分析揭示出创业机会的七大源泉。

（一）出乎意料的事件或结果

出乎意料的事件意味着该组织趋向或转向一个新的或更大的市场。须找出事件的原因，开发新产品或新服务来利用这一机遇。出乎意料的事件经常被经理们忽视，原因在于汇报系统总是急于查找并解释所出现的事件本身，而忽略了其隐含的市场机会。出乎意料的事件一开始往往被看作不合时宜或是问题。例如，有些医药业公司曾接到兽医提出的产品要求，但经理们却认为这不是本公司的经营范围，而推给其他公司去发展，结果公司错失良机，其他公司趁机拓展了很大市场。

一个出乎意料或是突然的外部事件可能创造一个重大的机遇。不过，如果该组织的现有专家不能利用这个事件，说明这次机遇不大可能导致革新的出现。（注意：大型组织特别适于开发利用外部事件，因为它们能动用大量专家的力量和资源。)例如,美国一家高炉炼钢厂因资金不足,不得不购置一座迷你型炼钢炉,但是后来发现后者的获利率高于前者。再经分析,才发现美国钢铁市场结构已经发生变化,因此,这家企业就将以后的投资重点放在能快速反映市场需求的迷你钢铁技术上。

(二)不一致之处

与意外情况一样,实际与设想不一致就是创新机会的一个先兆。不一致之处意味着变化,变化就意味着新机遇的出现。如果创业者能够积极把握这些不一致所带来的创新变化,就能够充分深入创业机会潜在价值之后的逻辑中,其创业举动也更有价值。

(三)流程需要

流程需要通常十分明显,因此,革新者总在力图解决某个过程中的一个瓶颈或薄弱环节。有时,针对流程的革新可以利用新技术或用更好的流程代替原来较为烦琐的流程,就会产生机会。例如,贝尔电话公司于 1910 年开发了自动接线总机,因为他们预见到,若使用人工电话交换台,那么到了 1925 年,每个美国成年妇女都要充当接线员。

(四)行业市场结构的变化

一个稳定的工业或市场结构可能突然地、出乎意料地发生变化,这就要求其成员做出革新以适应新环境。这些变化为圈外成员创造了显而易见的巨大机遇,也对圈内成员构成威胁。要预见行业结构的变化,需要查看这一行业是否出现快速增长,领导者是否制订了不协调的市场细分战略,是否出现了技术趋同,业务做法是否有迅速变化等迹象。

(五)人口状况变化

一般而言,不同年龄、不同性别、不同区域的人群对于特定产品的消费偏好是不同的,因此,如果社会人口规模和结构发生了变化,例如教育程度、年龄或某一群体数量的增加,也会随之带来很多创业的机会。例如上文所阐述的我国社会逐步进入了老龄化阶段,很多企业都纷纷突出了针对老年人的消费品种,这些变化就会带来巨大的商机。

(六)观念和认识的变化

人们对自己的看法若发生转变,也能创造机遇。立足已稳的公司往往难以认识到人们看法上的转变,因此,基于观念转变上的革新往往很少有竞争对手。观念上的变化难以查找——因事实并未改变,只是事实的内涵改变了。出乎意料的成功或失败可能意味着观念上的变化,进行观念上的调查常可找出已变化的观念并确定拥有者的数量。例如,威廉·本顿调查了 20 世纪 50 年代的一次观念转变,即大多数美国人转而用"中产阶级"而非"工人阶级"对自己进行描述。他发现,人们企盼自己的孩子有机会通过教育来提高社会地位。这一洞察使他买下《大英百科全书》版权并将它推向当时自认为是中产阶级的人。

(七)新知识

德鲁克将这一革新来源列于最后,是因为它难以管理、无法预见、花费较高,而且有生产准备时间长的特点。不过,目前多数组织在各种来源中首先强调新知识,因为它引人注目、令人兴奋。要注意,以新知识为基础的革新经常会失败,因为一个领域的突破经常需要其他各领域同时突破,新知识才能发挥其作用。由于新知识要求在技术和社会各领域都与其协调一致,所以一个组织难以成功地引进以新知识为基础的革新。以新知识为基础的革新需要好的企业管理,这样有时会非常成功。惠普和英特尔公司都坚持生产以新知识为基础的革新产品,就是成功的例子。但其他不具备雄厚技术力量以及并未在科研中长期处于领先地位的公司,最好努力寻找其他革新来源的开发战略,新知识则是末选。

二、国内学者的发现

在国内,有学者提出,当今我国的创业机会主要来自五个方面:

(一)问题

创业的根本目的是满足顾客需求,而顾客需求在没有满足前就是问题。寻找创业机会的一个重要途径是善于发现和体会自己和他人在需求方面的问题或生活中的难处。奇虎360公司创始人周鸿祎曾经说过:"Facebook创立的初衷是为了解决哈佛男生看女生照片的问题,360刚开始是为了解决用户遭遇到的流氓软件泛滥的问题。如果360一开始就有用安全改变互联网的宏大梦想,我估计360现在都不知道在哪儿。"

胡润,1970年出生在卢森堡。就读于英国杜伦大学,专业学的是中文。1990年到中国留学,后来就留在安达信会计师事务所上海分部工作,成了一名会计师。但是,胡润遇到了一件麻烦事,每次休假回到英国,大家都会很好奇地问他:中国什么样?这个问题看似简单,不过还真是难回答,关键是没有标准,偌大一个中国,五千年历史,十三亿人口,给你说什么呢?胡润为了这个事特别烦恼,你一个在中国留学的人,连这么个简单的问题都回答不了,你这个学上到哪里去了?每次回国,胡润都要受这种刺激。1999年,当时正好是中华人民共和国成立50周年,胡润想,我给你介绍50个中国特别成功的人,不就可以让你知道新中国成立50年来的变化吗?基于这样的想法,胡润后来推出了富豪榜。

（二）变化

变化是创业机会的重要来源，没有变化就没有创业机会。创业机会大都产生于不断变化的市场环境，环境变化了，市场需求、市场结构必然发生变化，就会给各行各业带来良机。著名管理大师彼得·德鲁克将创业者定义为那些能"寻找变化，并积极反应，把它当作机会充分利用起来的人"。这种变化主要来自产业结构的变动、消费结构升级、城市化加速、人口思想观念的变化、政府政策的变化、人口结构的变化、居民收入水平提高、全球化趋势等诸方面。比如居民收入水平提高，私人轿车的拥有量将不断增加，这就会派生出汽车销售、修理、配件、清洁、装潢、二手车交易、陪驾等诸多创业机会。因此，保持对市场的敏感性，时刻关注正在发生的变化和即将发生的变化，就可能把握住创业机会。

（三）创造发明

创造发明提供了新产品、新服务，更好地满足顾客需求，同时也带来了创业机会。比如随着电脑的诞生，电脑维修、软件开发、电脑操作的培训、图文制作、信息服务、网上开店等创业机会随之而来，即使你不发明新的东西，也能成为销售和推广新产品的人，从而给你带来商机。

（四）竞争

市场经济就是竞争的经济，遵循优胜劣汰的原则，创业机会也是这样，盯住别人的缺陷，并生产出弥补缺陷、填补市场空白的新产品，就能赢得更多市场的机会。例如，南山奶粉针对市场上销售的奶粉必须用沸水冲才能溶化，且喝了容易上火的缺陷，进行技术攻关，生产出了可以溶于凉水，喝了不上火的奶粉，市场份额迅速上升。另外，创业者还要注意只有比周围的公司提供更便宜、更快、更可靠的产品或服务，才能在市场上立足。

（五）新知识、新技术的产生

新知识和新技术的产生必然给市场带来巨大的商机，例如随着健康知识和观念的普及，围绕"健身"、"减肥"、"养生"开辟了很多创业之路。又如，当人类基因图像获得完全解决后，可以预期必然在生物科技与医疗服务等领域带来极多的新的创业机会。

三、创业机会来源评述

国内外学者对于创业机会的主要来源存在争议，主要体现在创业机会是否客观存在，是存在于外部环境之中还是存在于创业主体的内部构想中。一种代表性观点认为，创业机会来源于客观外部环境，独立于个体意识之外，是不以主观意志为转移的,这些外部环境包括市场环境、宏观政策环境、企业内部环境以及社会网络等等。例如,Duncan(1972)指出外部环境的不确定性是创业机会的主要源泉;Gartner(1985)认为影响创业机会形成的关键因素来自政府政策、行业成长空间、竞争对手威胁等;Shane 和 Venkataraman(2000)指出应从不同市场类型的角度考察机会的不同来源。另外一种代表性的观点认为,机会并不客观存在,而是由创业者创造出来的。创业者创造或构建创业机会,创业机会同时也反过来塑造创业者。创业机会与创业者的关系是反身性的。

综上,我们认为可以从以下四个方面来理解创业机会的来源:

(一)技术变革

每一次技术革新都带来巨大的变革,符合市场需求的技术进步带来了新的商业价值。利用产业先见思想指导技术革新,不光可创造市场需求和创业机会,还有可能创造一个新产业,带来时代的变革。例如,没有发明电之前,没有几个人感觉得到自己需要"电"这个东西,当爱迪生发明电并广泛运用之后,人类社会为此而改变。因此,新技术和新知识的出现导致企业出现了新的产品、新的生产过程、新市场,甚至是对资源的新组织方式,这些变化蕴藏的巨大的商业价值都会给企业带来新的创业机会。

(二)政治变革

政治和制度变革影响到一个国家的发展,同时也可能产生巨大的商机。改革开放就是最好的例证。那个南下"淘金"的年代,有多少有为之士下海经商,成就了中国 30 年的高速发展。政治上对经济管制的放松也意味着大量商机的出现,带给企业更大的市场空间,比如美国对航空业管制的取消,带来了西南航空公司极大的成长机会。又如中国国有企业从一些领域的退出,给民营企业发展带来了机会。我们也可以从表 7-1 中看出市场的政府管制和非管制的区别。

表 7-1　市场的政府管制和非管制的区别

因　素	管制	非管制
对企业数目的控制	是	不是
市场份额被控制	是	不是
市场进入受到限制	是	不是
对价格与利润的控制	是	不是
竞争受到了限制	是	不是
运营权利受到限制	是	不是

资料来源:张文松、裘晓东、陈永东:《创业学》,机械工业出版社 2012 年版。

通常，一个产业由政府管制转向非管制可以为创业带来巨大的市场机会，过度的管制往往对创业不利，例如，有些城市不允许企业在居民区租用办公室，这就提高了创业的门槛和成本。

(三)社会变革

社会及人口的变革即通过改变人们的偏好和创造以前并不存在的需求来创造机会，比如，西方的情人节、万圣节、圣诞节等节日，以及现在热门的淘宝"双十一"、"双十二"等，已经逐渐影响着中国人的生活，创造或将要创造许多新的创业机会和价值增值。

(四)产业结构变革

产业结构变革推动了主导产业发展，意味着主导产业的企业兴起，也就意味着它能带来巨大的商业机会。在地方，很多县调整产业结构，利用优惠政策推动地方支柱产业发展，给农民带来了返乡创业的机会。江西省安远县在"十一五"时期确立了脐橙种植和加工产业为县主导产业，并出台了很多优惠政策，极大地推动了安远脐橙种植业发展，如今安远县无公害脐橙产业面积达 31.7 万亩，脐橙产值占农业总产值的 32% 以上。深圳客商谢锦山和谢佳音目睹了家乡的变化，发现了家乡脐橙加工的巨大商机。他们于 2004 年毅然返乡创业，创办了一家打蜡加工企业——安远县安圣达果业有限公司。在县委县政府的大力支持下，依托本县大量脐橙原果的优势，如今的安远县安圣达果业有限公司已经发展成为一家占地面积 118 亩，建筑面积 15 000 平方米，总投资 2 131 万元，产品销往全国及新加坡、马来西亚等东南亚国家和地区的地方名企。

因此，创业机会源于变革，我们需要用发展的眼光看世界，对事物的变化保持敏感。学会预测未来，学会预测技术变革或商业模式创新带来的变化，提前发现商机。

第三节　识别创业机会的一般过程及影响因素

所谓的创业机会识别(opportunity recognition)，指创业者寻找和发现那些有可能产生利润的新产品、新业务或新服务的过程。创业机会识别是创业过程的第一步，也是创业领域的关键问题之一。那么如何在茫茫的市场经济大潮中发现并把握合适的创业机会呢？本节主要谈谈识别创业机会的一般过程及行为技巧，以及影响创业机会识别的关键因素。

一、创业机会识别的步骤

创业者从成千上万繁杂的创意中选择了心目中的创业机会,随之持续开发这一机会,使之成为真正的企业,直至最终收获成功。在这个过程中,机会的潜在预期价值以及创业者的自身能力得到反复的权衡,创业者对创业机会的战略定位也越来越明确,这是一个动态反复的过程。一般而言,识别和把握创业机会包括信息收集及市场调研、创业机会识别内容的认知、创业机会的评价三个过程。创业机会评价我们将在下一章详细介绍,以下重点展示前面两个步骤,即信息收集及市场调研与创业机会识别内容的认知。

(一)信息收集及市场调研

创业者在创业初期一项重要的工作就是信息收集和市场调研,通过信息的收集和市场调研,可以让创业者充分了解谁是顾客、竞争对手、潜在的市场规模、供应商和分销商的背景、进入和退出壁垒、行业状况等市场信息,只有充分了解和掌握市场情况,才能做出科学的创业计划和决策。

1.明确市场调研与信息收集的目的

如今是信息的时代,创业者可以通过报纸杂志、电视电台、互联网、专利文献等方式来进行信息的收集。但在信息收集之前,我们要明确信息收集的目的,可以通过一个市场营销计划所需的信息清单来呈现。例如:

(1)顾客是谁,规模有多大?

(2)潜在顾客有哪些,规模有多大?

(3)顾客愿意在哪里购买该产品或服务?

(4)整个市场有多大规模? 企业能占多少市场份额?

(5)供应商情况如何?

(6)分销渠道情况如何?

(7)与竞争对手相比有无明显优势?

(8)顾客通过何种渠道获取相关信息?

(9)促销对顾客有什么影响?

2.二手资料的收集

所谓的二手资料就是指经过编排、加工处理的现存的数据,这些数据可能存在于企业信息系统,也可能存在于图书馆、政府机构、大学或专门的咨询机构,当然还有互联网等等。创业者应当尽其所能去获取所有的二手资料,充分利用这些资料可以让创业者少走很多弯路。例如某企业花费了很多时间和费用,研制了一种新的保温涂膜,结果经查阅专利文献发现,美国早在 20 世纪 50 年代就申请了此项专利。

　　3.原始资料的收集

　　原始资料也称为第一手资料,它相对于第二手资料的收集更费时、费力、费钱,但准确性更强。原始资料的收集包括了观察、调查或访谈、实验等方法。首先,观察法是收集原始资料中最古老最简单也是最经济的一种方法,可以通过观察顾客或潜在顾客的行为,了解他们购买行为的特点。其次,调查或访谈是收集原始资料最常用的方法,可以通过 E-mail、电话、面对面的访谈、问卷调查等不同途径,对创业者即将进入的目标市场进行深入的调查,包括货源情况、顾客需求、市场竞争情况、价格及商品销路预测等等。虽然调查和访谈要比观察法成本更高,却能获得更有意义的价值信息。实验法包括对研究过程中的特别变量的控制。这个过程需要设计一个实验室,使得实验者能够控制及调查所定义变量的影响。对于大多数新的风险企业来说,这种方法并不很合适。

　　4.结果的分析与报告的撰写

　　创业者把收集到的信息资料,根据所确定的研究目标对其结果进行评价和解释。一般而言,单纯对问题答案的总结可以给出一些初步的印象,接着对这些数据交叉制表进行分析可以获得更加有意义的结论。例如,创业者可能希望对比不同年龄、性别、职业等得出不同结果,通过分析得出有价值的想法。分析资料的结果并不意味着市场调研的结束,还有一个关键步骤就是撰写调查报告。调查报告是调查者对调查活动的总结,并提出比较有创意的见解和合理化的建议。

(二)创业机会识别内容的认知

　　对某个创业机会进行识别,通常需要对以下内容作出分析。

　　1.创业机会的原始市场规模

　　创业机会的原始市场规模是指创业机会形成之初的市场规模。原始市场规模决定了创业企业在创业初期可能销售的规模,也决定了利润的多少。因此,分析创业机会的原始市场规模十分重要。一般而言,原始市场规模越大越好,因为创业企业只要占有极小的市场份额就会拥有较大的销售规模,这样可能就足够创业企业生存下去。

　　2.创业机会存在的时间跨度

　　任何创业机会都有时限,超过这个时限,创业机会也将不存在。不同行业的创业机会存在的时间跨度是不一样的,同一行业不同时期的创业机会存在的时间跨度也不一样。时间跨度越长,创业企业用于抓住机会、调整自身发展的时间就越长。相反,时间跨度越短,创业企业抓住机会的可能性就越小。

3.创业机会的市场规模及其增长速度

一般情况下,创业机会的市场规模越大,相应的创业企业的销售量增长速度也越快。创业机会带来的市场规模总是随时间变化而变化的,随之带来的风险和利润也会随时间变化而变化。

4.创业机会的优劣判断

即使创业机会有较大的原始市场规模,存在较大的时间跨度,市场规模也随着时间以较高的速度成长,创业者也要对该机会作进一步的评价,看它是否是好的机会。前面我们也提到,蒂蒙斯(Timmons)认为好的创业机会有四个特征:一是它很能吸引顾客;二是它能在商业环境中行得通;三是它必须在机会之窗存在期间被实施;四是必须拥有利用该创业机会所需的资源(人、财、物、信息、时间)和技能。

5.创业机会对创业者而言是否有可实现性

即使创业者具备上述四个条件,也要求该创业机会对创业者而言是可实现的,否则对该创业者来说,只是可望而不可即的事。创业者是否能利用创业机会,要看创业者是否具备以下条件:拥有利用创业机会所需要的关键资源;能够创造新市场并占领大部分新市场;遇到较大的竞争力量,能与之对抗;可以承担创业机会带来的风险等。

二、创业机会识别的技术

(一)从变化中识别机会

就机会的本质而言,它起源于变化,变化中又蕴藏着无限商机。因此,能够注意到变化的人,就可能是创业机会的识别者。创业者可以分别从宏观环境和微观环境的变化中去识别创业机会。宏观环境变化包括:政府政策变化、经济信息化、科技进步、通信革新和人口结构变化等的变化;微观环境变化包括:产业结构调整、消费结构的升级、顾客需求变化、市场供需情况变化、竞争对手变化等的变化。

创业者可以借助市场调研,从环境变化中去识别创业机会。例如:日本夏普公司就是通过市场调研,研究人们的消费需求变化,开发了许多新产品。在经营过程中公司敏锐地发现日本社会越来越信息化,人们每天必须接受许许多多新资讯,并要保留这些资讯。他们立刻感到这是一个很大的生产空档。于是组织技术人员研究开发了电子系统笔记本,将日历、记事簿、时间表、计算器、电话簿等功能合为一体,除了随时可以输入、消除、添加资料外,还具有排列功能和隐秘功能,既方便使用,又能照顾到保密性。产品一上市,就大受欢迎,成为白领必备工具之一。

(二)从解决问题中识别机会

"共同事业组织"创始人约翰·加德纳曾经说过,"每个问题都是一个被精巧掩饰的机会"。现实生活中我们经常遇到各种各样的问题,创业者应发现问题并找到解决问题的方法,并最终将其商业化,让更多人享受到解决方案得到的好处,同时也为自己带来更多的利益。

当然有时候,某个人刚开始只是为了解决某一实际问题,在解决问题的过程中,才意识到解决方案有更广泛的市场吸引力。下面的"思科传奇"的案例就是从解决实际问题中识别创业机会的案例。

> **案例**
>
> ### 思科传奇
>
> 思科的传奇,是关于 20 世纪 70 年代斯坦福大学一对内向夫妇的故事。斯坦福大学商学院的桑德拉·莱纳和计算机科学系的伦纳德·博萨克想通过电子邮件互相发送情书,但他们各自的院系使用不同的计算机网络。所以他们充满热情而执着地发明了路由器——一种由电缆线圈与一些灵敏软件组成的神秘黑盒子。后来,他们建立了思科公司。路由器使思科一度成为增长最快的企业。在 2004 年,也就是企业创建 20 年后,思科价值达 1 620 亿美元。

在另一些情况下,某个人可能只是注意到别人存在的问题,并认为解决办法将表现出某种机会。对那些有准备的头脑来说,偶然发现就可能是机会。就像 Newgistics 公司是偶然性涉及新企业创建的好例子。该公司专门帮助消费者退还他们通过网络或邮寄目录订购的货物。公司创始人菲尔西·格尔创建 Newgistics 的创意,来自和妻子劳伦的谈话。劳伦是一位迷恋网上购物的热心购物者。一天,她从一个知名网络零售商处订购了一件女式上衣,但衣服不合身;然而,在得到信用订另一件衣服之前,她必须给网站发电子邮件,包装并运回这件上衣,直到商家收到退货。劳伦埋怨说,退回或调换这些商品为什么如此不便呢? 如果像在商场里购物那样,可以实地退货多好! 于是菲尔决定创建一家企业解决这个问题,以使复杂的产品退还过程变得顺畅,不仅为最终消费者,也为网上和目录零售商服务。他有一种预感,千百万的网上和目录购物者会赞同他的这种关切的。Newgistics 公司提供退回服务"return valet",向目录和网上购物者提供实际地点交接他们的退货,并使消费者能立刻获得所购货物的信用。第一批订购这种服务的零售商有埃迪鲍尔、斯皮格尔和杰克罗等。Newgistics 公司初期就获得了融资,因为它解决了一个特殊问题。

(三)从创意中识别机会

一般而言,实际识别机会的过程是一个创造的过程,对于个人而言,创造过程可分为五个阶段:准备、孵化、洞察、评价和阐述。一个创意形成以后,必须经过严密的评估筛选,只有那些具有商业价值的创意才能发展成为真正的创业机会。就如现代广告之父大卫·奥格威所言:"商业世界,拥有创造性思维的思想家百无一用,除非你能把创意卖出去。"下面的"自由女神像大修废料的利用"案例也说明了这一点。总之,创业机会识别一半是艺术,一半是科学。创业者必须靠自觉,使之成为一门艺术;也必须依靠有目的的行为艺术和系统分析能力,使之成为一门科学。

案例

自由女神像大修废料的利用

美国闻名于世的自由女神铜像,曾在经历百年风化后进行了翻新大修,最后留下了旧自由女神的 200 吨废料。清理垃圾的工作量很大,美国的垃圾处理法又非常严格,稍有不慎就可能违法招致大笔罚款甚至坐牢。所以虽然美国政府用了很多办法,开出了相当优厚的报酬,但很长时间也没有找到一位愿意承包处理这堆垃圾的商家。这一信息被当时尚在欧洲旅游的商人斯塔克在飞机上浏览报纸时无意中获知,斯塔克马上意识到这是一个很好的赚钱机遇。于是,他毅然放弃了在欧洲的度假飞回纽约,并立即向政府申请承包了这堆被众人视为垃圾的废料的清理工作。当时很多人不理解,认为斯塔克是在冒险,弄不好不仅会倾家荡产,还要坐牢。但斯塔克没有被众人的劝说吓倒,他把这些垃圾全部拉到自己的工厂,经过巧妙的开发与营销策划,斯塔克把废铜改铸成小自由女神像作为纪念像、纪念币,水泥碎块加工成小型纪念碑,非木料加工成精美的纪念盒,全部作为"源于自由女神的神圣的一部分",作为特殊纪念品高价出售。结果,人们争相抢购。就连自由女神像身上扫下来的灰尘,斯塔克也没有扔掉,而是让工人把其装在特制的纸袋里作为花肥出售给花店。结果,200 吨废料的处理不仅没有造成任何环境污染,而且使他发了大财。

三、影响创业机会识别的因素

前面我们提到,变化是创业机会的重要来源,没有变化就没有创业机会。在充满着市场竞争的经济时代,很多人有着许多的创业主意,充满着创业幻想,但是如何在众多的创业想法中去发现真正的有价值的创业机会,并有能力抓住这样的机会,最终成为一个成功的创业者,将会受到许多因素的影响。那么到底是什么因素会导致一些人更善于识别出有价值的创业机会呢?国内外不少学者进行研究,目前获得共识的有四大主要因素。

(一)已有知识和先前经验

相对于那些新手而言,有行业先验知识的人(包括对市场的先验知识、对服务市场方式的先验知识和对顾客问题的先验知识)往往更能敏锐地识别出创业机会。例如,戴尔之所以会想到直销的主意,跟他早年涉足邮票行业而形成的商业意识有关;同样,舒尔茨开创星巴克也与他过去开餐饮店的经历有关。这种在特定产业中的先前经验有助于创业者识别商业机会,我们称之为"走廊原理"。创业者一旦开始一项业务,就要不断地了解外部和内部环境,并不断尝试不同的策略,积累更多的知识经验,从而使得通向创业机会的"走廊"越来越清晰。这个原理提供的见解是,某个人一旦投身于某产业创业,这个人将比那些从产业外观察的人,更容易看到产业内的新机会。

因此,能够敏锐识别创业机会的人一般是具有行业经验的人,新手往往无法很快识别机会。当然,如果一个新手在一个行业取得成功,他前期的失败过程可能很长,或者说有很长的蛰伏期,这个时期其实就是积累行业经验的时期,这就是新手在创业中学习和提高的过程。

(二)创业警觉性

在同一行业中,为什么有些人会产生新的创意、发现新的创业机会,而有些人又不会呢?为什么戴尔会想到做直销生意,而另外一些销售电脑的人不会想到呢?有些研究者认为这就是创业者的"创业警觉性"或者称为"第六感"(不必进行周密调查便可察觉事物的能力)。他们认为机会的识别可能是一项先天技能或一种认知过程,使他们能看到别人错过的机会,或是别人认为并不存在的机会。并且,大多数创业者也以这种观点看待自己,认为自己比别人更具有"警觉性",尤其是在所熟知的行业或领域里,这种警觉性将会更高。

(三)社会关系网络

创业机会的识别还会受到个人社会关系网络的深度和广度的影响。社会关系网络包括创业者与配偶、亲戚、朋友、同学、同事、专家等之间的关系,通过社会关系网络,创业者可以从多渠道获取更多的资源,从而产生更多的创业思路和机会。因此,建立了大量社会关系网络的创业者,比那些单独行动的创业者更容易得到更多的创意和机会。

(四)创造性

创造性有助于创业者产生新奇和有用的创意。从某种意义上而言,创业机会识别的过程是思考和探索反复互动,并将创意转变为行动的过程。在听到更多趣闻逸事的基础上,你会很容易看到创造性包含在许多产品、服务和业务的形成过程中。

案例分析

为了自己建站的朋友

【导读】

2000年接触网络时，姚剑军只是一个在读中专的贪玩的大孩子。网络游戏、聊天一度成为他的最爱。姚剑军很快就发现，消磨时间并不能让一个人成长。在自学建立网站的过程中，姚剑军逐渐变成了内行。

姚剑军说，兴趣是最好的老师。当年在学校的专业是机电，并不是自己兴趣所在。踏上社会之初自己并不懂事，也不知道未来的路在哪里，只是不甘心平淡地生活。在网络上学习建立个人网站，慢慢找到了成就感，也找到了自己的目标和努力的方向。

2001年6月，姚剑军弃学回家，专心于他的建网之路。那时，建立一个满意的个人网站可没有现在这么容易，要学习编程、语言、美工、维护等一系列烦琐的知识。在有了一些建站的经验之后，姚剑军萌生了一个想法：何不把自己的经验分享给同样想在网络上表达自己的朋友呢？

当时网络上，K666是比较早的站长论坛。很多个人网站的站长，在那里互相交流做站经验和心得。但姚剑军觉得K666特别乱，网页设计过于单调，内容过于庞杂，而且论坛气氛也不是很好。于是姚剑军想做一个站点，超越K666，成为站长们的交流乐园。

2002年年初，姚剑军从家里借了2万元，自己攒了服务器，和一个好朋友一起努力了1个月，中国站长站的雏形就出来了，主要包含了论坛、源代码下载和资讯及教程等内容。

姚剑军的想法非常简单，就是要为想自己建站的朋友提供所需要的东西，不做大而全、大而烂，金玉其外、败絮其中的东西。所以中国站长站内容很单纯、很专业，网站定位也很准确。逐渐的，很多寻找建站帮助和建站源码的站长们习惯到中国站长站来，因为这里能找到他们想要的东西。即使找不到，只要他们提出，姚剑军也会帮他们找。时间长了，中国站长站的访问量逐渐上升，回头客也逐渐多了起来。到2002年年底，中国站长站的访问量就达到了20万人次/天。

（资料来源：张玉利主编：《创业管理》，机械工业出版社2008年版，第234~237页。）

【分析】

结合案例分析姚剑军是如何识别创业机会的，并进一步搜索相关信息分析中国站长站的运营模式。

思考与练习题

1.创意、创业机会及商业机会有何区别？它们之间存在着联系吗？

2.在现实生活中我们如何判断哪些是好的创业机会？它有何基本特征？

3.面对同样的信息，有人无动于衷，有人却能看出商机，问题出在哪里？ 如何培养捕捉创业机会的能力？

4.为何有些人能够迅速地识别创业机会？创业机会识别究竟受哪些因素的影响？

5.你认为识别创业机会是一门科学还是一门艺术？为什么？

参考文献

[1]卢福财：《创业通论》，高等教育出版社2007年版。

[2]王国红：《创业管理》，大连理工大学出版社2005年版。

[3]张玉利：《创业管理》，机械工业出版社2008年版。

[4]李时椿、常建坤：《创业与创新管理：过程·实践·技能》，南京大学出版社2011年版。

[5]杰弗里·蒂蒙斯、小斯蒂芬·斯皮内利：《创业学》（第6版），周伟民、吕长春译，人民邮电出版社2005年版。

[6]张文松、裘晓东、陈永东：《创业学》，机械工业出版社2012年版。

[7]林嵩、姜彦福、张帏：《创业机会识别：概念、过程、影响因素和分析架构》，载《科学与科学技术管理》2005年第6期。

[8]杰弗里·蒂蒙斯：《快速成长》，周伟民、钱敏译，华夏出版社2002年版。

[9]贺尊：《创业学概论》，中国人民大学出版社2011年版。

[10]魏拴成、姜伟：《创业学：创业思维·过程·实践》，机械工业出版社2013年版。

第八章————————————————————————————————

创业机会的评价

　　创业机会评价是创业机会识别的一个重要内容,也是创业机会识别过程的最后环节。本章将集中帮助大学生了解什么是创业机会评价,并掌握创业机会评价的基本方法。

第一节　创业机会评价的意义

一、什么是创业机会评价 ···

(一)创业机会评价的定义

　　机会是创业过程中的关键要素,Krueger(2000)认为机会的本质是一种认知现象,机会直觉与其他认知现象是机会评价与风险知觉的关键因素。Shane和Venkataram(2000)在创业研究领域的展望中,认为以往的创业研究忽视了创业过程中机会的变异性,不同的人对机会有不同的识别模式。其中,创业机会评价是创业认知观的核心成分,是一种主观的过程,不同的人对机会评价过程运用的认知机制也是不同的。如研究发现创业者表现出系统的认知偏差、对成功机会的过度自信等。

　　尽管发现了创业机会,但这并不意味着要创业,更不意味着成功就在眼前,并非所有的创业机会都有足够大的价值潜力来填补为把握机会所付出的成本,也并非所有机会都适合每个人。尽管在整个创业过程中,评价创业机会非常短暂,但它非常重要,是创业者发现创业机会之后做出是否创业决策的重要依据。

(二)创业机会评价的特殊性

　　不同的创业主体对创业机会的识别也不太一样,比如对于大企业而言,他们对创业机会的识别一般会从周密的调查研究开始;而个体创业者则会从自己过去的经验、别人的创业经验、市场及其消费者提出的问题、社会关系网提出的建议、环境的变化以及意想不到的事件等识别创业机会。有些创业机会建立在创业者自身独特的创意基础上,有些创业机会甚至是偶尔发现的,这就对我们评价创业机会的价值造成一定的困难。从这些角度分析,创业者评价创业机会,首先要看创业者是否具备开发创业机会的条件,即创业者个人与创业机会的匹配性问题;其次,要对创业机会的价值做出初始判断;再次是展开市场调查研究,检验是否拥有真实的客户群体,是否有市场竞争性。

创业者对机会的评价来自创业者的初始判断,而初始判断一般而言就是假设加上简单的计算。比如,假设一个家庭平均一周吃一袋方便面,中国有这么多的家庭,可见市场的需求量是很大的。这样的判断看起来绝对不可信,甚至会觉得有些幼稚,但是它是有效的。"机不可失,失不再来",如果都要经过周密的市场调查,机会可能就溜走了。有时候甚至在市场调查的过程中,发现了这个行业有很多的困难,从而畏难而退。

创业机会评价的第二步需要依靠市场调研,从而对创业机会价值做出进一步判断。创业者经常容易犯的错误就是,自己认为好的,就一厢情愿地断定顾客也会喜欢。市场调研与测试就是把产品与服务放入真实的市场去检测,看看顾客的反应如何。比如,百事可乐曾经对 350 个家庭的长期跟踪调查(低折扣价格)发现,不管他们订购多少数量的可乐,都有办法把它喝光。于是得出个结论即"你能够说服人们买多少,他们就能喝多少"。于是,百事可乐就开始设计一种塑料的、轻便的、大容量的使人们更容易携带更多的软饮料回家的包装。因此,如果想要对创业机会价值有进一步更好的判断,最好就是做市场调研,切切实实了解顾客的需求所在,而不是自己盲目地猜想。

二、创业机会评价的目的

由于创业本身就是一件具有高度风险的活动,没有任何一个创业机会是完美的,也没有任何创业者是在完全把握适合自己的条件下开展创业活动的,因此,在评价创业机会之后是否投入创业,仍然是比较主观的决策。创业者需要做的重要工作就是要从众多的创业机会中确定有价值的创业机会,并分析是否与创业者匹配,这也就是创业评价的目的所在。

(一)有价值的创业机会的基本特征

所有的创业行为都是来自绝佳的创业机会,那么首先要明确什么样的创业

机会是有价值。大多数学者认为,有价值的创业机会一般而言有以下几个基本特征:

1.有吸引力

蒂蒙斯等人认为,只有能吸引顾客,才可能具有良好的市场前景和潜力,才可能创造出超额的经济利润。即有价值的机会需要有需求旺盛的市场和丰厚的利润,而且还容易赚钱。规模要大(5 000万美元以上),成长迅速(20%以上),毛利润率高(40%),能够较早实现充足的自由现金流(不断进账的收入,固定和流动的资本低),盈利潜力高(税后利润为10%~15%以上),以及为投资者提供切实可行又极具吸引力的回报(投资回报率在25%~30%以上)。

2.持久性

持久性意味着有价值的创业机会的"机会之窗"打开时间也相对较长,具有可持久开发的潜力,并且能够给企业带来持续的竞争优势。就如上章所阐述的,创业者必须抓住"机会之窗",把好的思路付诸实践,把握最佳创业时机。但是不同的创业机会,其生命周期长短也不相同。有的机会昙花一现,有的机会持续时间可以长一些。这个周期的长短取决于许多因素。首先,要建立限制其他创业者模仿的机制,如商业秘密、专利保护或垄断合同,这些都可以延长机会的生命。其次,要减缓信息扩散的速度。最后,如果其他人无法模仿、替代、交易或获得稀有的资源,也可以通过减少过剩,延长机会的持续时间。

3.及时性

有价值的创业机会一般都是为了帮助客户解决难题或者满足客户某些需要的,必须具有时效性,才有效果。有些机会具有较大的市场容量,但是时机没有到,市场没有成熟。这样的机会风险比较大。只有做到能及时满足顾客需求的市场,才能支撑得起初创企业的生存。

4.依附于为买者或终端用户创造或增加价值的产品、服务或业务

有价值的创业机会必须是能够给客户带来价值和利益的,所以,无论创业的形式表现为产品,还是服务,都必须能为客户带来实实在在的价值。

对于创业者而言,关键在于如何能够从众多的机会中寻找到真正有价值的创业机会,并采取快速行动来把握好自己的"机会之窗"。我们将在后面几节里介绍用于评价创业机会的几个重要技巧和策略,以便于有创业意向的大学生少花费时间、精力和成本也能判断出有价值的创业机会。

案例

麦当劳之父瑞·克罗克

麦当劳之父瑞·克罗克(Ray Kroc)并不是麦当劳的初创者,甚至这家公司的原始创意与精神都不是出自他之手。克罗克原来是奶昔机器的业务员,1955年的一次偶然的机会,他突然发现业务报表上出现一个异常数字,居然有一家叫作麦当劳的餐厅向他们公司一次订购了八台奶昔机器,好奇的克罗克便动身前往洛杉矶,一睹这家订购了八台奶昔机器的神奇餐厅。到了麦当劳餐厅之后,他立下了要扩张麦当劳的雄心壮志。

第二天,克罗克找到麦当劳的老板——麦当劳兄弟。克罗克建议麦当劳兄弟将麦当劳开到世界各地,却遭到拒绝,因为当年仅此一家、别无分号的麦当劳餐厅一年就可以赚上10万美金,已经让麦当劳兄弟非常满足,根本不想接受克罗克那个"遍地都是麦当劳"的疯狂建议。克罗克并没就此放弃,继续不停地向麦当劳兄弟阐明扩张的理由,最后麦当劳兄弟终于答应克罗克帮他们贩售麦当劳连锁店的加盟权利。

虽然"仅此一家、别无分号"的麦当劳餐厅是相当成功的,但是变成第二家、第三家、第N家连锁店却不是一件容易的事情,必须由克罗克一步一步自己来建立制度,而且根据合约的条文,连锁店的作业费用与行销费用也是由克罗克来支付,所以对于"过了50岁才转业"的克罗克来说非常辛苦。

在克罗克的事业最低谷时,麦当劳兄弟居然还偷偷地出售加盟权给克罗克的商场敌手。克罗克极力想要摆脱麦当劳兄弟,考虑是否应该将麦当劳汉堡改成克罗克汉堡。但当时麦当劳汉堡已经有200多家的规模,如果贸然改成克罗克汉堡,最后注定是要失败的。

于是克罗克做出了人生最大的赌注,向一些学校基金与退休基金借了270万美元,把麦当劳这个商标全部买断(目前麦当劳的商标价值高达253亿美金),赶走麦当劳兄弟,并且开始成立让麦当劳反败为胜的房地产租赁公司。

从1961年开始,克罗克冒着身败名裂、债台高筑的危险,借钱从麦当劳兄弟手中买断麦当劳之后,克罗克就成了名副其实的麦当劳之父,而且从此之后麦当劳的业绩开始扶摇直上。在克罗克创业10周年之时,美国已经有了700多家麦当劳汉堡,而且麦当劳的股票也已经上市,变成大家抢购的热门股票。之后,麦当劳马不停蹄地在世界开设了几万家的麦当劳汉堡店,创造了无数的速食业的奇迹,也使得麦当劳成为世界公认的美国文化象征。在克罗克去世一年(1985年)之后,麦当劳被纽约证券交易所纳入了道琼工业指数(只有30家公司可以纳入道琼指数),这时麦当劳不折不扣成了美国企业的巨人。

(二)有价值的创业机会与创业者的匹配程度

真正有价值的创业机会,还要与创业者个人相匹配。假如创业者缺乏相应的必要条件或因素,即使创业机会的价值潜力再大,也不可能带来创业的成功。那么,如何才能判断创业机会是否与自己相匹配?

1.个人经历及经验积累

要考虑自己以前的工作和生活经验是否能够支撑后续开发创业机会所必需

的知识和技能。其中,经验的广度和深度扮演着重要的角色。个人的工作经验越广,意味着对有价值创业机会的把握就越大。比如,一个人既做过营销工作,也从事过财务工作;既有房地产行业的从业经验,也有餐饮业的从业经验;既当过公司的部门经理,又当过另外一个公司的首席执行官,那么他对创业机会的把握肯定比其他没有这些经历和经验的人更好。从经验深度而言,虽然经验深度可能会制约机会视野和把握机会的范围,但是,它有助于在特定领域内发现并把握有价值的创业机会。一旦有过创业的经验,创业者就很容易发现新的创业机会,我们称之为"走廊原理"。创业者一旦创建了企业,他就开始了一段旅程,在这段旅程中,通向创业机会的"走廊"也就变得清晰可见。所以根据这个原理,一个人一旦投身于某行业创业,将比那些从行业外观察的人更容易看到行业内的新机会。

2.社会关系网络支持

社会关系网络在创业活动中起了很重要的作用,良好的社会关系网络不但可以帮助创业者发现更多的创业机会,还可以帮助创业者识别创业机会。因此,社会关系网络越广,个体就越容易发现创业机会,也更容易把握有价值的创业机会,从而实施创业活动。在一项对65家新创企业的调查中发现,半数创建者报告,他们通过社会联系得到了商业创意。因为在创业过程中,社会关系网络不仅为创业者提供了信息、知识和资源,而且为创业者提供了必要的情感和心理支持(尤其是家人的支持),这些社会关系网络支持是支撑创业者走向成功的关键因素。此时,需要对社会关系网络做出自我评价:自己有没有亲戚或朋友愿意资助或借贷资金,可能性有多大;有没有朋友能带来生意,可能性有多大;有没有亲戚或朋友能提供情感和心理支持,可能性有多大;有没有朋友提供技术或法律等方面的支持,可能性有多大等等。

3.经济状况

要重点考虑的是能否承受从事创业活动所产生的机会成本。大量研究表明,在创业之初,大部分成功创业者并没有充足的自有资金用于创业,但都有着报酬丰厚的工作机会,也就是说,需要考虑创业机会的价值潜力能否在长期内弥补因放弃工作而承担的损失。大规模问卷调查发现,创业前的收入水平越高,个体越不倾向于放弃当前的工作机会去创业;相应的,一旦个体做出了创业选择,创业活动的价值和利润创造潜力也较那些创业前机会成本低的创业者更高。

上述三个因素是创业者在评价有价值的创业机会时需要考虑的因素,但由于创业本身就是一件具有高度风险的活动,没有一个创业机会是完美的,也没有任何创业者是在拥有完全适合自己的条件下开展创业活动的,因此,在评价创业机会之后是否决定投入创业,仍然是一件比较主观的决策。另外,面对特定的创业机会,创业者可以根据上面的因素回答以下五个问题:自己是否拥有利用该机会所需的关键核心资源? 自己能否"架桥"跨越"资源缺口"? 遇到竞争力量时,自己是否有能力与之抗衡? 是否存在自己可以创造的新增市场,可以占有的远景市场? 自己是否有能力承受利用特定机会的商业风险?

同时,创业活动是创业者个人和创业机会的有机高度结合。一方面,创业者个人识别并开发创业机会;另一方面,创业机会也在选择创业者。只有创业者个人与创业机会之间存在着恰当的匹配关系时,创业活动才最可能发生,也更可能取得成功。

第二节　创业机会评价的策略

对于创业者而言,迅速发现创业机会、评估创业机会存在的商业潜力的能力是至关重要的。不论是创业者个人还是某个创业团队均对有价值的创业机会及其前景寄予极高的期待,创业家更是对创业机会在未来所能带来的丰厚利润满怀信心。但是,时常有悲剧的发生。为了尽可能避免这种情况的发生,创业者首先要把握创业机会评价的基本原则。其次就是以客观的方式进行评估,这就要求对创业机会进行科学的评价。评价的方法有两种:一种是从市场的角度,主要从收益—成本的框架出发评价创业机会的价值创造潜力,判断值不值得追求所发现的创业机会;另一种是从个体的角度,主要是考量创业者个体与创业机会相互匹配程度来评价创业机会实现的可能性,从而判断创业者个体能否真正把握并实现创业机会的价值(已在第一节介绍了)。

一、创业机会评价的基本原则

(一)个人层面的评价原则

(1)与个人目标的契合程度。创业过程中遭遇的困难与风险极大,因此有必要了解创业者的创业动机,以利于判断他愿意为创业活动付出的代价程度。一般认为,新创业机会与个人目标的契合程度越高,则创业者的投入意愿与风险承受意愿自然也会越大,新创业目标最后获得实现的概率也相对较高。因此,一个具有吸引力的新创业机会,一定是一个能充分与创业者个人目标相契合的创业计划。

(2)机会成本。一个人一生的黄金岁月大约只有 30 年光景,可分为学习、发展与收获等不同阶段,而为了这项创业机会,你将需要放弃什么? 可以由其中获得什么? 得失的评价如何? 在决定进行创业之前,所有参与创业的成员都需要仔细思考创业所要付出的机会成本。必须经由机会成本的客观判断,才可以得知新创业机会是否真的对个人生涯发展具有吸引力。

(3)对于失败的底线。古人说,留得青山在,不怕没柴烧。创业必然需要面对可能失败的风险,但创业者不宜将个人声誉与全部资源都押在一次的创业活动上。理性的创业者必须自己设定承受失败的底线,以便保留下次可以东山再起的机会。因此在评估新创业机会的时候,也需要了解有关创业团队对于失败底线的看法。通常铤而走险与成王败寇的创业构想,不是一个好的新创业机会。

(4)个人偏好。评估新创业机会的时候,也需要考虑新创业的内容与进行方式是否符合创业者个人的偏好,包括工作地点、生活习惯、个人嗜好等。

(5)风险承受度。由于每个人的风险承受度可能都不一样,因此这也将成为影响新创业机会评估的重要因素。一般而言,风险承受度太高或太低均不利于新创业的发展。风险承受度太低的创业家,由于决策过于保守,相对拥有的创新机会也会比较少。但风险承受度太高的创业家,也会因为孤注一掷的举动,而常使企业陷入险境。一个能以理性分析面对风险的人,才是比较理想的创业家,由他来执行的新创业机会相对才会比较具有吸引力。

(6)负荷承受度。创业团队的耐压性与负荷承受度,也是评量新创业机会的一项重要指标。负荷承受度与创业团队成员愿意为新创业投入工作量的多寡,以及愿意忍受的辛苦程度密切相关。一般来说,由负荷承受度较低的创业团队所提出的创业构想,成功的概率也一定比较低。

(二)创业团队层面的评价原则

(1)团队组合。由声誉卓著的创业家领军,结合一群各具专业背景的成员所组成的创业团队,再加上紧密的组织内聚力与共同的价值观分享,这种团队组合可以被视为新创业成功的最佳保证。因此评价新创业机会,绝对不可忽视创业团队组合的成分以及团队整体能够对外发挥的程度。

(2)产业经验与专业背景。创业者与他的团队成员对于所要投入产业的相关经验与了解程度的多寡,也会影响新创业是否获得成功的概率。一般可以经由产业内专家对于创业团队成员的背景经验与专业能力的评价,来获得这项信息。再好的新创业机会,如果创业团队不具备相关产业经验或专业背景,则对于投资者恐怕就不会具有任何吸引力。

(3)诚信正直的人格。创业者的人格特质也是一项会影响新创业成败的关键因素,尤其是创业者的人品与道德观。在业界具有良好声誉,重视诚信、正直、无私、公平等基本的为人处世原则的创业者,对于评价新创业机会通常都具有显著加分的效果。许多绝佳的创业机会,最后都是因为内部争权夺利而功败垂成的,这也突显了领导者人格特质对于创业成功的重要性。

(4)专业坦诚。一个好的创业者与他的团队成员,在各项经营管理与技术专业工作上,通常能够以理性客观的态度,坦诚面对各项问题,不刻意欺骗客户与投资者,不逃避事实,不否认自己的不足,并且创业团队成员也知道应该如何去做,才能克服自己的缺失。在许多创业失败的个案中,都可以看到创业团队生怕别人看穿自己的缺失,因此强烈防御他人质疑,一味掩饰问题,以及推诿责任的态度,不但没有面对缺失的勇气,也没有解决问题的智能。精明的投资者经常可经由访谈的过程,来判断创业团队的专业坦诚度,并作为是否支持该项创业的重要决策参考。

(三)竞争优势层面的评价原则

(1)成本竞争力。一个好的新创业开发案,通常都具有可以经由持续降低成本来创造竞争优势的能力。除了以发挥经济规模来降低成本之外,良好的品质管理、高效率的生产管理、优越的采购能力、快速的产品设计、比较高的自制率等,也都是有助于降低成本的有效手段。因此一项具有吸引力的新创业机会,应该能够对于物料成本、制造成本、营销成本等拥有掌控与持续降低成本的能力。总之,新创业机会所呈现的成本竞争力,将是评价这项创业最后能否获得成功的重要指标。

(2)市场控制力。市场的产品价格、客户、渠道、零件价格的控制力,攸关企业的竞争优势,因此市场领导厂商通常都具有比较高的市场控制力。因此,一个缺乏市场控制力的新创业机会,它的投资吸引力也一定会比较低。如果一个新创业项目对于关键零件来源与价格缺乏控制力,对于经销渠道与经销商也缺乏控制力,同时订单几乎完全依赖少数一两个客户,那么这个创业面临的经营风险一定很高,要想持续获利也会非常困难。不过,如果新创业机会具有持续推进产品创新的能力,那么就比较有机会摆脱这种为他人所控制的市场困局。

(3)进入障碍。高进入障碍的市场,对于新创业开发相对比较不具有吸引力。同样,新创业如果无法制造进入障碍,也不是一个好的投资机会。制造进入障碍的方式,包括专利、核心能力、规模经济、商誉、高品质低成本、掌握稀有资源、掌握通路、快速创新缩短生命周期等等。在一个处处存在障碍的市场中,通常比较难发掘好的创业机会。不过缺乏进入障碍的新市场,却往往容易吸引大量的竞争者,而使毛利快速下降。因此所谓具有吸引力的新创业机会,进入的应该是一个障碍还不太高的新市场,但进去以后就需要具备制造进入障碍的能力,用来保护自身的市场利益。

(四)策略特色层面的评价原则

1.影响新创业机会成功的十大策略特色

一个具有吸引力的新创业机会,通常都需要具有某些特色,而这些特色往往能够成为新创业未来成功的策略性影响因子。以下我们列举可能影响新创业机会成功的十点策略特色,而发掘新创业是否具有这些特色,也是新创业机会评估不可或缺的工作。

(1)创业模式组合。主要评量新创业在创业者、创业团队、创业机会、创业资源四者间是否能够形成良好的搭配组合,也就是说这项创业活动是否在因缘际会与天时地利人和的情况下形成,并且将人、资源与机会之间做最佳的结合。

(2)团队优势。主要评量创业团队的专业能力、产业经验、道德意识、管理能力、决策能力等等之组合,也就是考察创业团队组成与运作是否能够为新创业带来特定的优势。

(3)服务品质。由于顾客服务品质攸关企业的市场竞争力,因此新创业的经营模式是否能在服务品质方面具有差异化特色,并且能够创造明显的竞争优势,也是新创业机会评价时的重要考量。

(4)定价策略。一个好的定价策略往往是采取略低于市场领导厂商产品的价格,而不是以过低的价格进行市场竞争。以低价位低毛利抢占市场,通常不是一种可取的竞争策略。因此在进行新创业机会评估时,也需要评量它的定价策略是否具有能够创造优势的特色。

(5)策略弹性。成熟大型企业的最大弱点就是决策缓慢,尤其在需要调整策略方向的时候,往往要经过长期的内部折冲。反之,新创企业组织的包袱较少,决策速度与弹性相对较快,因此策略弹性将成为新创业企业发展的竞争优势。对于一项新创业机会的评估,我们当然也要看他在面临经营环境变化之际,其经营决策方面能做出怎样快速弹性的应对。

(6)技术优势。新创业拥有的技术领先程度、技术专利、技术授权、技术联盟关系等,都可能成为一种可以创造优势的策略特色。

(7)进入时机。能掌握市场机会窗口打开的时机,采取适当的进入策略,这项新创业成功的概率自然也将会大幅提升。因此新创业机会对于市场进入时机的判断水准,也将成为一项重要的策略特色。

(8)机会导向。一般而言,凡是自动上门的机会,品质通常不高,而自己主动发掘的机会,才比较可能带来好的结果。因此,凡是能够密切注意市场变化,主动发掘并实时掌握新创业机会的创业团队,成功的概率相对也会比较高。

（9）销售渠道。渠道经常是一个被忽略的议题，但渠道却可能成为对新创业发展产生致命影响的因素之一。技术背景的创业者通常会有一种错误的认知，他们以为只要产品精良，顾客自然会上门。但实际上，许多优秀的产品却从来没有接触消费者的机会，而原因就是它们缺乏适当的销售渠道。所以新创业是否在销售渠道规划方面具有一定程度的创新优势与策略特色，也应该是评估新创业机会不可忽视的重点。

（10）误差承受力。由于所有的创业规划都属于预估，因此未来的实况必定与假设情境有极大的出入。所谓新创业规划误差承受力，是指在实现创业目标的前提下，执行创业计划的弹性，以及创业团队与创业资源能够承受变动的程度。一项新创业规划如果对于未来情境预测误差能有比较高的承受力，则也应该被视为一个具有策略特色的新创业机会。

虽然前述针对创业机会提出了许多的评价原则，但由于创业本身就是一项具有高度风险特质的活动，没有一个创业机会是完美的，因此是否决定投入创业，仍然是一项比较主观的决策。我们看到许多后来获得重大成功的新创业机会，都曾吃过无数次的闭门羹。显然伯乐相千里马，也是一种主观性的决策。

2.新创业机会八大致病瑕疵

纵然新创业决策是主观的，但创业机会评估仍然应该是一种理性与客观的行为，除了要经由体检新创业机会的缺失来寻求改进之道，进而提升新创业开发的成功概率外，也希望避免投入具有致命瑕疵的新创业机会。因此我们可以说，发掘新创业机会所隐藏的致命瑕疵，并因此能够聪明地规避这种注定失败的新创业，也是新创业机会评估的主要目的之一。

所谓致命瑕疵的定义，一般会因新创业机会的内涵与创业者风险承担能力的高低而有所差异。不过当我们评估一项新创业机会的时候，如果发现以下八点致命瑕疵之一，则创业者与投资家都必须引起重视，因为这项新创业未来极有可能面临失败。

（1）创业者的动机不良，尤其在人格特质上具有明显的瑕疵。

（2）创业团队缺乏相关产业经验与企业管理能力，创业试误期长，导致风险成本太高。

（3）创业看不到市场基础，无法显示创造顾客价值的能力，在市场竞争中也不具有明显优势。

（4）创业的市场机会不明显，市场规模不大或市场实现时间还遥遥无期。

（5）创业的资源能力有限，无法达到可以形成竞争优势的经济规模。

（6）看不出来能够获得显著利润的机会，包括毛利率、投资报酬率、损益平衡时间等指标,都无法达到合理的底线目标。

(7)创业无法具备市场控制能力,关键资源与通路均掌握在他人手中,随时都有陷入经营危机的风险。

(8)创业缺乏策略特色与竞争优势,几乎不可能获得显著的成功,也不具备创造显著价值的条件,因此根本不值得投入。

二、创业机会评价框架

(一)蒂蒙斯的创业机会评价框架

在国内外专家学者建构的创业机会评价体系中,美国百森商学院的蒂蒙斯教授提出的创业机会评价框架相对比较完善。蒂蒙斯教授认为,创业者应该从行业和市场、经济因素、收获条件、竞争优势、管理团队、致命缺陷问题、个人标准、理想与现实的战略差异等八个方面评价创业机会的价值潜力,并围绕这八个方面形成了 53 项指标(见表 8-1)。

表 8-1　蒂蒙斯的创业机会评价框架

行业和市场	1.市场容易识别,可以带来持续收入。 2.顾客可以接受产品或服务,愿意为此付费。 3.产品的附加价值高。 4.产品对市场的影响力高。 5.将要开发的产品生命长久。 6.项目所在的行业是新兴行业,竞争不完善。 7.市场规模大,销售潜力达到 1 000 万到 10 亿。 8.市场成长率在 30%～50%甚至更高。 9.现有厂商的生产能力几乎完全饱和。 10.在五年内能占据市场的领导地位,达到 20%以上。 11.拥有低成本的供货商,具有成本优势。
经济因素	12.达到盈亏平衡点所需要的时间在 1.5～2 年。 13.盈亏平衡点不会逐渐提高。 14.投资回报率在 25%以上。 15.项目对资金的要求不是很大,能够获得融资。 16.销售额的年增长率高于 15%。 17.有良好的现金流量,能占到销售额的 20%～30%。 18.能获得持久的毛利,毛利率要达到 40%以上。 19.能获得持久的税后利润,税后利润率要超过 10%。 20.资产集中程度低。 21.运营资金不多,需求量是逐渐增加的。 22.研究开发工作对资金的要求不高。

续表

收获条件	23.项目能带来附加价值,具有较高的战略意义。 24.存在现有的或可预料的退出方式。 25.资本市场环境有利,可以实现资本的流动。
竞争优势	26.固定成本和可变成本低。 27.对成本、价格和销售的控制较高。 28.已经获得或可以获得对专利所有权的保护。 29.竞争对手尚未觉醒,竞争较弱。 30.拥有专利或具有某种独占性。 31.拥有发展良好的网络关系,容易获得合同。 32.拥有杰出的关键人员和管理团队。
管理团队	33.创业者团队是一个优秀管理者的组合。 34.行业和技术经验达到了本行业内的最高水平。 35.管理团队的正直廉洁程度能达到最高水准。 36.管理团队知道自己缺乏哪方面的知识。
致命缺陷问题	37.不存在任何致命缺陷问题。
个人标准	38.个人目标与创业活动相符合。 39.创业家可以做到在有限的风险下实现成功。 40.创业家能接受薪水减少等损失。 41.创业家渴望进行创业这种生活方式,而不只是为了赚大钱。 42.创业家可以承受适当的风险。 43.创业家在压力下状态依然良好。
理想与现实的战略差异	44.理想与现实情况相吻合。 45.管理团队已经是最好的。 46.在客户服务管理方面有很好的服务理念。 47.所创办的事业顺应时代潮流。 48.所采取的技术具有突破性,不存在许多替代品或竞争对手。 49.具备灵活的适应能力,能快速地进行取舍。 50.始终在寻找新的机会。 51.定价与市场领先者几乎持平。 52.能够获得销售渠道,或已经拥有现成的网络。 53.能够允许失败。

资料来源:姜彦福、邱琼:《创业机会评价重要指标序列的实证研究》,载《科学学研究》2004 年第 1 期。

(二)刘常勇教授的创业机会评价框架

我国台湾地区的创业学者刘常勇教授归纳的创业机会评价框架比较简单,但也富有代表性。他认为创业机会评价主要围绕市场评价和回报评价两个层面展开(见表 8-2)。

表 8-2　刘常勇的创业机会评价框架

市场评价	1.是否具有市场定位,专注于具体顾客需求,能为顾客带来新的价值。 2.依据波特的五力模型进行创业机会的市场结构评价。 3.分析创业机会所面临的市场的规模大小。 4.评价创业机会的市场渗透力。 5.预测可能取得的市场占有率。 6.分析产品成本结构。
回报评价	7.税后利润至少高于 5%。 8.达到盈亏平衡的时间应该低于 2%。 9.投资回报率应高于 25%。 10.资本需求量较低。 11.毛利率应该高于 40%。 12.能否创造新企业在市场上的战略价。 13.资本市场的活跃程度。 14.退出和收获回报的难易程度。

资料来源:刘常勇:《创业管理的 12 课堂》,中信出版社 2002 年版,第 64~70 页。

(三)本书的创业机会评价框架

根据上面的介绍,本书认为创业机会的评价应由两个部分构成:一部分是市场评估准则,另外一部分是效应评估准则。

1.市场评估准则

(1)市场定位。一个好的创业机会,必然具有特定的市场定位,专注于满足顾客的需求,同时能为顾客带来增值的效果。评估创业机会的时候,可由市场定位是否明确、顾客需求分析是否清晰、顾客接触通道是否流畅、产品是否持续衍生等,来判断创业机会可能创造的市场价值。创业带给顾客的价值越高,创业成功的机会就越大。

(2)市场结构。对创业机会的市场结构进行分析,包括进入障碍,供货商、顾客、经销商的谈判力量,替代性产品的威胁和市场内部竞争的激烈程度等,可知该企业在未来市场中的地位,及可能遭遇竞争对手反击的程度。

(3)市场规模。市场规模大小与成长速度,也是影响新企业成败的关键。一般而言,市场规模大者,进入障碍相对较低,市场竞争的激烈程度也会略为下降。若要进入的是一个十分成熟的市场,那么利润空间会很小,不值得再进入;若是一个成长中的市场,只要时机正确,必然会有获利的空间。

(4)市场渗透力。对于一个具有巨大市场潜力的创业机会,市场渗透力评估将是非常重要的。创业者应该选择在最佳的时机进入市场,也就是市场需求正要大幅增长之际。

(5)市场占有率。从创业机会预期可取得的市场占有率目标,可以显示这家新创企业未来市场的竞争力。一般而言,成为市场的领导者,最少需要拥有20%以上的市场占有率;若市场占有率低于5%,则这个新企业的市场竞争力显然不高,会影响未来企业上市的价值。尤其是处在具有赢家通吃特点的高科技产业,新企业必须拥有成为市场前几位的能力,才较有投资价值。

(6)产品的成本结构。从物料与人工成本所占比重之高低、变动成本与固定成本的比重,以及经济规模产量大小,可以判断企业创造附加价值的幅度以及未来可能的获利空间。

2.效益评估准则

(1)合理的税后净利。一般而言,具有吸引力的创业机会,至少需要能够创造15%以上税后净利。如果创业预期的税后净利是在5%之下,那么这就不是个很好的投资机会。

(2)达到损益平衡所需的时间。合理的损益平衡时间应该在两年之内,如果三年还达不到,恐怕就不是个值得投入的创业机会了。当然,有的创业机会确实需要经过比较长的耕耘时间,通过前期投入,创造进入障碍,保证后期的持续获利,这样的情况可将前期投入视为投资,才能容忍较长的损益平衡时间。

(3)投资回头率。考虑到创业面临的各种风险,合理的投资回报率应该在25%以上,而15%以下的投资回报率是不值得考虑的创业机会。

(4)资本需求。资本需求量较低的创业机会,投资者一般会比较欢迎,资本额过高其实并不利于创业成功,甚至还会带来稀释投资回报率的负面效果。通常,知识越密集的创业机会,对资金的需求量越低,投资回报反而会越高。因此在创业开始的时候,不要募集太多资金,最好通过盈余积累的方式来创造资金,而比较低的资本额,将有利于提高每股盈余,并且还可以进一步提高未来上市的价格。

(5)毛利率。毛利率高的创业机会,相对风险较低,也比较容易取得损益平衡。反之,毛利率低的创业机会,风险则较高,遇到决策失误或市场产生较大变化的时候,企业很容易就遭受损失。一般而言,理想的毛利率是40%。当毛利率低于20%的时候,这个创业机会就不值得再予以考虑。软件业的毛利率通常都很高,所以只要能找到足够的业务量,从事软件创业在财务上遭受严重损失的风险相对会比较低。

(6)策略性价值。能否创造新企业在市场上的策略性价值,也是一项重要的评价指标。一般而言,策略性价值与产业网络规模、利益机制、竞争程度密切相关,而创业机会对于产业价值链所能创造的增值效果,也与它所采取的经营策略与经营模式密切相关。

(7)资本市场活力。当新企业处于一个具有高度活力的资本市场时,它的获利回收机会相对也比较高。不过资本市场的变化幅度极大,在市场高点时投入,资金成本较低,筹资相对容易。但在资本市场低点时,投资新企业的诱因则较低,好的创业机会也相对较少。不过,对投资者而言,市场低点的成本较低,有的时候反而投资回报会更高。一般而言,新创企业活跃的资本市场比较容易创造增值效果,因此资本市场活力也是一项可以被用来评价创业机会的外部环境指标。

(8)退出机制与策略。所有投资的目的都在于回收,因此退出机制与策略就成为评估创业机会的一项重要指标。企业的价值一般也要由具有客观鉴价能力的交易市场来决定,而这种交易机制的完善程度也会影响新企业退出机制的弹性。由于退出的难度普遍要高于进入,所以一个具有吸引力的创业机会,应该要为所有投资者考虑退出机制,以及退出的策略规划。

三、创业机会评价流程

托马斯·W.齐曼拉(Thomas W.Zimmerer)和罗曼·M.斯卡伯勒(Norman M.Scarborourh)提出了创业机会定性评价流程,包括如下五大步骤。

(1)判断新产品或服务将如何为购买者创造价值。判断新产品和服务使用的潜在障碍,如何克服这些障碍。根据对产品和市场认可度的分析,得出新产品的潜在需求、早期使用者的行为特征、产品达到盈利的预期时间。

(2)分析产品在目标市场投放的技术风险、财务风险和竞争风险,以及机会窗。

(3)在产品的制造过程中是否能保证足够的生产批量和可以接受的产品质量。

(4)估算新产品项目的初始投资额,使用何种融资渠道。

(5)在更大的范围内考虑风险的程度,以及如何控制和管理这些风险因素。

四、创业机会的定量评价

约翰·G.贝奇(John G.Burch)提出了四种目前公认的评价创业机会的定量分析方法:标准打分矩阵、温斯汀豪斯法、泊泰申米特法和Baty选择因素法。这四种方法相对客观地评价了创业机会的价值。

(一)标准打分矩阵
标准打分矩阵通过专家组对创业机会评价的重要指标进行极好(3分)、好

（2分）、一般（1分）三个等级的打分,最后求出每个指标（或因素）在各个创业机会下的加权平均分。因为每个创业机会的评价指标不一样,所以就可以对不同的创业机会进行比较。矩阵中最重要的是列举出影响创业机会成功的重要指标,每个创业机会都有不同的影响因素。

　　下面就用一个实例来分析标准打分矩阵方法（见表8-3）。表中列出了十项主要评价影响因素（在实际使用时可以根据具体情况选择其中部分或全部因素）,最后加权得分基本上都是好以上,甚至接近极好,说明这个创业机会还是非常不错的。

表 8-3　零售业创业机会标准打分矩阵

标准	专家评分			
	极好（3）	好（2）	一般（1）	加权平均分
可服务市场	8	2	0	2.8
服务质量	6	2	2	2.4
选址情况	7	2	1	2.6
交通情况	5	1	4	2.1
物流能力	6	3	1	2.5
融资能力	9	1	0	2.9
投资回报	8	1	1	2.7
竞争状况	7	2	1	2.6
广告潜力	6	2	2	2.4
成长潜力	9	1	0	2.9

（二）温斯汀豪斯法

　　温斯汀豪斯法实际上是计算和比较各个机会的优先级。计算公式如下：

$$\text{机会优先级} = \frac{\text{技术成功概率} \times \text{商业成功概率} \times \text{平均年销售数} \times (\text{价格} - \text{成本}) \times \text{投资生命周期}}{\text{总成本}}$$

　　公式中,技术和商业的成功概率以百分比表示（0～100%）；成本以单位产品成本计算；投资生命周期收入是指可以预期的所有收入；总成本包括研究、设计、制造和营销等各个环节的成本之和。将不同创业机会的具体数值代入公式进行计算,特定机会的优先级越高,该机会就越有可能成功。

　　例如,假设一个创业机会的技术成功概率和市场上的商业成功概率分别为

80％和60％,在9年的投资生命周期中年均销售数量预计为20 000个,净销售价格为120元,每个产品的全部成本为87元,研发费用50 000元,设计费用140 000元,制造费用230 000元,营销费用50 000元,代入上述计算公式,得:

$$总成本=50\ 000+140\ 000+230\ 000+50\ 000=470\ 000$$

$$机会优生级=\frac{0.8\times0.6\times20\ 000\times(120-87)\times9}{470\ 000}\approx6$$

即该机会的优先级约等于6。

(三)泊泰申米特法

泊泰申米特法可以通过让创业者填写针对各种因素的不同情况,预先设定好权值的选项式问卷的方式,从而计算得出特定创业机会的成功潜力指标值(见表8-4)。对于每个因素来说,不同选项的得分可以从-2到+2分,通过对所有因素得分的加总得到最后的得分,总分越高说明特定创业机会成功的潜力越高,只有那些最后得分高于15分的创业机会才值得创业者进行下一步的策划,低于15分的都应被淘汰。

表 8-4　泊泰申米特法的评价指标

因　素	分值(-2～+2)
对于税前投资回报水平的贡献	
预期的年销售额	
生命周期中预期的成长阶段	
从创业到销售额高速增长的预期时间	
投资回收期	
占有领先者地位的潜力	
商业周期的影响	
为产品制定高价的潜力	
进入市场的容易程度	
市场试验的时间范围	
销售人员的要求	

第一种标准打分矩阵法和第三种泊泰申米特法都是需要选择因素或标准的,我们必须对不同的创业机会选择不同的因素或标准进行评价。由于创业机会具有模糊性,有些因素很模糊,难以评价,同时创业机会的时间性不允许创业

者花太多的时间去评价,不然机会就被别人抓走了,所以大部分创业者都是凭借商业敏感性、过去的经验和人际关系评价创业机会。

(四)Baty 选择因素法

Baty 选择因素法通过对 11 个选择因素的设定来对创业机会进行判断。如果某个创业机会只符合其中的 6 个或更少的因素,这个创业机会的成功率就很低;相反,如果某个创业机会符合其中的 7 个或者更多,那么这个创业机会将大有希望(见表 8-5)。

表 8-5　Baty 选择因素法

选 择 因 素	是否符合
这个创业机会在现阶段是否只有你一个人发现了?	
初始产品生产成本是否可以接受?	
初始的市场开发成本是否可以承受?	
产品是否具有高利润回报的潜力?	
是否可以预期产品投放市场和达到盈亏平衡点的时间?	
潜在的市场是否巨大?	
你的产品是不是一个高速成长的产品家族中的第一个成员?	
你是否拥有一些现成的初始用户?	
是否可以预期产品的开发成本和开发周期?	
是否处于一个成长中的行业?	
金融界是否能够理解你的产品和顾客对它的要求?	

案例分析

借债上大学,开着宝马出校园
——大学生胡启立的创业之路

【导读】

胡启立是武汉科技学院电信学院应届本科毕业生,红安农村人。4 年前,他借债上大学。在大学期间,他打工、创业,不仅还清了债务,为家里盖起了两层洋楼,自己还在武汉购房买车,拥有了自己的培训学校。

他创业走过了怎样一条路?学校师生对他创业又是如何看的呢?

从小收购土特产卖

胡启立 1982 年出生在红安县华河镇石咀村一个普通农家,父亲在当地矿上打工,母亲在田里忙活。

在胡启立3岁那年,父亲在矿上出事了,腿部严重骨折瘫痪在床,四处求医问药。三年后,父亲总算能下地走路了,可再也不能干重活累活。为给父亲看病,几乎家徒四壁。

胡启立的父亲不能下地干活,只得开了家小卖部,卖些日用品。胡启立小小年纪就经常跑进跑出"添乱又帮忙",也正是这个原因,他从小就接触到了买和卖。

慢慢长大了,胡启立在商业方面开始显才。全村20多个同龄小孩,他的年龄和个头都不是最大的,但却是"领袖",他经常带着同伴们挨家挨户收购土特产,如蜈蚣、桔梗、鳝鱼等,卖到贩子手上,挣些零花钱。

2002年,胡启立读高中,学习成绩还不错,正在读高一的弟弟辍学外出打工,给哥哥赚学费。胡启立心里不是滋味,心中暗暗发誓,一定要考上大学,让家里人过上好日子。

胡启立说,他从那时就开始规划自己的大学生活:大一好好学习,尽量多去学点东西,从大二开始,寻找机会挣钱,力争大学毕业的时候,自己能当上老板。

高考时,他本打算报考一所商学院,却遭到家人的反对,好在他对电子也有兴趣,最后选择了武汉科技学院电子信息工程专业。

贴海报发现校园商机

2002年9月,胡启立带着对大学生活的憧憬,和从姑姑那借来的4 000元学费,到武汉科技学院报到。

进校后,胡启立感觉大学生活比高中生活轻松多了,空闲时间也多。他利用这些空闲时间逛遍了武汉所有高校,也熟悉了武汉的环境,这为他的下一步创业打下了基础。

大学时间相对充裕,稍不注意就会养成懒散的习惯。胡启立是个闲不住的人,他决定提前走入社会。大一下学期他就开始了自己的创业之路,比原定计划提前了半学期。

2003年春季一开学,胡启立开始给一所中介机构贴招生海报,这是他找到的第一份兼职工作,并且交了10元钱会费。"贴一份0.20元,贴完了来结账。"中介递给他一沓海报和一瓶糨糊,胡启立美滋滋地开始往各大校园里跑。"贴海报,看起来容易,其实很难做的。"胡启立没想到贴份海报,还要受人管,一些学校的保安轻者驱赶一下,严重的会辱骂甚至动手。

3天后,胡启立按规定将海报贴在了各个校园,结账获得25元报酬。同行的几个人嫌少,都退出了,而胡启立却又领了一些海报,继续干起来。不过,他心里也开始在想别的门道了。

一次,他在中国地大附近贴海报时,看到一家更大的中介公司,就走了进去,在那里遇到一位姓王的年轻人。

王某是附近一所大学的大四学生,在学校网络中心搞勤工俭学。几个学生商量,能不能利用网络中心的电脑和师资,面向大学生搞电脑培训。网络中心同意了,但要求学生们自己去招生。"只要你能招到生,我们就把整个网络中心的招生代理权交给你。"王某慷慨地说。胡启立想,发动自己在武汉的同学帮忙,招几个人应该没问题,就满口应承下来了。

做招生宣传要活动经费,胡启立没有经验,找几个要好的同学商量,结果大家都不知道要多少钱。有的说要5 000元,有的说要2 000元,最后胡启立向王某提出要1 800元活动经费,没想到王某二话没说,就把钱给了他。

胡启立印海报,买糨糊,邀请几个同学去各个高校张贴,结果只花了 600 元钱,净落 1 200 元。这是他挣到的第一笔钱。

尽管只花了 600 元钱,但招生效果还不错,一下子就招到了几十个人。然而,这些学生去学电脑时却遇到了麻烦,因为动静搞大了,学校知道了这个事情,叫停了网络中心的这个电脑培训班。胡启立几次跑到网络中心,都没办法解决这个事情。他无意间发现网络中心楼下有个培训班,也是搞电脑培训的,能不能把这些学生送到那去呢?

对方一听说有几十个学生要来学电脑,高兴坏了,提出给胡启立按人头提成,每人 200 元。非常意外地,胡启立一下子拿到了数千元钱。

办培训学校,圆了老板梦

2005 年,"胡启立会招生"的传闻开始在关山一带业内传开了。一家大型电脑培训机构的负责人找胡启立商谈后,当即将整个招生权交给他。

随着这家培训机构一步步壮大,胡启立被吸纳成公司股东。但胡启立并不满足,他注册成立了自己的第一家公司——一家专门做校园商务的公司。

胡启立谈起成立第一家公司的目的:"校园是一个市场,很多人盯着这个市场,但他们不知道怎么进入。成立公司,就是想做这一块的业务,我叫它校园商务。"

同时,胡启立发现很多大学生通过中介公司找兼职,上当受骗的较多,就成立了一家勤工俭学中心,为大学生会员提供实实在在的岗位。他的勤工俭学中心影响越来越大,后来发展到 7 家连锁店。"高峰时,每个中心能有一万元左右的纯收入。"

2005 年下半年,由于业务越做越大,胡启立花 20 多万元买了一辆丰田花冠轿车,在校园和自己的各个勤工俭学点奔跑。去年 9 月,他又将丰田花冠换成 30 多万元的宝马 320。记者问他为何换名车,他说:"谈生意,好车有时候是一种身份证明吧。"

在给一些培训学校招生的过程中,胡启立结识了一家篮球培训学校的负责人,开始萌生涉足体育培训业务的念头。经过多次考察比较,2006 年年底,胡启立整体租赁汉阳一所中专校园,正式进军体育培训。当年招生 100 余人,今年的招生规模预计是 300 人。"以前都是为别人招生,这次总算是为自己招了。"

如今,胡启立已涉足其他类型办学,为自己创业先后已投入 200 万元左右。

师生眼里:他是个怪才

尽管现在成了校园里的创富明星,但胡启立一点也不张扬。

虽然在外面买了房子,但胡启立现在还和以前一样住在学生宿舍,吃食堂,而且他看上去和大多数同学差不多,只不过稍显得老成一些。

只是在学校很难见到他的人,用同学们的玩笑话来说:"谁要想见他,都要提前一个月预约。"他和同学关系都比较好,虽然经常不在学校,但是如果有消息的话,一般不出半天就会通知到他。

"他是个怪才,我们都很佩服他。"胡启立的同学裴振说。其实,班里对胡启立的看法,分成两派:一部分人十分羡慕他,大学还没毕业就能自己赚钱买车买房;另一部分人认为他虽然创业成功了,但学习没跟上,而且他现在从事的工作和专业没什么关系,等于放弃了自己的专业,怪可惜的。

胡启立在大学期间,学校也为他创业提供了帮助,从院长到老师,都为其创业和学习付出了很多心血。由于忙于创业,耽误了一些课程,学校了解他的特殊情况后,特事特办,按规定允许他部分课程缓考。

班主任杜勇老师谈起自己的这个特殊学生,也连说:"我带过很多学生,但胡启立是其中最特别的,创业取得的成绩也较大。"他认为在现在大学生就业形势整体不太好的环境下,大学生自主创业,不仅解决了自己的就业问题,做得好的话还可以为别人提供岗位。"但要是能兼顾学业就更好了。"

【分析】

1.胡启立为了创业而牺牲了学业,你认为这样做值得吗?

2.如果有一个好的创业机会,你会考虑放弃学业吗?

思考与练习题

1.试分析生活中你熟悉的某个创业项目的特征。

2.请简述创业机会特征如何与创业者个人相匹配。

3.讨论高科技创业活动中为了开发创业机会所需要进行的准备工作。

4.就某一项产品的市场需求状况在校园里展开调查,分析调查结果。

5.创业机会如何评价?试述刘常勇创业机会评价框架的主要内容。

参考文献

[1]张文松、裘晓东、陈永东:《创业学》,机械工业出版社 2012 年版。

[2]杰弗里·蒂蒙斯、小斯蒂芬·斯皮内利著,周伟民、吕长春译:《创业学》(第 6 版),人民邮电出版社 2005 年版。

[3]张玉利:《创业管理》,机械工业出版社 2008 年版。

[4]李时椿、常建坤:《创业与创新管理:过程·实践·技能》,南京大学出版社 2011 年版。

[5]王国红:《创业管理》,大连理工大学出版社 2005 年版。

[6]卢福财:《创业通论》,高等教育出版社 2007 年版。

[7]魏拴成、姜伟:《创业学:创业思维·过程·实践》,机械工业出版社 2013 年版。

[8]杰弗里·蒂蒙斯著,周伟民、钱敏译:《快速成长》,华夏出版社 2002 年版。

[9]贺尊:《创业学概论》,中国人民大学出版社 2011 年版。

[10]葛建新:《创业学》,清华大学出版社 2004 年版。

[11]卡普兰·沃伦著,冯建民译:《创业学》(第 2 版),中国人民大学出版社 2004 年版。

第九章————————————————————

商业模式的选择与创新

商业模式本质上是一个结构化的系统，是由若干因素构成的一个有经济逻辑关系的半闭环。商业模式的价值主张、价值网络和价值实现等要素之间的不同组合方式形成了不同的商业模式。商业模式设计是分解企业价值链条和价值要素的过程，涉及要素的新组合关系或新要素的增加，是创业机会开发环节的一个不断试错、修正和反复的过程。本章将从商业模式内涵和本质的探讨入手，分别讨论商业模式和商业战略的关系，描述商业模式的因果关系与分解，介绍商业模式的设计思路和创新逻辑及其方法，探索和总结大学生创业模式发展的规律，以帮助学生掌握和理解商业模式的主要设计工具和关键影响因素。

第一节 商业模式的定义和本质

大学生创业，就是大学生以创建新企业或者新商业项目为目标，在商业构想引导下，整合内外部各种资源要素，按照一定的商业模式开展的系统性的经济活动。创业，意味着创新、活力、创造性以及承担风险等。1998年到2008年，号称是实体企业快速发展的"黄金十年"。而2000年之后，则是大学生创业实践风起云涌的"白金十年"。纵观这十年，成功崛起的创业项目有其共同点，如准确把握知识经济、互联网时代的发展机遇，善于运用互联网时代商机，在以前认为没有市场价值的市场上获得成功，不具有垄断性资源，没有特别丰富的资金资源，以小搏强，不求做大但求做特色，使用更加简洁明了但卓有成效的商业模式等等。从大学生创业成败案例总结来看，创业成功的概率，主要取决于合理的创业项目商业模式的设计和运行。

一、商业模式的定义 ......

一位美国大学生在清扫宿舍卫生时，从大家的床底下扫出很多硬币，归还给舍友们时，舍友们都说不要，说硬币装着麻烦。此后他积攒了很多硬币，慢慢他就思索，硬币会给人带来麻烦，麻烦意味着商业价值，麻烦越大，蕴含的商业价值和机会就越大。因为超市的硬币流通量最大，他毕业后就在超市安装了一台硬币交换机，也就是投进去硬币，将兑换出相应的纸币，他只在中间赚取手续费，而手续费高达9％，和超市按一定的比例分成。这个生意并不需要特别大的人力成本，不需要高科技。这个商业模式成功的关键就是签订了一个排他性的独占协议，也就是超市只能和我一家签，不能和别的企业再签，最后这家公司很快在纳斯达克上市。这是一个极简商业模式的代表。

20世纪末、21世纪初期，商业模式（business model）作为管理学领域一个新的研究热点，引起了学术界的高度关注。商业模式的研究起始于彼得·德鲁克（Peter Drucker，1994）。他在公司理论研究中将商业模式定义为组织理论或者公司经营理论。它回答了每个管理者都会问及的一些基本问题：我们在这项业务中如何赚钱？潜在的经济逻辑是什么？即我们如何以合理的价格为顾客提供价值？（Johnson，2008）这可以理解为是定义商业模式的发端。加拿大管理学者亨利·明兹伯格（Mintzberg，1994）把企业组织的商业模式称为"战略思想"。这两位著名管理学家的早期思考为后来关于商业模式的研究奠定了基础。

从理论上较为系统地探讨商业模式的内涵经历了一个不算太长的发展过程。其间，国内外学术界均有较为活跃的研究及成果。国内外对商业模式的内涵的研究主要分为五个层次（傅世昌、王惠芬，2011），总体上从现象向经济、运营、战略再向整合递进（见图9-1）。关于商业模式因此有了五个不同阶段的定义群。

（一）现象类商业模式

这类商业模式常常被一些研究者简单地用来指代企业从事商业的具体方法和途径。早期研究多属此类范畴。它们基于投入产出的逻辑并结合实际经验，将商业模式定义为"解释企业如何运作的故事"。但该阶段的研究多是对现象本身的简单描述和初步分析，过于具体直观，这使其由概括、演绎所得的经验知识的适用推广范围相当有限。

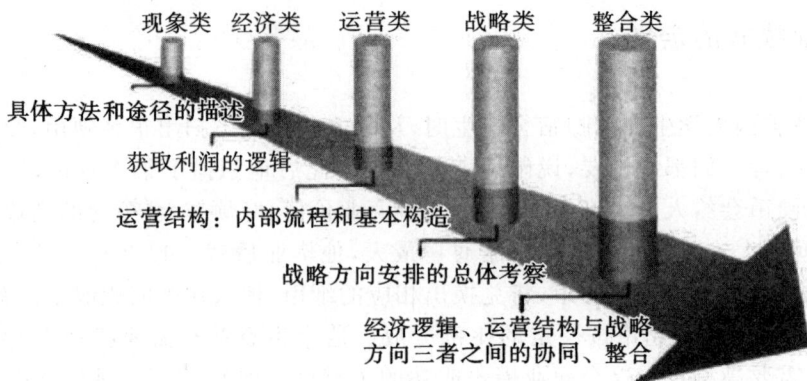

图 9-1　商业模式定义发展轨迹

资料来源:傅世昌、王惠芬:《商业模式定义与概念本质的理论体系与研究趋势》,载《中国科技论坛》2011 年第 2 期。

(二)经济类商业模式

这类商业模式的研究主要关注企业获取利润的逻辑。与此相关的变量包括盈利模式、定价策略、成本结构、最优产量等。它详细说明了企业组织目前的利润获取方式、未来的长期获利规划,以及获得可持续竞争优势的途径。但该阶段的研究结论认为,商业模式与盈利问题在事实上是等同的。企业的其他财务目标(如现金流、资本密集度等)、外部现实(如行业的历史状况、商业环境、客户分析等)和内部活动(如战略、人员、组织机构等)被排除在研究范畴之外。

(三)运营类商业模式

该模式从孤立的盈利逻辑扩展至整体的运营结构,旨在说明企业组织通过何种内部流程和基本构造的设计来创造价值,相关变量包括产品/服务及其交付方式、业务流、资源流、知识管理和后勤流等。运营类商业模式作为运营管理的替代表述,虽然扩展了一些内容,但同时也忽略了很多内容。

(四)战略类商业模式

该模式涉及组织的资源能力和战略方向的总体考察,变量包括资源和能力、价值主张与价值活动、利益相关者网络与联盟、组织行为、竞争优势与可持续性等。但战略类商业模式没有形成紧密严格的内在联系,无法揭示商业模式的协同本质,仍然没有达到应有的高度。

(五)整合类商业模式

这是代表当前研究前沿成果的观点。该定义把商业模式看作企业组织的商业系统和要素集合。商业模式是一个结构化的系统,说明企业如何通过创造顾客价值、建立内部结构,以及利用关系网络来开拓市场、传递价值、创造关系资本、获得利润并维持现金流的商业本质。近年来更多学者支持该理论,强调企业商业模式是一个集合或系统。如罗珉、曾涛和周思伟(2005)提出,商业模式是一个组织在明确外部假设条件、内部资源和能力的前提下,用于整合组织本身、顾客、供应链伙伴、员工、股东或利益相关者来获取超额利润的一种战略创新意图和可实现的结构体系以及制度安排的集合。

国内研究者中较有影响力的当推清华大学的朱武祥和魏炜。他们定义了"朱魏"商业模式,提出商业模式就是利益相关者的交易结构。任何企业都要与其他利益相关者(包括客户、供应商、渠道、政府、投资者、外包者或者外协者等)交易。企业应针对自身与利益相关者的交易结构来设计商业模式。其关键是从差异化定位、业务系统、盈利模式、关键资源能力或者现金流结构等方面入手,构建独特的利益相关者交易结构,形成高价值创造、低价值耗散、合理共享价值的新商业模式。

综上,更能反映当下及未来相当一段时间中的商业模式应该是创业者从目标市场定位出发,提出价值主张,从构建业务系统入手,通过整合关键资源建立差异化竞争优势,从而创造价值及传递价值的经营体系和商业系统。完整的商业模式由盈利逻辑(即盈利模式)、运营逻辑(即运营结构)、战略方向三个逻辑层面组成。总的来讲,一个可持续的、有投资价值的企业商业模式是创业者在初创之际需要思考并时刻进行谋划的核心问题。上述关于商业模式的理论成果可以总结如下(见表9-1)。

表 9-1　对商业模式的五种理解

层次	研究关注点	研究对象范围	代表人物	研究趋势
现象类商业模式	个案研究	企业个案(巨头)	Clarke(2006)	成功经验推广
	行业分析	特定行业(新兴)	Chen(2003),Lumpkin 等(2004)	渗透至互联网产业以外的行业
	实现形式	新型实现形式	Winter(2001)	新型商业模式实现形式
	研究创新设计	具体模式设计	Mont 等(2006)	具体的商业模式设计个案

续表

层次	研究关注点	研究对象范围	代表人物	研究趋势
经济类商业模式	单个企业	企业组织层面（原子型企业）	Stewart(2000)，Hawkins(2001)	企业盈利模式探讨，往后扩展财务目标和内部问题研究，形成财务、业绩导向型的运营商业模式研究
	产业链	产业链层面（企业被视为单链结构上的一环）	Immers(1998)，Rapp(2000)	产业链盈利的实现，往后关注价值创造、提供和分配活动，形成价值创造导向型的运营商业模式研究
	价值网	产业集群、融合的价值网层面（网络型企业）	Thomas(2001)，Elliot(2003)	产业集群与产业融合的利益实现，往后深入形成价值创造导向型的运营、战略类商业模式研究
运营类商业模式	财务、业绩导向型	企业层面的运营研究	Mahadevan(2000)，Sullivan(2000)	企业运营本质的探讨，尤其是轻资产运营的投资和融资模式
	价值创造导向型	产业链价值网层面的价值创造、提供和分配研究	Patrovic 等(2001)，Dubosson 等(2001)	往后形成战略类、整合类商业模式研究
战略类商业模式	系统关联	企业资源能力和战略方向的总体考察	罗珉等(2005)，Bossidy 等(2004)	从制度和制度安排的角度，建立系统的关联协同，发展为整合类商业模式的研究

续表

层次	研究关注点	研究对象范围	代表人物	研究趋势
整合类商业模式	结构化系统	企业组织的商业系统和要素有机集合	Linder 等（2000），Morris 等（2005），Osterwalder 等（2005），翁君奕（2004），罗珉、曾涛和周思伟（2005）	创造顾客价值、建立内部结构，以及利用关系网络来开拓市场、传递价值、创造关系资本、获得利润并维持现金流的商业本质
	利益相关者的交易结构	高价值创造、低价值耗散、合理共享价值	朱武祥、魏炜（2012）	关键是从差异化定位、业务系统、盈利模式、关键资源能力、现金流结构等方面入手，构建独特的利益相关者交易结构

资料来源：傅世昌、王惠芬：《商业模式定义与概念本质的理论体系与研究趋势》，载《中国科技论坛》2011 年第 2 期。

二、商业模式的特点

从整体来看，商业模式隐含一系列假设成立的前提条件，如经营环境的延续性、市场和需求属性的相对稳定性、竞争态势等，这些条件构成了商业模式以下特性：

（一）系统性或整体性

商业模式必须是一个有机体，各个要素体现结构和关系特性，相互支持，共同作用，形成一个良性循环。商业模式的系统性要求我们在研究中运用系统的观点和方法，关注商业系统中的各个要素的相互关系与要素之间的适应性。

（二）适用性

适用性也可以称为个性、独特性。由于企业自身情况千差万别，市场环境变幻莫测，商业模式必须突出一个企业不同于其他企业的独特性。不同行业和不同性质的企业生存和发展的环境不同，意味着没有哪两个企业会有着完全一样的商业模式，一个企业的商业模式应当最适用于自己的企业，不可能被其他企业原封不动地照搬；因此创业企业应分析可选择的商业模式运作的流程，结合自身的资源、能力，打造出自己的独特的商业模式。

(三)难模仿性

商业模式的独特性和难模仿性是相辅相成的两个特征。

独特性不仅构成差异化优势,更重要的是为竞争者设置模仿障碍,降低被模仿风险。

企业通过确立自己的与众不同,如独特的价值定位、对客户的悉心照顾、良好的售后服务、快速的订单处理能力等,来提高行业的进入门槛,从而保证利润来源不受侵犯。

(四)前瞻性

企业以盈利为目的,它的运营机制必然突出确保其成功的独特能力和手段——吸引客户、雇员和投资者,在保证盈利的前提下向市场提供产品和服务。但是,仅仅如此是不够的,因为这只是商业模式的"现在式",而商业模式的灵魂和活力则在于它的"将来式",即前瞻性。也就是说,企业必须在动态的环境中保持自身商业模式的灵活反应,及时修正、有效改进和快速适应。

(五)有效性

一方面是指针对需求提供有效的价值主张,另一方面是指协调企业与利益相关者之间的利益关系,妥善处理各方面的价值冲突,创造良好的经济效益。从表现形式看,有效性是获取利润、维持生存的保障,是价值逻辑的表现形式,也是商业模式接受市场检验的结果。

(六)可持续性

频繁调整和更新商业模式不仅增加成本,还易造成混乱。这就要求商业模式的设计具备一定的前瞻性,同时结合商业项目的具体运行成效适当调整和矫正。

三、商业模式的本质与构成要素

从本质上看,商业模式是一系列制度结构和制度安排的连续体。其核心直指企业组织的价值产生机制。制度结构的连续体意味着商业模式的本质属性就是创新和变革,必然存在动态连续的变革演进。价值创造是企业组织存在的根本理由和发展的必要条件,也是经营活动的核心主题,一般包括三个来源,即组织自身价值链、技术变革和价值网络。我们可以从静态和动态两个角度来理解商业模式的本质。

(一)静态角度的商业模式本质

(1)在组织自身价值链层面,商业模式从制度上决定业务流程,而业务流程又与信息系统密切相关,两者适应与否决定了组织能否实现价值预期。

（2）在技术层面，商业模式是技术开发与价值创造之间的转换机制，其成本/收益结构也决定了技术开发成本能够获取的价值收益。

（3）随着信息技术和电子商务的发展，组织边界日益模糊，大大增加了交易和协作创造价值增值的可能性。

（二）动态角度的商业模式实质

从静态角度考量的商业模式是在特定时间和空间下呈现出来的形态，但世界是发展变化的，今天的模式也许并不适用于明天，甚至成为发展的障碍。为了使企业组织获得长期的核心优势，商业模式必须提供基于制度结构和制度安排的动态连续性，必须始终保持必要的灵活性和应变能力——动态匹配的商业模式——才能获得成功。

从商业模式的构成来看，魏炜与朱武祥所提出的"魏朱六要素模型"应该是比较有代表性的（见图9-2）。

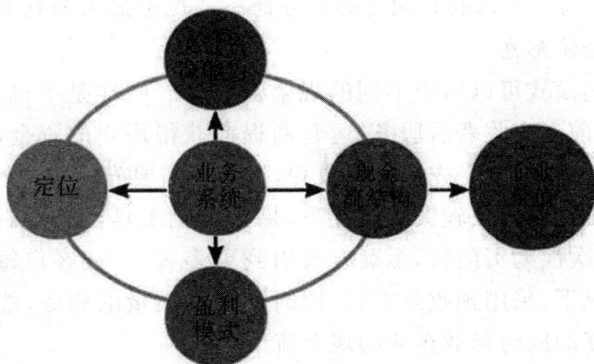

图 9-2　商业模式的"魏朱六要素模型"

资料来源：魏炜、朱武祥：《发现商业模式》，机械工业出版社 2009 年出版。

1.业务系统——企业选择哪些行为主体作为其内部或外部的利益相关者

业务系统由构型、角色与关系三部分组成。构型指利益相关者及其连接方式所形成的网络结构；角色指拥有资源能力的利益相关者；关系指利益相关者之间的治理关系，主要描述控制权和剩余收益索取权等权利束在利益相关者之间如何配置。这三方面的不同配置都会影响整个业务系统的价值增值能力。

2.定位——企业满足利益相关者需求的方式

这里的关键词是方式。同样是满足消费者喝豆浆的需求，可以开连锁店卖豆浆，如永和大王；可以卖豆浆机让消费者自己操作，如九阳；可以开社区体验店现磨现卖。这是不同的满足方式，是商业模式定位的差异。

3.盈利模式——以利益相关者划分的收支来源以及相应的收支(或计价)方式

同一个产品,收入来源有多种。例如,轮胎可以直接销售,也可以销售使用权。米其林把轮胎的收益权和转让权留归自己,车的主人则获得轮胎使用权。

计价的方式也有很多,如按时间收费、按价值收费、按消费资格收费等。游戏就有销售光碟(消费资格计价)、点卡(时间计价)、道具(价值计价)等盈利模式。

4.关键资源能力——支撑交易结构的重要资源和能力

不同的商业模式要求企业具备不同的关键资源能力;同类商业模式的企业其业绩的差异,主要源于关键资源能力水平的不同。同样是开餐馆,高档餐厅以环境、菜品单价和质量等取胜;连锁快餐追求标准化和快速复制化。明确了必要的资源能力,然后再去寻找具备这些资源能力的利益相关者,谋取合作,方能事半功倍。

5.现金流结构——以利益相关者划分的企业现金流入的结构和流出的结构以及相应的现金流形态

同一个盈利模式可以对应不同的现金流结构。同样是手机卡充值,可预存话费,可月结。前者先收费后服务,运营商提前获得用户的资金,以充沛的现金流投入用户服务;后者则是先服务后收费,运营商需要先将自身的现金流投入运营服务。在客户初期投入较大的情况下,借助金融工具,或分期付款,或融资租赁,降低客户一次性购买门槛,无疑会吸引到更多客户;在客户每次投入不大又重复消费的情况下,采用预收款方式,同时配以高质量的服务,能够在保持甚至提高客户满意度的同时释放企业的现金流压力。

6.企业价值——商业模式的落脚点

评判商业模式优劣的最终标准就是企业价值(或者商业模式价值)的高低。从投资的观点来看,一个企业的价值,实质上是指这个企业未来可持续的盈利能力,可以用三个关键指标来评估:

(1)总资产回报率,主要评估投资回报能力。如果某种商业模式能用同样的投入实现更高的产出,其总资产回报率就高,企业价值也必然高。

(2)销售利润率,主要反映竞争结构。如果企业的销售利润率高于大部分同价值环节的竞争对手,则其商业模式必有特别之处。

(3)销售额复合增长率,主要考察可持续性。企业的扩张有生长型扩张和复制型扩张,不管是哪一种,都会体现在销售额复合增长率上。在企业规模还比较小的时候,保持一定的销售额复合增长率,不但能提高企业价值,还有可能是企业生死存亡的关键。

第二节　商业模式和商业战略的关系

正如不少对大学生创业模式的总结分析所言,基于各种原因,大学生创业成功率比较低。就成功的案例来看,总体规律是:商业模式相对清晰,而项目战略则无明确界定。反思这种局面产生的原因,应当与大学生团队的认知能力和商业经验及投资者的功利导向密切相关。因此,进一步梳理及界定创业项目商业模式和商业战略关系就显得尤为必要。

一、关于企业战略

(一)战略的经典解释

战略管理理论相对成熟,关于企业战略的概念,尽管有争鸣,但总体趋同。比较有代表性的是被《经济学家》杂志称为"全球战略管理领域权威"的加里·哈默尔教授及战略管理大师迈克尔·波特教授的观点。哈默尔教授认为,未来的竞争就是不断创造与把握出现的商机的竞争,亦即重新划分新的竞争空间的竞争。企业要竞争成功,关键是做两件事:一是重新塑造现处的竞争空间,改变现有的游戏规则,即改变现有行业竞争优势的基础;二是创建一个全新的空间,以满足顾客的需求,尽管他们本来没有意识到自己有这种需求。波特教授认为,战略是建立在独特的经营活动基础上的,战略就是要做到与众不同。(1)它要求选择一系列与众不同的经营活动来提供它的价值,或者从事与竞争对手不同的经营活动。(2)战略就是创造一个唯一的、有价值的、涉及一系列不同经营活动的位置。(3)战略就是要通过权衡制造竞争中的取舍效应,这是因为企业既要为顾客提供某些新的选择,同时又要减少某些产品或服务,从而动态性地保持持久优势。(4)战略要求企业的所有活动相互契合,相互强化。

(二)企业战略的实质

从内容角度剖析战略,可以从以下几个方面来理解:

1.在企业经营上,战略首先是一个有关选择与取舍的问题

在目标市场既定的情况下,创业者需要完成定位,即选择(包含取舍)最有机会并最擅长的市场。这些选择与取舍包括:产品与市场范围、成长方向、竞争优势、协同、自产还是购买等。

2.关于差异化或者独特性的评估与诊断

战略探讨的是差异性的问题,它意味着选择一套不同的活动,以提供独特的价值。创业者需要根据上述选择与取舍,构建与对手有明显区隔的差异化内涵和外延,进而开展能支撑总战略的职能战略及具体实施措施的设计。

3.战略的目标是要建立可持续的竞争优势

战略强调基于整体协调性来构建企业的竞争优势。同时,还要使这种优势具有可持续性。

4.战略管理需要密切关联企业经营绩效

企业实施战略时,整体性和一致性更好的企业在经营绩效方面明显优于竞争对手,这也是一种差异化优势。

5.战略是动态的

当时代背景(如工业化时代和知识经济时代)不同、产业结构(包括供应商、企业自身、竞争者、顾客、新加入者、替代品、互补企业等)中任何一方发生倍速的变化时,就会出现"战略转折点",此时企业就必须进行战略变革。当然,最好的战略变革时机应该选在公司仍然健全,外部业务仍能够保护公司内部试验新的经营方式的时候,这样才能更好地保存公司的力量,保护雇员的利益,保护公司的战略地位。

二、商业模式最初形成及其与战略关系的模型构建

(一)最初的商业模式多数是事后的追溯

经过相当长的研究及宣导,有关企业战略管理的理论体系构建相对成熟。在其影响下,大多数企业主要依据战略安排所有的价值活动。但21世纪以来,国际包括中国均涌现出一批以清晰的商业模式运作市场并获得阶段性成功的企业。国际上如Facebook、亚马逊,国内规模企业如阿里巴巴、聚美优品,创新企业如河狸家、陌陌。因此,创业者难免产生创业项目"是使用战略还是使用商业模式"的困惑,同时也加大学者们对企业商业模式与战略关系的关注度,尝试对成功企业的价值活动方式进行研究,并归纳成某种所谓的商业模式。

具体商业模式的形成过程可以通过图9-3来说明。在管理实践中,企业通常按照战略理论先制定出具体的战略内容,再具体实施战略。由于企业选择各种不同的具体战略措施方案,也因此产生很多别具特色的战略措施体系。当这些战略措施体系给企业带来成功后,就可以通过追溯而确定某种商业模式。

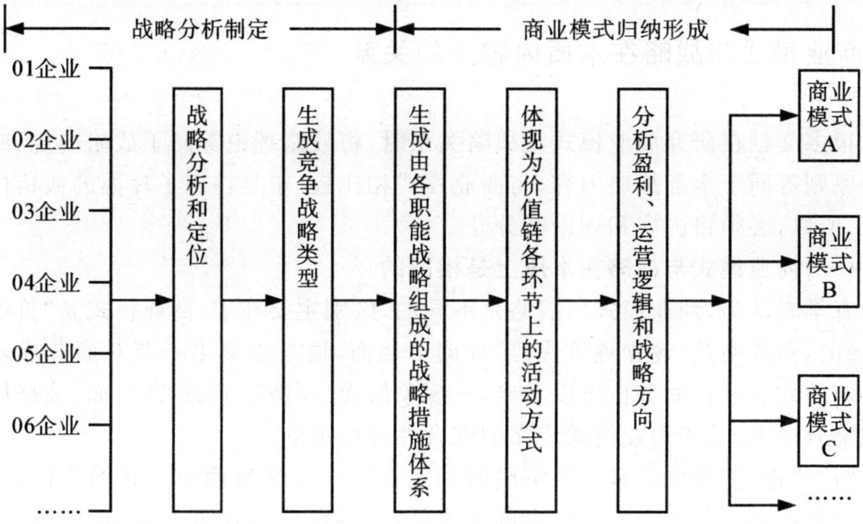

图 9-3　一般意义上的商业模式形成过程

资料来源:郭天超、陈君:《商业模式与战略的关系研究》,载《华东经济管理》2012 年第 4 期。

(二)商业模式与战略关系的模型构建

基于以上内容,我们所拟定的商业模式(内容)和战略(内容)的关系模型如图 9-4 所示。下面分别从本质内容和理论上分析商业模式和企业战略之间的关系。

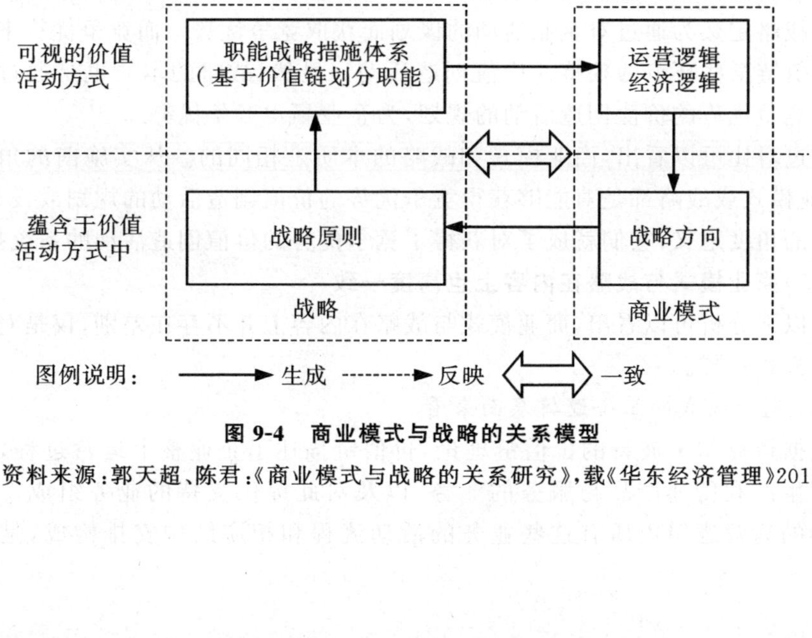

图 9-4　商业模式与战略的关系模型

资料来源:郭天超、陈君:《商业模式与战略的关系研究》,载《华东经济管理》2012 年第 4 期。

三、商业模式与战略在本质内容上的关系

很多文献在研究商业模式与战略关系时,将战略理论等同于战略内容,或将战略原则等同于全部战略内容,与商业模式相比较,于是得出了片面的或错位的结论,所以,必须将内容和理论区分开。

(一)商业模式与战略在本质上是相同的

有学者认为,商业模式与战略是不同的,区别主要在于:商业模式是"价值创造"导向,而战略是"建立竞争优势"导向。然而,通过本章第一节对商业模式概念界定的发展过程的分析可以看出,从现象层面、经济层面、运营层面、战略层面再到整合层面,关于商业模式定义的综合性是递进的。

"价值创造"导向是基于经济层面和运营层面定义对商业模式的定位,其中经济层面描述了怎样为企业自身创造价值,运营层面描述了怎样为顾客创造价值。这两个层面的定义未强调价值创造必须以竞争对手无法做到的方式开展,从而能为企业建立竞争优势。战略层面的商业模式定义,强调价值创造必须以建立竞争优势为目标。整合性层面的商业模式定义,描述如何通过盈利、运营逻辑和战略方向的整合,即能够获得竞争优势(即具有战略方向)的价值创造方式(即盈利、运营逻辑),为企业建立持续的竞争优势。因此,商业模式是对企业经营系统的规划,其本质是对能够获得竞争优势的价值创造活动的描述或设计。

随着企业营销观念向顾客价值导向转变,企业战略也愈加强调价值创造。波特将战略定义为通过对企业活动的谋划而获取竞争优势。而竞争优势来源于企业价值链某些环节的独特的价值创造活动。显然,战略的本质也是通过对能够建立竞争优势的价值创造活动的规划,为企业赢得竞争优势。

通过对比可以看出,商业模式和战略的本质是相同的。从实施前的角度定义,商业模式或战略都是对能够获得竞争优势的价值创造活动的规划或设计;从实施后的角度定义,它们就成了对获得了竞争优势的价值创造活动的系统描述。

(二)商业模式与战略在内容上也高度一致

从以下分析可以看出,商业模式与战略在内容上并不存在差别,仅是对内容的描述方式不同。

1.从商业模式的三个逻辑层面来看

根据迈克尔·波特的价值链理论,价值链描述了企业整个运营过程,由直接进行生产和传递产品与服务的业务,以及对此提供支持的业务组成。商业模式中的运营逻辑由所有这些业务的活动流程和相应结构安排构成,是对这

些活动流程和相应结构安排的系统性描述,说明了企业怎样开展运营业务。由于价值链上所有运营业务构成了顾客价值创造过程,因此所有这些业务的开展方式即运营逻辑同时说明了怎样为顾客创造价值,即描述了顾客价值创造方式。

必须看到,价值链不只包含对顾客价值的创造,价值链上涉及多个环节的关于收入来源、定价方式、成本控制等实现经济收益的业务内容同时构成了企业自身价值创造过程(收益是对企业自身价值的回报或体现)。与此相应,这些业务内容的活动流程组成了企业自身价值创造方式,即盈利逻辑。

因此,盈利逻辑和运营逻辑是对企业价值链上所有环节的价值活动方式按两个逻辑层面进行的归纳描述,分别由相应的各价值活动方式组成,以说明企业怎样创造价值。

战略方向的构成要素中包含价值创造。这里讨论的战略方向仅包含战略原则,即处于非操作层的使命、目标、定位、竞争战略类型、核心竞争力来源等,这并不影响商业模式概念及构成要素的完整性。在战略指引下,创业者从目标市场定位出发,提出价值主张,从构建业务系统入手,通过整合关键资源建立差异化竞争优势。

价值链由企业各种业务职能组成,价值链各环节上的活动依据该环节的职能战略措施展开,实施后的职能战略措施体系直接表现为价值链各环节的价值活动方式。根据前面对商业模式概念的分析,盈利逻辑、运营逻辑是对价值链各环节的价值活动方式按两个逻辑层面进行的归纳描述,由相应的各价值活动方式组成,所以盈利逻辑、运营逻辑即是对职能战略措施体系的归纳描述,并分别由相应的职能战略措施的内容组成。

当然,作为商业模式另外一个逻辑层面,战略方向是对企业战略原则的反映。因为商业模式是对价值活动方式的描述和分析,商业模式中的战略方向必然从价值活动方式中得到。价值活动即职能战略措施是根据战略原则制定的,所以通过可视的价值活动方式可以察觉企业的战略原则。

由此可以看出,由盈利逻辑、运营逻辑和战略方向三部分组成的商业模式,与战略的两个组成部分相互对应并高度一致(参见图9-4),是对战略的系统性描述。

2.从商业模式和战略与组织结构的关系来看

有些商业模式概念表述中包含或涉及组织结构,这使商业模式和战略似乎有所不同。无论是商业模式还是战略都是在一定的组织结构上产生和运行的,但是组织结构又往往因商业模式或战略的改变而进行调整。把所有企业通用的组织结构形式(如通用的职能划分等)称为一般结构,把组织结构中随企业的战略和商业模式而调整的部分(如部门内部人员任务关系、组织内外伙伴关系等)称为战略结构,任何企业都是一般结构和战略结构的结合。

一般结构被所有企业运用,所以不应包含于具有独特性的商业模式或战略中,而战略结构是为独特的商业模式或战略而设计,所以,应作为商业模式或战略的一部分。

四、商业模式与战略在理论层面上的关系

商业模式与战略在理论上有较为明确的区别,而这些区别,体现了商业模式理论与战略理论的互补性。

(一)商业模式理论与战略理论的研究侧重点不同

目前,商业模式理论研究范围虽然包括商业模式的概念、结构、分类、创新、评价等多个方面,但均以运营逻辑、盈利逻辑和战略方向为研究对象或核心。而这三个层面的逻辑又是从职能战略措施体系中归纳或分析而来,所以,商业模式的研究对象或侧重点即是企业的职能战略措施体系。

商业模式理论从战略制定的结果处开始研究,从企业职能战略措施体系中归纳或分析出三个层面的逻辑特别是价值创造逻辑。商业模式理论归纳出的各种模式及逻辑关系对企业构建具体的职能战略措施体系具有很好的指导作用,这种指导作用首先表现在为战略制定者提供逻辑思路;其次是在战略方向即战略原则的指导下,通过对原有价值创造模式的借鉴,启发和指导战略制定者制定出能创造更高价值的创新的战略措施。这正是战略理论所欠缺的。

战略理论从战略制定的源头开始研究,主要研究战略原则的制定方法和形成过程,缺少对具体战略措施的研究。在已制定出的战略原则的指导下,怎样构建具体的职能战略措施,需要战略制定者进行创造性构思,战略理论并没有提供构思的方法或思路。

战略理论缺少对战略措施中逻辑关系的研究,所以人们并未意识到盈利逻辑、运营逻辑是战略措施体系本身所具有或应该具有的。

(二)商业模式理论的研究特色与战略理论有所不同

商业模式理论有自己的研究特色。

1.系统性、逻辑性

商业模式往往用价值链上某个环节的独特的价值创造活动来指代,比如财务投资战略、终端控制战略、供应链整合战略、服务营销战略等,这些职能级别的

战略往往是企业总战略的支撑。

商业模式理论更强调战略体系中的逻辑关系,这突出了其系统性、逻辑性特点。商业模式理论的系统性、逻辑性特点使人们在利用商业模式理论构建企业的运作体系(战略措施体系)时,会有更清晰的思路。

2.具体性、形象性

战略原则具有普遍性,比如低成本战略原则、差异化战略原则等是普遍适用的,而职能战略措施是具体的,每个企业的职能战略措施体系或多或少有所不同,没有哪种战略措施体系是普遍适用的。这导致商业模式很难分类,具有特殊性,很难从诸多企业中抽取共性。所以,商业模式常常针对具体的案例进行研究并通过案例来描述,比如淘宝模式、京东模式、美团模式等。这赋予了商业模式理论的具体性和形象性特点。

这些特点使商业模式理论对管理者更具指导性,更易于接受和产生兴趣。通过分析和借鉴别人的商业模式,企业可以更好地寻找竞争优势来源和构建自己的战略措施。不过,随着商业模式理论研究的深入,更多规律的挖掘,商业模式理论将越来越抽象化,研究者应在理论的抽象化与具体化之间做出权衡。

3.创新性

商业模式从最初应用于信息管理领域开始,就一直与创新有关。商业模式理论强调从技术、产品、管理、观念等方面进行创新并应用于战略措施的制定或变革,从而创造更大的价值。商业模式理论的应用有利于推动企业创新,提高价值创造的效率和效果,更好地满足消费者并推动经济社会的发展。目前有关商业模式创新的研究也是商业模式理论研究的一个热点。

(三)商业模式理论与战略理论具有互补性

战略理论的很多重要内容是商业模式理论所不具备的。比如波士顿矩阵、SWOT 分析等分析工具,并未出现在商业模式理论中,另外,很多战略学派的重要战略理论或观点也是商业模式理论所未涉足的。

由于以上区别,在战略制定过程中,应将商业模式理论与战略理论相结合,而且在对战略制定的指导作用上,商业模式理论是对现有战略理论的补充或完善。

第三节 商业模式的设计思路和方法

一、关于商业模式体系

哈佛大学教授约翰逊、克罩斯坦森和 SAP 公司的 CEO 孔翰宁在《商业模式白皮书》一书中精辟地概括了商业模式的体系构成——由客户价值、资源和能力及盈利方式构成的"三维立体模式"。其他对商业模式的各种体系构成结论都是在上述三个基本要素的基础上的适当扩展和进一步的细化,如魏炜和朱武祥教授在《发现商业模式》一书中说,商业模式体系包括定位、业务系统、关键资源能力、盈利模式、自由现金流结构和企业价值。

纵观国内外学者对商业模式体系的研究,可以看出关于商业模式的体系构成通常涉及以下几大要素:

(1)价值类要素:利益相关者价值主要指顾客价值和企业价值等,具体指价值主张、价值网络、价值维护和价值实现等。

(2)资源能力类要素:指关键资源能力的构建和分配、核心竞争力、核心技术、伙伴网络、业务系统等。

(3)战略类要素:包括市场、价值和战略定位、业务范围的选择确定。

(4)盈利类要素:利润流、现金流结构、收入流等。

二、商业模式画布

(一)商业模式画布的概念界定

商业模式画布,是一种用来描述商业模式、可视化商业模式、评估商业模式以及改变商业模式的通用语言。

(二)商业模式画布的九个要素

(1)客户细分(Customer Segments,CS):企业或机构所服务的一个或多个客户分类群体;

(2)价值主张(Value Propositions,VP):通过价值主张来解决客户难题和满足客户需求;

(3)渠道通路(Channels,CH):通过沟通、分销和销售渠道向客户传递价值主张；

（4）客户关系（Customer Relationships,CR）：在每一个客户细分市场建立和维护客户关系；

（5）收入来源（Revenue Streams,RS）：收入来源产生于成功提供给客户的价值主张；

（6）核心资源（Key Resoures,KR）：核心资源是提供和交付先前描述要素所必备的重要资产；

（7）关键业务（Key Activities,KA）：通过执行一些关键业务活动,运转商业模式；

（8）重要合作（Key Partnerships,KP）：有些业务要外包,而另一些资源需要从企业外部获得；

（9）成本结构（Cost Structure,CS）：商业模式上述要素所引发的成本构成。

以上九要素如图 9-5 所示。

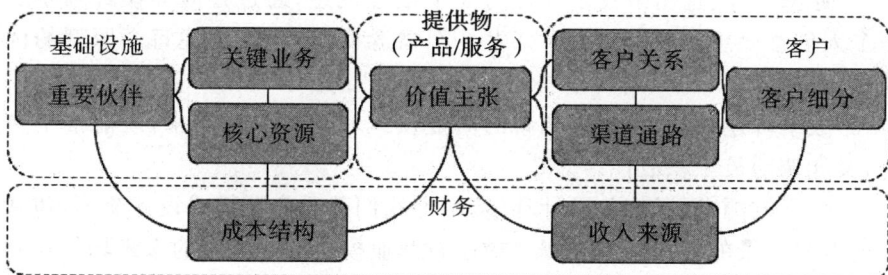

图 9-5　商业模式的设计框架

资料来源：亚历山大·奥斯特瓦德、伊夫·皮尼厄：《商业模式新生代》,机械工业出版社 2011 年版。

（三）商业模式画布的实践运用

（1）可以用于帮助各部门从面向服务的业务角度审视自己构建的当前的和未来的商业模式；

（2）发现免费增值商业模式的盈利方式；

（3）提供咨询,规划和创新商业模式,维持公司长期的活力和增长；

（4）进行文化、电子商务等项目的商业模式规划；

（5）进行职业规划,进行创业规划,将创业计划转变为商业流程；

（6）重组价值链,规划或重组企业组织结构等等。

三、基于商业模式画布的六种商业模式设计方法

商业模式画布类似于画家的画布,其中预设了 9 个空格。创业者可以进行组合构造模块,来描绘现有的商业模式或者设计新的商业模式。以下介绍 6 种基于商业模式画布的商业模式设计方法:客户洞察、创意构思、可视思考、原型制作、故事讲述和情景推测。

(1)客户洞察:基于对客户的彻底理解,知道该听取哪些客户意见和忽略哪些客户意见,关注新的和未满足的客户细分群体。

(2)创意构思:通过使用画布来分析商业模式的创新的核心问题和使用"假如"的提问方式来生成针对创新商业模式的创意。

(3)可视思考:使用诸如图片、草图、图表和便利贴等视觉化工具来构建和讨论事情,通过理解、对话、探索和交流来改善视觉化思维。

(4)原型制作:选出最具多样性的 3 个创意设想;通过在商业模式画布上绘制每个人创意设想的各个元素来开发 3 个概念商业原型;标注每个原型的优点和缺点。

(5)故事讲述:通过讲故事把新的商业模式和理念呈现出来,既能推销给投资者,又能调动员工积极性。

(6)情景推测:通过细化设计环境,帮助我们熟悉商业模式设计流程,包括描述不同客户背景的客户情景推测及描述新商业模式参与竞争的未来场景推测。

四、商业模式设计流程

(一)动员

目标:为一个成功的商业模式设计项目做好准备工作。

焦点:搭建舞台。

描述:为成功的商业模式设计聚集起所有需要的元素。营造出一个亟须新商业模式的环境,说明创新项目的动机,并且建立一套描述、设计和分析讨论商业模式的公共语言。

主要活动:确定项目目标;测试初步的商业想法;规划;组建设计团队。

关键成功因素:合适的人员、经验和知识。

主要风险:高估了初始想法的价值。

(二)理解

目标:研究和分析商业模式设计所需要的元素。

焦点:全情投入。

描述:创业者和商业模式设计团队需要全情投入相关信息中,即客户、技术和环境。创业者需要收集信息、访谈专家、研究潜在的客户、发现需求和问题。

主要活动:环境分析;研究潜在的客户(移情图);采访行业专家;研究前人的做法(例如,失败案例及其原因);收集想法和观点。

关键成功因素:对潜在的目标市场的深入了解;超越传统目标市场定义的界限(敢于质疑行业假设和成熟的商业模式)。

主要风险:研究过度——研究和目标之间脱节;由于受到预先某个想法的影响,研究结果不客观。

(三)设计

目标:构建和测试可行的商业模式可选方案,并挑选最佳方案。

焦点:调研探索。

描述:把前一阶段中获得的信息和想法转化为商业模式原型,并进行不断的探索和测试。在反复密集的商业模式探究后,选出符合要求的商业模式。

主要活动:头脑风暴、原型制作、测试、选择。

关键成功因素:与来自项目不同部门的员工一起设计;透过现状看本质的能力;投入时间,探索多种商业模式。

主要风险:低估或打压大胆想法;过快地"钟情"于某个想法。

(四)实施

目标:在实际环境中实施商业模式原型。

焦点:实际执行。

描述:实施挑选出来的商业模式设计。

主要活动:(里程碑、项目路线图)交流和参与;执行。

关键成功因素:最佳项目管理;快速调整商业模式的能力和意愿;平衡好旧模式和新模式。(密切关注超出预期的风险和收益,及时处理不确定因素。)

主要风险:积极性降低。

(五)管理

目标:结合市场反馈来调整和修改商业模式。

焦点:演化发展。

描述:建立起管理架构来持续不断地监督、评估、调整和改变商业模式。

主要活动:分析环境;持续地评估该创业项目的商业模式;换一个角度思考

该创业项目的商业模式;调整商业模式,配合公司整体战略;处理模式间的协同效应和冲突问题。

关键成功因素:目光长远;积极主动;商业模式的管理。

主要风险:成为成功的牺牲品,满足于现状而未能及时做出调整。

五、模拟商业模式设计

基于上述模型及流程,下文以中医理疗培训机构"百善堂"为原型,开展商业模式设计实例演示。百善堂是一家集教学、实习、就业、创业为一体的新型培训机构,总部在福建省福州市。它依托福建中医药大学和国医堂强大中医推拿专家教授团,结合市场需求,面向国内外招收学员,教授其更专业、更全面的中医理疗技术。

(一)设计价值主张模块

设计价值主张模块首先要定义企业的价值主张,即企业提供的产品和服务。百善堂提供的产品应该是职业化的中医理疗培训课程及持证上岗的技能职业证书。服务对象主要为中医理疗机构人员和有意在这个领域就业的职业人群。

从价值创新角度,百善堂还可以面向各类专业机构提供人才服务(含代招聘、上岗培训、晋级培训、人才派遣服务)、白领专项培训、医疗机构继续教育培训,还可以为社会大众提供定制式理疗服务等。另外,机构拥有的场所可以在假期停课期间为各种外界单位的会议、培训、考试等提供场地和配套服务等。把这些想法填进价值主张模块框中,则完成了设计价值主张模块的步骤,如图 9-6 所示。

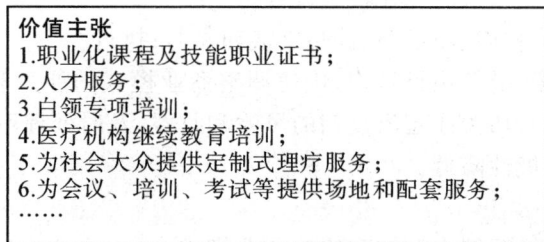

> 价值主张
> 1.职业化课程及技能职业证书;
> 2.人才服务;
> 3.白领专项培训;
> 4.医疗机构继续教育培训;
> 5.为社会大众提供定制式理疗服务;
> 6.为会议、培训、考试等提供场地和配套服务;
> ……

图 9-6 价值主张模块设计

(二)设计客户细分模块

价值主张是基于客户导向的。根据百善堂当前及未来一段时间的成长轨迹,其客户群体主要为就业人群和需要人才支撑的各类中医理疗机构。未来将延伸到白领、医疗机构、社会大众等。把上述客户群与价值主张一一对应(见图9-7)。

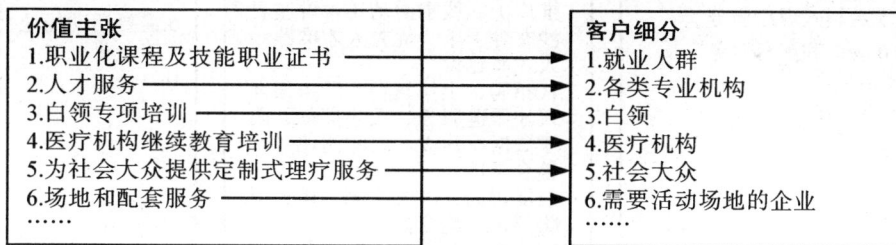

价值主张	客户细分
1.职业化课程及技能职业证书	1.就业人群
2.人才服务	2.各类专业机构
3.白领专项培训	3.白领
4.医疗机构继续教育培训	4.医疗机构
5.为社会大众提供定制式理疗服务	5.社会大众
6.场地和配套服务	6.需要活动场地的企业
……	……

图9-7　客户细分模块设计

(三)设计渠道通道模块

渠道通道是指价值主张即产品和服务是如何传递给客户的。创新的思路是能不能通过渠道通道的优化,让客户获取服务的成本降低,增加客户的让渡价值。在前两步的基础上,这个模块设计如图9-8所示。

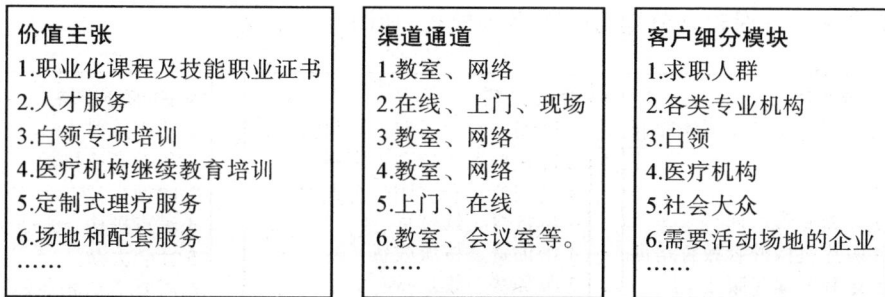

价值主张	渠道通道	客户细分模块
1.职业化课程及技能职业证书	1.教室、网络	1.求职人群
2.人才服务	2.在线、上门、现场	2.各类专业机构
3.白领专项培训	3.教室、网络	3.白领
4.医疗机构继续教育培训	4.教室、网络	4.医疗机构
5.定制式理疗服务	5.上门、在线	5.社会大众
6.场地和配套服务	6.教室、会议室等。	6.需要活动场地的企业
……	……	……

图9-8　渠道通道模块设计

(四)设计客户关系模块

在这个模块里,要填入的是通过哪些方式、哪些渠道跟客户沟通感情,建立客户关系,提高客户认同感、喜爱度和忠诚度(见图9-9)。

(五)设计收入来源模块

这一步设计企业收入的渠道和方式,创新的思路是如何从各种细分的客户身上获取多种收入,同时又为客户的付费提供各种便利,降低客户成本。在前四

价值主张	客户关系	客户细分模块
1.职业化课程及技能职业证书 2.人才服务 3.白领专项培训 4.医疗机构继续教育培训 5.定制式理疗服务 6.场地和配套服务 ……	1.课堂、文化活动、微博、论坛、微信、就业情况公布、考证通过率、技能提高情况、就业帮助、整合推广〔含宣传海报、短信推广、在线推广（含自媒体和互联网新媒体、传统媒体推广）、线下活动（含讲座、沙龙等）〕、优秀人才推荐、人才库建设 2.代招聘、上岗培训、晋级培训、人才派遣服务、人才推荐、人才数据库建设、人才测评 3.整合推广 4.技能提高，方案定制、销售团队拜访、整合推广 5.在线咨询诊断、上门服务、回访、整合推广 6.整合推广、专项服务 ……	1.求职人群 2.各类专业机构 3.白领 4.医疗机构 5.社会大众 6.需要活动场地的企业 ……

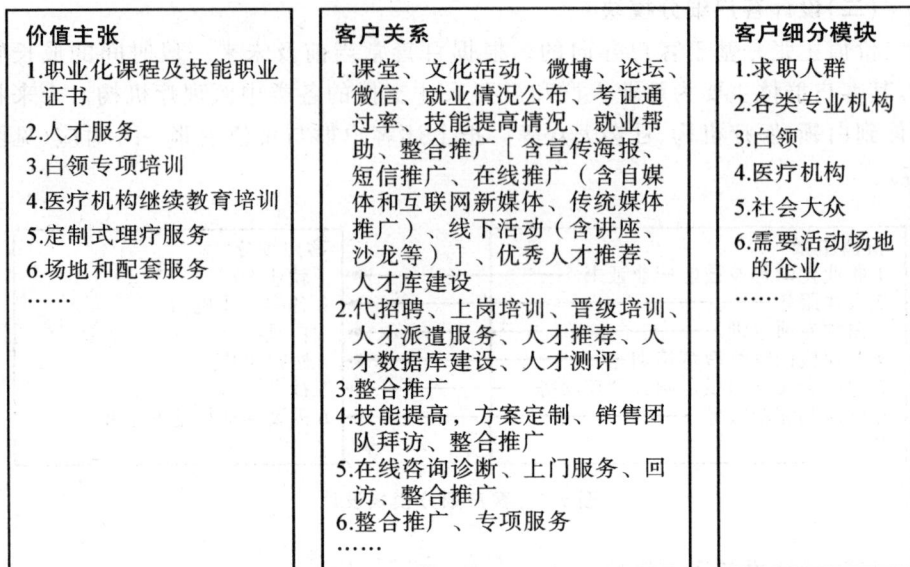

图 9-9　客户关系模块设计

步的基础上,笔者发现除了学生学费外,还增加了培训费、广告费、场地费等多项收入,而培训费更可以设计出按次收费、会员制（定期缴纳会费,一定期限内任意免费参加各种课程）、分期付款等多种模式,如图 9-10 所示。

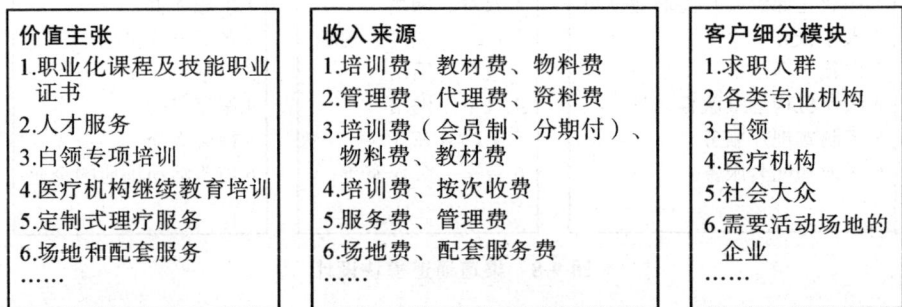

价值主张	收入来源	客户细分模块
1.职业化课程及技能职业证书 2.人才服务 3.白领专项培训 4.医疗机构继续教育培训 5.定制式理疗服务 6.场地和配套服务 ……	1.培训费、教材费、物料费 2.管理费、代理费、资料费 3.培训费（会员制、分期付）、物料费、教材费 4.培训费、按次收费 5.服务费、管理费 6.场地费、配套服务费 ……	1.求职人群 2.各类专业机构 3.白领 4.医疗机构 5.社会大众 6.需要活动场地的企业 ……

图 9-10　收入来源模块设计

(六)设计核心资源和关键业务模块

　　价值主张有两大模块。其一是面向客户,以为客户提供更多价值为目的的模块;其二则是确保价值主张能够顺利实现,确保企业能够持续稳定地为客户提供产品和服务,为客户创造价值的模块。前者统称为客户单元,后者统称为基础设施单元。

核心资源是指企业为了实现价值主张，所必须具备的最核心的资源和竞争力。关键业务是价值主张的具体实现，决定企业经营成败的业务组合。以下将两个模块填充，并与价值主张对应，如图 9-11 所示。

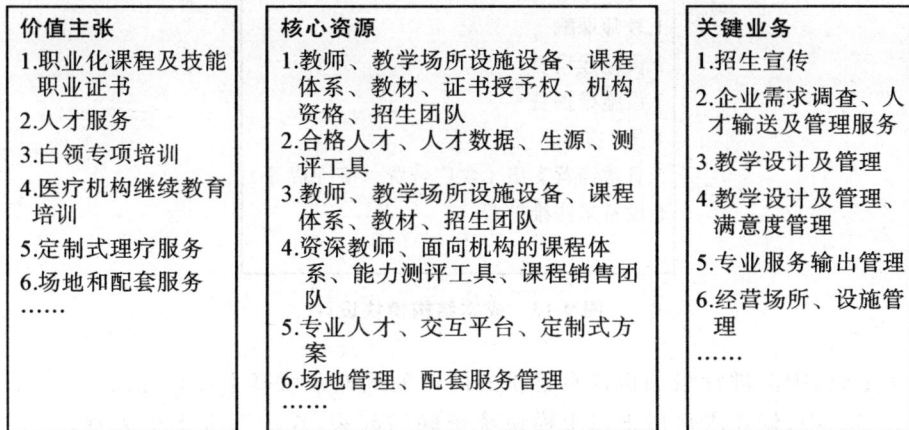

价值主张	核心资源	关键业务
1.职业化课程及技能职业证书 2.人才服务 3.白领专项培训 4.医疗机构继续教育培训 5.定制式理疗服务 6.场地和配套服务 ……	1.教师、教学场所设施设备、课程体系、教材、证书授予权、机构资格、招生团队 2.合格人才、人才数据、生源、测评工具 3.教师、教学场所设施设备、课程体系、教材、招生团队 4.资深教师、面向机构的课程体系、能力测评工具、课程销售团队 5.专业人才、交互平台、定制式方案 6.场地管理、配套服务管理 ……	1.招生宣传 2.企业需求调查、人才输送及管理服务 3.教学设计及管理 4.教学设计及管理、满意度管理 5.专业服务输出管理 6.经营场所、设施管理 ……

图 9-11　核心资源和关键业务模块设计

(七)设计重要伙伴模块

企业要想实现某种价值主张，但不具备所需要的核心资源时，则需要通过价值整合，与其他具备该核心资源的单位和组织结成战略伙伴，借助其资源实现自己的价值主张(见图 9-12)。

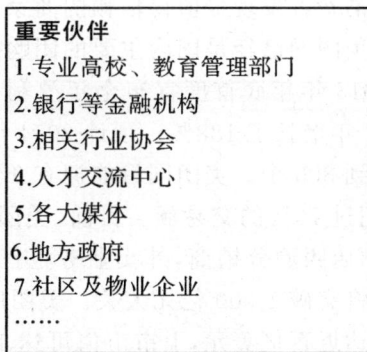

重要伙伴
1.专业高校、教育管理部门 2.银行等金融机构 3.相关行业协会 4.人才交流中心 5.各大媒体 6.地方政府 7.社区及物业企业 ……

图 9-12　重要伙伴模块设计

(八)设计成本结构模块

最后一个模块把企业的所有成本开支一一汇总罗列,帮助分析节约成本的办法,如图 9-13 所示。

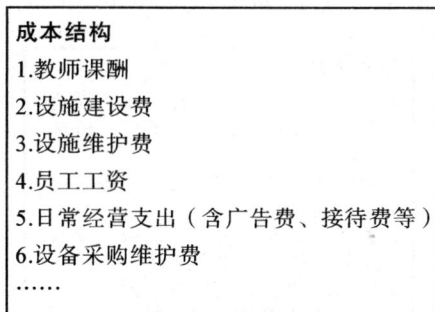

成本结构

1.教师课酬
2.设施建设费
3.设施维护费
4.员工工资
5.日常经营支出（含广告费、接待费等）
6.设备采购维护费
……

图 9-13　成本结构模块设计

至此,中医理疗培训机构百善堂的商业模式框架就基本设计完成。

实践中,创业者可以把以上模块统统联结起来,在一张大图上表现,一个清晰的商业模式结构就能完全展现。商业模式设计框架模型适用于各种领域大学生创业项目的商业模式设计与创新,能够为创业者提供创新思路和思维导图。

六、实际案例展示——美团网商业模式

美团网成立于 2010 年 3 月 4 日,是国内最早成立的团购网站,其经营范围是网络购物,其宗旨是为消费者发现最值得信赖的商家,同时让消费者享受超低折扣的优质服务。如今,美团网已经是国内主要的团购网站的代表,占领团购行业过半的市场份额,在 2013 年年底首度宣布全年盈利。2013 年美团网全年交易额达 160 亿元,较 2012 年增长了 188%。预计 2014 年全年交易额将达到 400 亿元,覆盖城市数量将达到 300 个。美团网目前拥有 9 000 万个活跃移动用户,移动应用为该平台贡献超过 70% 的交易额。目前,美团网已成为国内第一大电影票分销商以及最大的酒店团购分销商,外卖业务也正处于上升趋势。预计美团网到 2015 年的销售额将突破 1 000 亿元大关。美团网于 2014 年启动赴美上市计划,机构对其估值已达近百亿美元,上市市值可达 150 亿～200 亿美元。笑看国内外团购网站此消彼长,美团网冷静地迎来了盈利时代,其商业模式更加稳健、清晰。下面根据商业模式画布,描述美团网的商业模式。

(一)顾客价值主张

旨在为顾客提供本地生活服务,实现全方位的选择权和便利性。

(二)客户细分

目标群体为 18～40 岁具有一定文化教育水平的工薪阶层、城市白领、部分中产阶层。具体为:

(1)线上顾客,分为线上已消费顾客和线上尚未进行消费顾客两类。

(2)线下顾客,和线上尚未进行消费的顾客构成美团网潜在顾客群体。

(三)客户关系

美团网的客户关系管理主要还是建立在网络上。

(1)EDM:美团网通过使用 EDM 软件向目标客户发送 EDM 邮件,建立同目标顾客的沟通渠道,向其直接发送电子广告、产品信息、销售信息、市场调查、市场推广活动信息等,用来促进销售。

(2)微博:美团网利用新浪、QQ、搜狐等网站的微博,与广大客户进行互动,了解顾客需求。

(3)SNS:由 SNS 网站将爱好相同的人聚集在一起,然后推出这个群体喜欢的商品,组织他们团购这类商品。

(4)美团网的官方网站:在官网首页投放相关广告,让顾客能更充分地了解每日商品的变化和折扣。建立意见反馈系统,及时将顾客的意见有效地解决,不断对产品及服务进行改进和提高以满足顾客的需求。

四关键商业活动

团购市场是其主要商业活动领域所在。

此外,美团网在此基础上需进行双向商业活动。一方面,美团网要处理跟商家之间的利益关系,每个商家所处的地理位置、提供的特色服务以及店面成本都不同,无法制定统一的标准;另一方面,美团网"以客户为中心"的营销模式又决定了其必须充分考虑消费者的立场,代表用户利益的美团网与商家有一个博弈过程。最后,美团网在兼顾商家和消费者利益的前提下,推出一系列"返利""让利"等活动,力求争取更大的团购市场份额。

(五)收入模型

佣金模式是美团网现在最主要的盈利模式。美团网为商家进行折扣促销后,收取 10% 左右的销售佣金。目前,美团网尚未通过广告或内容订阅等其他渠道赢利。

美团网未来可以发展其他新的盈利模式。如网站广告收入、对接金融机构支付功能的收入分成等。

(六)关键资源和能力

(1)核心创业者王兴及其创业团队：王兴作为校内网、海内网、饭否网的创始人，在第四次创业时，其在网络的社会化运营方面有着丰富的实战经验。他率领的具有强大执行力的创业团队，更是美团网成功攻占市场的强大主力。

(2)对于企业而言，美团网强大的知名度造就了其庞大的顾客基础，而商家要赚钱，需要有足够的客户群支撑，美团网能够为商家引入一定的客流量。

(3)对于消费者而言，美团网挑选能够提供优质服务的商家，为消费者提供产品和服务资源。现今，美团网推出的消费服务涉及餐饮、美容、写真、按摩、美发、电影、音乐会、瑜伽等。美团网的悉心挑选，成为消费者"团购无忧"的基石。美团网的员工必须通过亲历或较全面的调查确保所选商户的服务质量在一定水准之上。

(七)现金流

2010年3月上线，当年获得红杉资本A轮1 200万美元投资。2011年7月，B轮融资5 000万美元已全部到账，由阿里巴巴集团领投，北极光、华登国际及红杉资本等另外三家风险投资机构跟投。2014年5月，业内传出美团网完成C轮3亿美元融资。领投机构为泛大西洋资本，B轮投资方红杉资本和阿里巴巴跟投。美团网C轮融资的估值达30亿美元左右。根据新浪科技讯2014年12月22日上午消息，有媒体报道称美团网日前已完成新一轮融资，融资金额7亿美元，投资方有红杉资本，该媒体还表示此轮融资完成意味着美团网的估值至少高达50亿美元。

至此，美团网手握非常充足的现金储备。同时良好的经营性现金流，为其业务拓展、打造更加宽厚的价值链提供了足够的保障。

(八)主要伙伴关系

(1)风险投资机构与美团网形成战略合作伙伴关系。各大风险投资机构对美团网的投资，成为美团网重大资金投资项目来源，使美团网竞逐市场无后顾之忧。

(2)美团网与其他团购网站(拉手网、糯米网等)构成竞争伙伴关系。同在团购市场上角逐。

(3)美团网与顾客和商家形成互利互惠伙伴关系。在其赢利的前提下，既要顾及商家的利益，又要兼顾顾客的利益。

(九)成本结构

"王兴的每一分钱都会花在刀刃上，美团网最终能率先上岸也是赢在综合运营效率。"美团网的COO干嘉伟说。美团网团队坚信，能做到低价的本质是"高效率低成本"。

在 2012 年年会中,王兴以"南极探险的故事——最终赢的团队不是跑得最快的,而是很科学地计算出每天需要供给量和体力消耗的人,其核心是强调做事要讲科学与精细化运营"来表述美团网在成本管理上的清晰观点和坚定牵引意志。美团网广告主要集中在搜索引擎的优化,投入的成本较少,其成本主要在于其庞大机构的运营、广告和市场的拓展。美团网的拓展是理性且有次序的,很大程度降低了企业的成本。美团网的毛利率只有 5%左右,但 2013 年实现盈利,证明王兴基于提高综合运营效率的精细化管理理念是成功的。

第四节 商业模式的创新逻辑与方法

一、商业模式创新的界定和意义

(一)商业模式创新的定义

李飞和杜纲(2011)研究了深圳证交所创业板首批 28 家上市公司,发现这28 家创业企业并未掌握引领整个产业的技术,也未拥有源于技术的知识。创业型企业的独特之处是并不想照顾客户的全部需求,而是更加聚焦于如何帮助客户解决某个痛点问题。它们常常采取亲身体验式的价值感知。受制于自身的有限资源及资源整合能力,创业型企业在用人工操作取代自动化,采用弹性生产方式,确保较低的成本,努力满足客户任何时间、任何事情、任何地点的一站式服务要求方面更加殚心竭虑。李飞和杜纲还发现,成功的创业型企业使用一套被他们称作"掘金利润池计划"的利器,勇敢挺进高增长的市场,掘金行业深水利润池。创业型企业利用颠覆式的商业模式,获得了成功。其要旨是:进行精确的客户细分,亲身体验客户工作中的痛点问题,整合有限的资源聚焦于这一问题,为其提供一系列解决方案。他们推行更加富有弹性的价值生产方式和价格体系、更加有效的客户接触方式和便捷的服务方式,掘金某个细分市场深水利润池。

尽管李飞和杜纲并非专项研究以大学生创业项目为起点的创业板企业,但在这批创业板上市的企业中,包含了如北京立思辰科技股份有限公司这样的大学生创业公司。其研究中发现的规律性结论是值得关注的。成立于 1999 年的北京立思辰办公设备有限公司,前身是几名清华学生在 1988 年用于勤工俭学的校园复印社。2009 年 10 月 30 日在首批创业板上市。北京立思辰早期定位于办公设备销售渠道商,但创业团队对市场变化的趋势非常敏锐,他们研究了中国办公市场的走势,发现在未来的 10～20 年内,该市场只有有能力提供新型服务模式的企业才能生存。2004 年,北京立思辰决定转型为文件管理外包服务商,将"设备销售＋零件耗材销售＋后续维修保养"的传统业务模式转化为"整合设计、专业外包、长期服务"的新型业务模式,当年,该新型服务转型取得重大突破,确立了在中国文件管理外包服务市场上的本土领先地位。同时,公司与腾博等国际一流视频通信供应商开展合作,为跨国公司、政府机构等用户提供专业的企业级视频会议解决方案。经过前期的积累,2005 年开始,公司在文件管理外包服务、企业级视频会议解决方案及管理外包服务领域的能力获得较大提升,公司逐步形成集"硬件、软件、服务"于一体的业务整合能力,并在此基础上形成核心竞争力。

2007 年以来,公司的业务模式得到市场认可,在部分行业中形成成熟的行业解决方案,并具备行业复制能力。2008 年,公司以文件生命周期管理系统为代表的自主知识产权软件研发取得重大突破,在文件管理外包服务市场和视音频管理外包服务市场上形成了强大的领先优势。2009 年,公司把"绿色办公,整合服务"作为企业目标,立足中国,持续发展,为政府机构和大中型企事业单位提供包括文件管理外包服务和视音频管理外包服务在内的办公信息系统管理外包服务。至此,北京立思辰进入了新商业模式的高速成长阶段。北京立思辰用将近 9 年的时间,完成了商业模式从创新到完善的全部历程(见图 9-14)。

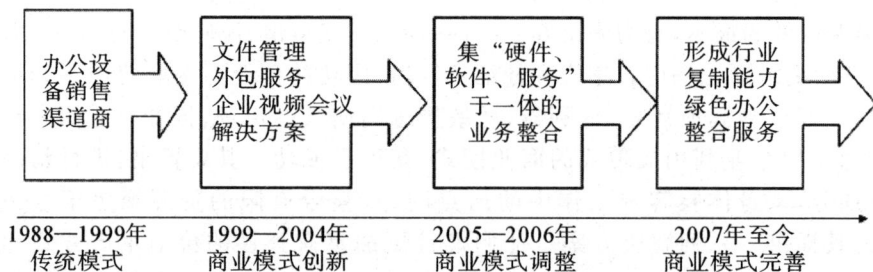

办公设备销售渠道商	文件管理外包服务企业视频会议解决方案	集"硬件、软件、服务"于一体的业务整合	形成行业复制能力绿色办公整合服务
1988—1999年传统模式	1999—2004年商业模式创新	2005—2006年商业模式调整	2007年至今商业模式完善

图 9-14 北京立思辰商业模式的创新与完善

资料来源:荆浩、贾建锋:《中小企业动态商业模式创新——基于创业板立思辰的案例研究》,载《科学学与科学技术管理》2011 年第 1 期。

从近年来较多创业企业实践的案例归纳中,我们可以发现,商业模式的创新经历了由单纯针对产品的创新到针对消费者的创新,由以企业为中心的创新到以客户需求为中心的创新,由提供产品驱动型的创新到服务与解决方案驱动型的创新,这种变化体现了单纯静态商业模式创新到动态与静态相结合的商业模式创新的演化过程,因此,动态商业模式是静态商业模式发展的高级阶段,也是商业模式创新的着力点。

而理解创业型企业的商业模式创新,特别需要从其"创新创业"的核心特性出发。它们是一股新生的商业力量,携带时代特性出生。而年轻的创业团队资源不足、商业经验有限、公司内部管理相对薄弱、运营系统尚未建立、企业经营业绩不稳定等问题,都使其需要不断地对其商业模式进行完善,才能够获得持续的竞争优势。目前,对于商业模式创新的界定可以归纳为以下三种观点(林子芬、鲁小静,2013):

(1)价值链的理论视角认为,商业模式创新是一种基于价值链创新的企业价值活动及对这些价值活动所涉及的全体利益方进行优化整合,以实现企业超额利润的有效的制度安排的集合。

(2)基于构成要素视角强调,通过提炼商业模式的构成元素,探讨提高原有要素价值的途径,或是改变各要素之间关系的途径来实现原有商业模式的创新。

(3)知识管理的视角指出,商业模式创新过程也是企业实施知识管理的过程,可以分三步走:一是将隐性的商业模式知识显性化;二是对商业模式进行深入分析,即将显性知识转化为隐性知识;三是对商业创意进行整合,形成新的商业模式,即将隐性知识再转化为显性知识。

因此,创业型企业的商业模式创新是指创业企业立足当下,根据外部环境特点、拟进入的竞争领域的格局、利用富有时代气息的资源,构建有别于传统企业的价值创造、价值传递和价值实现的基本逻辑,并为客户和自身创造增值价值。创新商业模式,既可能在构成要素方面不同于已有商业模式,也可能在要素间关系或者动力机制方面不同于已有商业模式。

(二)商业模式创新的意义

1.通过商业模式创新,提升交易价值,减少交易成本或降低交易风险,创造竞争优势

不同的创新路径都有可能创造竞争优势。然而,同样的商业模式在不同的利益相关者手中,其交易价值、交易成本和交易风险的分布是不平衡的。

如米其林公司,把销售轮胎变成轮胎管理、运营的托管业务,一方面获得轮胎成本节约的收入,在同一个客户身上获得更多盈利;另一方面这种增值托管服务也增加与客户的黏性,扩大客户群体。作为客户的大型车队也得到很好的服务体验和成本节约,这是整个交易结构交易价值的提升。对米其林来说,能在大

幅度提高交易价值的同时,有效减少交易成本,得益于在价值环节和资源能力上的积累:首先,米其林本来就有轮胎检测的价值环节,具备延长轮胎寿命、提高轮胎运营效益的能力;其次,米其林有多年的品牌积累和存量市场规模。在交易风险上,跟一次性销售相比,托管业务延长了服务时间,增加了运营不确定性;但是,由于用长单和大单锁定未来的服务流,资金流更为平滑、稳定、健康,金融风险得到降低。在交易成本得到有效控制(米其林有技术积累和人员配备优势)的情况下,总交易风险能有效地降低。

任何商业模式,都是利益相关者、价值环节和资源能力的有机组合。换作是另外一个轮胎制造商,如果不具备米其林的高效轮胎检测环节、轮胎运营管理能力、存量市场规模,想简单照搬轮胎托管业务,只能是东施效颦,一败涂地。

企业竞争是一场遭遇战,应错位思考,独辟蹊径,创新商业模式,才有可能赢得一片属于自己的天空。"大路朝天,各走一边",何必贴身肉搏?五星级酒店服务环节强,区位优势高;如家酒店前台标准化,后台统一化,运营效率高;7天酒店会员系统发达,不需要高昂的区位、人员投入、资源采购,有结构性成本优势……不同的商业模式,交易结构中的关键利益相关者、价值环节、资源能力都不一样,错位竞争,每家企业都有可能获得在它所处位置上最优化的交易价值、交易成本和交易风险表现,整个商业生态欣欣向荣。

2.商业模式创新是一种稀缺性、难以复制性和不可替代性的创新,从而确保持久的竞争优势

首先,交易结构是稀缺的。一是交易结构中某些利益相关者是稀缺的。例如,UT斯达康与中国电信合作小灵通时,中国电信是唯一一个没有无线网络的通信运营商,这种资源垄断让后来者就很难切入竞争战局。二是聚合其他利益相关者的资源能力是稀缺的。例如,在苹果之前,第三方软件开发商多如牛毛,App Store上线,依托的并不是这些遍地都是的软件资源,而是管理、组织这些资源的单一性平台,而这个平台依托于苹果的艺术性工业设计、设备品牌,这是稀缺的。三是交易结构非常复杂。在最终的交易结构中,可能不存在稀缺的利益相关者,也不存在稀缺的资源聚合能力,但由于交易结构非常复杂,除了主导者,很难有了解全盘者。作为整体而言,交易结构本身是稀缺的。鹿角、鸡冠、蟒身、虎爪……这些都不稀缺,但组合在一起的"龙",却是稀缺的神兽。

其次,交易结构是难以复制的。跟营销、技术和战略等方面的创新相比,商业模式创新涉及更加复杂的利益相关者、价值环节和资源能力组合。在交易结构与企业绩效之间,因果性更加模糊。同样的商业模式,有可能应用于A公司所向披靡,应用于B公司却一败涂地。每个利益相关者只负责、了解局部,因

此,要了解交易结构全局,明晰其背后逻辑,准确复制,不但得其形,还要得其神,何其难也。

最后,交易结构是不可替代的。本质上,商业模式是在不断革新、动态发展当中的。因此,每个交易结构都具备路径依赖、不断发展的不可替代性。例如,IBM从原来的硬件制造到硬件集成,再到软件集成,最近发展到涵盖硬件、软件和服务的知识集成,后一步的升级都依托于前一步之上,这种商业模式的重构和革新,让后来者很难追赶。

诚然,不是所有创新商业模式都能同时满足稀缺、难以复制和不可替代三个条件,这就造就了不同程度的持久竞争优势。

二、商业模式创新的路径

创新,意味着差异化。我们可以通过差异化定位、业务系统、盈利模式、关键资源能力或者现金流结构创新来实现商业模式的转换。

(一)定位创新

1.产权转移

产权既然是指所有者对财产的一种权利,就意味着可以切割,并分配给不同的利益相关者。只要从中产生的交易价值超过分割重组的交易成本,这种新的产权配置就是有价值的,就是一个成功的商业模式定位。

传统的产品销售模式,是一次性全部转移产品的使用权、收益权和转让权,而创新商业模式则可以将产权分割,把每个权利分配给能够创造更大交易价值或者降低交易成本的利益相关者,从而实现商业模式价值的最大化。

如米其林把轮胎的收益权和转让权留归公司,车主只获得轮胎使用权,按公里数付费,实现轮胎资本利用最大化,大大降低大型车队的轮胎使用成本(包括降低燃油消耗)。

2.交易过程

企业与消费者交易的过程可分为:相互搜寻过程(交易前)、讨价还价过程(交易中)、执行过程(交易后)。不同的商业模式定位,在这三个过程中的交易价值、交易成本和交易风险都不同,因此最终形成的商业模式价值也不同。

比较实体店和网上商店,在这三个过程中的交易价值和交易成本,就有所不同,见表9-2。

表 9-2　实体店与网上商店的比较

		实体店	网上商店	消费者优先选择
交易成本	搜寻	高	低	网上商店
	讨价还价	一样	一样	实体店/网上商店
	执行	高	低	网上商店
交易价值	搜寻	低	高	网上商店
	讨价还价	高	低	实体店
	执行	低	高	网上商店

　　由于交易过程可分,如果环节之间切换成本不高,消费者就可以在不同环节之间选择不同的商业模式定位。消费者最合理的选择应该是在网店搜寻,去实体店讨价还价,最终在网店下单购买,执行交易。对企业而言,也可以在这几个环节之间切割重组,成为兼具网店和实体店的混合商业模式定位。如始创于2002年的网络奢侈品品牌钻石小鸟,从做网店起家,率先把"鼠标＋水泥"的模式引入销售。后来为了形象展示和客户体验,也开启实体店,实现客户在网上搜寻、在实体店讨价还价、在网店执行交易的混合定位。

　　3.交易客体

　　交易客体可以分为产品、服务、解决方案和赚钱工具。不同的交易客体定位,其交易价值、交易成本和交易风险也不同。前三者较为普遍,所以这里仅讨论赚钱工具。

　　以赚钱工具为交易客体,其特点在于大大提高交易价值(与此相比,交易成本和交易风险的降低就显得不那么突出),从而使企业可以从中分享一部分商业模式价值。连锁品牌为加盟商提供的体系几乎是全方位的,从店面选址、装修到人员培训、广告运营等,其目标只有一个——让加盟商赚钱。这种商业模式售卖的就是赚钱工具,企业利润跟客户能否赢利、赢利多少是紧紧结合在一起的。

　　(二)业务系统创新

　　1.创新构型,即创新交易连接方式的网络结构

　　苹果公司的 iTunes 和 App Store,并不在原来苹果公司的业务系统中,是一种业务系统构型的创新。

　　2.变换角色,寻找不同的利益相关者

　　张艺谋的《印象》系列山水舞台演出依托地方政府支持,以山水为合作伙伴,游客为观众,当地居民为演员——通过这一系列的业务系统角色创新,区别于传

统演出，赢得了竞争优势。

3.变革利益相关者之间的治理关系

总部与连锁店之间的典型关系有直营、合作和加盟三种，分别对应纯所有权、混合和纯市场。在全球化进程中，星巴克则设计出一种灵活的期权机制。先期不控股，随着业务发展，择机回购增持股份。这样可以在新店亏损期间减少对企业的负面影响。在新兴市场上，星巴克往往寻找有实力的合作伙伴，组建合资公司。星巴克在合资企业最初持股比例为5％～20％不等，设定看涨期权：当市场和合资企业长势良好，净利润达到约定水平时，星巴克可按约定倍数（如8～10倍）回购部分合作方的股权，增持合作企业股权至50％以上。

（三）盈利模式创新

企业的收支来源由收入来源和成本支付来源构成。收入来源包括直接顾客、第三方顾客、直接顾客加第三方顾客；成本支付来源包括企业、企业和第三方伙伴、第三方伙伴、零可变成本等。

同时考虑收入来源和成本支付来源，可以设计出很多创新的盈利模式。

1.企业投入成本生产产品/服务，直接顾客免费消费，第三方支付费用

对于电视、电台节目及免费赠阅的报纸杂志等，作为直接顾客的观众、听众、读者等不需要支付费用，企业的收入主要来自广告商。

2.企业和第三方伙伴承担生产成本，第三方顾客支付费用，直接顾客零费用

在这里，第三方伙伴和第三方顾客可以是同一主体。在2005年最疯狂的娱乐事件"超级女声"中，蒙牛既是作为第三方伙伴的赞助商，也是作为第三方顾客的广告商。在这个娱乐事件中，天娱负责选手培训、赛事策划和商业包装，移动与联通提供短信平台，观众免费观看并通过短信投票，广告商付广告费，湖南卫视提供频道并获取以上活动产生的收入（其中一部分要跟第三方伙伴分成，例如移动和联通的短信平台）。

3.企业零投入，第三方伙伴投入产品和服务的成本，直接顾客可以得到较低价格的产品/服务

在很多商业论坛中，主办方一般只起到召集参会人的作用，具体的会场运作、服务提供都由企业赞助，而参会人则可能分层，VIP座位高价，一般座位免费或者低价出售。

4.企业零边际成本生产，第三方顾客支付费用，直接顾客零费用

游戏软件厂商的收入来源于广告商，直接顾客不需要为玩游戏支付费用。在虚拟空间，同样一条广告，多放几块地方，边际成本基本为零。广告商却要为高曝光率付出更高的费用。

创新盈利模式的收支方式至少有下面三类。

(1)固定、剩余和分成。两个利益相关者(甲方和乙方)一旦交易,就涉及对收益的分割。如果甲方收益跟整个交易的产出(一般为交易总金额量)不存在直接的联动关系,则称甲方获得固定收益;总收益减去甲方得到的固定收益,就是乙方的剩余收益。甲方跟乙方的收益如果与整个交易的产出存在固定的比例关系,就说明甲、乙都获得分成收益。

同一行业可以采取完全不同的收支方式。以家电连锁卖场为例,国美、苏宁对家电制造商收取的费用包括固定租金(以促销费用的形式)、按销售额的分成佣金、一些商场内广告位的销售等。家电连锁企业和家电制造商共同承担风险,合力促进销售。在这种"固定加分成"的盈利模式下,国美、苏宁只需要预付门店总租金和卖场管理员工(一般不到 30 个)的当月工资。卖场的统一装修费用分摊到各个制造商头上,开店需要的样机和促销员都由家电制造商提供。5 000平方米的连锁门店,期初投入只需 500 万元,后期的成本就可以依靠源源不断的租金收入填补。

百思买则从家电制造商处直接批量采购,利用自有员工通过零售渠道销售,赚取价差。家电制造商获得固定的批发价格,不再承担风险,百思买则获得电器销售之后的全部剩余收益;相应承担人员成本和价格波动成本。在这种盈利模式下,百思买自己建立销售队伍(至少要比国美、苏宁门店多出一倍),自己掏腰包装修,自己承担开店需要的样机和促销员工资。同样 5 000 平方米规模的门店,期初投入至少要 3 000 万元现金,后面还需要继续投入资金支持货物的流转。

(2)进场费、过路费、停车费、油费、分享费。进场费,指的是按消费资格计价,例如,会员费、订阅费用、自助餐等。过路费,指的是按消费次数计价,例如,搜索广告按点击数收费、健身卡按次数收费、投币洗衣机等。停车费,指的是按消费时长计价,例如,网络游戏按在线时长收费、手机通话按时长收费等。油费,指的是按消费价值计价,例如,按成本定价、网络游戏销售道具、计件定价等。分享费,指的是按价值创造计价,例如,加盟费、投资基金(包括一级市场、二级市场)、EMC(能源管理合同)等。

企业在不同收支方式中的变换,有时能带来令人惊讶的创新效益。近十几年来,电脑游戏行业的高速增长,正是建立在收支方式的持续创新基础之上。最开始,电脑游戏是单机版,主要靠售卖拷贝赢利,类似于进场费,只有买到授权的拷贝才能获得玩游戏的资格。当然,为了防止简单的复制,游戏厂商会发布相应的序列号,只有拷贝加上序列号才有效,到现在这依然是微软操作系统的收支方式。后来发展到按照玩的次数、时长收费。史玉柱的《征途》则销售道具,属于按价值收费的收支方式。

(3)组合计价。按照组合的不同方式,可以把组合计价分为产品组合计价和消费群体组合计价两种。产品组合计价常见的有两部计价(进场费＋过路费,或者进场费＋油费、剃须刀＋刀片、反剃须刀＋刀片)、整体解决方案、超级市场货架等,消费群体组合计价主要有交叉补贴、批量计价、分时计价等。

同样是娱乐终端,游戏机采取的是"剃须刀＋刀片"模式,游戏机降价甚至贴钱销售,而靠销售游戏获得巨大利润;苹果的 iPod 采取的却是"反剃须刀＋刀片"模式,歌曲本身赚取的收入并不多,基本上只能覆盖成本,iPod 设备销售却利润丰厚,成为吹响苹果公司复兴号角的急先锋。

(四)关键资源能力创新

关键资源能力的创新方向主要包括关键资源能力的判定、获取、组合和管理。换言之,企业对资源能力有三个关键的认知问题:

(1)在一个行业中,资源和能力总分布是既定的,但只要商业模式不同,不同资源能力的地位就不同。某些商业模式更需要资源能力甲,某些商业模式则更需要资源能力乙。与其去争夺或学习、模仿为数不多的资源能力甲(所谓的稀缺资源和不可模仿),不如从头创新商业模式,消减竞争对手在资源能力甲的优势,竞争地位也将得到提升。

(2)如何获取和组合资源能力? 要求一个企业拥有所有资源能力是不现实的。最合理的做法,就是把企业发展所需要的资源能力进行拆分和组合,把一部分资源能力赋予某一利益相关者,把另一部分资源能力赋予另一利益相关者,然后再通过组合来实现关键资源能力的创新。首先,可以引入新利益相关者。例如,如果企业在选址能力方面比较薄弱,可通过中介引入,了解各个城市物业分布的合作伙伴。其次,可以变换原有利益相关者、原有资源能力的用途。人力资源方面,原来在大卖场里从事导购的员工可以变成连锁店的店长,原来开百货店的个体户也可以变成加盟商,7-Eleven 的业务转换计划正是这样一种方式。最后,还可以把某几个资源能力打包配置给某个利益相关者。在 7-Eleven 的连锁零售经营体系中,供应商提供的资源能力就比较多,如提高产能及质量的能力、工厂设备资源、仓储能力、区位优势等等。

(3)资源能力优势和竞争优势是什么关系? 一个企业的资源能力优势要转化成竞争优势,需要契合商业模式,也就是说,企业家和经理人需要重点关注这样一种资源能力,其水平超过市场平均水准,同时与企业的商业模式即交易结构契合度很高。我们称之为"有效优势",见表9-3。

表 9-3　资源能力与商业模式的匹配

		资源能力水平	
		强	弱
与商业模式 (交易结构)契合度	高	有效优势	关键劣势(不足资源能力)
	低	无效优势(过剩资源能力)	无关资源

资料来源:蒋武祥、魏炜、林桂平:《创新商业模式:创造与保持竞争优势》,载《清华管理评论》2012 年第 2 期。

在这个框架中,存在"优势""劣势"转换、"富余(过剩)""稀缺(不足)"转换的辩证法:

第一,是否具备优势,要看具体的交易结构而定。在某种程度上,除了"有效优势",其他三类资源能力由于都要耗散成本而不能创造价值,所以都是"劣势"。

施乐研发中心的研发能力超强,但由于不能把技术创新转化为商业模式创新,任由技术的价值耗散,投入大量的研发成本,没有好的交易结构来获取收入,这种优势是"无效优势",最终会成为企业的负担,变成劣势。反之,宝洁的内部产品研发创新能力未必最强,但是通过"创意超市",践行"开放式创新",使内部、外部创新很好地结合起来,加快了从创意到市场的进程,获得巨大的成功。本来"研发创新"属于宝洁的(相对的)关键劣势,但通过恰当的交易结构设计,变成有效优势。

第二,资源能力是不足(关键劣势)还是过剩(无效优势),要看具体的交易结构而定。每一轮商业模式的变革,都意味着资源能力的重新配置。从制造转型服务,原有的产能可能会从不足转化为过剩,而原本的服务队伍可能就会从过剩变成不足。

第三,资源能力是不足还是过剩,还要看具体的利益相关者。同样一个资源能力,在企业 A 是过剩的,但是在企业 B 可能是不足的。这就存在交易的可能性。

因此,通过商业模式创新,强化和保持有效优势,把关键劣势、无效优势、无关资源等通过重构交易结构、寻求交易或者转化变成有效优势,从而形成竞争优势,才是企业获得持续优势的有效途径。

(五)现金流结构创新

现金流结构是内生金融工具的设计依据。根据不同的现金流结构,企业可以创新金融工具,提升资本运营效率,降低企业运营风险。不同业务所呈现出来的不同的现金流结构,可用不同的金融工具融资。金融工具,是匹配现金流结构

"收益率"和"风险"的手段。融资工具的设计,通过对企业现金流进行分块(业务板块、业务环节)、分层(分割为多笔现金流,对应不同收益率和信用等级的金融工具)、分段(多轮接力融资)、分散(吸引多个投资者)等,来匹配企业的现金流结构,满足投资者的期限收益要求。同时,通过交易结构设计,有效控制风险,包括防控、分散、降低、转移、锁定、补偿等,以满足投资者的风险管理要求。

三、实际案例展示

刚刚运营半年的美甲 O2O "河狸家",最近被风投给出了 10 亿元人民币的估值,同时引发了对创业者孟醒一系列创业项目的关注。

创业者孟醒,八年来成功开创阿芙精油、雕爷牛腩、薛蟠烤串、皮娜鲍什下午茶、切客闹小丑煎饼和河狸家等,形成了一个不得不令人瞩目的创业项目品牌矩阵。就其中的餐饮系列雕爷牛腩、薛蟠烤串、皮娜鲍什下午茶和切客闹小丑煎饼品牌矩阵,可以初见"以中央厨房为供应链核心"的成本控制体系和针对 Shopping Mall 的谈判能力,在未来组团复制,竞争优势相当明显。阿芙精油运营八年,雕爷牛腩运营两年,河狸家刚起步半年,其估值均超 10 亿元。2014 年 11 月在美国知名度假胜地大溪地休闲度假的孟醒(雕爷)高调晒出了内部邮件,"炫耀"其成功的创富故事。

撇去另类的表述方式和个人风格,孟醒极具互联网思维特点的创业商业模式创新实践已经升级到模式化的水准。以正在风头上的河狸家为例,有三个清晰的模式创新轨迹:

第一,去中介化。河狸家有很多"噱头"——轻奢定位、极致产品、网络宣传、尖叫体验,但最核心的是去中介化。在河狸家,美甲师为顾客提供上门美甲服务,获得 100% 顾客支付的费用。目前,河狸家已吸引近千位美甲师进驻,日接单量近 2 000 单。

第二,重视客户体验。"让每一个顾客在每一个细节上都无可挑剔。"河狸家有诸多看起来苛责的上门服务条款:必须守时、不得迟到超过 15 分钟,不得透露顾客个人隐私,进顾客家门时须穿一次性鞋套,尽量不借用顾客家的卫生间等。

除了传统意识上的用户——消费者以外,河狸家最具创新意义的在于给了内部客户——美甲师最大的利益,号称"帮他们收获财务、时间、心灵三大自由"。河狸家平台上的美甲师,"见到的钱 100% 归自己所有"。河狸家为美甲师提供了两套薪酬方案,一份是只有固定工资,一份是没有底薪,拿全部的提成。美甲师可以根据自己的接单情况,自由切换。服务价格也由美甲师自己确定。目前来看,总体而言,河狸家的价格,要比美甲门店低一半左右。其背后隐藏的逻辑是:通过去中介化,在模式上重塑了利益分配,给员工更多的蛋糕,极大地调动员工的积极性。

第三,河狸家可以开展关键业务延伸。河狸家定位于为中产阶级女性群体提供上门美业服务。河狸家是O2O平台,未来可以上线美容、美发、摄影等上门服务。尽管业内对雕爷及其创业项目颇有诟病,但基于商业模式创新这个角度,瑕不掩瑜。

可见,如果创业型企业有一个良好的商业模式,则很有可能在其成立最初就获得迅速成长。

第五节　大学生的创业模式设计

一、大学生创业模式的理论研究及发展

大学生创业发展在美国最为活跃。1983年美国奥斯汀得州大学举办了首届大学生创业竞赛,斯坦福大学(王杰,2010;董美玲,2011)等高校牵头,先后举办"大学生创业计划竞赛",Yahoo、Excite、Netscape等经典的硅谷高科技创业模式在浓厚的大学生创业氛围中成型发展。到20世纪90年代中后期,大学生高科技创业蔚然成风,并不拘泥于固定的商业模式。2000年后,大学生就业形势日趋严峻。在此背景下,大学生创业开始分化:创业已不再是那些拥有技术、参与课题或者项目优秀的学生的"专利",只要有想法和适合的资源,即便是"边缘学生",也可以开始创业试验。至此,大学生创业进入多元化时代。2014年,是"大学生创业教育"概念进入中国大学校园的第10个年头,也是中国大学生创业试验走过的第一个10年。在蓬勃的实践中,关于大学生创业模式的理论梳理和研究逐渐有了较为清晰的脉络。

我国学者对大学生创业模式研究中比较有代表性的成果主要有:温州大学从2003年开始成立了"0+1"新型的大学生工作室创业模式(王巍,2004)。万细梅将大学生创业模式分为积累演进、连锁复制、分化拓展、技术风险、模拟孵化、概念创新六种模式(万细梅、朱光喜,2007)。彭小媚按照大学生组织形式对大学生自主创业模式进行划分,主要包括四大类(彭小媚,2008)。乔中国通过对校园创业模式进行调研得出六种模式,即知识型、创意型、兴趣型、学习服务型、生活

服务型、季节型创业模式(乔中国,2009)。上海大学"上海高校创业教育与创新人才培养综合研究"课题组提出,要积极对接国家战略和产业布局,把前沿科研成果积极转化为创业项目,形成了科技成果孵化转化与创业相结合,大学生科技创业带动就业的大学生科技创业模式(马君、郭敏、张昊民,2012)。黄健柏对长沙高新技术创业企业样本进行研究,归纳出长沙初创企业的创业形式主要有导师+弟子合作制、个人+公司合作制、个人+投资商合作制、同学合伙制和家族合伙制等五种模式(陈东帆,2009)。

二、大学生创业模式设计实践的特殊性

　　大学生创业实践与企业化创业实践有显著差异。首先,受制于商业经验及相关理论的局限,大多数创业之初的大学生并不能很好地辨析商业模式,他们更擅长研发好的产品,或者产生良好的商业创意。在产品或者创意驱动下,一路前行直至成功或者失败之后才回头总结、反思创业项目的商业模式。其次,相对于企业化创业者,大学生创业者内外部资源整合实力存在显著差异。任何一种创业模式都是一个涵盖企业资源和能力、客户价值和盈利方式的三维立体模式。在默认某个模式有清晰的客户价值主张的前提下,内外部创业资源要素的整合是需要自身禀赋支持的。大学生在这方面显然显得稚嫩且不稳定。因此,该三维立体模式充满变数。最后,在项目推进中,由于外部条件的变化,创业项目中关于客户价值的主张和资源利用的过程不是一成不变的,因此创业模式是一个伴随创业者学习曲线和外部环境变迁不断演化的过程。从现实角度出发,大学生创业应当更多关注创业模式而非商业模式设计。

　　根据 Teece(1986)的创新获利能力理论,大学生创业过程必须经过从创意产生,到创意与结构资本(如技术、设施和资金等)结合形成智力资产,再到通过智力资产商业化转化为互补性资产(主要体现在制造、分销以及营销功能等方面)的一个动态历程,才能形成一种特定的盈利模式。

三、大学生创业模式的设计方向

　　根据实际情况,大学生创业模式有三大类设计方向。

(一)根据与校园关联的密切程度,分为校园型和社会型创业模式

1.校园型创业模式

(1)学习服务型创业模式。学习服务型创业模式是把大学生的学习用品、

培训考证等服务型产品作为主要的经营商品,从中获取经济收入的一种创业模式,其主要特点就是为大学生提供各种学习用品用具、专业培训、考证代理类服务。

(2)生活服务型创业模式。生活服务型创业模式主要是指把大学生日常生活所需的物品和服务作为主要的经营对象,从中获取经济收入的一种创业模式。包含提供生活用品、餐饮、节庆礼品配送、物流代理服务、票务代理等服务。

案例

张旭豪与网络订餐网站"饿了么"(ele.me)

"饿了么"(ele.me)是中国知名的在线外卖订餐平台,由上海交通大学机械与动力工程学院硕士生张旭豪于 2009 年 4 月创办。到 2012 年,"饿了么"网站上的交易额已经达到 6 亿元,网站收入接近 1 000 万元。"饿了么"(ele.me)从上海西南的闵行高教区起步,网站业务扩展到了北京、杭州、广州的高教区和写字楼,推出了 App 和 Android 客户端,公司人数也从 2011 年的 80 人扩充到 200 人。2014 年,"饿了么"(ele.me)业务区域从 30 个城市快速增加到 200 多个城市。张旭豪相信把平台搭建好,把物流体系建设好后,"饿了么"(ele.me)将是一个 300 亿~500 亿美金估值的平台级公司。有趣的是,张旭豪为运营"饿了么"注册的公司名为上海拉扎斯信息技术有限公司,在梵文里,"拉扎斯"是"激情"的意思。这是一个激情的团队。在项目启动后,频繁参加各种大学生创业竞赛,团队总共赢得了 45 万元创业奖金。在 2011 年和 2012 年又先后引入了金沙江创投和经纬创投两轮风险投资,从而为该项目的健康运营打下良好的财务基础。目前网站运营进入良性发展阶段。张旭豪被《福布斯》中文版评为 2013 年"中国 30 位 30 岁以下创业者"。

---

(3)创意服务型创业模式。生活服务型创业模式主要是指为部分学生群体提供某些创意型生活服务,从中获取一定经济回报的创业模式。如各种班级、团队专题活动策划和组织;富有校园特色的"专业代理示爱、分手、道歉"等软性服务项目。

(4)校园第三方代理服务创业模式。通过与外部机构建立商业合作关系,作为第三方代理服务团队,在校园内为其开展市场开发与客户满意度调查研究方面的专业服务,从而获取经济收入。

案例

最后一公里的商机——应向阳和他的友宝

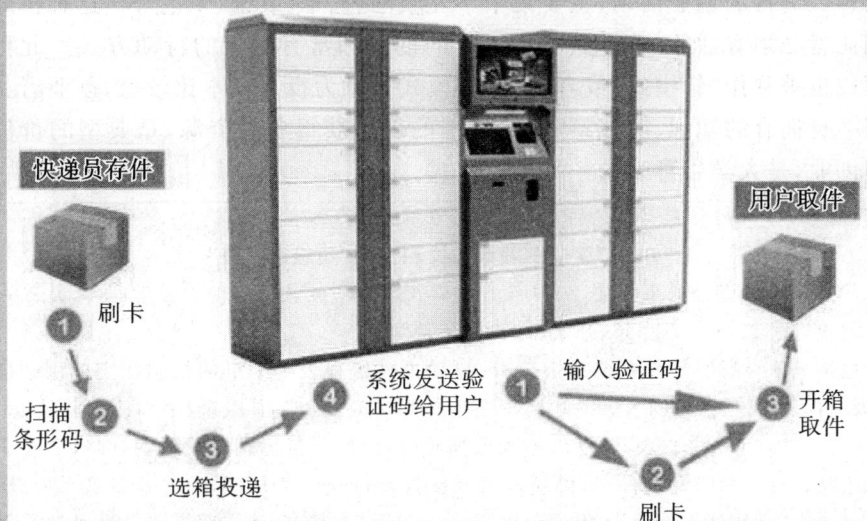

图 9-15　友宝的系统操作流程

应向阳,1989 年出生,福建师范大学教育学院教育技术专业毕业。2012 年 9 月创建福州友宝电子科技有限公司,目前团队已经从原来的 4 个人扩充到 16 人,其中一半来自福建师范大学。应向阳团队独立研发"智能便民寄存缴费系统",目前获得五项国家专利。应向阳是《福布斯》中文版 2013 年"中国 30 位 30 岁以下创业者"之一。

福州友宝电子科技有限公司定位于快递最后一公里解决方案提供商及运营商,自主研发邮宝智能快递终端。这是一种联网的储物柜。快递员将快件送达指定地点后,只需将其存入柜中,系统便自动向收件人手机发送一条短信,包括取件地址和密码。

友宝对快递公司按小中大件收取 0.5~0.8 元不等的费用,收件人只要按规定在不超出 48 小时内收件则不收取任何费用,延时则会为此收取一定的费用,其目的是提高储物柜的使用率。友宝从 2013 年年底开始批量生产终端设备以来,目前已发布 70 个终端,用户总计 20 万个,在建网点有 400 个。友宝有清晰的盈利模式:一是直营模式,向快递公司收取服务费;二是发展加盟商,获得硬件销售利润;三是广告收入。在其财务收入中,设备收入占据了 98% 的份额。友宝给加盟商的终端机价格在 1.5 万元左右,其利润在 25%~35% 之间。

目前,友宝占据了福建省 90% 的市场份额,在厦门、福州、西安、北京等城市发展了 8 家加盟商,在 2013 年还获得了 280 万元的天使投资。他们正着手开发针对快递员的手机应用。当快递员从公司出发的时候便能提前预约到储物柜(他们目前的服务模式为,针对所服务的快递公司,谁先到谁便能先使用储物柜),从而提高其使用率。

2.社会型创业模式

(1)创意型创业模式。主要是指大学生根据自己的新颖构想,在社会中一些新兴领域进行的创业活动,主要集中于互联网、艺术、装饰、工艺等。这种模式要求创业者必须有活跃的思维、层出不穷的创意和富有胆识的行动方式。此种创业模式也被称作"轻模式"或者"知识型模式",意为投入成本比较低,创业者主要通过本身拥有的知识、能力禀赋,以独特的创意获得各种资源,是典型的价值创造型创业,是大学生喜爱的一种创业模式。

> **案例**
>
> **"90后"霸道总裁余佳文和他的"超级课程表"**
>
> 1990年生于潮汕的余佳文,2009年入读广州大学华软软件学院。大学四年,几乎一直忙着创业。在2011年下半年,开始研发"超级课程表"。
>
> 这是一款与高校教务系统对接,一键自动录入课程表到手机的校园社交应用。目前"超级课程表"已覆盖全国3 000所大学,拥有1 000多万个注册用户,用户日均登录量200多万次。尽管"超级课程表"至今未进入盈利阶段,但该项目仍备受投资人青睐,已经获得四轮风险投资。2012年8月,获得第一笔天使投资;同年12月,拿到了第二笔天使投资。2013年6月,获得千万元级别的A轮投资。2014年11月,余佳文获得阿里巴巴的数千万美元的风投。

(2)技术型创业模式。大学生创业者利用良好的技术专长进入市场,克服资金困境或创业环境中其他不确定因素的制约实现创业成功。很多高科技型创业活动多采取这种模式,在互联网领域,大学生创业模式多以这类模式为主。

> **案例**
>
> **林秀芳和她的南安市格林国际幼儿园**
>
> 2011年5月,中国科学院儿童发展与教育心理学博士林秀芳与留美硕士研究生黄明明合力创办南安市格林国际教育机构。南安市格林国际教育机构旗下设有格林国际幼儿园、格林国际早教中心。其中幼儿园、早教中心引进国际/国内先进课程体系:蒙特梭利系列课程、奥尔夫音乐课程、妙事多音乐课程、经典国学课程、DIY多元启智课程、纯外教英语课程等;格林国际文化艺术培训中心设有逻辑狗、纯外教英语课程、美术课、少儿舞蹈、钢琴、演讲与口才等课程。
>
> 林秀芳是福建省泉州南安市2011年度高层次引进人才。她在幼儿教育领域具有相对成熟的教育理念,并逐步开发出自成一体的教学模式和一整套完整的教材。主要成果有儿童心理研究,问题儿童(自闭症、脑瘫儿童)的治疗与调养方法的研究,0~6岁婴幼儿潜能开发、习惯的养成、早期阅读之经典国学教育等方面的研究与实施等。2011年申请创办南安市格林国际教育机构。2012年获得福建省大学生自主创业专项资助,在2012年海峡两岸大学生自主创业评比中位列前100强之第65名。该机构首期启动资金100万元,后期相

继投入 60 多万元,课程年收入 170 万元左右。并未吸纳外部投资,目前已经实现微利。

　　创办以来受到政府、家长的一致好评,先后被南安市妇联授予"南安市早教示范基地"、"南安市家庭教育指导站"、"女大学生实践基地"、"爱心驿站"等荣誉称号,格林国际教育机构正稳步地向前发展。

　　(3)连锁复制型创业模式。这种创业模式是指大学生以加盟直营、区域代理或购买特许经营权的方式来销售某种商品或服务的创业活动。加盟的行业主要是社区便利店、小型餐饮、某些社会化服务等技术含量不高而人工劳动较多的行业。获得总部在品牌推广、管理模式、统一培训、物流服务、商品采集等方面的配套支持。

(二)根据大学生学科专业方向,分成三种创业模式

1.工科专业科技型创业模式

　　工科专业科技型创业模式的特点是要充分利用高校提供的资源和平台开展创业。主要有三种形态。

　　(1)创业者自主创业模式。指工科大学生主要依靠自有资金,通过长时间的科学研究拥有形成项目的独立知识产权,或者通过购买技术专利的方式获得生产创新产品的权利,从而创办企业实体的模式。在这种创业模式中,高校还起指导作用,为创业者提供创业相关服务。

　　(2)师生合作科技园区创业模式。指由高校倡导的创业大学生依靠高校雄厚的师资队伍,学校还可以聘请知名企业的技术员与企业家作为顾问给予实战经验的指导,同时有专门的导师参与全程指导与监督创业的一种模式。这种科技创业模式的本质是工科大学生跟随导师,依托科技园区创业平台进行创业。

案例

清华大学的 x-lab 教育平台

　　2013 年 4 月 25 日,清华大学经济管理学院启动清华 x-lab 平台。x-lab 中的"x"寓意探索未知、学科交叉,"lab"体现体验式学习、团队工作。清华 x-lab 这个教育平台定位于创意创新创业人才的发现和培养。它的价值来源于三个方面:第一,实现校内多学科合作;第二,整合校外各种资源;第三,提供商业模式和社会价值实现的方式和路径。

　　清华 x-lab 在全国率先推出驻校企业家(EIR)、驻校天使(AIR)参与实践教育的方式。具有丰富实战经验的业界专家的参与将使得清华学生的创业项目更加客观、远瞩、可行。驻校企业家和驻校天使每个学期将定期在清华大学现场指导,与教师、学生在 x-lab 平台上互动,推动富有创意的思想和技术变成社会需要的产品和服务。此外,清华 x-lab 还将积极开展支持学生创意创新创业成长的各类服务,包括:创意活动、创业团队接待日、创业伙伴服务;全面开放的清华 x-lab 网站、创意创新创业学习和实践场所;组织创业团队交流培训活动并依托广大校友和合作企业,提供创意创新创业发展的指导和资源。

清华 x-lab 是一种尝试:它的聚焦是创意创新创业,它的特色是多学科交叉融合,它的方法是实践式、体验式学习,它的教学主体既有来自各院系的教师,也有来自业界的企业家、投资人。

(3)高校主导创业者自由参与创业模式。具体是指由高校主导,工科大学生参与,利用高校研究出的科技成果,发挥人才优势,创办经济实体的模式。这种模式的目的是丰富工科大学生创业实践,使大学生从中积累经验,以备合适的时候自主创业。

2.经管类专业服务贸易型创业模式

(1)网络营销创业模式。该模式有三种形态,除了社会极为熟悉的纯粹网络零售商务形式,销售实物或虚拟产品形态外,网络零售创意式服务成为新的热点。网络零售创意服务即为其他网商提供部分外包服务。因此,"淘宝小三"、DIY 原料供应商、网店装修商、产品包装商、创意设计商等一些新奇的"网络零售服务"职业角色相继出现,为大学生提供了除了开店外的新型网络营销创业机会。

(2)商贸创意服务类创业模式。该创业模式的典型形态有创意餐饮小店、咖啡吧、甜品店、奶茶店、书吧或者以上几种形式的结合。特点是商铺面积小,创业团队成员亲力亲为,文化标签非常典型,经营形态富有创造力,深受"90 后"知识型目标客户群喜爱。

(3)艺术类专业创意服务类创业模式。艺术设计(平面设计、工业设计、服装设计、环境艺术设计、摄影与数码媒体、动漫设计等)、绘画(中国画山水、中国画人物、陶艺、版画、雕塑)等专业学生,可以创办具有自主知识产权或外观专利等新产品开发推广的创业项目。具体如开创艺术培训机构、设计工作室(公司)、装饰装裱工作室(公司)、摄影、动漫制作工作室(公司)。大学生可以充分把握机会,从事此类项目的创业。

四、大学生创业模式是动态演化的过程

(一)积累演化型

在创业者受到较高的内部和外部创业资源要素制约的前提下,在创业初期可选择进入那些壁垒较低的行业。这种创业模式的启动资金少,创业者可以在创业过程中逐步积累经验,实现资本的原始积累,在条件逐渐成熟的时候进行模式转化。

(二)连锁复制型

也称为商业模式复制、跨区域复制或连锁加盟的方式。借助已有运营者成熟的商业运作模式,学生能够较快地实现角色转化,进入真实的商业情境,该模式提供了一种锻炼学生商业悟性的契机。如果在既有的商业模式下能顺利寻找到新的利基(niche)市场,就能够推动创业模式升级。

(三)技术驱动型

这种模式是大学生创业者利用良好的技术专长进入市场,克服资金困境或创业环境中其他不确定因素的制约实现创业成功。很多科技型创业活动多采取这种模式。促进该模式升级是对大学生创业者的重大考验。

(四)概念创新型

创业者(团队)往往具有超前的预见性和冒险精神,对客户价值主张有深刻的理解,拥有新颖的创意,并能够通过模拟孵化迅速转化为互补性资产从而实现商业化,促进企业的快速成长。

纵观国内外近三十年的大学生创业实践,以其极低的成功率,仍然有前赴后继者,从另一个侧面实证了,创业模式更具有试错的基因。创业模式是一个伴随着创业者学习曲线和外部环境变迁而不断演化的过程。在试验性过程中,内外部创业资源要素不断优化重组,从而派生出创业模式演化五种不同的路径:从连锁复制型向概念创新型演化;从技术驱动型向概念创新型演化;从积累演化型向概念创新型演化;从积累演化型经由连锁复制型向概念创新型演化;从积累演化型经由技术驱动型向概念创新型演化。

无论是新创企业还是大学生创业,都面临着创新网络生态体系不断发展和演进以及技术更迭周期逐渐缩短的影响。因此,创业者需要通过拓展技术和市场开放式搜索的深度与广度,去优化及创造商业模式。

案例分析

脸萌能走多远

【导读】

2014 年 6 月以来,一款叫脸萌的 APP 应用似乎一夜之间引起关注。QQ、QQ 空间、微信朋友圈、微博、人人网等社交软件基本上被刷爆了屏,甚至连李开复等大师级别人物也对它情有独钟。脸萌迄今为止牢牢占领着 APP Store 和小米、360 等安卓应用市场排行榜头把交椅。

在 2014 北京创行世界杯上,穿着棒球衫、牛仔裤、黑板鞋的郭列在一群黑西装中格外显眼。他出生于 1989 年,2011 年毕业于华中科技大学工程设计专业,后加入腾讯成为一名产品经理,2013年离开腾讯创业,并于2013年底创办脸萌。郭列是一个动漫迷,喜欢看《海贼王》,同时受到《海贼王》里"电话虫"的启发,郭列觉得如果有一个拟人化的头像与表情,会是一个有趣的产品。于是他决定借用这个头像打造脸萌应用。

"一个大而全的产品不会满足所有人的需求。"脸萌创始人郭列说。脸萌项目于2013年8月开始启动,创业伊始难免有时候会被外部因素牵着走。但郭列坚持"为自己的喜爱创业"。郭列将自己产品的受众设定成1990年前后出生的年轻人。在郭列看来,年轻人喜欢把东西变美,变得"高大上"和"有逼格",但也爱吐槽。这种不太一本正经的态度是抒发情感的手段,也是"90后"亚文化的一部分。脸萌的产品始于头像,但不仅只是头像。用户拼了好友的头像后发给好友,很多人可能觉得自己很帅,但朋友眼中拼出来的却是个猥琐男,让原本普通的头像带上社交的元素,融入关系链,大家一起互动,一起分享欢乐。

"我们希望做一家伟大的公司,我们的情怀就是好玩,当年轻人看到我们时,不希望他们仅仅说我们是一家软件公司,而是一家好玩的、有价值的、年轻人喜欢的科技公司,这是我的梦想,也是我们团队的梦想。"郭列的团队接下来将专注于一款社交产品。初衷很简单:更畅快的沟通。他们觉得社交产品的初衷是看到不同人的动态和静态,但现在的社交网络将大家聚集在一起,家长、同事、老师的关注,以及代购信息的搅和,让分享变得不自由了,好玩的信息变得不好玩了。他们要提供一款让大家能更畅快沟通的产品。

"最好的模式是:你是这样的人,你做这样的产品,你为自己做创业。"APP行业往往不乏昙花一现的现象。朝生暮死,盛极而衰。但郭列说,他会努力把流星做成太阳。

【分析】

请结合以上APP的例子,谈谈大学生在选择商业模式时存在的误区和突破的路径。

思考与练习题

1.如何解读商业模式?

2.商业模式由哪些要素构成? 结合本节案例,尝试分析该大学生创业项目的构成要素。

3.如何辨析商业模式与企业战略的关系?

4.根据你学习的商业模式画布九个要素,结合所了解的大学生创业案例,尝试分析该创业项目的九个要素。

5.商业模式设计流程包含哪些环节? 结合本节案例,尝试分析该创业项目的设计流程。

6.尝试运用商业模式创新五大路径理论为大学生创业项目创新支招。

参考文献

[1]马克·约翰逊（Mark W. Johnson）、克莱顿·克里斯滕森（Clay-ton M. Christensen）、孔翰宁（Henning Kagermann）：《如何重塑商业模式》，载《哈佛商业评论》2008 年第 12 期。

[2]傅世昌、王惠芬：《商业模式定义与概念本质的理论体系与研究趋势》，载《中国科技论坛》2011 年第 2 期。

[3]林子芬、鲁小静：《知识共享方式对商业模式创新的影响研究》，载《管理探索》2013 年第 7 期。

[4]王吉：《高校大学生创业模式探讨》，载《中国科技信息》2010 年第 22 期。

[5]董美玲：《"斯坦福—硅谷"高校企业协同发展模式研究》，载《科学管理研究》2011 年第 18 期。

[6]王巍：《大学生创业模式研究》，吉林大学硕士学位论文，2004 年。

[7]万细梅、朱光喜：《我国大学生创业模式探析》，载《青年探索》2007 年第 1 期。

[8]彭小媚：《大学生创业模式的探讨与实践》，载《创业专栏》2008 年第 18 期。

[9]乔中国：《校园创业模式调查》，载《中国劳力保障》2009 年第 12 期。

[10]马君、郭敏、张昊民：《大学生创业模式及其动态演化路径》，载《教育发展研究》2012 年第 3 期。

[11]陈东帆：《青年创业上大模式的启示》，载《成才与就业》2009 年第 6 期。

[12]黄健柏：《大学生创业合作制模式研究》，载《中国高新区》2010 年第 3 期。

[13]罗珉、曾涛、周思伟：《企业商业模式创新基于租金理论的解释》，载《中国工业经济》2005 年第 7 期。

第十章————————————————————————

创业资源的获取与管理

　　资源与创业者的关系就如同颜料和画笔与艺术家的关系那样,获取不到创业所需的资源创业就难以展开。因此,本章将重点讨论创业过程中的各类资源需求和资源获取方法,特别是创造性整合资源的途径,认识创业资金筹募渠道和风险,掌握创业资源管理的技巧和策略。

第一节　创业资源的获取

一、创业资源的内涵与种类 ⋯⋯⋯⋯⋯⋯⋯⋯⋯⋯⋯⋯⋯⋯⋯⋯⋯⋯⋯⋯⋯⋯⋯

(一)创业资源的内涵

　　常言道:"巧妇难为无米之炊。"同样,没有资源,创业者也只能望商兴叹。资源是任何主体在向社会提供产品或服务的过程中,所拥有或所能支配的有助于实现自己目标的各种要素以及要素的组合。创业资源是指企业创立以及成长过程中所需要的各种生产要素和支撑条件。创业本身就是一种资源的重新整合,简单说来,创业资源就是创业者在创业初期所需要具备的一些特定资产,包括有形资产和无形资产。

(二)创业资源的种类

　　易商电子商务平台于 2012 年在福州创立,易商创立者是福州大学计算机专业当年毕业的学生,以所在宿舍同学为主组建了创业团队,拟订了"易商电子商务平台"策划书,开始了艰难的创业历程,得到福州市电子商务协会的嘉奖。刚开始用优良的策划书得到了电子商务协会大学生创业基金 1 万元,成员每人拿出 5 000 元创业金,筹资 5 万元,开始注册电子商务平台,购买计算机、打印机、传真机、数码相机、办公家具等硬件,申请宽带网络、安装相关软件,开辟了常用小型工具进入网购的渠道,利用人脉关系直接向小型企业提出低价生产订单,经过 2 年的奋斗,实现了月订单数过万,利润过 10 万元的起步目标,获得了创业的第一桶金。根据资源基础理论,能够对该案例的创业资源进行分类吗?

下列是常用创业资源分类方法:

1.创业资源按性质划分

创业资源按性质可以分为人力资源、财务资源、物质资源、技术资源和组织资源五种。

人力资源是创业时期最为关键的因素,不仅包括创业者及创业团队的知识、能力和经验等,也包括团队成员的专业智慧、判断力、视野和愿景,甚至创业者本身的人际关系网络,它影响到整个创业过程的开始与成功。

财务资源是以货币形式存在的资源。通常是新创企业筹集的负债资金、权益资金和留存资金。在创业初期,创业者要考虑尽量以不高于市场平均水平的资本成本及时筹集到足额的财务资源,为企业的成功创办和顺利经营打下基础。

物质资源是创业和企业经营时期所需要的有形资源,如建筑物、设施、机器和办公设备、原材料等。初期创业者物质资源一般比较简单,如租用创业场所,购买简单设备,用易货方式取得原材料等。

技术资源包括关键技术、制造流程、作业系统、专用生产设备等。在企业初创时期,专门的知识技能往往掌握在创业者等少数人手中,因而此时的技术资源在事实上和人力资源紧密结合,它们可能共同成为企业竞争优势的重要来源。

组织资源一般指企业的正式管理系统,包括企业的组织结构、作业流程、工作规范、信息沟通、决策体系、质量系统以及正式或非正式的计划活动等,有时候组织资源也可以表现为个人的技能或能力。

2.创业资源按存在形态划分

创业资源按其存在的形态可以分为有形资源和无形资源。

有形资源是具有物质形态的、价值可用货币度量的资源,如创业赖以存在的自然资源以及建筑物、机器设备、原材料、产品、资金等。

无形资源是具有非物质形态的、价值难以用货币精确度量的资源,如信息资源、技术资源、社会关系资源、权力资源以及企业的信誉等。

无形资源往往是撬动有形资源、使有形资源更好地发挥作用的重要杠杆。

3.创业资源按利用方式划分

按照资源要素对新创企业战略规划过程的参与程度,创业资源可以分为直接资源和间接资源。

直接资源是直接参与新创企业战略规划的资源要素,如财务资源、管理资源、市场资源、人才资源等。这里的财务资源、人才资源等概念与按性质分类的基本相同。市场资源则包括营销网络与客户资源、行业经验资源、人脉关系等。管理资源则包括管理能力、管理制度、管理方法等。

间接资源是不直接参与创业战略的制定和执行的资源,如政策资源、信息资源、科技资源等,它们对创业的影响更多的是提供便利和支持,对创业战略的规划起一种间接作用。政策资源包括政府制定的各种政策,例如准入政策、鼓励政策、扶持政策或者优惠等。信息资源包括信息的来源、获取等。科技资源表现为企业技术基础和技术来源,从而体现为市场竞争能力及提供的产品和服务先进性。

根据上述分析,创业资源的概念模型如图 10-1 所示。

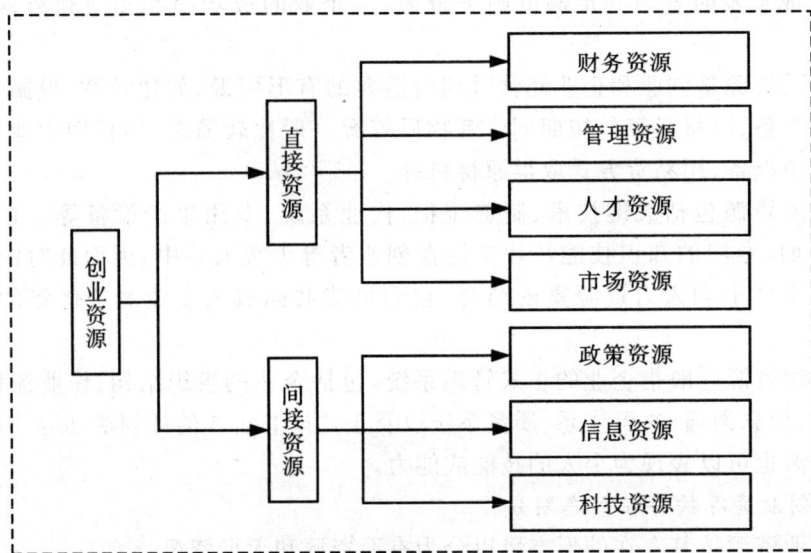

图 10-1　创业资源的概念模型

二、创业资源获取的影响因素

资源获取是在确认并识别资源的基础上,得到所需资源并使之为创业服务的过程。创业资源的获取对于创业的成功非常重要。影响创业资源获取的因素主要有创业的导向、创意的商业价值、创业资源的配置方式、创业者的管理能力及创业者的社会网络等方面。

正如易商电子商务平台的案例所示,创立者在易商电子商务平台策划书中展示了独特的智慧,通过市场调查发现小型工具是家庭必备的,目前的电子商务平台却没有引起足够的重视,易商的主营目标设在家用小型工具,并按照不同用途组合形成了套件,进行了创意包装。利用团队学生来自小城镇较多,建立了小城镇生产企业的网络,降低了进货成本。在易商营销推广过程中,建立了区域团队,制定了竞争规则和奖励措施。根据影响创业资源获取的因素的理论,能够对该案例的创业资源获取因素进行分析吗?

(一)创业导向

创业导向是一种态度或意愿,这种态度或意愿会导致一系列创业行为。创业导向会通过促进创业机会的识别和开发,进而促进对创业资源的获取。因此,创业者要注重创业导向的培养和实施,充分关注创业者特质、组织文化和组织激励等影响创业导向形成的重要因素,采取有效的方式获取资源,并在资源的动态获取和利用过程中,注意区分不同资源,充分发挥知识资源的促进作用。

(二)商业创意的价值

创业的关键在于商业创意。商业创意简单地说是可以实现商业价值的创意。商业创意为资源获取提供了杠杆,但获取资源还有赖于创意的价值被资源所有者认同的程度、创新理念和创意设计方法。换言之,一种能被资源所有者认同的、有价值的商业创意,才有助于降低创业者获取资源的难度。

(三)资源的配置方式

由于资源的异质性、效用的多维性和知识的分散性,人们对同样的资源往往具有不同的效用期望,有些期望难以依靠市场交换得到满足,因此,如果通过资源配置方式创新和组合,能够开发出新的效用,使之更好地满足资源所有者的期望,创业者就有可能从资源所有者手中获得资源使用权,以开展生产经营活动。

(四)创业者的管理能力

创业者的管理能力是企业软实力的主要表现,管理能力越强,获取资源的可能性越大。创业者的管理能力可以从其团队组织构建、沟通能力、激励能力、行政管理能力、学习能力和协调能力等多方面予以衡量。创业者通过管理能力获取必要资源的同时,能为企业创造良好的发展环境。

(五)社会网络

社会网络是由机构之间及人与人之间比较持久、稳定的多种关系结合而成。

由于创业资源广泛存在于各种资源所有者手中,这些所有者又处于一定的社会网络之中,客观上会受到自己所处网络及在网络中地位的影响,所以,社会网络对于创业资源的获取具有重要的意义。不同的社会网络,为人们之间的沟通协作提供了不同渠道。在社会网络中处于优势地位的创业者,可以有选择地了解不同对象的效用需求,有针对性地对不同对象传递商业创意的不同方面,有目的地获取不同资源所有者的不同理解和信任,最终成功地从不同网络成员那里获取所需的不同资源,为自己进行资源配置方式创新提供基础。

三、创业资源获取的途径与技能

创业者能否成功地推动创业活动向前发展,通常取决于他们掌握和整合资源的能力,以及对资源的利用能力。许多创业者早期所能获取与利用的资源都相当匮乏,而优秀的创业者在创业过程中所体现出的卓越创业技能之一,就是很好地拥有创业资源获取的途径和技能,并带来持续竞争的优势。

易商电子商务平台创立者不仅展示了独特的创业智慧,而且十分重视现代企业管理规则,充分利用团队的人脉资源,并对资源的获取设立了奖励制度。在设立组合式家用工具时,其创意设计整合了团队成员家乡乡镇企业的技术力量,完成了产品的图纸设计、样品生产、检验定型。在创意包装上却采用了与艺术设计系学生会的合作,组织创意大赛,筛选出符合市场需求又富有新意的作品,投入生产,使产品包装凸显出魅力,也给易商的成功奠定了基础。根据创业资源获取的途径和技能,能否对易商的成功进行评价和论证?

(一)创业资源获取的途径

创业资源获取的途径可以分为市场资源、非市场资源两类途径;也可以分为技术资源、人力资源、资金资源三类途径。

1.通过市场交易途径获取资源

市场途径是指利用市场上同样或类似资产的近期交易价格,经过直接比较或类比分析来估测资产价值的评估技术思路和实现该评估技术思路的各种评估技术方法的总称。通过市场途径获取资源的方式有两种:购买和联盟。

购买是指利用财务资源通过市场购入的方式获取外部资源。主要包括购买厂房、设备等物质资源,购买专利和技术,聘请有经验的员工及通过外部融资获取资金等。但需要注意的是,诸如知识、创意、社会网络等,很难通过市场直接购买,因此,需要创业者通过非市场途径去开发或积累。

联盟是指通过联合其他组织,对一些难以或无法自己开发的资源实行共同开发。这种方式不仅可以汲取显性知识资源,还可以汲取隐性知识资源。但联盟的前提是联盟双方的资源和能力互补且有共同的利益,而且能够对资源的价值及其使用达成共识。图 10-2 展示的就是市场途径的基本程序。

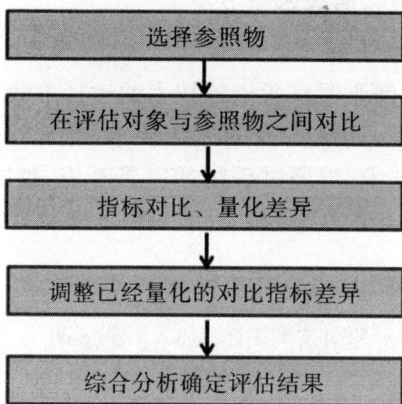

图 10-2　市场交易的基本程序

2.通过非市场途径获取资源

非市场途径是指利用非市场协商和评价,经过商务策划、创意设计、内部产品设计等方法,实现该设计和思路的各种评估技术方法的总称(见图 10-3)。获取资源的方式主要有资源吸引和资源积累等方式。

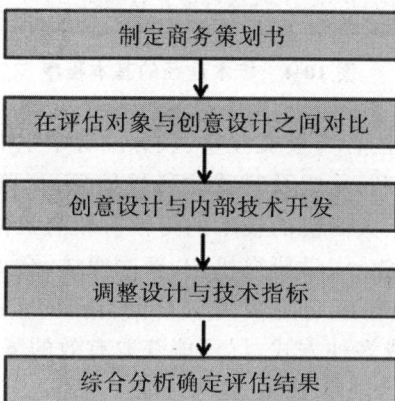

图 10-3　非市场途径的基本程序

资源吸引指的是发挥无形资源的杠杆作用,利用新创企业的商业计划、通过对创业前景的描述、利用创业团队的声誉来获得或吸引物质资源(厂房、设备)、技术资源(专利、技术)、资金和人力资源(有经验的员工)。

资源积累指利用现有资源在企业内部通过培育形成所需的资源。主要包括自建企业的厂房、设备,在企业内部开发新技术,通过培训来增加员工的技能和知识,通过企业自我积累获取资金等方式。

3.通过技术途径获取资源

技术途径是指获取创业项目所依赖技术的途径方式。主要有:(1)吸引技术持有者加入创业团队;(2)购买他人的成熟技术,并进行技术市场寿命分析等;(3)购买他人的前景型技术,再通过后续的完善开发,使之达到商业化要求;(4)同时购买技术和技术持有者;(5)自己研发,但这种方式需要的时间长,耗资大。见图 10-4。

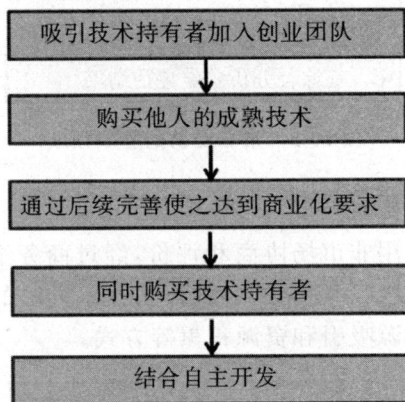

吸引技术持有者加入创业团队

↓

购买他人的成熟技术

↓

通过后续完善使之达到商业化要求

↓

同时购买技术持有者

↓

结合自主开发

图 10-4　技术途径的基本程序

创业者可以随时关注各高校实验室、教师或者学生的研发成果,定期到国家专利局查阅各种申请专利,养成及时关注科技信息,浏览各种科技报道,留意科技成果,从中发现具有巨大商机的技术的习惯。政府机构、同行创业者或同行企业、专业信息机构、图书馆、大学研究机构、新闻媒体、会议及互联网等等,都是获取技术资源信息的重要渠道,创业者可以根据自己的实际情况和各种资源获取方式的特点,选择一种或多种方式,尽可能获取有效的需要的信息。

4.通过人力资源途径获取资源

人力资源途径不是指创业企业成立以后需要招募的员工,而是指创业者及其团队拥有的知识、技能、经验、人际关系、商务网络等。人力资源获取途径可分为内部获取和外部招聘两种。内部获取包括查阅人事档案资料、发布内部招募公告;外部招聘包括就业市场、招聘广告、校园招聘、网络招聘、猎头公司。见图 10-5。

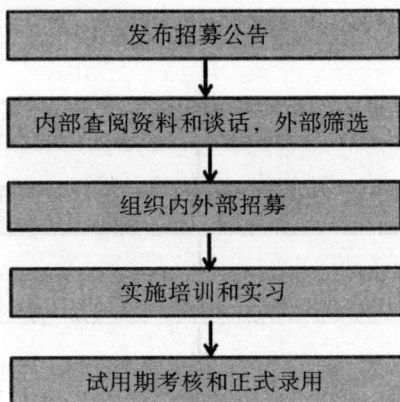

图 10-5　人力资源途径的基本程序

大学生创业前,如果有可能,可以在在校期间做一些产品的校园或者区域代理,不管是热水袋、拖鞋、牛奶、化妆品,还是手机卡、数码产品、婚纱店、美容店、家教中心等等,都可以尝试。这个过程中既能赚些钱,增长关于市场的知识,还可以锻炼组织能力。也可以考虑进入一个企业工作,通过打工的经历学习行业知识,建立客户资源渠道,了解企业运作的经验,学习开拓市场的方法,认识赢利模式。

5.通过外部资金资源途径获取资源

外部资金资源途径是指资金的外部获取方式。对于外部资金的获取,一般可通过以下五种途径获得:(1)依靠亲朋好友筹集资金,双方形成债权债务关系;(2)抵押、银行贷款或企业贷款;(3)争取政府某个计划的资金支持;(4)所有权融资,包括吸引新的拥有资金的创业同盟者加入创业团队,吸引现有企业以股东身份向新企业投资、参与创业活动,以及吸引企业孵化器或创业投资者的股权资金投入等;(5)一个详尽可行的创业计划,以吸引一些大学生创业基金甚至风险投资基金的目光。见图 10-6。

在获取外部资金资源之前,特别要记住一个企业家曾经说过的一段话:"创业首先要用自己的钱干起来,你自己的钱不先投进去,凭什么让别人为你投钱?"因此,获取外部资金资源是一个必需的过程,但不是唯一的过程。创业导向和前景才是一个创业者取得创业成功的核心和基础。

(二)创业资源获取的技能

为了及时,足额并以较低的成本获得创业所需的资源,创业者需要掌握一定的创业资源获取技能,主要有以下几种。

```
┌─────────────────────────────┐
│  发布投资计划,宣布盈利理由  │
└─────────────────────────────┘
              │
              ▼
┌─────────────────────────────┐
│  依靠自身和亲友筹集基础资金  │
└─────────────────────────────┘
              │
              ▼
┌─────────────────────────────┐
│      所有权融资和集资        │
└─────────────────────────────┘
              │
              ▼
┌─────────────────────────────┐
│       抵押或信用贷款         │
└─────────────────────────────┘
              │
              ▼
┌─────────────────────────────┐
│        吸引创投资金          │
└─────────────────────────────┘
```

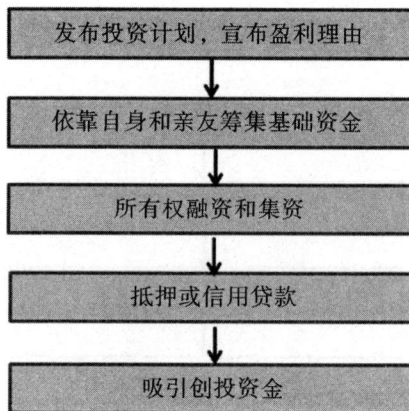

图 10-6　外部资金资源途径的基本程序

1.要充分重视人力资源的获取

人力资本在创业资源中的决定性作用要求创业者必须充分重视人力资源的获取。创业者一方面应努力增强自身能力的培育,另一方面应充分重视创业团队的建设。一支知己知彼、才华各异、能力互补、目标一致和彼此信任的团队是创业资源中最为重要的资源,也是创业成功必不可少的保证。

2.要以能用和够用为原则

不是所有的宝贝都是企业的资源,创业者在筹集资源时应坚持能用的原则,只有满足自己需求的、自己可以支配并使其充分发挥作用的资源,才是需要筹集的资源。

另外,资源的使用是有代价的,因此,在筹集创业资源时应该本着够用的原则,而不是多多益善。一方面,资源的有限性使创业者难以筹集过多的资源;另一方面,当使用资源的收益不能弥补其成本时,资源的使用并不能给企业带来效益。

3.尽可能筹集多用途资源和杠杆资源

资源自身的特性决定了其用途的不同,有的资源可能在不同场合具有不同的用途,筹集具有多种用途的资源可以帮助创业者应付创业过程中出现的意外;在知识社会,具有独特创造性的知识是现代社会的高杠杆资源,对于杠杆资源的合理利用,有助于创业者取得一定的杠杆收益,达到事半功倍的效果。

第二节　创业融资

一、创业所需资金的测算

合理地筹集创业所需资金是对创业者最为基本的素质要求,也是其创办企业的前提。筹集不到足额资金会使企业出现资金断流,甚至被迫清算;筹集的资金过多,又会导致资金的闲置,产生机会成本,导致企业经营效率低下。所以,创业者一定要能够对创业所需资金进行科学的估算。

(一)测算投资资金

投资资金包括新创企业开业之前的固定资金投入、流动资金投入和开办费用。固定资金是指用来购置机器、厂房、设备等固定资产的资金。流动资金是指用来购买原材料、燃料、辅助材料,支付工资和管理费用的资金。开办费用则是指企业从批准筹建之日起,到开始生产、经营(包括试生产、试营业)之日止的期间(即筹建期间)发生的费用支出。包括筹建期人员工资、办公费、培训费、差旅费、印刷费、注册登记费以及汇兑损益和利息支出。

例如,黄亮和李艳毕业回乡后,看准了西北大开发中旅游事业飞速发展的势头,准备做朱砂泥手工艺品,开创自己的事业。由于做小型朱砂泥工艺品的作坊用料少,冷塑工艺简单,工具设备不多,不用烧结窑,占地少,所以,夫妇俩决定作坊就建在自家院子里。需花费项目如下:建筑物购置 8 000 元(平整土地 1 000 元,搭建工棚 7 000 元),桌椅及办公设备 2 000 元(办公家具 1 000 元、办公设备 1 000 元),生产工具 1 000 元,生产设备 7 000 元(两个工作台 4 000 元,晒架 3 000 元),原材料及包装 17 400 元,3 人工资每月 6 000 元,促销费 1 500 元,保险费 2 400 元,设备维护费 900 元,电费每月 200 元(共 3 个月),注册及执照费 500 元,市场调查及咨询费 2 800 元,培训费每月 1 000 元(培训 3 个月),利息支出等其他费用每月 200 元(共 3 个月)。请你测算黄亮和李艳的投资资金应不少于多少?

在估算投资资金时,大部分创业者均能想到购置厂房、设备及材料等的支出,以及员工的工资支出,但常常会忽略诸如机器设备安装费用、厂房装饰装修费用、创业者的工资支出、业务开拓费、广告费等开业前可能发生的其他大额支出,因此,采用表格的形式,将投资资金的项目一一列举,是合理估算创业资金的有效方法。表 10-1 是投资资金估算常用的表格。

表 10-1 投资资金估算表

单位:元

行次	项目	数量	金额	行次	项目	数量	金额
(一)	固定资金		18 000	(三)	开办费用		6 900
1	建筑物购置		8 000	15	注册及执照费		500
2	生产设备		7 000	16	策划费用		—
3	生产工具		1 000	17	调查咨询费用		2 800
4	办公家具		1 000	18	培训费用	3	3 000
5	办公设备		1 000	19	其他费用	3	600
(二)	流动资金		42 000	20	……		
6	房屋租金		—				
7	存货购置		17 400				
8	管理费用		—				
9	人力费用	3	18 000				
10	销售费用						
11	业务开拓费		1 500				
12	设备维护费		900				
13	保险费		2 400				
14	水电费	3	600		合计		66 900

表 10-1 中有关项目的内容说明如下(表中数据是以上述案例为例来填写的):

表格中第 1~5 行投资资金的支出属于固定资金支出。一般在计算创业资金时作为一次性资金需求予以考虑。其中,建筑物的支出包括厂房的装修费用,若企业拟在租来的房屋中办公生产,则将相应的支出填写在第 6 行房屋租金中。生产设备的支出包括机器设备的购置和安装费用。生产工具则是指单件超过 800 元、使用周期超过 1 年的工具。

表格中第 6~14 行投资资金的支出属于流动资金支出,在计算创业资金时需要考虑其持续性投入问题,一般应估算三个月的资金总量。创业者在估算投资资金时,一定不要忽略了其自身的工资、业务开拓费、设备维护费等项目。

表格中第 15~20 行是新创企业的开办费用。不同行业所需要的开办费用不同,如高科技行业筹建期间员工的工资和人员的培训费可能较高,有较高进入门槛的行业筹建期可能较长等。总之,开办费用的开支是企业无法避免的一项投资支出。不同行业所需要的开办费用不同,创业者应通过市场调查,将本行业所需的资金支出项目予以补充,填写在第 19 行及以下相应的表格中。

需要说明的是,创业者在估算投资资金时,一方面要尽可能考虑所需要的各种支出,避免漏掉一些必需的项目,以充分估算资金需求;另一方面,由于创业资金筹集的困难性,及创业初期资金需求的迫切性,创业者应想方设法节省开支,减少投资资金的花费,如采用租赁厂房、采购二手设备等方法节约资金。

(二)测算营运资金

营运资金主要是流动资金,是新创企业开始经营以后每年的资金投入。营运资金的估算需要根据企业未来的销售收入、成本和利润情况来确定,通过财务预测的方式实现。

上例中,黄亮和李艳的小型朱砂泥工艺品的作坊开业后,以每件工艺品为单位,估计各项费用如下:原材料及包装 290 元,人工费 300 元,市场拓展及销售人员工资 30 元,设备维护费 15 元,水电费 10 元,办公费用及管理人员工资 25 元,保险费 40 元,利息等 10 元,销售利润率 7.8%。每件工艺品估计销售价格为1 000 元,每个月可以生产 15~25 件(假设每月 5 件递增)。朱砂泥边料可以制作日用茶壶,每件销售价格为 20 元,每个月可以生产 80~120 件(假设每月 20件递增),人工费每件 10 元,边料忽略不计成本。企业 3 年免交营业税和增值税,所得税率为 5%。销售资金回笼 60%,销售库存保持在 20%。原材料及包装一次性支付,其库存率 20%。固定资产折旧每月每件工艺品计提 15 元。自有资金用于购置固定资产和开办费用,流动资金全部由银行贷款解决。

1.测算新创企业的营业收入

营业收入是指企业在从事销售商品、提供劳务和转让资产使用权等日常经营业务过程中所形成的经济利益的总流入。对新创企业营业收入的测算是制订财务计划与编制财务预算的基础,也是估算营运资金的第一步。在进行营业收入测算时,创业者应立足于对市场的研究和对行业营业状况的分析,根据其试销经验和市场调查资料,利用推销人员意见综合、专家咨询、时间序列分析等方法,以预测的业务量和市场售价为基础估计每个会计期间的营业收入,并根据行业的信用政策特点和新创企业拟采用的信用政策估算由此可能产生的现金流入。

2.测算预计利润表

利润表是用来反映企业在某一会计期间的经营成果的财务报表,见表 10-2。该表是根据“收入－费用＝利润”的会计等式,按营业利润、利润总额、净利润的顺序编制而成的,是一个时期的、动态的报表。创业者在测算利润表时,应根据预计的业务量对营业成本进行测算;根据市场调查阶段确定的业务规模和企业战略,对新创企业经营过程中可能发生的管理费用进行测算;根据行业的税费标准对可能发生的营业税费进行测算;同时计算新创企业每个会计期间的预计利润。

表 10-2 预计利润表

单位:元

项 目	1	2	3	4	5	……	12	合计
一、营业收入	15 000	20 000	25 000					
减:营业成本	9 525	12 700	15 675					
营业税金及附加	0	0	0					
销售费用	750	1 000	1 250					
管理费用	750	1 000	1 250					
财务费用	750	1 000	1 250					
二、营业利润(损失以"—"号填列)	3 225	4 300	5 575					
加:营业外收入	1 600	2 000	2 400					
减:营业外支出	800	1 000	1 200					
三、利润总额(损失以"—"号填列)	4 025	5 300	6 775					
减:所得税费用	201	265	339					
四、净利润(损失以"—"号填列)	3 824	5 035	6 436					

注:表中数据是以上述案例为例填写的。

由于新创企业在起步阶段业务量不稳定,营业收入和成本之间一般不成比例变化。对于新创企业初期营业收入、营业成本和各项费用的估算应按月进行,并按期预估企业的利润状况。一般来说,在企业实现收支平衡之前,企业的利润表均应按月编制,达到收支平衡之后,可以按季、按半年或者按年度来编制。

3.测算预计资产负债表

资产负债表是总括反映企业在某一特定日期全部资产、负债和所有者权益状况的报表。资产负债表是根据"资产=负债+所有者权益"这一会计基本等式,依照流动资产和非流动资产、流动负债和非流动负债大类列示,并按照一定要求编制的。预计资产负债表的格式如表 10-3 所示。

表 10-3 预计资产负债表

单位:元

项 目	1	2	3	4	5	……	12	合计
一、流动资产								
货币资金	7 200	9 600	12 000					
应收款项	4 800	6 400	8 000					
存货	3 870	5 160	6 450					
其他流动资产	—	—	—					
流动资产合计	15 870	21 160	26 450					
二、非流动资产								
固定资产	17 775	17 475	17 100					
无形资产	—	—	—					
非流动资产合计	17 775	17 475	17 100					
资产合计	33 645	38 635	43 550					
三、流动负债								
短期借款	11 419	15 070	18 436					
应付款项	—	—	—					
应交税费	201	265	339					
其他应付款								
流动负债合计	11 620	15 335	18 775					
四、非流动负债								
长期借款	18 000	18 000	18 000					
其他非流动负债	—	—	—					
非流动负债合计	—	—	—					
负债合计	29 620	33 335	36 775					
五、所有者权益	4 025	5 300	6 775					
负债和所有者权益合计	33 645	38 635	43 550					
六、外部筹资额								

注:表中数据是以上述案例为例填写的。

与预计利润表相同的道理,一般说来,预计资产负债表在企业实现收支平衡之前也应该按月编制,在实现收支平衡之后可以按季、按半年或按年编制。

企业在经营过程中增加的留存收益是资金的一种来源方式,属于内部融资的范畴。当留存收益增加的资金无法满足企业经营发展所需时,需要从外部融集资金。

外部融资额＝资产合计－负债和所有者权益合计

二、创业融资的渠道

融资渠道是指创业者筹集资金来源的方向与通道。目前中国社会资本的提供者众多,数量分布广泛,为新创企业融资提供了广泛的资本来源。了解融资渠道的种类及其特点和适用性,有利于创业者充分利用和开拓融资渠道,实现各种融资渠道的合理组合,有效筹集所需资金。

(一)自有资金

虽然创业融资渠道有多种,但自有资金投入却是创办企业最主要的资金来源。众所周知,如今在略微繁华的地方租间店铺开家小店,起步资金往往得要几万元人民币。如果是其他创业项目,启动资金一二十万元再正常不过。在校大学生主要靠父母亲友供养,每月生活费不多,余钱更是有限;刚上班的职场新人工资普遍不高,毕业离校后多半要租房、购衣及添置生活必需品,手上结余资金也不会很多。无论是在校大学生,还是刚上班的职场新人,创业需要的启动资金,更多地需要通过融资渠道来实现。但是,创业者以自有资金进行前期投资,是必然的选择。它可以提高其在企业的投资比例,从而实现对企业的控制或影响,参与企业的经营管理,分享企业未来的成长收益。

(二)向亲友借款

向亲朋好友借款进行创业是一种最原始、最简单、也最实用的筹资方式。亲朋好友借款给你创业一般带有友情赞助的成分在里面,因此,借款条件一般也比较宽松,借款利率也不高,借款时间也较长。缺陷是借款资金量一般不大,创业者在向亲朋好友借款时,要注意以下几点:

(1)"亲兄弟,明算账。"这是借钱的基本原则。为避免日后发生不必要的纠纷,无论是向谁借钱,你都应该主动写一张借条,详细记载借款内容和条件,并签上借款人的姓名和日期,并承诺及时还款。借款数额较大的,还应约定支付相应的利息。

（2）借款之前，创业者要如实详细地向亲朋好友说明企业的经营情况，预期收益与经营风险，自身资金状况及资金缺口情况，并将借款的选择权和主动权交给亲朋好友。

（3）借款人可以在借条中表明或口头表示，当企业有了经济收益时，会给予亲朋好友一定的经济回报，如以利息等形式支付。

（三）接受投资

接受投资者投资（即股权资本）这种筹资方式，是创业初期的普遍选择。虽然从资金成本角度来看，其资金成本较高，但投资者作为企业的所有者，企业的盈利共享，风险共担，没有固定的利息支付的负担。另外，对于企业盈利如何分配，是由投资者之间共同协商来决定的，具有很大的灵活性。这些对于处在创业初期、面临资金短缺、经营不稳定、盈利少甚至亏损的企业来说，具有很大的吸引力。但是，接受投资者投资这种筹资方式有一个突出的问题是：会分散股权，削弱创业者的控制权。

（四）银行贷款

银行贷款也是一种常见的创业企业融资方式。常见的银行贷款形式如下：

1.创业贷款

随着近几年个人创业的增多及国家的有意识扶持，银行开发了个人创业贷款项目。创业贷款是指具有经营能力或已经从事生产经营活动的个人，因创业或再创业提出资金需求申请，有效担保经银行认可后而发放的一种专项贷款。按照我国目前的相关政策，符合条件的借款人，根据个人的资源状况和偿还能力，最高可获得单笔 50 万元的贷款支持；对创业达到一定规模或成为再就业明星的人员，还可提出更高额度的贷款申请。创业贷款的期限一般为一年，最长不超过三年。为了支持下岗职工创业，创业贷款的利率还可以按人民银行规定的同档次利率适当下浮，许多地区还推出相关政策：下岗失业人员创业贷款可享受 60％的政府贴息。

2.抵押贷款

抵押贷款金额一般不超过抵押物评估价的 70％，贷款最高限额为 30 万元。如果创业需要购置沿街商业房，可以用拟购房屋作抵押，向银行申请商用房贷款，贷款金额一般不超过拟购商业用房评估价值的 60％，贷款期限最长不超过 10 年。因创业需要购置各种车辆以及进行出租车营运的借款人，还可以办理汽车消费贷款，此贷款一般不超过购车款的 80％，贷款期限最长不超过 5 年。可以用作抵押财产的物品有：房地产、机器设备、有价证券、流动资产等。

3.质押贷款

存单质押贷款的起点一般为5 000元,每笔贷款不超过质押面额的80%。一般情况下,到银行网点当天即可取得贷款。另外,近年来各银行对贷款质押物的要求不断放宽,除了存单质押贷款外,以国库券、保险公司保单等信贷资源也可以轻松得到可用于创业的个人贷款。国债质押贷款的起点为5 000元,每笔贷款不超过质押国债面额的90%;贷款期限最长一般不超过凭证式国债的到期日,若用不同期限的多张凭证式国债作质押,以距离到期日最近者确定贷款期限。

用存单质押贷款解决短期的资金需要时,要注意以下两个问题:第一,存单质押贷款的额度较高,但通常借款额度要低于存款数额。第二,这种方式在定期存单可能很快要到期的情况下比较适合,如存单刚存入不久,不如直接提出来更合算,毕竟贷款利率要远高于存款利率。

4.保证贷款

如果创业者的直系亲属中有人有一份稳定的收入,那么这也能成为信贷资源。当前银行对高收入阶层非常青睐,律师、医生、公务员、事业单位员工以及金融行业人员均被列为信用贷款的优待对象,这些行业的从业人员只需找到两个人担保,就可以在工行、建行等金融机构获得10万元左右的保证贷款。而且这种贷款不用办理任何抵押、评估手续。

(五)政府资金援助

政府资金援助的方式包括税收优惠政策、财政补贴政策、增加贷款援助及鼓励中小企业到资本市场直接融资等方式。争取获得政府资金援助的方式包括:组建高科技型或可解决当地就业压力型企业;组建国家重点扶持吸收社会弱势群体的福利型企业;组建符合国家产业政策、产品适销对路、有利于吸收下岗职工的企业;可参与星火计划、火炬计划及技术成果推广计划,吸收高新技术成果,并将其商品化、产业化的企业。创业者在选择创业方向和具体安排创业项目时,可以参考政府资金援助的项目,尽最大可能争取政府的资金援助。

(六)风险投资

风险投资是指投资机构向风险型的高成长性新创企业提供的股权资本。投资方为其提供经营管理和咨询服务,以期在被投资企业发展成熟后,通过股权转让方式获取中长期资本增值收益。风险投资为风险企业投入的权益资本,一般占该企业资本总额的30%以上。风险投资是一种中长期(平均投资期为5～7年)投资,其流动性较差。风险投资家既是投资者又是经营管理者,通过所持的风险企业股份,不仅参与企业制订长期或短期的发展规划、确定企业生产目标、建立企业营销方案,还参与企业的资本运营过程,拓宽企业融资渠道,甚至还参与企业重要人员的雇佣、解聘。风险投资家一般不会将资本一次性投入企业,而是随着企业的成长分期分批地将资金注入企业。风险投资的目的是赢利,当风险投资在风险企业获得丰厚利润而实现投资目标后就会从风险企业退出。

(七)短期资金融资

当企业急需短期资金,且资金需要量不大,还可以考虑以下两种短期资金融资方式。

1.信用卡消费透支

创业者在创业过程中遇到急需的短期资金,可以考虑利用银行给予的信用额度进行透支取现或消费。各银行对信用卡的审批条件较为宽松,不少银行的初始信用额度都比较高,有的能达到五六万元。信用卡可在信用额度的规定范围内提取现金,这种方式的门槛非常低,但资金成本较高,只适用于较短期的资金应急。另外,还可以利用银行信用额度进行消费或分期付款购买一些企业必需的物资,一般有 25～56 天的免息期。还可以一次消费,分期还款,费用通常也比贷款等方式要低。

2.典当行融资

创业者只要有价值较高的物品,短期内急需资金,而又无其他方法融资时,可以考虑典当方式。目前典当行已经较多,大到房产、汽车,小到相机、电脑、手表、钻石等均可典当。典当的优点是速度快、手续简单,当天就可以拿到现金。但典当方式融资成本较高,一般按月计息,月息在 3% 左右。一些贵重或占空间大的物品,还要收取管理费。如果临时急需的资金量大,典当这种方式就不太适合。典当物品是有期限的,一般最长期限为六个月,过了这个期限,所典当的物品就由典当行处理了。

三、创业融资的选择策略

(一)深入进行融资总收益与总成本分析

创业者首先应该考虑的是,企业必须融资吗?融资后的投资收益如何?融资后的收益是否大于融资成本?创业者只有经过深入分析,确信利用筹集的资金所得到的总收益要大于融资的总成本时,才有必要考虑融资。融资成本既有资金的利息成本,还有可能是较为昂贵的融资费用和不确定的风险成本。企业融资成本是影响企业融资效率的决定性因素,对于创业企业选择哪种融资方式有着重要意义。

(二)合理确定企业的融资规模与融资期限

创业者在进行融资决策之初,要根据各种条件,量力而行地确定企业合理的融资规模。同时,创业者还必须做出最佳的融资期限选择,以利于企业的发展。因为融资期限过长,增加了融资成本与融资风险;融资期限过短,则限制企业的发展。创业者做融资期限决策,一般是在短期融资与长期融资两种方式之间权衡,做何种选择主要取决于融资的用途和创业者的风险性偏好。从资金用途上来看,如果融资是用于企业流动资产,则是宜选择各种短期融资方式;如果融资是用于长期投资或购置固定资产,则适宜选择各种长期融资方式。从风险性偏好角度来看,创业者对风险越偏好,就越倾向于用短期资金融通永久性资产;反之,则越倾向于用长期资金融通波动性资产。

(三)尽量选择有利于提高企业竞争力的融资方式

企业融资通常会给企业带来以下直接影响:一是壮大了企业资本实力,增强了企业的支付能力和发展后劲,从而减少了企业的竞争对手;二是提高了企业信誉,扩大了企业产品的市场份额;三是扩大了企业规模、提高了企业获利能力,充分利用规模经济优势,从而提高企业在市场上的竞争力,加快了企业的发展。但是,企业竞争力的提高程度,根据企业融资方式、融资收益的不同有很大差异。因此,进行融资决策时,企业宜选择最有利于提高竞争力的融资方式。

(四)有效利用企业的金融成长周期

在中小企业创业初期,企业的信息基本上是封闭的,由于缺乏业务记录和财务审计,它主要依靠内源融资(例如自有资金、亲友借款等);当企业进入成长阶段,随着规模的扩大,可用于抵押的资产增加,信息透明度的逐步提高,业务记录和财务审计的不断规范,企业的内源融资难以满足全部资金需求,这时企业开始选择外源融资(银行贷款等),开始较多地依赖来自金融中介的债务融资;在进入稳定增长的成熟阶段后,企业的业务记录和财务审计趋于完备,逐渐具备进入资本市场发行有价证券的资产规模和信息条件。随着来自资本市场可持续融资渠道的打通,企业债务融资的比重下降,股权融资的比重上升,部分优秀的中小企业逐步发展成为大企业。

(五)慎重挑选合适的投资者

确定实际可行的融资方式以及制定融资策略,必须明白要寻找什么类型的投资者。创业融资是一个双向选择的过程,投资者在选择创业者的同时,创业者也在积极地挑选合适的投资者。创业者一般应选择的投资者是:的确考虑要投资,并有能力提供相应资金的;了解并对该行业投资有兴趣的;能够提供有益的商业建议,并且与业界、融资机构有接触的;有名望、道德修养高的;为人处世公平合理,并能与创业者和谐相处的;具有此类投资经验的。具备这些特质的投资者是稀缺的、有价值的、难以复制的、不可替代的人力资源,他们可以带给企业持久的竞争优势。

第三节　创业资源的管理

一、创业资源管理的概念与意义

创业资源主要有资金、时间、人才、市场等方面。创业资源的管理,主要是指创业资源的获取、分配和组织等方面的管理。它包括自有资源管理、资源整合管理和资源开发管理。霍华德·史蒂文森说过:"创业者在企业成长的各个阶段都会努力争取用尽量少的资源来推进企业的发展,他们需要的不是拥有资源,而是要控制这些资源。"

创业初期,创业者资源往往比较有限,获取资源的途径和渠道不够充分,对于有限的创业资源加强管理其意义更加重大。主要体现在:

第一,创业初期创业者对于政策资源不够了解,往往不能正确地理解和运用有利的政策,通过资源管理,组合有利的政策资源,创业者容易实现创业。

第二,新创立的企业,由于是新进入者,对于信息资源的把握的广度和深度都处于弱势,由于市场竞争激烈,更加需要对有限的信息进行资源管理,发挥其最大的作用。

第三,资金资源对于任何企业都是十分重要的,对于新创企业来说,无论是开办费的获取,还是固定资金、流动资金的获取都是十分重要的。了解通过创业过程中资金资源的管理,有利于更加经济便捷地获取创业资金。

第四,高素质人才的获取和开发,是人力资源管理的重点。创业者一般不了解高素质人力资源获取的方法和渠道,通过人力资源管理可以获得人力资源的培训、考核、选拔,从而使高素质者脱颖而出。

第五,对于新创企业而言,积极引进和寻找有商业价值的科技资源,充分利用科技促使企业创新,推出新品,吸引消费者和占领市场,进行科技资源管理也是十分有意义的。

二、创业自有资源管理

(一)依靠自有资源,"步步为营"

自有资源,"步步为营"是指在缺乏资源的情况下,创业者分多个阶段投入资源,并在每个阶段或决策点投入最少的资源。如果成功,那么扩大投入;如果不成功,则马上打住。这样才能稳扎稳打,保证最后的成功。

步步为营策略表现为自力更生,减少对外部资源的依赖,目的是降低经营风险,加强对所创事业的控制。很多时候,步步为营不仅是一种做事最经济的方法,也是创业者在资源受限的情况下寻找实现企业理想和目标的途径,更是在有限资源的约束下获取满意收益的方法。习惯于步步为营的创业者会形成一种审慎控制和管理的价值理念,这对创业型企业的成长与向稳健成熟发展期的过渡,尤其重要。

选择该方法的原因是:难以获得外部资金;不愿丧失企业控制权;减少所承担的风险;创建一个更高效的企业;增加创业者的收入。

(二)资源约束下的"拼凑"策略

自有资源"拼凑"策略是指面对资源的约束,创业者利用手边存在的,在他人看来无用的、废弃的资源,通过巧妙的整合,实现自己的目的。

很多创业者都是拼凑高手,通过加入一些新元素,与已有的元素重新组合,形成在资源利用方面的创新行为,进而可能带来意想不到的惊喜。创业者通常利用身边能够找到的一切资源进行创业活动,有些资源对他人来说也许是无用的、废弃的,但创业者可以通过自己的独有经验和技巧,加以整合创造。

"拼凑"的要素:手边已有资源;拼凑资源用于新目的;将就使用。

(三)发挥自有资源的杠杆效应

自有资源的杠杆效应是指以尽可能少的付出得到尽可能多的收获。对创业者来说,容易产生杠杆效应的资源主要包括人力资本和社会资本等非物质资源。创业者的人力资本由一般人力资本与特殊人力资本构成。一般人力资本包括受教育背景、以往的工作经验及个性品质特征等。特殊人力资本包括产业人力资本(与特定产业相关的知识、技能和经验)与创业人力资本(如先前的创业经验或创业背景)。调查显示,特殊人力资本会直接作用于资源获取,有产业相关经验和先前创业经验的创业者能够更快地整合资源,更快地实施市场交易行为。而一般人力资本使创业者具有知识、技能、资格认证、名誉等资源,也提供了同窗、校友、老师以及其他连带的社会资本。

杠杆效应的具体体现是：更充分地利用别人没有意识到的资源；能比别人更久地使用资源；将一种资源加入另一种资源，获得更高的复合价值；利用一种资源获得其他资源，例如社会资本等。

三、创业资源整合管理

创业资源整合，就是指寻找并有效利用各种创业资源的过程，并且这一过程应当具备两个基本特点：尽量多地发现有利的创业资源；以效率最高的方式来配置、开发和使用这些创业资源。

(一)内部资源整合

与外部创业资源相比，内部创业资源具有很强的明确性，因此内部资源整合的最根本目标就是更有效地配置和使用这些资源，而不是像外部资源整合那样，需要不断地发掘各种新的资源主体。因此，我们可以把内部创业资源整合形象地比喻为"内部挖潜"。内部资源整合一般遵循以下原则：

1.公平原则

创业资源的整合要体现双赢原则，因此，对于具有相对独立的利益主体特征的资源，在整合的过程中要体现不同资源主体之间的公平原则。尤其是对于内部的人力资源来说，由于创业企业规模普遍较小，员工数量少，员工之间平时相互都有沟通，所以但凡有不公平的现象，很容易就浮现出来，给整合带来负面的影响。

2.当前利益与长远利益相结合的原则

创业资源整合的根本目的就是实现创业企业利益的最大化，但这个利益还有当前和长远之分。因此，在内部创业资源整合的时候就要充分协调好当前利益与长远利益之间的冲突。

3.缓冲原则

遇到困难和挫折是创业企业常有的事情，而应对这些困难和挫折可能更多的是依靠创业企业的自有资源，因为任何一个利益主体都不会愿意冒太大的风险去帮助一个新创建的企业。因此，在对内部资源整合的过程中一定要留有余地，以满足不时之需。比如在资金方面，适当的储备资金是有一定必要性的，因为创业企业在处于困境情况下的二次融资是非常困难的。

(二)外部资源整合

由于创业者或者创业企业对外部资源缺乏控制权和支配权，所以对创业者来说，相对于内部资源整合，外部创业资源整合其难度更大，进展更缓慢。或者可以说,对内部资源进行整合的目的就是提高效率,不存在不可使用这些资源的问题。而在外部资源整合方面,基本目标则是保证可以利用这些外部资源,然后才能谈到效率问题。以下是外部资源整合的原则:

1.比选原则

由于外部资源的多样性,所以有助于某一创业任务的外部资源可能会有多个,使用每个外部资源都具有不同的收益、成本和不确定性。因此,创业者要根据创业项目发展的需要、自身的实力以及这些资源的特点,选择最适合的外部资源。

2.信用原则

可以说,与外部创业资源打交道,实际上就是在与人打交道。因此,在外部资源的整合过程中,信用和信誉将是决定能否长期利用某些资源的关键因素。

3.提前原则

由于外部资源整合的难度较大、进展相对也较慢,并且外部资源的发现也需要一定的过程,所以不能等到需要的时候再去考虑外部资源的整合,而是应当具有一定的超前眼光,适当提前开始某些外部资源的整合。

4.信息原则

很多外部资源首先要去找,找到之后才谈得上应用问题。因此,信息就成为外部资源整合的基本要素。要想获得很好的外部资源整合效果,就必须找到尽量多的、能够满足某一具体创业目标的资源要素,然后再去选择最适合的。

(三)负创业资源整合

现实当中,还存在着很多对创业发展不利的要素,我们可以从资源"有效性"的角度把这些要素称为"负资源"。从某种角度来说,"负资源"的有效处理也是非常重要的,因为损失的避免也可以看作是一种收益的方式。表 10-4 列示的是负资源整合的常见情况。

表 10-4 负资源整合的一般情况

资源类别	具体资源	对资源的认知
天然负资源	同类技术的另一个发明者,同类产品或服务的提供者,潜在的进入者	偶尔也存在竞争中的合作
双重属性负资源	创业伙伴或员工,原材料供应商,产品代理商	一般是由于受到更大利益的诱惑而转变

负资源的整合存在两个基本步骤:第一步就是要尽量避免负资源的出现,主

要就是避免具有双重属性的资源转化为负资源,甚至是把负资源再转化为正资源;第二步就是要尽量降低已经产生作用的负资源的影响程度。负资源整合方法如下:

1.利益分析方法

利益是整合负资源的最有效工具,也就是说,要让那些潜在的负资源能够认识到:一旦他们转变成创业企业或者创业者的负资源,他们的收益就会减少,风险就会增加。

2.密切观察

一般来说,正资源转化为负资源,或者负资源产生作用,往往都存在一个过程,同时也会表现出某些特征或征兆。只要信息畅通、善于观察,就能够及早发现问题,防微杜渐。因此对创业者来说,经常关注自己的创业伙伴、优秀的员工、关键原材料的供应商、销售商等对创业企业发展至关重要的外部因素是十分必要的。

3.分解创业风险

为了减少创业风险,可以通过分散投资者和购买保险等办法,分散投资的风险,从而提高创业的成功率。

四、创业资源开发管理

在现实中,大多数创业者都很难整合到充足的创业所需资源,往往都是在创业资源匮乏的情况下,激发个人自身的潜力,不断追求创新,开发并积累创业资源而最终取得成功。创业资源开发是指创业者开拓、发现、利用新的资源或其新的用途的活动。在创业过程中,创业者需要在实现资源价值的基础上丰富资源库,进一步拓展资源的来源和用途,使新创企业获得持续的竞争优势。创业资源的范畴和内容较为广泛。

(一)人脉资源开发

人脉即人际关系、人际网络,体现为人缘和社会关系,是经由人际关系而形成的人际脉络。很多成功的商界人士都深深意识到人脉资源对自己事业成功的重要性。美国"钢铁大王"卡耐基经过长期研究得出结论说:"专业知识在一个人成功中的作用只占15%,而其余的85%则取决于人际关系。"由此可见积累和经营人脉对创业成功的重要性。开发人脉资源不但要对自己的人脉网络进行规划,了解拓展人脉的途径和人脉的经营原则,还要不断提高自己的人际交往能力。

1.人脉规划

在制订人脉规划时,应注意以下几个问题:第一,人脉资源的结构要科学合理。比如性别结构、年龄结构、行业结构、学历与知识素养结构、高低层次结构、内外结构、现在和未来的结构等。第二,人脉资源要平衡物质和精神方面的需要,并重视心智方面的需要。创业者的社会关系网络中既应该有真性情的朋友和善于倾听的伙伴,还应该有一些专家、学者、教授等。第三,注意人脉的深度、广度和关联度。人脉资源既要有广度和深度,又需要有关联度,要善于利用朋友的朋友或他人的介绍等去拓展人脉资源,从长远考虑,需要关注成长性和延伸空间。

2.人脉拓展途径

一般来说,人脉资源的拓展主要有熟人介绍、参与社团、利用网络等途径。

熟人介绍,是一种事半功倍的人脉资源扩展方法,它具有倍增的力量。可以加快人与人信任的速度,提高合作成功的概率,降低交往成本,是人脉资源积累的一条捷径。

参加社团,人与人的交往和互动在"自然"的情况下进行,有助于建立信任、培养情感,而且,通过社团里面的公益活动、休闲活动,可以产生人际互动和联系。如果能在社团中谋到一个组织者的角色,就可以得到服务他人的机会,在为他人服务的过程中,自然地增加与他人联系、交流及相互了解的时间,使人脉规划之路自然延伸。

利用网络,现在已经成为社会交往最便捷、廉价,也是应用范围最广的手段之一。网络使得人们之间的交往更加便利,在网络上人们会变得更加真实,因此,利用网络可以扩大自己的朋友圈,利用网络也可以了解到他人的真实需求和想法。

3.人脉经营原则

维持人脉资源需要遵循互惠互利、诚实守信、分享、坚持等原则。互惠互利原则是指在人际交往中要努力做到利人利己,是一种双赢的人际关系模式。诚实守信原则是指在人际交往中,一般人都喜欢与诚实、爽直、表里如一的人打交道,因此,在人际交往中应将信用作为处理人际关系的必守信条。分享原则是一种最好的建立人脉资源的方式,分享越多得到的就会越多。世界上有两种东西是越分享越多的:一是智慧、知识;二是人脉、关系。坚持原则,则是指坚持不放弃的人,才能有更多正面思考的时间、更坚定的屡败屡战的信念,从而赢得更多成功的机遇。

在了解人脉拓展的途径和人脉经营的原则之后,创业者还要不断提高自己的人际交往能力。提高人际交往能力要求创业者具有平等的理念、宽容的态度、换位思考的意识和善于倾听的技巧。首先,在人际交往中要具有平等的理念。平等就是在交往中尊重别人的合法权益。彼此尊重是友谊的基础,是两心相通的桥梁。其次,要有宽容的态度。在与人相处时,应当严于律己,宽以待人,接受对方的差异,对别人有宽容心。再次,要学会换位思考。在交往中,要善于从对方的角度认知对方的思想观念和处事方式,设身处地地体会对方的情况和发现对方处理问题的独特个性方式等,从而真正理解对方,找到最恰当的沟通和解决问题的方法。最后,要善于倾听。在交谈中,要专注于对方,善于从对方的发言中找出自己感兴趣的话题,适时将对方谈话的内容和自己的感受进行简要表述。

(二)客户资源开发

创业者提供的产品或服务只有被消费者接受,才能实现"惊人的一跳",才能给企业带来现金流和利润,所以,客户资源的开发和利用会影响企业的盈利能力和可持续发展的能力。客户资源的开发包括开拓新客户和留住老客户等手段。

1.开拓新客户

创业者需要通过创新的产品或服务,为潜在的顾客提供价值,或针对他们目前不满意的问题提供有明显改进的方案,或通过提供特殊待遇与优惠的方式,吸引客户。为争取到重要客户,创业者往往需要亲自出马,通过投入精力和时间等,用诚意获取客户的信任。

创业者和新创企业可以通过特殊待遇或优惠、模仿、设计、广泛搜寻等策略开拓新客户。

特殊待遇或优惠是指创业者通常会向资源供给者提供特殊的激励措施,如向早期的顾客提供免费的辅助服务、培训等,以帮助他们克服不愿迈出第一步的心理障碍;创业者还经常通过为那些其他企业不愿提供服务的客户提供服务,或者通过雇佣其他企业不愿意雇佣的个人的方式筹集创业初期所需要的资源。

模仿是指通过模仿一些大规模、更成熟的公司的外在形式,可以使人们对新创建企业的稳定性产生一种不假思索的信任,并且这种做法本身也反映了创业者具有远景规划,能够考虑他人看法。

设计是指通过精心设计沟通的语言和方式,向不同的资源拥有者展示创业者或新创企业的形象。如为了消除资源提供者对风险的担忧,创业者常常尽可能强调新创企业的好处,向资源提供者描绘尽可能美妙、灿烂的前景,详细介绍创业优势,少提甚至不提创业风险;或通过特定的行动方案设计,给顾客提供超预期的惊喜。

广泛搜寻是指为了找到最合适的资源供给者,创业者必须充分动用各方面的关系广为宣传,想方设法接触尽可能多的客户。

2.留住老客户:"2/8 法则"

已有的客户资源是一座享用不尽的"金山"。根据国内外的经验数据,保持一个老客户所需的成本,仅仅是开拓一个新用户成本的 20%左右。而且,一个企业的主要收入和利润大都来自老客户。因此,留住老客户,可以提升客户资源的价值,提高企业的盈利能力。

留住老客户的方法有提高客户的忠诚度,加大客户的转移成本,进行客户锁定等。

提高客户的忠诚度是指通过不断提高企业产品或服务的质量,增强客户急需使用本企业产品或服务的意愿;通过客户的分类管理,提高 20%的重要客户的满意度;通过对客户的动态跟踪管理,经常调整重点管理的客户对象等方式提高客户的忠诚度。

加大客户的转移成本是指通过向客户提供服务承诺、价格折扣等措施,让客户感受到超值服务;通过产品或服务的差异性,强化客户的消费习惯,加大客户的转移成本。

通过用户锁定留住客户是指由于信息产业中的产品多数处于某个系统中,单件产品只有与其他产品相互配合时才能发挥作用,因此,客户在购买了某件产品之后,通常还要购买配套的硬件和软件,被"锁定"为潜在的客户。

(三)信息资源开发

所谓信息资源的开发和利用,是指对已掌握的信息做深度的思维加工、改造和重组,使之能产生新的信息或者说通过思维加工能进一步发现信息的社会功能,开拓其在经济社会发展中更加广阔的用途,使信息的潜在力量能充分发挥,价值得到实现。

1.信息资源开发的分类

信息的开发利用分为显性开发和隐性开发。信息的显性开发是对信息的来源即信息源和信息渠道的挖掘,它以获得更多信息为目的,以信息技术手段为工具,通常表述为开发;而隐性开发,则着眼于对已掌握的信息做深度的思维加工或重组,不断发现信息的社会功能,开拓信息在经济、政治、社会发展过程中的广阔用途,从而能更好地掌握和利用信息的潜在力量为社会服务,以定性分析和定量分析的方法为工具,常表述为利用。

2.信息资源开发的技术

创业信息资源管理工作是企业技术创新、经营决策、市场营销策略制定、组织生产等的重要组成部分,为企业制定科学决策、充分利用企业资源、扩展市场和提高企业经济效益等生产经营决策提供依据。因此,加强创业信息应用技术教育,提高企业员工对信息重要性的认识,从而提高整个创业的信息资源管理素质,是十分必要的。

(1)完善知识产权保护和执行监督机制。完善的知识产权保护制度和执行监督机制是企业信息资源建设顺利进行的重要保证。目前,在执行监督机制方面,大多数创业企业对信息资源的管理还处于比较低级的水平,甚至有些还处于计划经济到市场经济的转型期,监管机制不健全,对于如何开发和利用企业信息资源还没有准确的定位。此外,市场上信息资源开发和利用的相关软件多而庞杂,实用性的好坏也难以判断。

(2)加强信息资源管理专业人才的培养。要保证基于知识管理的创业信息资源管理工作的顺利进行和长期发展,就必须建立相应的组织机构和专业化的人才队伍。要努力培养能够专门负责企业知识管理、信息资源开发和利用的复合型人才,这些人才应能够深刻地理解企业总体发展战略,熟悉企业生产流程,同时具有很强的组织能力和管理能力。

(3)加大信息资源建设资金投入。国家应该对企业在信息资源建设方面的投资给予一定的补贴和优惠政策,鼓励企业借助国家政策的扶持,走自主研发或者与科研院所合作的道路来完成企业信息资源管理的工作。对于有科研需求的企业,给予一定的科研经费,为企业和高校及科研院所搭桥,以提高企业信息资源的开发和利用效率。

(四)机会资源开发

机会资源的开发包括识别型机会资源开发、发现型机会资源开发和创造型机会资源开发三个方面。

1.识别型机会资源开发

识别型机会来自创业者发现了市场中存在的价差,并通过对这种市场价格的不完备性或现有供需间的不匹配性来开发和把握这种创业机会。因此,创业者对机会的认知效率和资源同质性的配置方式决定了最终机会利用的成败。然而,对机会认知的不明确和资源的肆意滥用再加上资源获取方式的不正确会导致公司出现不稳定成长,创业产生不平衡。从创业战略来看,创业者这时会同时利用内部资源和外部关系网络来整合资源并实施其创业战略。但由于机会差异,创业者会在"内外资源的兼修模式"上实现企业成长。如图10-7,成长方式1代表了机会认知前提下内部专有资源的积累,成长方式2代表了通过提升资源配置能力吸收外部资源,最终利用两者的"杠杆效应"来实现创业价值。

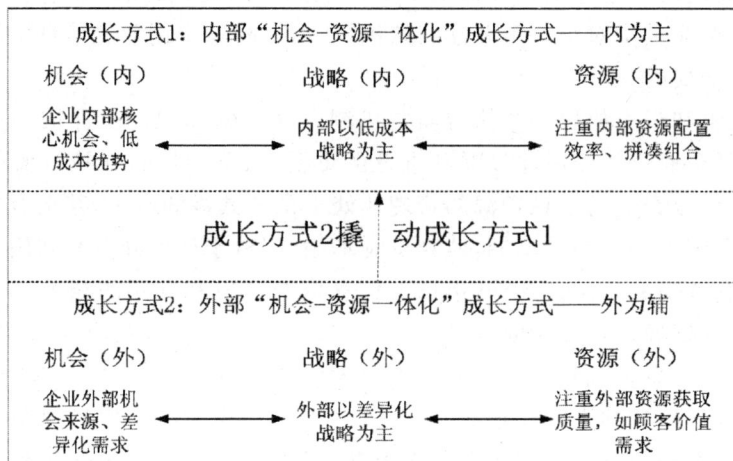

图 10-7　识别型机会资源开发

2.发现型机会资源开发

发现型机会源于创业者发现了市场中存在的需求,并通过提供供给来满足这种需求,或者发现了市场中业已存在的供给,通过找到与之对应的需求来消化供给。在这种情形下,创业者在通过对未被满足的需求或未被消化的供给的分析、理解,进而寻求某种供给或需求来填补缺口。因此,新创企业为了寻求解决初创期的资源约束和企业生产这一矛盾的良策,将不断进行资源配置和拼凑,从而体现出防御集中和先动优势的战略特征,并最终依靠不断的差异化调整来作为辅助方式。最后,成长方式 1 与成长方式 2 的相互撬动使两个创业型企业都能平衡整个创业过程,成长方式 1 需要不断培育和维护外部客户的关系网络,进而通过集中战略撬动机会的利用;而成长方式 2 则会利用先动优势不断创新自身的商业模式而已,见图 10-8。

3.创造型机会资源开发

创造型机会多产生于创业者的主动行动过程,由于无章可循,先前的行业经验和知识在用来评价创造型机会时往往显得无能为力。创造型机会内在的不确定性,也使基于风险分析的决策变得不再有效,所以由机会衍生路径产生的资源配置方式和战略决策都无法事先确定。创造型机会的出现是一个逐渐显现的过程,创业行动的方向、过程以及结果在行动之初并非明了,只有在一步步的行动中,机会才被创造出来。因此,对于创造型机会而言,无论是先期商业模式的制定,还是机会利用过程中市场的低迷反应都不能绝对代表机会的无价值,只有在

机会	市场的先行者优势	狭隘市场的需求
资源	注重新机会的识别	注重挖掘市场顾客的新需求
战略	战略定位于商业模式的创新、做市场的引领者	以集中战略为主，防御市场潜在的竞争者带来的威胁
一体化	以培育成长方式 1 为主，内为主、外为辅	以维护与开发成长方式 2 为主，外为主、内为辅
杠杆	成长方式 2 撬动成长方式 1,实现杠杆效应	成长方式 1 撬动成长方式 2,实现杠杆效应

图 10-8　发现型机会资源开发

反复不断的行动、反馈再行动过程中，创业机会才可能通过市场检验得以呈现。在此过程中，战略是变化的，成长方式 1 和成长方式 2 之间需要互动调整，见图 10-9。

机会	强调竞争不完备性在机会形成中的关键作用,机会来自创业者有意识的行动
资源	创建新的资源组织规则，内部拼凑资源，需要采取全新的资源整合方式
战略	注重市场反馈的信息进而不断进行调整，以难以复制的资源整合方式提供创新产品并创造差异化优势
一体化	成长方式 1 所代表的新机会与新的资源整合方式会撬动成长方式 2 所代表的市场外部新需求；同时成长方式 2 所代表的市场外部新需求也会通过回馈路径间接影响成长方式 1 所代表的新机会或新信念的改变与调整

图 10-9　创造型机会资源开发

案例分析

阿里巴巴创业资源管理的成功经验

【导读】

阿里巴巴是全球企业间"B2B"电子商务的著名品牌,是全球国际贸易领域内领先、最活跃的网上交易市场和商人社区。1999 年 3 月马云和他的团队回到杭州,以 50 万元人民币在一家民房里创办阿里巴巴网站。经过几年努力,"良好的定位,科学的管理,优秀的服务,出色的盈利模式"使阿里巴巴成为全球首家拥有 210 万个商人的电子商务网站,成为全球商人网络推广的首选网站,被大家评为"最受欢迎的 B2B 网站"。

(一)创业期的人力资源管理

创业初期的企业对人才的需求要有清晰的自我定位,要研究恰当的招聘渠道。企业的管理者不仅要将自己的决策贯彻到企业经营管理的各个环节,而且要让员工将自己的发展和切身利益与企业发展捆绑在一起,让每个员工知道经营管理者在想什么、最希望什么。

阿里巴巴的管理层绝对可以算得上超豪华阵容。孙正义和前世贸组织总干事萨兰是它的顾问。这里聚集了来自 16 个国家和地区的网络精英,而且,越来越多的哈佛大学、斯坦福大学、耶鲁大学的优秀人才正涌向阿里巴巴。而尤为令人惊讶的是,创业 5 年,阿里巴巴从来没有人提出来要走,公司最初的 18 个创业者现在一个都不少。别的公司出 3 倍的工资,员工也不动心。马云还说风凉话:"同志们,3 倍我看算了,如果 5 倍还可以考虑一下。"对其中的奥妙,马云说得很简单:"在阿里巴巴工作 3 年就等于上了 3 年研究生,他将要带走的是脑袋而不是口袋。"

(二)创业期的财务管理

新创企业和小公司成功的关键之一,就是正确、严格的财务控制。企业财务管理首先应该关注现金流量。其次,要加强企业财务风险控制。对于处于成长期的公司来说,需要大量的运营资本来应付快速增长的应收账款和存货,举债经营成为企业发展的助推器。

阿里巴巴网站注册成立一个月后,由高盛牵头的 500 万美元风险资金立即到账。1999 年,马云得到孙正义的赏识,在两人进行 3 分钟的单独谈判后,获得 3 500 万美元的风险投资。2000 年,阿里巴巴与全球首屈一指的互联网投资者——软库携手,引进软库的 2 000 万美元投资。2003 年,阿里巴巴投资 1 亿元人民币推出个人网上交易平台——淘宝网,致力于打造全球最大的个人交易网站。2004 年 7 月,又追加投资 3.5 亿元人民币。2005 年 10 月,再次追加投资 10 亿元人民币。

2003 年 10 月,阿里巴巴创建独立的第三方支付平台——支付宝,正式进军电子支付领域。目前,支付宝已经和国内的工商银行、建设银行、农业银行和招商银行,国际的 VISA 国际组织等各大金融机构建立战略合作关系,成为全国最大的独立第三方电子支付平台。

2005 年 8 月,阿里巴巴和全球最大门户网站雅虎达成战略合作协议。阿里巴巴兼并雅虎在中国的所有资产,阿里巴巴因此成为中国最大的互联网公司。

(三)创业期的客户管理

"倾听客户的声音,满足客户的需求"是阿里巴巴生存与发展的根基。调查显示,阿里巴巴的网上会员近五成是通过口碑相传得知阿里巴巴并使用阿里巴巴的;各行业会员通过阿里巴巴商务平台双方达成合作者占总会员的比例近五成。

【分析】

阿里巴巴创业初期的资源管理方法对你有什么启发?同学们应该用哪些创业资源管理的理论分析创业期阿里巴巴资源管理的成功经验?如果你是创业者,你会怎样进行创业资源管理?

思考与练习题

1.创业资源的内涵是什么?都有哪些种类?

2.什么是创业资源获取?请分析它的主要影响因素。

3.为什么要进行以及如何开展投资资金测算?

4.请介绍创业融资的主要渠道,并说明如何进行创业融资渠道的选择。

5.什么是创业资源整合管理?具体的管理做法有哪些?

6.如何进行创业资源开发?

参考文献

[1]顾桥:《中小企业创业资源的理论研究》,武汉理工大学 2003 年博士论文。

[2]林嵩:《创业资源的获取与整合——创业过程的一个解读视角》,载《经济问题探索》2007 年第 6 期。

[3]阳大胜、彭强:《大学生创业融资研究综述》,载《广东职业技术学院学报》2011 年 12 月(第 5 卷第 4 期)。

[4]李志能、郁义鸿:《创业学》,复旦大学出版社 2011 年版。

[5]陈晨:《大学生创业的知识架构》,展望出版社 2012 年版。

[6]张帆:《大学生创业资源获取影响因素研究》,吉林大学 2012 年硕士论文。

[7]马费成:《信息资源开发与管理》,电子工业出版社 2013 年版。

[8]高洋:《技术经济及管理》,吉林大学 2014 年博士论文。

第十一章

创业风险的识别与防范

创业风险是客观存在但可以预知并加以预警的。大学生创业者在创业过程中必须对创业风险进行认知。创业风险是在创业过程中出现的不确定的危险。创业者在创业过程中应该注意识别各种创业风险，并对风险承担能力进行评估和培育，提高风险管理意识，提升创业成功率。这是本章加以讨论的主要内容。

第一节 创业风险的界定与分类

创业需要激情，更需要理性。大学生创业之初必须对创业风险有较强的认识和把握。大学生在创业过程中应该准确认识和识别创业风险，认真了解什么是创业风险，创业风险的成因和构成。根据不同的分类标准，对创业风险进行分类，并按照其分类对风险进行有效识别。

一、创业风险的含义

（一）风险与创业风险的概念

关于"风险"的内涵，美国学者 A.H.威雷特早在 1901 年就对此进行了研究，他认为"风险是不愿发生的时间内发生的不确定性的客观体现"。日本学者武井勋归纳提出了风险的三个基本要素：第一，风险是客观存在的；第二，风险是相对的、变化着的；第三，风险是可以预测的，也是可以控制的。所谓风险是指在某一特定环境下，在某一特定时间段内，某种损失发生的可能性。风险有两个基本要素：一个是结果的不确定性，一个是失败或亏损的可能性。

创业风险是大学生在创业中伴随创业过程而产生的各种危险。这种危险增加了创业的难度和创业的不确定性。关于创业风险，学术界还没有统一的观点。

有的学者从风险环境的角度来论述,有的学者从创业人才的角度来论述。一般认为,创业风险指创业过程中存在破坏或损失的危险,而且事先估计到采取某种行动可能导致的结果以及每种结果出现的可能性。[①]

创业是一种创造性活动,一种创新的过程。基于其特点,必然会牵涉到创业过程中出现的各种不确定性。大学生应该认识到,创业机会与创业风险是并存的。

(二)创业风险的特征

创业是企业生命周期中的成长阶段,创业风险被视为创业决策环境中的一个重要因素。创业过程往往就是技术或服务的市场实现的过程。而在这个过程中可能存在各种不确定的因素,构成创业的诸多缺口。因此,创业风险是创业决策过程中必须要考虑的因素。尽管创业风险的种类繁多,但大多具有如下共同特征:

1.创业风险的客观存在性

创业风险是一种不以人的意志为转移,独立于人的意识之外的客观存在。人们只能在一定的时间和空间内改变风险存在和发生的条件,降低风险发生的频率和损失程度。创业过程中不可避免会遭遇各种来自内部和外部的风险,创业者把握创业风险的存在,才能事前提出对策,起到预警和谋划的作用。

2.创业风险的可衡量性

有些创业风险本身是可以识别的。风险虽然具有不确定的因素,但由于创业者可以通过自身知识层次的构架,根据自己掌握的资源和现实创业环境的分析评价,对创业风险进行识别和衡量,扬长避短。大学生在创业过程中在拥有资金、拥有市场的情况下却经营失败,可以通过风险衡量寻找到创业失败的原因。

3.创业风险的变化性

创业风险随着经济水平的提高和市场的不断变化,会因时间、空间因素的不断变化而发展变化。在创业初期,往往创业者投入多,产出少,创业者要想获得成功,往往和创业者自身能力和经验、技能分不开,如果在创业初期能够把握创业过程中存在的风险,那么在企业后期成长过程中就会减少创业风险的发生,使企业得以顺利发展。

(三)识别创业风险的意义

创业风险的客观存在及可变性增加了创业者在创业过程中的难度和不可预

---

① 卢星辰:《大学生创业风险与高校的应对策略》,载《安徽科技学院学报》2012 年 26 卷第 2 期。

测性,所以对创业风险加以深入认识至关重要。识别创业风险是创业风险管理的重要基础和基本前提。只有识别各种外部创业风险和内部创业风险,熟悉各种风险发生的原因,并以此制作风险清单,才能做出合理的评估。在创业进行中,必须对自己的能力、行为进行清晰定位,分析创业的技术资源、资本资源、政策资源和关系资源,提高自身的创业风险意识,才能在创业中获取成功。

在日趋严峻的就业形势下,政府出台一系列相关措施,鼓励大学生自主创业,以创业带动就业。然而由于大学生刚从学校毕业,大多缺乏经验,创业风险意识不够,容易上当受骗,遭遇失败,创业积极性遭到严重打击,甚至会影响到大学生的家庭生活。因此,认识到创业是有风险的,并在认识风险的基础上正确识别风险,是大学生创业过程中应该首先考虑的重要问题。

> **案例**
> ### 成都"第一研究生面馆"为何失败
> 一所高校食品科学系6名研究生声称自筹资金20万元,在成都著名景观琴台故径边上开起了"六味面馆"。在创业之初,他们就立下了雄心壮志,争取5年后开20家连锁面馆,到时候还要跟肯德基、麦当劳较量较量。面馆开业之初,人流量还比较大。客人觉得这个面馆新开张,服务和品质上应该不错。可是,由于6个人一边忙于面馆生意,一边还要忙于上课,店堂内经常无人管理。再加上聘请的服务人员都是外地人,流动性很强,在经营管理上疏于打理,品质渐渐大不如前。最后,这家当初在成都号称"第一研究生面馆"的餐馆仅仅经营了4个多月,就不得不草草收场。

二、创业风险的分类

创业风险按照不同的标准,可以划分为以下几种类别:

(一)按风险来源的主客观性划分,可分为主观创业风险和客观创业风险

主观创业风险,是指在创业阶段,由于创业者的身体与心理素质等主观方面的因素导致创业失败的可能性。

客观创业风险,是指在创业阶段,由于客观因素导致创业失败的可能性,如市场的变动、政策的变化、竞争对手的出现、创业资金缺乏等。

(二)按创业风险的内容划分,可分为系统性风险和非系统性风险

1.系统性风险

系统性风险是指由于公司外部、不为公司所预计和控制的因素造成的风险。系统性风险主要是由政治、经济及社会环境等宏观因素造成的,包括行业风险、市场风险、政策风险、环境风险等。

（1）行业风险。大学生投资的某些行业存在较大的风险，必须加以把握。有些行业本身已经属于高风险行业，大学生不宜进行创业。在选择创业的行业领域时，必须结合自身的情况去选择适合大学生的行业。比如经营网店，从事科技领域里软件开发、动漫制作，从事家政、快餐业，进行连锁加盟等都是比较不错的适合大学生的选择。

（2）市场风险。指由于市场情况的不确定性导致创业者或创业企业产生损失的可能性。如：市场突变、消费者购买力下降、市场份额急剧下滑，或出现反倾销、反垄断指控等。大部分大学生由于对市场的认知和决策能力偏弱的特点，往往不能正确地评估市场的风险，这给创业增加了更多风险。

大学生创业既要考虑到市场的需求量，即创业能否在短时间内得到市场的接受，产品的市场价值能否得以实现，又要考虑在投入一定资金的情况下市场的接受时间，不要在创业过程中投入了大量资金，市场却很难在短期内接受，这就会导致创业成果很难实现。

比如创业者生产的产品主要针对国外市场，就要考虑应对国际市场的变化，包括汇率、国外法律的调整、国际市场大环境影响等。如果创业者不能对相关市场环境进行预估，产品类别和销售渠道单一，那么，产品受限制的情况就会比较明显，容易导致创业失败。

案例

两个月就关张的食品杂货店

学生小刘毕业后一直想自己做老板，看到邻居在小区里开了一个食品杂货店，收益一直不错，颇为心动。于是，小刘租了小区内一个库房做店面，筹集了一万多元钱做启动资金，进了一些货品，开了一家食品杂货店。但是经营了两个月后，小刘的食品杂货店就撑不住了，不得已关张。为什么同样是食品杂货店，邻居可以干得红红火火，小刘的店就经营惨淡呢？原来，小刘为了突出自己食品杂货店的特色，没有像邻居一样进茶、米、油、盐等大众用品，而是将经营范围锁定在沙司、奶酪、芝士等一些西餐调味食品上。小区里的居民对她的货品需求少，加之她的店面的位置在小区边缘，而且营业时间不固定，由着她的性子开，很多邻居都不愿意绕道过去，所以生意不红火。

（3）政策风险。指因税率、利率或汇率变动或国家和地区有关政策变化、行业整治等导致创业者蒙受损失的可能性。政策风险由于无法提前预估，因此，大学生创业要密切重视国家政策的变化，看准市场，避免突如其来的损失。

（4）环境风险。环境风险包括自然环境造成的自然风险，也包括各种因为经济、政治等因素造成的社会危机风险。自然风险包括自然环境恶化、地震、洪水、台风、沙暴等自然灾害造成的风险；社会危机风险包括因火灾、交通事故、环境污染、战争、瘟疫、社会动荡、国际关系等造成的风险。

2.非系统性风险

非系统性风险又称非市场风险或可分散风险,是个别创业者在创业过程中可能出现的风险。主要包括财务风险、管理风险、技能风险、团队风险和技术风险等。

(1)管理风险。管理风险既包括管理者风险,也包括决策风险。管理者风险是指在创业团队中,应该包含技术专家、财务专家、营销专家和懂管理的专家,只有集合众人之力,才能取得创业的成功。这也是创业之初很关键的一步。决策风险是指管理者在依据市场和科学判断的基础上形成的正确决定。决策失误是导致创业不能成功的重要因素之一。决策随意、信息不通、理念不清、患得患失、用人不当、忽视创新、急功近利、盲目跟风、意志薄弱等都会导致决策的失败。刚刚步入社会的大学生知识单一、经验不足、资金实力和心理素质明显不足,在管理上存在一定的风险。

(2)技能风险。大学生由于还没有完全实现由"学生"向"社会人"的转变,因此,大学生的社会阅历、心理等相对处于劣势。大学生既不了解创业的相关政策法规,也没有在相关企业的工作、实践经历,缺乏创业必备的知识和能力,也对具体的市场开拓缺乏相关的知识与经验,大学生创业基本技能的匮乏直接影响创业成功。大学生创业往往依托各种实业,如果技能缺失,任何一个环节的技术障碍都可能使创业失败,前功尽弃。

(3)财务风险。大学生在创业过程中还会面临财务风险。在创业过程中,如果没有足够的流动资金,很可能会导致在创业初期就遭遇失败。同时,在经营管理的过程中,缺乏财务知识和财务分析,不懂财务管理,将导致创办的企业面临财务危机。

企业创办起来后,就必须考虑是否有足够的资金支持企业的日常运作。对于初创企业来说,如果连续几个月入不敷出或者因为其他原因导致企业的现金流中断,都会给企业带来极大的威胁。

(4)团队风险。创业团队是指在创业初期,由一群才能互补、责任共担、愿意为共同的创业目标而奋斗的人所组成的特殊群体。由于大学生的创业动因各有不同,团队成员的选择与组合具有很大的随意性和偶然性,他们初始的创业目标并不十分清晰,有的只是一个朦胧的发展方向,因此,当创业面临外界环境变化,需要做出决策时,如果团队成员之间的意见不能达成一致,就很容易形成管理缺口,产生解散的风险。

(5)技术风险。是指由于技术方面的因素及其变化的不确定性而导致创业失败的可能性。比如一些大学生开办高新技术企业,由于高新技术更新较快,创业者必须时刻掌握最前沿的技术信息,更新自己的产品,否则就会被市场淘汰。

(三)按风险对所投入资金(即创业投资)的影响程度划分,可分为安全性风险、收益性风险和流动性风险

创业投资的投资方包括专业投资者与投入自有财产的创业者。安全性风险,是指从创业投资的安全性角度来看,不仅预期实际收益有损失的可能,而且专业投资者与创业者自身投入的其他财产也可能蒙受损失,即投资方财产的安全存在损失的可能性。

收益性风险,是指创业投资的投资方的资本和其他财产不会蒙受损失,但预期实际收益有损失的可能性。

流动性风险,是指投资方的资本、其他财产以及预期实际收益不会蒙受损失,但资金有可能不能按期转移或支付,造成资金运营的停滞,使投资方蒙受损失的可能性。①

三、大学生创业风险的特点与成因

(一)大学生创业风险的特点

大学生创业者由于市场经验和创业知识的缺乏,在创业过程中抵御风险的能力还是有限的。大学生创业风险的特点主要体现在:

1.创业心理准备不足

大学生创业者在创业初期的热情是非常高涨的,但创业更是一项艰苦的劳动。看到成功,也看到失败,这才是真正的市场,也只有这样,才能使年轻的创业者们变得更加理智。

2.创业培训不到位

大学生创业之初没有接受良好的创业培训,往往是想到哪一步就做哪一步,很难形成创业计划和创业规划,导致创业的盲目性。

3.创业管理经验不足

大学生创业者刚刚进入市场,管理经验和商业经验都相对匮乏,很难在市场激烈的竞争中立于不败之地。

4.市场定位不清晰

大学生创业者对诸如目标市场定位与营销手段组合这些重要方面,全然没有

---

① 曾春水主编:《大学生创业教程》,江西人民出版社 2007 年版。

概念。创业者没有非常明确的市场营销计划,难以强有力地证明赢利的可能性。

(二)大学生创业风险的成因

现阶段,大学生创业模式已经启动,很多大学生都在努力尝试进行自主创业。综合很多大学生在创业过程中遭遇的风险和经历的失败,大学生创业风险的形成主要有如下原因:

1.社会经验缺乏

由于长期身处校园,不少大学生掌握的社会资源非常有限,大学生创业者往往敢想敢干,冲劲十足,但明显的短板则是社会经验的缺乏。而企业创建、市场开拓、产品推介等工作都需要调动社会资源,大学生在这方面会感到非常吃力。很多大学生以为有了资金、有了干劲就可以取得创业的胜利,但在创业实践中,会存在很多突发性的情况,如果不对社会做较深刻的调查了解,盲目进行创业,到最后只能是虎头蛇尾,导致创业的失败。

很多大学生创业者眼高手低,既不了解创业的相关政策法规,也没有在相关企业的工作、实践经历,缺乏能力和经验,却对创业的期望值非常高。当创业计划转变为实际操作时,才发现自己根本不具备解决问题的能力,这样的创业无异于纸上谈兵。

2.实力团队缺乏

在大学生创业过程中,不少大学生的创业团队往往是由几个要好的大学同学(朋友)组成,同学(朋友)每人出一份钱,一起合伙创业。由于团队缺乏行业经验,加上缺乏明确的分工和定位,使创业团队的实力大大下降。同时,每人都出一份钱,团队成员谁也无权约束谁,在公司遇到重大决策时意见无法统一,无核心领导者和决策者。最终,当在创业过程中出现问题的时候就显得六神无主,互相推脱责任。[①]

3.项目选择太盲目

目前,大学生创业的项目选择往往集中在高科技和成本小、见效快的贸易和服务领域。此外,连锁加盟店也是大学生青睐的创业项目。但是,有的大学生并不了解市场,认为只要是小本经营,或者有创业的资金和积极的心态,做什么都是可以的。这实际上是对项目选择的盲目,不知道自己会什么,不知道市场的需求,贸然进行创业,必然会导致失败。

4.资金筹集渠道单一

资金难筹几乎是每一个大学生创业者都会遇到的难题。多数大学生偏好传

---

① 李家华、郑旭红、张志宏主编:《创业有道——大学生创业指导》,高等教育出版社 2011年版,第7页。

统的筹资方式,可能是因为他们对现代筹资方式缺乏了解。虽然国家出台了一系列支持大学生创业的贷款政策,但是由于大学生普遍没有认真了解,很难获得相关贷款,更多的是向父母和亲朋好友借款,完成创业项目。

5.法律意识淡薄

大学生创业过程中自身是否具备法律意识和法律理性,是否了解和掌握与其创业相关的法律法规是依法创业的关键,因此大学生创业的法学教育就显得尤为重要。很多大学生由于法律意识淡薄,法律知识匮乏,在创业之初遭遇陷阱和骗局,给自己的创业之路带来很大的障碍。

通过总结大学生在创业过程中的教训,大学生创业者要在知识上武装自己,参加一些必要的创业培训,使自己对创业有一个整体的概念,同时对创业中可能遇到的问题应有一个理性的分析。要做好市场调查和市场研究,一切以市场为导向,分析创业项目的可行性和发展性,避免项目盲目上马。同时,也要在创业过程中培养自己的抗击打能力,创业失败并不可怕,可怕的是不能总结经验,不能从失败中吸取教训。只有做到全方位把握,才能驾驭创业之舟。

案例

加盟网店被骗 3 000 元

刚毕业一年的大学生小王由于一直没有找到合适的工作,就萌生了自主创业的想法,可谁曾想竟被人以"加盟费"为由骗走 3 000 元,现在不仅生意没做成,反而把自己近一年的存款都赔了。

小王大学毕业后,就在积极寻找工作,可由于待遇、工作时间等因素,她接连换了几个工作岗位都不是很满意,于是她便萌生了自主创业的想法。一番考察后,小王发现三亚饰品生意比较火,反复斟酌后,她决定先摆地摊,等到积累一定资金后,再开实体店。小王通过网络选择了一家名为"天麟"的珠宝加盟店。从该加盟店的网页上,小王发现其所售的货品似乎反响不错,随后她通过网页上留下的加盟电话,与对方取得了联系。对方还给她发了一些珍珠项链的图片,让她挑选,看中后可先发货再付款。一名自称珠宝公司工作人员的男子突然给她打来电话,说是不久前选购的货物已经发到凤凰机场,现在只要汇 3 000 元就能马上取货。小王由于创业心切,她也没多想就按照对方的指示往其工行账号上汇去 3 000 元,可汇完钱后,对方就没再跟她联系。

大学生由于缺乏必要的社会实践经验,对加盟特许商的资质没有进行审查,就盲目地出钱投资,结果成为骗局的牺牲品。因此,进行加盟创业一定要严格审查加盟企业的资质,并且签订相关的加盟合同,不要随意轻信加盟广告和加盟商的宣传,选择什么样的创业模式需要大学生根据自己的特点来进行。只有了解自己、掌握市场、提高技能、控制风险,才能找到适合自己的创业之路,寻找适合自己的天地。

案例摘自《南国都市报》2013 年 6 月 7 日。

第二节　创业风险防范的主要途径

　　创业风险无处不在,无时不在。创业者必须学会管理风险、控制风险、规避风险,寻求解决系统性风险和非系统性风险的有效途径,这才是创业者对待风险的正确态度。

一、系统性风险的防范途径

　　系统性风险主要涉及整个创业市场、相关国家政策及创业环境当中存在的风险。大学生创业者要预防系统性风险,其防范途径主要包括以下几个方面:

(一)培养创业风险意识

　　创业不是做学问,不是坐而论道,它需要艰苦的精神,需要较好的协调能力,需要较强的团队意识,需要充分的心理准备和心理耐受能力,而这些方面正是大学生所欠缺的,还应该健全市场认知、管理认知、社会认知、人际交往认知等相关体系的内容。

(二)应对市场风险

　　面对复杂的市场风险,大学生创业者应该树立正确的市场观念,特别是市场营销观念。针对相关的市场风险,大学生在创业过程中应该不断适应市场的需求,努力提高营销技能。在开拓市场、品牌提升过程中把握市场动向,以市场调查、市场分析为基础,推出适应市场的营销方案并适时调整,使企业处于主动地位。对经销商与供货商等合作企业的发展状况、市场前景、信誉度、财务状况等比较分析后做出选择,并时刻关注其发展动态,必要时做出调整以避免风险影响的发生或扩大。注重消费者的反馈,从客户的需求和市场的变化角度出发,制定产品设计方向、营销理念和策略,重视市场的感应和变化。[1]

　　其次,随着市场的纵深发展,生产适销对路的产品对于大学生创业者来说非常关键。如果此时市场产品已经饱和,而创业企业又没有相应的技术革新,那么创业极有可能由于市场的因素而失败。因此,快速适应市场需求,增加产品线的深度和加强产品之间的关联程度,可以有效地应对市场的投资风险。

---

　　[1]　王兆明、顾坤华主编:《大学生职业指导:就业创业实务》(修订版),苏州大学出版社2009年版。

市场风险是导致创业企业失败的最主要因素之一。对于创业者创办的企业来说,由于市场本身的不确定性,因而开拓产品市场是一项挑战性的事业。因此,对于市场风险的防范显得十分重要。具体应该从以下三个方面入手:(1)加强营销队伍建设,缩短市场接受时间;(2)强化市场战略,培养企业竞争力;(3)以市场为导向,完成产销预算。

(三)防范政策性风险

对于大学生创业者来说,政策性风险主要来自对大学生创业政策的变化,尤其是优惠政策的问题。为了支持大学生创业,国家和各级政府出台了许多优惠政策,涉及融资、开业、税收、创业培训、创业指导等诸多方面。对打算创业的大学生来说,了解这些政策,才能走好创业的第一步。大学生应该熟练掌握国家和政府出台的各项优惠政策,特别是这些优惠政策的有效期限、相关银行的贷款条件和期限、行业限制、场所经营等方面的政策措施,从而避免在创业过程中产生政策性风险。如果大学生对相关政策法律不熟悉,可以到学校相关的创业指导机构进行咨询,也可以询问专业律师,用法律的方式保护自己。

(四)化解环境风险

大学生在创业过程中应该建立一套应对环境风险的预警管理系统,来监测与评估外部环境对企业的影响,明确企业面临或可能面临的不利环境因素,这样才可以建立防范企业外部环境风险的有效机制,使企业处于一个安全的环境之中。企业外部环境预警管理系统由预警分析与预控对策两大任务体系构成。

(1)预警分析的活动内容。预警分析是对企业外部环境风险的识别、分析与评估,并由此做出提示的管理活动。它包括三个阶段:监测、识别和诊断。

(2)预控对策的活动内容。预控对策是根据预警分析的活动结果,及时矫正与控制企业内部的管理活动,采取有效的管理措施来应对外部环境的变化。预控对策的活动目标是实现对各种不利外部环境变化的早期预防与控制,它包括组织准备、日常监控和危机管理三个活动阶段。

二、非系统性风险的防范途径

非系统性风险主要考查创业者自身的某些原因引发的创业风险。对非系统性风险的防范,主要考虑以下途径:

(一)项目选择要谨慎

大学生决定创业之前,选择好合适的创业项目至关重要。要选择既有市场需求又适合自己的创业项目。一般情况下,由于大学生创业者资金实力较弱,因此在项目选择方面,应立足于技术项目,尽量选择技术含量高、自主知识产权明确的项目,并在技术创新的基础上做好产品市场化工作。切忌盲目跟风,最好是做熟不做生,大学生创业者在创业初期一定要做好市场调研,在了解市场的基础上创业。一般来说,大学生创业者资金实力较弱,选择启动资金不多、人手配备要求不高的项目,从小本经营做起比较适宜。

(二)严格控制财务资金风险

财务资金风险主要体现在因创业资金的缺乏而导致企业创业失败的情况。创业初期对资金的管理要科学,要有可操作性强的财务预算编制和预算管理,要规划好每一个需要花钱的地方。

企业创办之后,就必须考虑是否有足够的资金支持企业的日常运作。对于初创企业来说,如果连续几个月入不敷出或者因为其他原因导致企业的现金流中断,都会给企业带来极大的威胁。相当多的企业会在创办初期因资金紧缺而严重影响业务的拓展,甚至错失商机而不得不关门大吉。针对企业的财务风险,首先,创业企业应该做好资金的预算控制。大学生创业初期,往往需要资金的地方很多,用起钱来也是大手大脚,因此,必须做好资金的预算,合理分配资金流向,保持良好的资金流动性,降低企业的风险。其次,债务结构要符合企业的特点。大学生在创业过程中要注意企业资产和负债结构。最优的资本结构是指企业综合资金成本率最低、股东投资利润率最高的资本结构,同时也是财务风险最小的资本结构。[①] 大学生创业要注重投入和产出之间的关系,尽可能地减少投入的成本,以降低财务上的风险,使企业能够平稳地发展。

大学生创业过程中要注意融资渠道的扩展。针对大学生融资渠道单一的情况,大学生除了向亲朋好友寻求资金支持外,还应该拓宽思路,吸引企业、银行、担保公司、风险投资机构等多方的关注与支持。政府的创业基金一般都是无息的或低息的,能够降低大学生创业的筹资成本。但申请创业基金有严格的申报要求,竞争较激烈。而向亲朋好友借钱的方式能够迅速筹集资金,解决创业资金的难题,但是,在向亲友借钱的时候,要考虑到亲友的承受能力和一旦创业失败亲友之间感情上的伤害。

对于合伙经营的企业,大学生要注意合伙重在"合作",合伙模式往往按照"共同投资、共同经营、共担风险、共享利润"的原则进行。合伙投资一定要注意

---

① 李家华、郑旭红、张志宏主编:《创业有道大学生创业指导》,高等教育出版社 2011 年版。

利用合伙协议控制资金的流向和利润损益的分配,确保合伙人之间不会产生分歧。

大学生自主创业的融资渠道还有多种。选择何种融资方式,应结合投资的性质、企业的资金需求、融资的成本和财务风险以及投资回收期、投资收益率、举债能力等综合因素。

(三)技能准备要充分

大学生创业者必须要培养创业精神和团队合作精神,提升创业心理素质,提高解决问题能力、信息收集能力、环境适应能力以及研究和完成项目的能力,要具备必要的创业知识,要学会创业的本领。

(四)加强技术风险防范

对技术研究开发的风险进行防范,是提高创业成功率、减少风险损失的重要方法。对于技术性风险的防范主要从三个方面进行:第一是风险回避,大学生在创业初期要尽可能地避开高风险的开发项目,或者虽然是高风险项目,但是要尽可能地避开项目中的高风险因素。尽量选择在已经成功的技术基础上投入不多的资金,缩短从技术到市场的过程,降低技术风险。第二是进行风险转移,即把高技术开发的风险进行分解和分散,让更多的主体来承担风险,从而使本企业所承担的风险相对减少。第三是注意风险减少,设法去除创业过程中遇到的不可控制的风险因素,尽量减少风险带来的损失。

(五)完善企业经营

很多大学生在创业过程中筹集了资金,拥有了团队,但是在具体经营创业项目的时候,管理上却出现了很多问题。因此,创办人必须建立完善的制度章程,并严格按制度和章程行事,建立现代企业制度。很多大学生创业之所以失败,基本上是管理不当。这包括在选人用人、知识层次构造、心理素质上等都存在一定欠缺,而这些因素可能会增加企业管理上的风险。

(六)重视团队力量

现代企业越来越重视团队的力量。一个优秀的创业团队能使创业企业迅速发展起来。大学生创业失败有30%左右是在团队建设中失败。一旦创业团队的核心成员在某些问题上产生意见分歧不能达到统一时,极有可能会对企业造成强烈的冲击。特别当代大学生很多独立自主意识很强,很难和别人达成合作共识。因此,加强团队建设,重视团队的力量就显得尤为重要。当然,做好团队协作并非容易的事。很多初创时很好的伙伴由于核心观念的差别也会闹得不欢而散。

在创业过程中如何发挥团队的力量,对大学生创业者而言,应该尽量避免感情用事,每一个创业者在价值观上要统一,能力经验上要互补,在创业团队中要形成核心领导,勇于做出决策。

(七)努力降低管理风险

现阶段,创业企业自身还存在较多问题,为了更好地降低企业成长过程中的内部管理风险,提高成功率,更有必要形成健全的管理制度。管理风险的防范主要包括如下三个方面:

第一,完善法人治理结构。现代企业制度是创业者进行企业决策管理和控制风险的前提。为了减少创业企业在管理上的风险,必须按照现代企业制度的要求,建立起真正完善的法人治理结构。真正做到权责明确、分工合作、互相制衡。

第二,建立创新激励机制。经营者激励机制也是在团队管理过程中不容忽视的重要问题,通过团队内部不同级别人员的奖惩措施,激励团队中的每一个人努力实现企业利益的最大化,形成团队认同感和使命感,尽可能把决策风险和操作风险降到最低限度,使创业企业成为高效团队。

第三,提高决策者、管理者的自身素质。对企业中高层管理人员必须坚持德才兼备的用人标准,在人员甄选过程中德才两方面的素质都应该列入考核内容,同时还应加强员工的职业道德教育和业务培训工作。

企业在创业过程中,机遇与风险并存。风险控制应采取分类重点控制和阶段性控制相结合,同时要进行风险的整体监控,建立风险监控体系,使风险的控制措施更趋系统化。①

第三节　创业者风险承担能力的评估与培育

创业者风险承担能力在很大程度上决定其在创业过程中所拥有的创业机会。创业者越能对自己的风险承担能力进行准确预估,就越能准确把握创业市场机会,减少创业风险损失。大学生创业者应该善于对风险承担能力进行评估,有针对性地进行风险承担能力的培育。

_____

① 李家华、郑旭红、张志宏主编:《创业有道大学生创业指导》,高等教育出版社 2011 年版。

一、创业者风险承担能力的概念

对创业者风险承担能力进行评估是创业者进行创业过程中必不可少的要素。所谓风险承担能力是指创业者能够承担的最大风险。风险承担指个体或组织在对未来无法预知的情况下开展商业活动的意愿,或者说在多大程度上愿意承担风险和容忍不确定性。创业者会根据自身能力、环境和政策等对风险承担能力进行预估,从而衡量自己是否具有可持续的创业发展机会。创业者必须学会将特定的创业机会和创业实践活动结合,分析判断创业风险的来源,发生概率,测算风险损失,估计自己承受风险的能力,进而有针对性地加强风险承担能力,进行创业决策。

对风险承担能力的评估是对创业过程中固有的或潜在的危险性进行定性和定量分析,这也是创业风险评估的核心。通过对系统性风险和非系统性风险进行可靠的分析,可确立创业安全指数,提高创业成功率,减少创业过程中的损失。

由于创业风险的不确定性,任何创业者在进行创业的活动中都要对自己能够承担风险的能力进行预估。如果不按照一定的原则和方法进行预估,可能会给企业带来不可预计的损失,甚至不排除在辛苦投入资金和人力物力之后,企业没有办法进行后续的发展而创业失败。

二、创业者风险承担能力的评估

在机会风险中,一些是可以预测的,一些是不可预测的。创业者需要结合对机会风险的估计,努力防范和降低风险。创业者在进行风险承担能力评估时要考虑到评估的原则、评估的步骤和方法三个方面。

(一)评估的原则

1.客观分析原则

在评估创业者的风险承担能力时,应该对创业的外部风险和内部风险逐一进行分析,客观加以定性分析,找出其中影响创业者的核心因素和原因,从多角度进行预测分析。

2.可行性原则

对创业项目的实施和投放市场应该具有可行性。创业者应该对创业项目是否能够具体实施和市场产品投放情况进行可行性调查和数据分析,在评估的基础上进行创业项目操作。

(二)评估的步骤

创业者风险承担能力与创业者的个人能力、工作情况、资金情况等相关。对创业者风险承担能力进行评估,主要考虑以下几个步骤:

1.对创业者的创业项目进行价值评估

项目评估是在直接投资活动中,在对投资项目进行可行性研究的基础上,从企业整体的角度对拟投资项目的计划、设计、实施方案进行全面的技术经济论证和评价,从而确定投资项目未来发展的前景。在此项评估过程中,不仅要考查创业项目的价值数据评估,还要对评估过程中的主观性因素如大学生自身的特点和知识构成等进行评估,同时还要加强中介机构对大学生创业项目的考评,引入第三方评测机构。

2.分析创业项目风险的具体来源和风险因素

对创业项目风险的具体来源主要考察市场需求、潜在竞争者加入、进入和退出的门槛高低、投资回报率、企业经营管理能力等因素,从中找出自身的优势和劣势,扬长避短。

3.对创业者自身风险承受能力进行定性分析

创业者自身风险承受能力主要考虑创业者现有创业条件,包括个人能力、工作情况、团队组合、筹资渠道、风险偏好、心理承受能力等。这方面主要是定性分析。

4.进行风险预案管理

制订风险评估表,对创业风险进行管理。这方面主要是进行定量分析。

(三)评估的具体内容

1.市场评估

要想创业成功,必须对所创行业的市场进行仔细评估,充分衡量市场的各种因素,综合做出考量。在创业实践中,市场面的评估主要包括几大需要考虑的因素:(1)潜在市场的规模。即创业市场的规模是否适当,如果市场中已有众多竞争者,或市场尚未开发,客户群尚未形成,都会增加创业风险。(2)市场占有率。市场占有率对于创业经营者来说,市场的容量越大,商品获取盈利的机会就越多。创业者要努力关注市场占有情况。(3)市场中不利于创业企业的劣势。在创业过程中也要不断关注对创业企业不利的因素,如市场供求关系的变化、社会经验不足、市场营销经验的缺乏等。(4)行业发展前景。大学生创业者要时刻关注创业领域行业的发展变化,选择未来有较大发展空间的行业进行发展。(5)行业更新换代带来的新市场情况。(6)市场竞争是否充分。如果创业的市场竞争过于激烈,则要尽量回避;但是没有竞争的市场同样也不好进入。

2.效益评估

效益评估是衡量创业者创业风险的重要指标。创业从本质上来说是通过创业过程来实现创业企业的经济价值。对创业效益评估要从以下几个方面入手：(1)税后利润率。一般来说,创业企业要保证企业的税后利润率达到15%以上,毛利率达到40%以上。(2)投资回报率。投资回报率要超过25%。(3)融资渠道是否便利。获得融资应该方便容易,创业项目不要动用太多资金。(4)现金流动性。有强有力的现金流,能够应对日常资金周转和应急处理。(5)销售额增长率。(6)研发资金占用比例等。

3.团队评估

团队评估是指在创业过程中,对整个创业者的管理水平、价值观和核心竞争力等方面的考量。团队评估是创业评估中最活跃的因素,对创业企业的发展至关重要。团队评估所要考虑的因素包括:(1)创业团队的组合因素。一般在创业过程中要注意团队的组合。会管理的、懂技术的、搞市场的都必须搭配得当。创业是个复杂的过程,需要团队整体配合和努力。团队的学习能力和创新能力要强。(2)团队的核心竞争力。团队必须有核心人物,在关键时候能够独当一面,处理好创业企业遇到的矛盾和难题。(3)团队的优势和缺点。了解团队的优势是什么,如是否有出色的技能、团队沟通是否顺畅、信任感如何;同时也要衡量团队的缺点,积极努力弥补。(4)团队的价值观。创业团队的价值观直接影响到创业企业的成长和发展。团队是否能够形成正直、诚实、团结的价值观,能否保持积极乐观的工作态度,团队成员之间能否彼此信任,影响到创业的成败。

4.创业者个人评估

创业者个人评估是通过一系列的评估,让大学生创业者进行自我审视,认清自己所处的位置,更好地参与创业过程,减少创业风险。大学生在创业初期,必须对自己是否适合创业做出真实、有效的评估,具体来说,个人评估主要考虑以下几个因素:(1)创业目标与创业活动是否相符。是否真正从内心出发愿意去从事这项创业活动。(2)创业者能否接受因创业带来的其他工作损失。选择创业就必然会失去其他就业机会,这是创业者必须要面临的问题。在创业初期,一定要衡量评估自己是否适合创业,创业心理是否已经调试,避免遇到挫折而丧失其他机会。(3)创业者承受压力的能力。创业初期都不会一帆风顺的。很多创业者在创业初期想法是非常好的,但是由于抗压能力差,往往经受不住压力而放弃创业,结果变得虎头蛇尾。良好的抗压能力也是创业者必需的。(4)创业者认识创业风险的能力。

5.竞争评估

竞争评估主要是从创业者的创业产品的角度来进行评估,主要包括:(1)创业产品的创意是否独特。(2)产品是否具有知识产权的保护能力。(3)产品的成本优势是否突出。(4)产品的技术革新成本是否较低。(5)产品的创新性是否突出,是否采用全新的技术、生产工艺等。

三、创业者风险承担能力的培育

1.创业者风险承担能力培育的意义

风险对于聪明的创业者来说并非坏事。现实中,人们一般认为创业是一种高风险行为,甚至认为创业者是"赌徒"。承担和控制风险的能力是创业者成功的关键。创业者往往在资源高度约束的情况下开展创业活动,不管是否愿意,他们毫无疑问要承担一定的甚至很大的风险。[①] 因为许多成功的机会就隐藏在风险之后,而且往往风险越大,成功的机会也就越大。创业者要做好充分准备,抵御前面的风险,才能迎接紧随风险的成功。

2.大学生创业者风险承担能力的培育

对于大学生创业者来说,首先要求大学生对创业的项目要有如实的认知。一个创业项目的好坏决定了创业者下一步用什么样的方法去预测风险和识别风险。大学生由于社会经验缺乏,可以利用专业的风险能力培训机构对大学生创业者进行相关辅导,帮助大学生创业者掌握相关管理知识,使其对风险识别、风险预测和风险管理形成系统化的体系。因此,需要建立完善的适合创业项目的评估体系。在普通项目评估的体系基础上结合大学生创业项目存在的特点和创业者自身素质的指标,加强项目评估的准确度。与此同时,还应该建立完善的中介机构。调动全社会的力量来创办各类中介服务机构,包括投资策划、项目论证、信息咨询、人才培训、管理诊断、财务代理、资产评估、法律咨询等等。

有针对性地建立各种体系构架和机构能提高项目评估的准确度,加强大学生创业前期的难度评估,降低创业之后的失败率。政府在积极鼓励大学生创业的同时要在项目评估上把好关,从而提高大学生创业的成功率。

---

① 张玉利、田新:《创业者风险承担行为透析》,载《管理学报》2010 年第 1 期。

第四节　基于风险估计的创业收益预测

创业收益是创业者创业成果的体现。创业收益是可以根据创业者选择的项目、创业者进入的行业、创业环境和资源等进行预测的。

一、创业收益的概念

大学生在各种风险评估的基础上,应该能够对自己的创业收益进行预测分析。创业收益一般指创业者投入资源后的实际产出核减会计成本后的剩余部分。

创业是"经济人"的理性行为,创业收益大于创业成本是创业者热心创业的主要原因。在一般情况下,大学生创业者投入越大,产出越高;创业的会计成本越低,创业的实际收益越高。这也是很多大学生选择创业的原因。一旦创业成功,超过盈亏点,其收益要远远高于上班族的工资。当然,也要考虑到创业中存在的各种风险,在此基础上得出的收益预测才能更加准确和客官。不同的项目和行业、不同的资源收入,带给创业者的预期收入是不同的。

二、创业收益预测的内容

创业收益是可以进行预测的。创业收益预测可从以下几个方面入手:

(一)创业者选择的项目

选择的项目比较小,则创业收益相对来说比较少。现在大学生创业者大多集中在小本经营如餐饮、家政、服务性行业等。这些项目本身投入较小,因此创业收益也相对较少。当然,有些大学生创业者选择高科技企业进行投资创业,这需要投入的成本很大,一旦盈利,收益也会非常可观。

(二)创业者进入的行业

创业者进入的行业会影响到创业收益。有些行业本身就是暴利行业,如化妆品、酒类、药品等,但是这种行业市场往往比较成熟,很难进入。一些新兴行业由于需要市场开拓和市场发展,因此,创业收益可能在短时间内很难获得。

(三)创业者能够控制的资源

创业过程中的资源主要包括资金、设备、雇员、人脉管理、科技等资源,同时也包括同利益相关者之间建立的长期信任关系等资源。每个创业者对这些资源的掌握程度是不同的。相对来说,创业者能够控制的资源越多,对其创业收益的实现越有利。

(四)创业者所处环境的其他创业者示范效用

其他创业者的成功概率、财富状况,客观上会左右着创业者对收入的预期。

三、创业收益预测的质量评价与管理应用

台塑集团董事长王永庆曾说道:"经营管理,成本分析,要追根究底,分析到最后一点。"创业首先要在成本上下功夫,尽可能减少成本的支出。创业者在创业过程中,在不能有效增加营业收入的时候,就要想办法在成本支出上尽可能减少。

预期收入是创业者创业的主要动因。创业的行业、项目的不同带给创业者的收入也不同,创业者的创业环境也同样会影响创业者的预期收入。为了合理规避创业风险,追求利益的最大化,就必然会对创业风险信息进行分析、测算,形成对创业收入的预测。这种预测虽然具有主观性,但仍然构成对创业者创业选择的基础。与此同时,创业者通过对预期收益的预测,在预测的基础上能够更好地回报社会。因为一个人创业是要获得成功,除了自身的因素、个性和能力之外,离不开国家对创业的政策引导和环境的制约。创业者个人收益增长,也会给整个社会带来财富的增长。一个国家或地区市场化程度越高,体制环境和商务环境越优,创业成功者越多,就越能给整个社会带来财富。

案例分析

创业梦的破碎

【导读】

小李是某大学大二学生,大二时他就忙着在学校做市场调查,他认为定位于中高档的女士精品店会很受学生欢迎。这学期开学不久,他和另外两位有创业想法的同学一拍即合,每人投资 5 000 元准备开店。经过考察之后,他们确定了校门口的一间店面,租金是一年 1 万元。小李三人和店老板经过协商之后,签订了一年的租期合同。合同签订完毕之后,三人兴高采烈地大干起来,准备好好将店面装修一番。可是,就在店面装修到一半的时候,店铺的房东却出现,并告知小李三人,和他们签约的并不是店铺的所有权人,只是店铺的租户,如果该租户要将店铺转租的话,要经过房东的同意。小李三人听后顿时傻了眼,他们在签约的时候并没有认真了解出租者是租户还是房东,就与他签订了店面租赁协议,他们并不知道转租要经过房东的同意才可以。房东的出现,打乱了他们创业的计划,同时也因为法律知识的缺乏,他们陷入了无限的法律纠纷当中。

　　法律知识的缺乏使小李在创业过程中遭受了意外的打击。创业者在创业过程中要熟悉合同法、公司法等相关法律法规，切实保障自己的合法权益，理顺创业法律关系，避免不必要的纠纷。

【分析】
　　请解读小李创业受挫所带来的启示，并指出防范小李所遭遇的创业风险的主要途径。

思考与练习题

1.我国对创业风险的类型是如何进行划分的？

2.结合实际情况，谈谈为什么要对创业风险进行识别。

3.请举例说明在创业过程中如何避免系统性风险。

4.大学生创业者如何进行创业收益的预估？

参考文献

[1]傅强：《大学生创业风险及其防范对策研究》，载《辽宁行政学院学报》2011年第2期。

[2]卢星辰：《大学生创业风险与高校的应对策略》，载《安徽科技学院学报》2012年第2期。

[3]王如海：《大学生创业风险释放初探》，载《教育教学论坛》2013年第8期。

[4]王锋：《大学生创业风险与防范策略探析》，载《吉首大学学报》（社会科学版）2011年第6期。

[5]杜阳、郑丹瑜、刘桂荣：《浅析大学生创业的风险意识——基于大学生风险意识调研的实证分析》，载《当代经济》2012年第13期。

[6]易文婷：《基于创业动机的大学生创业环境研究》，湖北工业大学硕士论文2012年。

[7]施险峰、秦金婧：《大学生抵御创业风险的途径研究》，载《广西青年干部学院学报》2009年第6期。

[8]陈婷婷：《社会网络、创业者认知偏差对创业风险识别的影响研究》，浙江

理工大学硕士论文 2014 年。

[9]马庆秋:《大学生创业胜任力研究》广州大学硕士论文 2012 年。

[10]吴晓红:《略论大学生创业中的法律风险及其防范》,载《人民论坛》2013年第 20 期。

[11]陈力:《大学生创业中的法律保障问题探讨》,载《开封大学学报》2009年第 3 期。

[12]廖爱锋、张智:《金融危机下大学生如何规避创业风险》,载《职业时空》2012 年 10 月。

[13]刘万利、胡培:《创业风险对创业决策行为影响的研究——风险感知与风险倾向的媒介效应》,载《科学学与科学技术管理》2010 年第 9 期。

[14]季丹:《创业环境对大学生创业意愿的影响研究》,吉林大学硕士论文2010 年。

[15]王赛芝:《刍议大学生创业的法律风险及防范》,载《经济研究导刊》2011年第 3 期。

第十二章

创业计划

　　为了达到一个预期的目标,我们都需要一个清晰的路线图和规划书。创业计划书就是实现创业理想、获得资源支持的路线图和行动指南。本章将阐述创业计划的含义、作用、特征和内容,创业计划的构想、信息收集和资料准备及其分析,创业计划书撰写的格式要求、撰写步骤和样本展示,以及大学生制订创业计划存在的问题和应对的策略,帮助大学生理解创业计划的现实意义,认识创业者在创业过程中准备创业计划的缘由和方法,还有了解做好创业计划书所需要开展与掌握的准备工作和撰写技巧。

第一节　创业计划的概述

一、创业计划的含义

　　创业者是创业活动的推动者,是活跃在企业创立和新创企业成长阶段的企业经营者,是极其富有激情的一群人。创业者应该做些什么才能得到所需的资源呢?对许多创业者来说,制订创业计划是创业者具体行动的指南,也是创业者整个经营设想的总结和概括。当创业者确定了创业项目之后,需要进一步对这个项目进行更具体的细化和分解,通过一系列的调研和论证,制订一份具有可操作性的创业计划,以此"推销"自己的经营思路和设想,说服团队、客户以及投资人。多数情况下,创业计划是能否得到风险投资家、银行和其他融资渠道认真考虑的"敲门砖",他们只有在理解并仔细评估商业计划书之后,才会考虑支持新企业的创建。因此,制订创业计划是极为重要的。

　　创业计划是指创业者的行动导向和路线图,既为创业者行动提供方向和规划,也为创业者与外界沟通提供桥梁和依据。创业计划本质上是一种创业介绍或投资申请。一方面,它让创业者自己明晰创业思路;另一方面,它使投资方明白这个项目的投资价值。一份优秀的创业计划不仅能够吸引投资者的眼球,更能够有效地指导企业经营,帮助创业者理清企业未来的发展思路。因此,在具体的创业实践中,创业者不能轻视创业计划的价值和作用。

(一)创业计划是创业者把握企业发展的总纲领

创业计划的内容有两大方面,一是企业追求的目标,二是为了实现这一目标的行动规划。行动和目标越一致,创业计划的可行性越高,创业成功的概率也越大。通过制订创业计划,创业者能够明确创业方向、理清创业思路。创业计划的写作是一个长期的过程,需要根据企业的实际情况不断调整和完善。在这一过程中,创业者或者改变销售策略,或者更新经营思路,或者认识到某一方面的错误与不足,甚至改变了总目标下的某一分支,这都有利于企业的良性发展。总之,对创业者来说,创业计划无异于总纲领和总路线。

(二)创业计划是投资者决定是否投资的重要参考

从融资角度来看,创业计划通常被喻为"敲门砖"。在一份详细完备的创业计划中,往往包含了投资者所需要的信息:该企业的现实业绩和发展远景,市场竞争力和优劣势,企业资金需求现状和偿还能力,以及创业者及其团队的能力和阵容等等。这些都是投资者关心的重点,是他们衡量企业实力和潜力的依据,并以此作为是否对企业投资的重要参考。

(三)创业计划是创业团队及合作者共同奋斗的动力和期望

创业计划是创业者对立项的现实阐述,是理想与现实的连接桥梁。企业的预期目标、公司战略、进度安排、团队管理等方面都是创业者理想的具体化图景,是创业团队奋斗的动力。明晰的创业计划,有助于统一思想和路线,有助于步调一致、有的放矢。创业计划是合作者的"兴奋剂",它让创业者及其同仁紧密团结在一起,同甘共苦,打拼未来。创业计划是亲缘纽带的"黏合剂",因为优秀的创业计划可以让创业者赢得亲友的信任与支持,坚定创业者在艰难的创业路上的信心与勇气。

(四)创业计划是企业经营活动的依据与指南

创业计划是为企业发展所做的规划。企业创业与成长过程需要由创业计划引领。创业计划的主要构思围绕企业,主要内容更是离不开企业,诸如资金规划、财务预算、产品开发、投资回收、风险评估,步步都与实现目标及企业发展休戚相关。因此,创业计划是企业活动的有力依据和有效支撑,对创业行动具有指导作用。

创业计划是创业理想的具体图景,是创业行动的有效依据,是创业企业的指路灯。它既服务于企业,又服务于投资方,同时还服务于利益相关者,就像企业、投资方、利益相关者的"三方协议",每一方都有责任也有义务,企业的责任和义务是主要的。企业的具体操作和创业计划的关联程度如何,直接关系到投资方和其他相关者的利益。

二、创业计划的特征

创业计划的制订是一个创造性的过程。由于创业者的创业思路、创业方式以及创业所涉及领域的不同,创业计划本身也表现出各自的独特性。例如,科技创业企业的创业者制订的创业计划与一般性服务行业的创业者设计的创业计划之间就有显著的区别。这不仅表现在创业计划所包含的内容不同上,更表现在两者的结构以及侧重点的差异上。但是,作为创业计划尤其是比较成功的创业计划还是有很多共同特点的。

(一)循序渐进性

无论是谁,也无论编制哪一领域的创业计划,在编制过程中都应该注意到计划的编写绝不是一蹴而就的。创业计划一般要经过三个阶段并在每个阶段进行多次修改而成。第一阶段,在确立了编写方案和掌握了充分资料的基础上,编制创业计划概要。第二阶段,在创业计划概要的基础上加入新的议题、新的内容,形成创业计划初稿。第三阶段,对创业计划初稿进行进一步的修改、完善并加入一些新的议题和新的发现,形成最终的创业计划。很少有人一次完成创业计划,好的创业计划的秘诀就是不断地思考和修改,创业计划是创业企业的重要文件,因此,就更需要循序渐进地逐步完善。

(二)清晰了然性

成功的创业计划给读者的印象往往是意义表达明确、文件脉络清晰。创业计划应该重点突出,创业议题明确,对关键的问题进行直接、清晰的阐述,使投资者能够尽快理解计划意图和内容,不会在一些细节上产生歧义。好的创业计划一般很少有语义表达含糊不清、大量堆砌数据、分析无序的现象。

(三)客观信服性

创业计划在内容表述方面应注意运用比较中性的语言,保持客观,力求对计划中所涉及的内容进行不加主观倾向性的评论。尤其不能使用广告性的语言,更不能进行过多的自我批评,给投资者留出评判的空间。计划书中任何诱导性或带有倾向性的语言或判断,都会影响投资者对计划内容的正确判断和误导,必须注意避免。

(四)通俗易懂性

创业计划不是专业论文。创业计划的目标读者中有很大一部分是没有相关专业知识的银行家和投资商等。因此,在创业计划的编写过程中,不应该对技术或工艺进行过于专业化的描述或进行过于复杂的分析,力求简单明了、深入浅出。对必须引用的专业术语及特殊概念可以在附录中给予必要的解释和说明。

(五)风格统一性

创业计划的制订一般都是由多人协作共同完成的,一般由企业的不同职能部门的主管完成相应的部分。由于每个人的风格及表述方法的不同,最终的创业计划的风格往往缺乏统一性。因此,在创业计划最终定稿之前,应该有一个最终进行调整的过程。一般这个程序由创业者本人或一些具有相关能力的人员完成,比如,律师或咨询师等,以确保最终的创业计划风格统一。还有对计划中引用的数据要统一注明出处,并在使用上方式保持一致。

(六)严谨周密性

创业计划以客观表述企业状况为宗旨,因此,格式和结构必须严谨。创业计划没有统一的模式,但创业计划必须有自己完整的格式和明晰的结构。只有这样才能相对系统地陈述必要的内容,也使计划本身更具说服力,体现出创业者的专业素质。在创业计划的编写过程中应注意避免形式随意、结构松散、主题不明和内容混乱等现象的发生。

创业计划是创业者直观感觉和创造性的具体表述,是创业者创业思路和经营思想的完整体现,也是创业者宣传企业、宣传自我的重要手段,因此,作为充满激情、勇于进取的创业者应该充分认识到创业计划的重要性。用理性、严谨的方式审视自己的创业思路,制订出优质的创业计划并在创业计划中体现出以上六个方面的特征,使自己的创业理念顺利得到各方的认同,并尽快得到具体实施。

三、创业计划的内容

创业计划是创业者给自己设计的创业路线图,它需要阐明新企业在未来要达成的目标,以及如何达成这些目标,讲述着创业者未来的"创业故事"。可以说,创业计划应该由创业者在制作中尽力传达的信息来决定。

创业计划的内容框架应当包括:

(1)简明、扼要地对新企业的总体情况做出简短、清楚、具有说服力的概括;

(2)陈述创业的动机,企业要做什么,以及企业的宏伟蓝图;

(3)描述你的创意和产品能解决的核心问题,给顾客带来的价值,以及预期能实现的目标;

(4)描述你的产品或服务的市场——谁打算使用或购买你的产品或服务,顾客为什么想使用或购买它;

(5)竞争者、竞争环境和竞争优势分析,描述有关现有竞争与如何应对竞争的信息、定价以及其他相关事项;

(6)开发、生产和选址;

(7)描述新企业管理团队的经验、技能和知识,有关企业当前所有权的信息也应包括在这个部分;

(8)提供有关公司当前财务状况的信息,并预期未来的需求、收入和其他财务指标,以及所需资金数量,这些资金什么时候需要,它们要被如何使用,现金流以及盈亏平衡分析等;

(9)讨论新企业将面临的各种风险,以及管理团队防范风险所采取的措施和步骤;

(10)如果公司获得成功,投资者将如何取得收益;

(11)时间表和里程碑,包括有关新企业的每个阶段将在何时完成的信息;

(12)附录,应提供详细的财务信息以及高层管理团队成员的个人简历。

根据上述框架,本书认为创业计划应该涵括产品(服务)创意、创意价值合理性、顾客与市场、竞争者、创意开发方案、资金和资源需求等内容。接下来将逐一介绍每一项内容。

(一)产品介绍

产品介绍应包括产品的概念、性能及特性,主要产品推介,产品的市场竞争力、研究和开发过程,发展新产品的计划和成本分析,产品的市场前景预测及品牌和专利等内容。在这一部分,创业者对产品的说明要详细、准确、通俗易懂,使非专业人员也能一目了然。一般来说,产品介绍需要回答以下几个问题:

1.顾客希望企业的产品能解决什么问题,顾客能从企业的产品中获得什么好处。

2.企业的产品与竞争对手的产品相比有哪些优缺点,顾客为什么会选择本产品。

3.企业应采取的产品保护措施,企业拥有的专利、许可证等。强调你所拥有的技术壁垒或提供有效的专利证明有利于防止别人的盗用和模仿。

4.为什么企业的产品定价可以使企业生产拥有足够的利润,为什么用户会大批量地购买企业的产品,以及说明每一个产品的价格、价格形成基础、毛利及利润总额等。

(二)创意价值合理性分析

这部分内容应该解释新产品提供了什么,即它为什么是独特和有价值的,将来是否具有产生利润的潜力,这经常需要讨论新产品所处行业的环境条件,因为正是这些环境条件显示出你现在正努力开发的创意价值。比如,某创业者开发了一种新材料,比当前市面上出售的任何材料都环保而实惠。那么,摆在面前的问题是:这种材料为什么是有价值的,在当前低碳经济时期,为什么它具有充分的市场空间?谁想要并且能够使用这种新材料,是家庭装饰用,还是存在其他什么商业用途?如果你的创意是一种用于制造家用地毯的低碳新材料,那么就应该具体说明它的独特性,使得准投资者相信投资这种产品会得到潜在收益。

(三)顾客与市场分析

经验丰富的投资者通常会将具体而详细的有关市场的信息视为有效的创业计划书的重要组成部分。他们特别希望从中获知,创业者为识别产品市场已经做了什么。例如,创业者已经开展市场调研了吗?是否进行了详细的市场分析?新产品的市场规模有多大?市场正在成长还是正在萎缩?新产品在这些市场如何促销?因此,在顾客与市场分析环节,需要很明确地描述清楚新企业的目标市场及顾客,即回答这样一个基本问题:"谁是我们的顾客?我们怎样吸引他们?"为了确定顾客,创业者必须对新产品所在的行业进行细分,进而识别即将面对的具体目标市场。

(四)竞争者分析

在对目标市场进行细分的同时,还需要了解新产品的竞争者的详细信息,通过识别当前竞争者、潜在进入者和评价竞争强度,来构建竞争优势。在竞争者分析过程中,需要着重说明新产品(服务)的核心竞争力。比如,新产品如何做到确实优于竞争产品;哪些企业是竞争企业,它们可能以何种方式对创业者的新产品作出反应;相对于竞争产品或服务,新产品或服务如何定价,以及为什么这个定价策略具有竞争意义。如果本行业存在大量的竞争者,可以运用简单的列表比较产品或服务之间的差异性。

(五)创意开发方案分析

这一部分建立在目标市场分析和竞争者分析的基础上,主要介绍如何发现新产品(服务)的顾客和如何实现销售额。描述一个新产品(服务)的创意开发方案的最好方法,就是清晰地阐明其营销策略,包括定价策略以及差异化等。之后通过定价策略、促销组合、销售过程和渠道策略说明如何支持总体的创意开发方案的开展。这一部分必须具体地展示如何唤起目标市场对你所提供的新产品

(服务)的注意。创意开发方案需要注意两点:第一,要以顾客为导向;第二,必须清楚由谁卖出产品,整个销售过程又是怎样的。比如,打算使用的销售方法是以直接销售方式为主,还是使用分销商、批发商,是通过与同行的联合,还是使用其他的一些渠道,等等。

(六)资金和资源需求分析

这一部分通常包括以下几个财务报告:

(1)预计资产负债表。该表提供新企业拥有的资产和负债等方面的估价,反映在某一时刻的公司财务状况,投资者可以用资产负债表中的数据得到的比率指标来衡量企业的经营状况以及可能的投资回报率,表明未来不同时期(一般3~5年)的公司年度或半年度财务状况。

(2)预编利润表。该表说明基于损益的预期运营成果,反映企业的盈利状况,记录月度、季度和年度销售额、销货成本、费用、利润或亏损、销售预测、生产成本、广告成本、分销和储存成本与管理费用。简而言之,它应该提供运营结果的合理规划。

(3)预计现金流量表。该表表明预期现金流入、流出的月度、季度和年度数量和时间安排,通过突出某一特定时期的预期销售额和资本费用,强调融资的需求和时机以及对营运资金的需求。

(4)盈亏平衡表。该表表明为补偿所有成本所需要的销售(和生产)水平,包括变动成本(制造、劳动力、原材料、销售额)和固定成本(利息、工资、租金等),是创业企业实现盈利的现实检验。

第二节 创业计划的准备

一、创业构想的思考与形成

创业是一个系统工程,在开始之前,创业者需要做许多准备工作,而在考虑创业资金和其他具体工作之前,创业者就必须拥有一个完整的创业构想以及一个明确的目标。创业构想涵盖了创业的许多方面,想让创业构想在以后发挥良好的作用,创业者就必须进行深入的思考。

(一)创业构想的含义和意义

创业构想是指创业者前期的设想和思考。创业构想重在创新和创意,没有创新,再好的设想也是没有市场和生命力的。大学生自主创业构想是有助于与创业实践的结合,使构想渗入创业实践的计划和目标,发挥在创业过程中对创业实践的想象与憧憬、规划和设计的综合性的导向作用。大学生创业构想有着十分重要的意义。

1.有助于转变大学生创业观念,树立科学创业观,更好地进行职业生涯规划

随着社会的发展和进步,大学生的创业观念也要与时俱进。高校在大学生创业促进中要把思想教育、素质教育、创业教育与解决大学生实际就业问题结合起来,引导学生树立正确的创业观念,帮助其做好从学校走向社会的各项准备。引导大学生进行自主的创业构想能够让他们认清形势和认识自己,在了解和适应环境发展变化中,激发创业热情和创新思维,提高自身的综合创业能力,从而端正创业态度。

2.有助于大学生创业课程教学的建设,优化创业教育

早在 1998 年 5 月,我国最早的大学生创业计划诞生在清华园。2002 年 2 月,教育部正式发文确立清华大学、北京大学、中国人民大学、武汉大学、上海交通大学等著名高校为创业试点院校,创业教育在政府推动下进入新的发展阶段。而创业教育的内容一般是围绕着创业者素质、创业资源和条件、创业设计等一系列内容展开的,其中的创业构想与设计最为关键,更是创业者素质的一个非常重要的组成部分。创业构想将直接影响着创业者未来的创业实践,敢于构想、勤于构想和科学构想往往会带动创业教育的全面实施和下游环节的展开,并在很大程度上转化为有效的创业行动,而创业实践的成功反过来又激发起大学生更大的创业热情。

3.有助于帮助大学生把自主创业构想与创业实践相结合

自主创业构想是否具有预见性、科学性、合理性、现实可行性,还有待于创业实践的检验。百度公司的李彦宏就是一个典型的例子。他在引进西方先进技术和创业理念的同时,就连给公司起名都要进行构想,确定了三原则:一是代表中国文化,二是跟搜索有关但不能太直白,三是中国人能听懂。最后灵感来自辛弃疾的词"众里寻他千百度",以"百度"为名建立了现在家喻户晓的公司。公司名字的构想过程及原则看似简单,却凝聚着他对百度未来的设计,就是要成为中国最大众化的搜索引擎门户。可见,创业构想给予创业实践的力量及对创业实践的目标导向作用是非常重要的,鼓励和提升创业构想有助于与创业实践相结合,使构想渗入创业实践的计划和行动中,发挥其对创业实践的指导作用。

(二)创业构想的思考

创业者进行创业构想,必须从创业目标、模式、原则、创意、条件、期限、资金

来源、合作、投资商、团队、组织架构及与投资人的关系等方面进行全面思考。

1. 怎样确立创业目标

赚钱是重要的目标,但并不是唯一的目标,因为创业本身应该有理念,理念会带动很多新的产品创意和实践冲动。

2. 怎样寻找创业模式

创办一个公司,创业者首先要有一个构想和一定的理想,然后再从构想开始,考虑怎么样组建一个团队,怎样把这个公司发展成为一个完整的公司,怎样预见公司的发展前景,确定公司的发展方向。

3. 怎样规划创业步骤

这是一个循环的过程。首先要看创意从哪里来,怎么会有这个创意;资金怎么找;怎么组织一个团队;产品的市场营销怎么做;这个产品做完了;你会不会还想做。如此周而复始,需要建构一个合理紧密的步骤之间的有机关系。

4. 怎样制定创业原则

在创立公司的时候,你不应该一直想着什么时候能收获成果;今天还没有赚钱,明天会不会赚钱。面对非常艰苦的工作,你会感到不愉快。第一次创业时,创业者赚钱的期望会比较高,第二次创业就不会这样了。但每一次创业都需要用热情去支撑,对整个过程的每一个环节都要严密构思。

5. 怎样创造创业条件

创业时,不一定要有一个很重大的发明,重要的是你所做的东西在市场上会不会受到欢迎,然后再考虑市场上需求怎么样,自己的能力处于什么样的结构状态,最后再把这些都良好地结合起来。

6. 怎样产生好的创意

一个很好的创意,在市场上并不一定有价值。其实,任何好创意都已经有很多人想过了,重要的是在好创意里面是否包含着市场需求。

7. 怎样确定创业期限

一个很大的公司,至少要花三年五年才能做出来,时间越长,风险也越大,因为市场是不断变化和发展的。因此创业最好以两年为准,要想办法在两年内把产品做到最好。

8. 怎样选择风险投资商

第一要确定好各自的股份占多少;第二要选择能够跟你一起同甘共苦的风险投资商;第三要找有很大影响力的风险投资商,借助他们的经验和力量。

9. 怎样处理与投资人的关系

很多创业者觉得,自己占这个公司的股份应该是 99%,投资人应该是 1%。

这种想法对风险投资来讲是不对的。通常创业者与投资人最好各占一半股权。创业者去找投资,一半的股权要交给投资人,以后如果需要更多投资的话,创业者在公司持有的股份会越来越少,但这并不表示你拥有的钱越来越少,因为公司的价值会越来越高。

10.怎样组织好的团队

在组建团队时,很多人认为要把最好的人才都网罗起来。事实上创业团队简单一点、朴素一点,不一定要每个人都很强,只要能凝聚起来,就是一个非常好的团队。

在你进行创业构想的时候,不妨针对上述十个方面进行一些具体的实践与深入的调查,这些活动不仅能够锻炼你的能力,为你的创业构想提供准确的资料,更能丰富和补充你的创业构想,闭门造车并不是好办法。

二、创业计划的信息收集与调查

在创业初期,信息对创业者异常重要。创业者要充分了解和把握市场,就必须收集相关信息和开展市场调研。

(一)信息收集

信息收集是指通过各种方式获取所需要的信息。创业者通过信息的收集和研究,了解目标顾客、潜在市场规模、竞争对手及其实力情况、供应商和分销商的情况、进入和退出的壁垒、行业特征和结构、定价策略、分销策略等情况的信息,以便作出科学的决策。市场信息的收集包括确定信息收集和研究的目的与内容、收集第二手资料、收集原始资料、资料的处理与分析等步骤。准备创业计划的过程实质上是信息的搜集过程,是分析并预测创业环境进而化解未来不确定性的过程。

(1)文献检索。在制订创业计划之前,需要从浩繁的文献中检索出所需的信息。文献检索分为手工检索和计算机检索。手工检索主要是通过信息服务部门收集和建立的文献目录、索引、文摘、参考指南和文献综述等来查找有关的文献信息。计算机文献检索,是文献检索的计算机实现,其特点是检索速度快、信息量大,是当前收集文献信息的主要方法。

(2)信息整合。在制订创业计划的同时,可以把所有有关这个创业项目的信息进行整合,更加缜密地对创业项目的可操作性进行切实的思考,使之更加具体化。信息整合是在文献检索的基础上对信息的归纳和综合的过程。

(3)前景分析。当制订创业计划之后,仅对创业前景进行深入的分析还是不够的,还需要创业者坚定不移、认真规范地执行。对执行之后的创业计划进行总结和分析,并做出客观全面的评价,这将成为下一轮创业的基础。

为了保证信息收集的质量,应坚持以下原则:

(1)准确性原则。该原则要求所收集到的信息真实、可靠。这个原则是信息收集工作的最基本要求。为达到这样的要求,信息收集者就必须对收集到的信息反复核实、不断检验,力求把误差降到最低。

(2)全面性原则。该原则要求所搜集到的信息广泛、全面与完整。只有广泛、全面地搜集信息,才能完整地反映管理活动和决策对象发展的全貌,为决策的科学性提供保障。当然,实际所收集到的信息不可能做到绝对的全面完整,因此,如何在不完整、不完备的信息下做出科学的决策就是一个非常值得探讨的问题。

(3)时效性原则。信息的利用价值取决于该信息是否能及时地提供,即它的时效性。信息只有及时、迅速地提供给它的使用者才能有效地发挥作用。特别是决策对信息的要求是"事前"的消息和情报,而不是"马后炮"。所以,只有信息是"事前"的,对决策才是有效的。

(二)市场调查

现代营销观念认为,实现企业各种目标的关键是正确认识目标市场的需要和愿望,并且比竞争对手更有效、更有力地实现目标市场所期望满足的要求。而市场调查是创业者了解目标市场需求和竞争对手的真正有效的手段。市场调查,顾名思义,即调查市场状况、周边环境和消费者需求,通过搜集、整理、分析有关市场营销的数据信息,了解市场现状和发展趋势的过程。

1.市场调查的价值

许多创业者在创业过程中常常会面临这样的问题:明确创业项目之后却发现市场前景处于模糊不清的状态;市场前景清晰了,却不知道该如何投入,也无法把握市场中存在的风险以及预测风险的程度。对此,盲目、草率或者退缩、止步都不能解决问题,只有进行市场调查,才能真正把清市场的"脉",使创业者明确市场前景、投入力度和风险状况,将创业的风险和损失维持在可控的范围之内。

(1)通过市场调查,创业者能更加了解行业资讯,避免决策错误。创业者在对产品、销售、竞争对手、消费者购买行为和心理等市场行情做了仔细调查后,就能基本掌握行业情况。比如,市场潜在需求是多是少,消费者分布的区域是否集中,新产品或服务能否吸引预先设定的目标客户,销售方案是否可行,产品定价是否合理,竞争对手都有哪些,竞争产品的优势在哪里,外在客观环境对市场结构及企业行销策略有什么影响,等等。掌握了这些情况,有助于创业者及时地了解市场经济动态,以便更好地吸收同行业的先进经验和最新技术,在传统行业里挖掘新商机,用创意整合原有产业,创新性地设计自己的创业项目。

(2)通过市场调查,创业者能准确把握市场信息,部署有效战略。市场调查结果不能取代经营决策,但科学的决策总是建立在客观的市场调查和主观的整理分析之上的。准确把握市场信息、部署有效战略是创业者成功创业的前提。根据调查结果,创业者可以了解消费者潜在的购买动机和需求,有利于识别和发现最有利可图的市场机会,可以明确企业发展目标,制订营销计划,确立组织和管理要略,确定财务计划。市场机会瞬息万变,促使市场发生变化的因素大致有产品、价格、产品结构、广告、推销等市场因素和有关的政治、经济、文化、地理条件等市场环境因素两类,这两类因素之间往往又是相关的,并且是不断变化的。根据市场调研所获得的数据资料,创业者还能对未来的市场变化趋势进行预测,从而更具前瞻性和创新性地部署企业发展的有效战略。

2.市场调查的内容

市场调查的内容极为广泛,涵盖了企业市场营销管理的整个过程,其间各个环节出现的一些特定的营销问题,都可以通过市场调查来提供参考方案。对于创业者而言,更多地应该从企业生产与经营的角度出发,侧重于企业的微观市场调查,主要的内容和方法有以下几个方面。

(1)市场环境调查。对新创企业来说,市场环境即企业的营销环境,包括微观环境和宏观环境两部分,它们通过直接或间接的方式给企业的营销活动带来营销和制约。市场环境调查的内容主要有三个层次:①总体环境调查:主要内容包括政治环境、法律环境、人口环境、经济环境、社会文化环境、科学技术环境、自然环境以及国际环境调查等;②产业环境调查:重点考察新创企业所处行业或想进入行业的生产经营规模、产业状况、竞争状况、生产状况、产业布局、市场供求情况、产业政策、行业壁垒和进入障碍以及行业发展前景等;③竞争环境调查:新创企业特别需要从自身发展角度思考问题,观察同行与特定企业的竞争状况,或者观察同行在原材料取得、产品市场占有上与其他企业的竞争情况。对于创业者而言,在市场环境调查过程中尤其需要做好行业现状与需求调查。在行业分析中应该正确评价所选行业的基本特点、竞争状况以及未来的发展趋势等内容,具体内容包括:该行业的发展程度如何,是什么因素决定着它的发展;现状的发展动态如何;经济发展对该行业的影响程度如何,政府是如何影响该行业的;过去十年的价格趋势如何,未来十年的价格走向如何;该行业竞争的本质是什么;你将采取何种战略;进入该行业的障碍是什么,你将如何克服;该行业中典型企业的回报率是多少。

（2）市场需求调查。市场需求调查主要包括市场需求总量、需求结构、各细分市场及目标市场的需求（即市场份额）、消费动机与行为、市场需求变动影响因素等。市场需求调查就是要通过调查搞清楚创业者的新产品或服务在多大程度上可以解决顾客现实生活中的问题和困难，或者新产品或服务可以为顾客节省多少开支、增加多少收入，具体内容包括：顾客希望企业的产品能解决什么问题，顾客能从企业的产品中获得什么好处，企业的产品或服务与竞争对手相比有哪些优缺点，顾客为什么会选择本企业的产品或服务等。

（3）消费者行为调查。消费者行为调查是运用各种市场调查技术和方法，对消费群体的认知、态度、动机、选择、决策、购买、使用等阶段进行系统研究，为企业测定市场潜力、界定市场目标、制定产品研发和营销策略提供完整的消费者市场研究成果。消费者行为调查的内容主要包括消费者需求、购买能力、购买心理、购买动机、购买模式、购买行为、对产品的认知度和满意度、影响消费者购买决策的主要因素和消费者需求变化趋势分析等。

（4）经营策略调查。经营策略调查主要包括产品状况调查、产品价格调查、销售渠道调查、广告和促销状况调查等。①销售策略调查：主要包括营销策略、促销手段和销售方式。营销策略包括销售渠道、销售环节和宣传方式；促销手段包括有奖销售、折扣销售、附赠销售、低价出售、折本甩卖等等。②广告策略调查：广告的媒介主要有网络、电视、广播、报纸、杂志、街头、车身和墙体等，充分的广告策略调查可以让创业者节省许多人力、物力和财力。③其他情况调查：主要包括产品设计、形状、包装、口味、价格等方面是否迎合消费者品位和接受能力的调查。不同身份、年龄、性别的消费者对同一产品具有不同的需求，只有把握了这些不同需求，才能生产、研制出不同形状或口味的产品，从而打开销路，增加效益。

3.市场调查的方法

（1）调查问卷法。调查问卷又称调查表，是由一系列事先拟订好的、需要调查对象书面或口头回答的问题组成的一组问卷。调查问卷是市场调查中用于收集资料的一种最普遍、最常用的工具。其目的是从调查对象那里获取信息。问卷可以是表格式、卡片式或簿记式。完美的问卷具有两个功能，即能将问题传达给被问人和使被问人乐于回答。

（2）专家访谈法。创业者在新进入某一行业时，可先找到一些在此行业工作多年的专家进行访谈，了解该行业十年来的发展状况，并了解他们对未来十年该行业发展的看法，以此判断自己计划要进入的行业的生命周期。假如选择的是某个新兴行业或某个新颖的替代产品,可以访问原有产品的客户群以了解原有产品的客户体验,比如,原有产品还存在有哪些待改进之处,对新产品又有什么要求,以此获得第一手的新产品试用感受。

(3)陌生拜访法。这是一种具有很强现场感受力的市场调查方式,能极大提高所获资料和信息的准确性和真实性。在准备推出某种新产品(服务)时,创业者可以到目标客户区域进行街头拜访或入户拜访,赠送小样品或者请他们回答一些问题,也可以赠送一些印有新公司或产品广告的小礼品,以期宣传企业和产品,扩大知名度。陌生拜访的调查成本相对较高,周期也长,拒访率也高,但通过这一方式获取到的信息才最能够代表最广大消费者的意见。

(4)网络调查法。泛指在网络上发布调研信息,并在互联网上收集、记录、整理、分析和公布目标客户反馈信息的调查方法,是传统线下调查方法在网络上的应用和发展,具有组织简单、费用低廉、客观性好、不受时空与地域限制、速度快等优点。

三、创业计划的资料整理与分析

(一)资料整理

资料整理是根据制订创业计划的目的,运用科学的方法,对市场调查所获得的资料进行审查、检验,分类、汇总等初步加工,使之系统化和条理化,并以集中、简明的方式反映调查对象总体情况的过程。资料整理是资料研究的重要基础,是提高调查资料质量和使用价值的必要步骤,是保存资料的客观要求。资料整理的原则是真实性、合格性、准确性、完整性、系统性、统一性、简明性和新颖性。

制订创业计划所搜集的资料一般可分为数据资料和文字资料。前者是通过市场调查问卷及访问表格得来的,它涉及大量调查对象,对此可进行统计分组和汇总;后者多为无结构的观察、访谈材料和文献资料,一般是少数典型或个案的材料。这两类资料的整理过程大致相同,但整理方法不同。

1.数据资料整理

数据资料整理大体可分为以下几步:(1)对原始资料进行认真、细致的检查。从逻辑上检查资料的准确性和完整性;从内容上检查是否有遗漏、笔误或逻辑错误,若发现问题应及时采取必要的补救措施。(2)选择合适的分组标志,对原始资料科学地进行分类分组。这步工作很重要,分类分组不合理、不科学,将不能正确反映被研究现象的本质特征。标志可分为数量标志和属性标志。凡用数量界限将总体各部分区别开来的标志称为数量标志,如按年龄大小分为若干组。

凡按属性类别不同,将总体各部分区别开来的标志称为属性标志,如按性别不同分为男、女两类。选择分组标志的原则是:从研究目的出发,从反映现象本质的需要出发,根据研究对象的特点而定。分组标志还应满足穷尽性和互斥性的要求。(3)统计汇总。把数据资料按一定的格式分门别类地汇集起来。汇总的方法主要有:手工汇总和计算机汇总。手工汇总可采用:①划记法。按已确定的标志绘制汇总表,将同类型的标志值用点线符号记入表中再进行统计。②卡片登录法。用特制的登录卡片进行分组汇总。这种方法的准确程度较高,但工作量较大。手工汇总一般要自己编制统计图表。统计图有圆形图、直方图、曲线图等多种形式。统计表可分为简单表、分组表和复合表。统计图表能以直观、清晰、简化的形式将汇总的数据资料表现出来。

2.计算机汇总

计算机汇总的步骤是:编码、登录、输入和程序编制。编码的主要任务是用不同的数字符号标记调查内容的不同类别,编码可在调查前或调查后进行。登录是将编好码的调查资料过录到资料卡片或登录表上,以便输入计算机中储存起来。输入的主要方式有打孔卡输入和键盘输入,前者现已很少采用。被输入的所有数据资料称为数据库。以后只要编制(或调用)一定的统计程序给计算机发出指令,计算机就可以用统计表的格式输出所需的汇总资料。

3.文字材料整理

对于通过观察、访问和文献搜集得来的文字材料的整理,步骤如下:(1)对资料的真实性、可靠性进行检查、核对,如观察记录是否带有个人偏见、被访者是否如实反映情况、文献来源是否可靠等等。(2)从原始材料中摘取与研究目的有关的主要内容,对资料进行简化。这两步也称为"去伪存真、去粗取精"。(3)按主题、人物或时间对资料进行分类整理、建立资料档案。其作用一是便于查找,二是便于作进一步的定性分析,如类型比较分析或时间序列分析。还可以将文字材料的内容转换为数据形式,进行定量化的内容分析。

资料整理是从市场调查阶段过渡到创业计划研究阶段、由感性认识上升到理性认识的重要环节;也是提高调查研究的信度与效度的重要步骤,直接关系到资料分析和研究结论的可信性与准确性。因此,科学地、合理地整理资料对于创业计划的制订来说具有重要的意义和作用。

(二)创业计划分析

创业计划分析就是将创业构想的对象整体分为各个部分、方面、因素和层次,并分别地加以考察的认识活动。创业计划分析的意义在于细致地寻找能够解决问题的主线和相对应的方法。它包括 SWOT 分析、可行性分析等。

1.SWOT 分析

在企业战略管理诸多方法中,有一个对企业或项目的优势、劣势、机会和威胁进行全面评估的方法,称为 SWOT 分析。其中 S 代表优势(strength),W 代表劣势(weakness),O 代表机会(opportunity),T 代表威胁(threats)。S 和 W 表示项目主体的内部环境,O 和 T 表示项目面临的外部环境。SWOT 分析法常常被用于制定发展战略和分析竞争对手情况,在战略分析中,它是最常用的方法之一。进行 SWOT 分析时,主要有以下几个步骤:

(1)分析环境因素:运用各种调查研究方法,分析出公司所处的各种环境因素,即外部环境因素和内部环境因素。外部环境因素包括机会因素和威胁因素,它们是外部环境对公司的发展直接有影响的有利和不利因素,属于客观因素;内部环境因素包括优势因素和弱势因素,它们是公司自身存在的积极和消极因素,属主观因素。在调查分析这些因素时,不仅要考虑到历史与现状,还要考虑未来发展问题。

(2)构造 SWOT 矩阵:将调查得出的各种因素根据轻重缓急或影响程度等排序方式,构造 SWOT 矩阵。在此过程中,将那些对公司发展直接的、重要的、大量的、迫切的、久远的影响因素优先排列出来,而将那些间接的、次要的、少许的、不急的、短暂的影响因素排列在后面。

(3)制订行动计划:在完成环境因素分析和 SWOT 矩阵的构造后,便可以制订出相应的行动计划。制订计划的基本思路是:发挥优势因素,克服弱势因素,利用机会因素,化解威胁因素;考虑过去,立足当前,着眼未来。运用系统分析的综合分析方法,将排列与考虑的各种环境因素相互匹配起来加以组合,得出一系列公司未来发展的可选择对策。

2.可行性分析

可行性分析是运用多种科学手段(包括技术科学、社会学、经济学及系统工程学等)对一项工程项目的必要性、可行性、合理性进行技术经济论证的一种方法。而通过可行性分析形成的报告是从事一种经济活动(投资)之前,要对经济、技术、生产、供销直到社会环境、法律等各种因素进行具体调查、研究和分析,确定有利和不利的因素、项目是否可行,估计成功率大小、经济效益和社会收效程度,并报决策者和主管机关审批的文件。可行性分析报告的编制要点是:

(1)设计方案。可行性研究报告的主要任务是对预先设计的方案进行论证,进而对其进行完善和优化,使之具有更强的可行性和可操作性。

(2)内容真实。可行性研究报告涉及的内容以及反映情况的数据,必须绝对真实可靠,不允许有任何偏差及失误。其中所运用的资料、数据,都要经过反复核实,以确保内容的真实性和客观性。

(3)预测准确。可行性研究报告是投资决策前的活动。它是在事件没有发生之前的研究,是对事件未来发展的情况、可能遇到的问题和结果的估计,具有很强的预测性。因此,必须进行深入的调查研究,充分地占有资料,运用切合实际的预测方法,科学地预测未来前景。

(4)论证严密。论证性是可行性研究报告的一个显著特点。要使其具有论证的严密性和逻辑性,必须运用先进的系统分析方法,围绕影响项目的各种因素进行全面、系统的分析,既要做宏观的分析,又要做微观的分析。

第三节　创业计划的撰写

一、创业计划书的格式要求

创业计划是一项艺术性的工作,学会撰写和展示创业计划书能够帮助创业者理顺创业思路,分析市场前景,预测创业风险,帮助创业者在创业路上未雨绸缪。撰写创业计划书需要做到详略得当、有理有据。一份高质量的创业计划书可以勾画出企业未来的经营发展蓝图,设计企业的发展战略,引导企业更有效地开展经营活动。在创作计划书中,创业者需要重新审视自己的产品,了解产品所处的行业和市场及其地位,分析企业的竞争对手,制订更加全面而长远的营销计划,评价现有的创业团队,预估企业的发展风险,制定未来的财务战略,从各个方面全面评估企业成长,制定未来行动规划。

(一)创业计划书的编制规范

1.一般格式

一份完整的创业计划书一般要按照如下顺序及格式进行编排。

(1)封面(包括创业项目名称、公司名称、主要联系人名字以及联系方式等);

(2)目录(概括创业计划书的各主要部分);

(3)正文(含概要及计划书的各个主要部分,每个部分都应该清楚地列示标题并要易于识别);

(4)附录(如,详细的财务计划、公司创建人和核心员工的完整简历,附在正文后面,经常是分开单独装订)。

2.编写规范

一份有效的创业计划书,应该尽可能地简短明了、编写规范。

创业计划书的篇幅一般不要太长,越短越好。创业计划书的主要目标,是以清楚的方式解答新技术或产品开发的相关问题。而且,那些阅读创业计划书的人工作繁忙并且经验丰富,很清楚如何识别创业计划书所涉及的核心问题。

3.基本要素

创业会因产品或服务的不同而存在较大差异,甚至还需要根据计划执行的情况进行调整。尽管如此,为了便于投资人或合作伙伴了解新企业的关键问题,一份完整的创业计划书需要涵括以下基本要素:

(1)新产品或服务的基本价值是什么?(即为什么说这是一个有价值的创业机会?)

(2)新产品或服务要卖给谁?(即什么是目标市场或消费者?)

(3)如何开发、生产、销售新产品或服务?尤其是应对现存和未来竞争的总体规划是什么?

(4)创业者是谁?他们拥有开发创意并经营新企业所需的知识、经验和技能吗?

(5)需要筹集多少资金?需要哪些融资方式?资金将会如何使用?创业者、合作伙伴或投资者将如何实现投资收益?

这些问题都是合作伙伴或投资者最感兴趣的问题,也是创业者在创业过程中不能回避的问题。一份精心准备的创业计划书不仅需要回答所有这些问题,而且还得做到有序、简明、有说服力,让合作伙伴或投资者在短短几分钟之内就能被新产品或服务所深深吸引。

(二)创业计划书的写作要点

1.概要

创业计划书概要包括公司、产品、行业和市场、销售策略、管理团队、生产和经营、风险分析、财务分析和资金需求。概要是用简短明晰的语言概括创业计划书的资本投向,是创业计划书中最重要的部分,是整个创业计划书的浓缩和精华。概要字数不要太多,尽量能让人在3～5分钟内读完,可先写创业计划书再提炼出计划书的精华,最后形成概要。为了突出重点,可在每段的开头写上标题;为了吸引风险投资者的注意,可以突出本产品或服务的优势或特色。

2.公司

这部分包括公司的业务、背景、目标、成功的关键性因素和达到目标的战略。这部分是对新成立的创业企业的全面推介,要突出创业企业的理念和战略目标,包括介绍企业的主营业务、背景、所有者构成、长期目标、达到目标的战略等。

3.产品

这部分包括描述产品;说明产品价格、定价依据和获利水准;分析影响价格的因素,并对各种情况作出尽可能全面的解释;产品或服务的版权、专利权和商标权;竞争对手的产品特点、市场状况及发展趋势;自有产品的竞争优势。创业计划书中提到的产品或服务必须具有创新性,在计划书中要在某些细节上做出比较详细的解释。对产品或服务的优点和价值,可与竞争对手进行比较。如能做出一个样品,或已在小范围内试用,则能对证明产品或服务的可实现性产生更大的实证支持。

4.行业和市场

这部分包括行业概况,市场形成的背景、过程及发展速度,现有市场规模和特点,市场发展的动力和前景,用户群的性质和特点、目标用户群的需求及发展变化预测,政府政策及行业政策规定。要充分利用各种信息资源,对公司将要进入的行业和市场进行分析,估计出产品或服务真正具有的潜力。还要对可能影响需求和市场策略的因素进一步分析,以使潜在的投资者们能够判断公司目标的合理性及相应的风险。

5.销售策略

这部分包括现有的市场机构和销售渠道,现有的销售队伍和管理办法,现行的价格策略及制定原因、效果和未来发展计划,预期分阶段销售目标。应尽可能清楚而完整地介绍产品投放到市场的策略、理念、投放计划等,可选择的销售策略有集中性市场营销、差异性市场营销和无差异性市场营销。

6.生产和经营

这部分包括生产和服务、生产类型、生产设施、设备、原材料供应、协作生产商、关键技术人员。对于产品制造公司来说,其生产过程相当复杂,在创业计划书中要介绍生产过程所需的人员和基本设备,描述生产过程的流程图;如果生产过程包括新技术,还要对此作些介绍;甚至为生产过程建立质量控制程序,确定所销售产品的生产成本和经营成本。

7.管理团队

这部分包括企业组织结构、董事和高级职员;列出董事、主要高级职员的姓名、职务,简要介绍他们的背景和个人经历。管理部分一般是风险投资家在阅读摘要部分后首先要关注的内容。要介绍在创业企业中起重要作用的董事会成员、关键管理人员及关键咨询人员;对高级管理人员要介绍其教育背景、经历以及任何特别的培训、技能、能力或成就。企业的组织结构要与企业规模相适应,要使管理者职能明确。

8.风险分析

这部分包括技术风险、市场风险、财务风险、管理风险和行业风险。创业企业几乎很少能完全按照计划执行,每一个创业企业都有其固有的风险,重要的是勇敢面对风险。要针对风险提出行之有效的对策。当然也不能为了获得风险投资而隐瞒或者缩小风险,这样将会失去风险投资者的信任。

9.财务分析

这部分包括现金流量表、损益表和资产负债表,经营计划的分阶段条件假设,预计财务状况。新成立的公司编制预测报表,要列出一些假定条件作为试算的基础。假定的准确性取决于它们所依据的信息的准确性,关键的因素是销售预测和计算费用。在编制试算报表时,务实的做法是实事求是地对未来3~5年的状况进行预测。

10.资金需求

这部分包括总资金需求和运作周期、合作方式。创业企业应选择恰当的资本构成,在风险投资家、投资公司、政府机构、公司、个人和银行中作出选择。对公司的融资条件、资本结构、担保、技术入股和风险投资者对公司经营管理的介入均应作出说明,以免风险投资者对公司产生过多的疑问。

11.附录

创业计划书的附件主要包括合同资料、信誉证明、相关图片、分支机构列表、市场调查结果、主要领导人简历、生产技术平面布置。这一部分是创业计划书正文相关内容的证明和补充,包括主要合同资料、信誉证明、图片资料、分支机构列表、市场调查结果、主要领导人的履历、技术信息、生产制造信息、宣传资料、工作时间表、平面布置和其他方面的信息。

(三)创业计划书的撰写原则

1.目标明确,突出优势

(1)突出产品或服务的核心价值,在阐述中让投资者相信产品或服务的发展空间;

(2)明确目标市场规模,让投资人看到预期销售前景;

(3)分析竞争对手,阐明自己在竞争生态中的位置,让投资人相信该企业的实力;

(4)介绍企业运营模式和盈利途径,将投资者对风险的担心降到最低;

(5)描述整个创业团队的职责与目标,让投资人从创业团队中看到企业未来。

2.内容真实,体现诚意

创业计划书要体现初创企业的真实情况,包括企业可能面临的风险,而不能将所有的不足和风险抹得干干净净。任何一家企业在发展过程中总是成功与风险并存,优势与不足同在,因而,创业计划书务必实事求是,而不能单纯地为了吸引投资者而大唱赞歌、夸夸其谈。在撰写的过程中,创业者务必明确表达企业的市场机会、竞争威胁、潜在风险等,并尽量以具体的资料作为佐证。

3.内容完整,要素齐全

创业计划书虽然没有既定的内容格式,但必须包括以下内容:计划摘要、产品与服务、团队和管理、市场预测、营销策略、生产计划、财务规划、风险分析等。

4.语言平实,通俗易懂

创业计划书不同于学术性文章,行文过程中应力求通俗易懂、平实准确。一要贴切,避免歧义;二要通俗,切忌晦涩;三要朴实,规避浮夸。为了达到理想直观的效果,创业计划书可适当配以图表,以图文并茂的方式实现内容的形象化、直观化。

5.结构严谨,风格统一

通常,一份创业计划书都是由创业团队的成员们共同完成的,这就难免会出现体例不一、风格迥异、结构松散凌乱等问题。因此,在创业计划书的定稿阶段,应该由创业团队中的某一个人专门执笔修改完成。

二、创业计划书的撰写步骤

(一)研讨创业构想及产品或服务

一个好的创业构想,并不等于是一个好的创业机会。创业者在撰写创业计划书之前,还需要对自己的创业构想进行认真思考和推敲,比如,这个创业构想的可行性如何、可行程度有多高、是否已经足够成熟等。

1.概念陈述

"概念陈述"由美国的布鲁斯·R.巴林格提出。他认为,概念陈述是包括向行业专家、潜在顾客提交某一产品或服务的基本描述,并征求反馈意见的活动。概念陈述写好之后,至少要提交给 10 个人审读,这 10 个人应该是能够提供公正、有见识的反馈或意见的人,而非胡乱随意未经挑选的人,最好不包括家人或朋友,因为他们必然会基于亲情或友情的缘故而过早地选择对你的产品或服务作出积极反馈。如果时间充裕,概念陈述要反复提炼,以夯实产品或服务的创意。

2.研讨需求

创业者所提供的新产品(服务)是否被消费者所需要,需要的程度有多高,是创业者在早期进行创业构想的研讨时必须首先予以考虑的一个重要因素。新产品(服务)的市场需求往往要通过市场调查来提供事实支撑。比如,消费者购买产品或服务的意愿,是明确愿意购买还是明确不愿意购买,是有可能购买还是有可能不购买,都要在调查问卷中体现出来,以供不同的消费者选择。其次,可提供发散性的相关话题,比如能够接受的价格是多少,希望在哪里买到,对产品或服务的后续服务有什么要求等。

(二)研讨行业定位或目标市场

1.行业定位分析

创业者对自己所提供的新产品(或服务)所在的行业必须要有个清晰的了解,以便日后能成功地为新产品(或服务)打开销路,进而在市场竞争中取胜。比如,新产品(或服务)所处市场是空白市场还是成熟市场,如果是新兴的空白市场,处于生命周期的早期阶段并且正在成长,结构相对分散化,空间不拥挤,是顾客必定要买的,具有较高营业利润且不依赖关键原材料的历史低价来维持盈利的,那么它的可行性就高。

2.目标市场分析

创业者要对新产品(或服务)的目标市场有清晰的价值定位。价值定位中要搞明白这些问题:为什么我要从你这里买而不是从其他竞争者那里购买?为什么你的产品对我更加有用?产品或服务是否给我带来了独一无二的价值?产品或服务怎样优于竞争者?清楚了解了目标市场的规模与占有率、市场竞争的状态与特性,能让创业者对新产品(或服务)有更强的信心。

(三)研讨创业团队、组织管理以及创业资源

布鲁斯·R.巴林格认为,这方面的评估有两个因素格外重要:一是个体创业者或管理团队对创业构想所持有的激情,二是管理团队或个体创业者对将要进入的市场的了解程度。在此程中,创业者的作用至为重要,如果他具有洞察力,就能慧眼识珠;如果他具备管理才能,就能使团队上下和谐;如果他善于发现,就能人尽其才。创业者是否有足够的资源维系新企业在初创生存时期的生产经营活动,是在研讨创业构想可行性时不可避免的重要问题。

业务资源:产业链上下游资源都有哪些?

客户资源:谁来购买新产品(或服务)?

技术资源:新产品(或服务)的关键技术水平或程度如何?是否获得专利或取得知识产权保护?

经营管理资源:创业者自身或创业团队的经营管理能力如何?

财务资源:是否拥有足够的启动资金?

行业经验资源:对该行业资讯与常识的积累是否充足?

行业准入条件:某些行业受到一些政策的保护与限制,是否具备相应的准入资格或条件?

人力资源条件:是否有合适的专业人才?

事实上,创业者在创业早期不可能同时获得所需的各种资源,只要具备基本的、必备的资源即可,其他所需资源可以在企业日后的运营过程中逐步获取。但如果任何条件都不具备,创业的成功率就会相当低。

(四)研讨启动资金

是否具备充足的创业启动资金,是创业者必须考虑的问题。

(1)启动资金总额度。创业者需要在企业开办之前,估算好房租、水电、宣传、工资、保险、原材料、生产、销售等所需的最低经营总体费用。由于创业过程中有许多未知的风险和不测,在估算启动资金时原则上需要高出一些额度。

(2)启动资金来源。创业者需明确启动资金的来源或构成,是自有积蓄还是亲友借款,是银行贷款还是风险投资。如果是亲友借款,要拟定双方协议,确保借款方的利益。

总之,创业者在开始创业行动之前,需要针对诸如以上的问题,思考得越详细、越周密、越具体越好。经过研讨,当你发现你的创业计划切实可行时,你就可以下定决心去施展你的创业抱负了。

三、大学生创业计划书撰写的问题与对策

由于大学生没有社会实践经验,在编写创业计划书过程中,往往与实际情况相脱离,主要表现在创业计划书空洞冗长,缺乏创业的可行性。

(一)市场方面

当创业者编写的创业计划书实际运用时就会发现,满怀信心宣布企业成立或店铺开张,结果发现产品销量或顾客数量远远达不到预期目标,这与产品或服务的质量不过关、销售方式不对路、市场需求转向、市场环境变化等都有一定关系。而当初创企业经过一定时间的发展,提升了产品质量、顺应了市场需求、扩大销路、熟悉市场环境之后,也许还会出现知名企业在同行业跟进、后来者居上的尴尬。面对强大的竞争对手,创业者要有充足的准备应对,如果应对不力导致竞争失利,严重时会造成企业破产倒闭。这些都要在创业计划书中体现出来,并

提出其对策。

(二)团队方面

在编写创业计划书时,没有真正感受和突出团队合作的重要性。不少企业在初创期,团队成员都对产品研发和销售倾注了十分的心力而无暇计较得失,等企业步入正轨后才发现,因疏于管理,责权不明确、利益不均衡等问题接踵而至。最令人心痛的结果便是团队分裂,企业元气大伤。创业团队流失如今已成为一个普遍现象,不少创业团队可以患难与共却不能荣誉共享。团队分崩离析,企业陷入什么样的困境也就可想而知了。这些都要在制定创业计划书时充分考虑到,并提出其对策。

(三)资源方面

大学生创业者编写创业计划书时,总是容易将资源方面假设为充足的,没有资源方面的危机感,因此创业计划书较少考虑到资源不足或严重缺乏的情况。其实,创业者在资源方面可能遇到的问题还不少,资金断流、人才流失、客户流失、技术创新性不强、财务管理出现漏洞等等,都有可能使创业者在激烈的竞争中败下阵来。首先是资金短缺问题,资金短缺几乎是任何一家初创企业都会面临的问题,很多人在初次创业时,都面临资源欠缺特别是启动资金缺乏的困境,而制定的计划书却不能对资金的不足给予足够的关注并提出解决的方案。其次是人才缺失的问题。作为创业资源中最核心的要素,专业技术人才、管理高手、销售精英等人力资源都是必不可少的。创业计划书对于人才缺失却没有预案。在现实生活中,经常出现企业在初创期因缺乏资金而难以招来人才,在发展壮大期因用人不善、利益不均或员工自身原因而无法留住人才。在有些初创企业中,员工跳槽成了企业常态。因此,创业计划书应当有相应对策的考量。

(四)发展策略方面

大学生编写的创业计划书往往对发展策略考虑不足,结果很可能要面临盲目扩张、停滞不前、贻误战机等决策失误问题。有的创业者急功近利,一个项目刚刚打开市场,便急于上另一个项目。一个项目的创业计划还没有完全施展开来,就想着扩大规模。这样做势必会打乱原有的计划,给企业的执行与发展带来致命后果,如造成企业资金吃紧,产品出现质量问题,市场信誉下降,市场预测、管理、协调困难等问题。有的则在制订发展计划时,倾向于理论市场的推理,而对实际的市场调查不足,缺乏真正的了解。这些都会使初创企业陷入决策失误的泥沼。

(五)法规方面

大学生创业者编写的创业计划书还缺乏对法律规定的充分理解。如果创业者忽视法律规范,在合作协议、项目合同、劳动合同等与法律法规密切相关的领域没有谨慎对待,就有可能面临财资纠纷、股权之争,甚至遭遇处罚、制裁。创业团队散伙的一个主要原因就是合作双方没有拟定好合作协议,以致随着企业的发展,在利润分配、权利义务、财务管理等方面发生分歧。而项目合同不论是投资合同还是销售合同,如果没有立定相关条款约束甲乙双方的行为,就有可能出现经济纠纷。劳动合同直接保护的是劳动者的利益,如果初创企业无视相关法规或者对雇佣人员权利义务规定不合理,再加上创业者在处理此类问题上经验不足,就容易产生劳务纠纷,对企业和创业者名誉造成极为不利的影响。这就要求编写创业计划书时要熟悉相关法律法规,充分考虑到相关法律的实用性情况。

案例分析

小型咖啡厅创业计划书

【导读】

一、事业:小型咖啡厅

由于社会的竞争力越来越大,人们的工作压力也越来越大,每天繁重的工作压得人们喘不过气,在繁华的大都市,到处都是忙碌的身影。忙碌过后,人的精神需要得到放松,人们需要一个舒适、优雅、安静的环境来洗脱一身的疲惫。

咖啡厅无疑是一个很好的选择:特别的室内装潢、悠扬的音乐、静谧的空间环境……营造出一种温馨浪漫的气氛,有利于劳累的人们很好地放松自己。随着经济的快速发展,咖啡厅也更加受年轻朋友们的喜爱。

根据大多数人的经济状况来说,大型的、高级的咖啡厅消费太高,如果经常去,会导致负担过重,所以高级的咖啡厅不适合大众。那么小型的咖啡厅便成为他们的首选,环境不比高级咖啡厅差,消费比大型的咖啡厅要低,这样既能达到放松精神的要求,又不会超过自己的经济承受范围。

二、选址:待定

小型咖啡厅的店面应开在临近较多的公司企业和学校的地方,闹市的人流量多,交通便利。虽然咖啡厅是个安静的地方,但店外的环境无须太安静,这样更能让人有一种"在闹市中寻觅安宁"的感觉。其次店面的周围最好能有停车场,为顾客停车提供方便。

三、装修

1.店内面积:100~150平方米。

2.店内装潢:咖啡厅是一个静谧温馨的地方,人们常常约上几个好友坐在一起聊聊天,喝点东西,为了让顾客们之间的谈话不会被他人所听见和打扰,所以店内采用卡座式,将店内分成许多小格间,用门帘和木板隔开,让顾客感觉更加有安全感和私密感,坐在里面不会感觉很拘束,可以随心所欲。

每一个卡座的装潢都采用不同的风格,这样便于各个年龄阶段的顾客自主选择他们喜欢的风格:(1)模拟风景:大海、沙漠、森林、草原等;(2)意境装扮:西式涂鸦、中国风山水、中外宫廷等;(3)复古式。

小的卡座摆一张小桌子,两张靠背凳,这类卡座多为情侣提供。中型的卡座放置一张长点的方桌,两旁放置小沙发。大型的卡座放置圆桌,围着圆桌放置一些带靠背的高脚凳。

咖啡馆的招牌颜色用冷色系,制作时尽可能简便,这样看起来既不复杂且带个性。店门采用木质门,能够让整个店看上去富有一股神秘感。店内灯光采用暗黄色,加上悠扬空灵的音乐,音乐用钢琴曲或是中国古典音乐。

四、店内成员

雇4~5人,其中3个固定员工,2名兼职员工。员工要求着统一工作服,对待顾客要有礼貌,不可与顾客发生争执。上班期间不可浓妆艳抹,不可佩戴夸张的饰品,举止行为要端庄,能够用标准流利的普通话进行交流。

五、目标客户

咖啡厅的客户没有限制,从小孩到大人到老人均可。但主要的客户应该还是一些在校学生和单位的白领阶层,或者是家庭主妇。

六、产品

1.咖啡

世界上的咖啡品种繁多,不可能把所有的种类都引进,那么就选择一些有特色的、符合大众口味的咖啡。蓝山咖啡是较受大众欢迎的咖啡,香醇、苦中略带甘甜、柔润顺口,稍带一丝丝的酸味,刺激味觉感官,是咖啡中的极品。摩卡咖啡,芳香迷人,拥有独特的酸味和柑橘的清香气息,它的独特,让许多尝过的人都为之流连。巴西咖啡,较浓的酸味配合咖啡的甘苦,中间夹带淡淡的青草芳香,其余味令人舒活畅快。拿铁咖啡,意大利浓缩咖啡加入高浓度的热牛奶与泡沫鲜奶,保留淡淡的咖啡香气与甘味,散发浓郁的奶香,是许多女生的最爱。卡布奇诺,意大利浓缩咖啡混入泡沫鲜奶与巧克力粉,迷人的香气、优雅的装饰,是时下最流行的花式咖啡。现在世界上最为流行的是意大利特浓咖啡、卡布奇诺以及拿铁牛奶咖啡。

2.简餐

(1)欧式:意大利肉酱面、奶油培根意大利面、松子青酱鸡肉面、蒜片辣椒罗勒面、白酒蛤蜊天使面、海鲜墨鱼面、焗肉酱千层面、海鲜燴饭、西班牙海鲜饭、红酒炖牛肉饭;蒜味香煎牛小排、香煎菲力佐香草奶油、美式香烤肋排、德国猪脚、蓝带猪排、法式小羊排、蜂蜜芥末鸡腿排、迷迭香烤鸡腿、香草烤鲑鱼、香煎鲈鱼、白酒莳萝鲷鱼排,总汇三明治、芝士火腿可颂堡、鲔鱼松饼。

(2)亚式:风照烧饭、苹果咖喱牛腩饭、黑胡椒牛肉饭、梅干扣肉饭、洋葱猪排饭、椒盐排骨饭、蜜汁排骨饭、塔香三杯鸡饭、辣子鸡丁饭、罗汉素烩饭;日式炸猪排餐、香煎鲑鱼餐、红烧狮子头餐、香烤鸡腿餐、豆瓣鱼片餐、糖醋鱼餐、烧豆腐餐、海鲜小火锅、炸汁豆腐、红烧牛腩煲、绍兴醉鸡、亚洲风配菜、醋拌海带芽、凉拌菠菜、凉拌西芹、开阳炒丝瓜、八宝辣酱、豆瓣苦瓜、甘蓝卷、厚蛋烧、酱烧茄子、小黄瓜炒豆皮、红烧面轮。

七、竞争

这个行业现已达到成熟阶段,但也仍在继续发展,人们的生活水平逐渐提高,对于精神生活的要求也越来越高。大多数年轻人都喜欢咖啡厅优雅个性的环境和口味各异的咖啡，所以这个行业会有一个很好的发展趋势。基于对多家咖啡厅的了解，大多数咖啡厅的内部都采用风格相似的装潢，所以本咖啡厅的大胆装扮，会是市场上同行中的一个亮点。但自己对于产品不熟悉，需要专业的师傅对店内成员进行培训。

八、投资

门面费（租金）：1 500元～2 000元/月，100平方米左右。

店内的装潢：8万左右，包括橱柜、桌子、凳子、店内装饰品等等。

店内设备：10万左右，包括电脑、收银机、空调、咖啡机、餐具等等。

员工工资：

固定员工，主厨：2 200～2 700元/月，服务员：1 200～1 500元/月；

兼职员工，按工作天数计算工资，底薪45元/天，若表现优异者每天加5元提成。

利润表：年营业收入：25万；年营业总成本：10万；年利润（含应交税）：15万；净利润：124 500元；投资回收期：2～3年。

九、成长与发展

咖啡厅初开张时，难免会有冷场的情况出现，这时就需要一些自己的人脉来活跃气氛，可以叫上亲朋好友一起过来坐坐，让他们多提意见和建议；可以推出一些会员卡，或在街上发传单等各种手段吸引客户。初期的货品价格，在不亏本的状态下尽量压低，这样能有效地扩张生意源。生意上路之后，再对店面进行更完善的装修，等顾客熟悉了本店之后，再慢慢地调整货品价格。只要不是大幅度的调整，适当地调整价格还是能被大多人所接受的。

【分析】

请分析上述创业计划书的意义和存在的问题，并在上述计划书的基础上进行修改，产生一份新的创业计划书。

思考与练习题

1.什么是创业计划？都有哪些特征和作用？

2.你认为，创业计划要包含哪些基本内容？为什么？

3.什么是创业构想？请结合实际，探讨创业构想的现实意义和具体实践。

4.请组织一个典型访谈，发现和分析大学生在创业计划书撰写方面存在的突出问题及其主要成因，并提出有针对性的对策建议。

参考文献

[1]张玉利:《创业管理》,机械工业出版社 2011 年第 2 版。

[2]洪涛、陆陈波、陈涛:《大学生创业计划书撰写要点与原则》,载《文史资料》2014 年第 17 期。

[3]贺尊:《创业计划书的撰写价值及基本准则》,载《创新与创业教育》2012 年第 5 期。

[4]沈艳华:《试论大学生创业计划中的若干问题》,载《长春教育学院学报》2014 年第 7 期。

[5]乐文:《撰写创业计划书的必杀技》,载《职场生活》2014 年第 6 期。

第十三章

新企业的开办

　　要把成熟的构想和创业计划付诸实践,创立企业组织形式是必由之路。创业伊始,创业者应根据自身实力,量力而行,认真考虑创办什么样的企业组织形式。为企业办理注册手续是比较简单的工作,作为创业者,只要按照当地政府的相关规定,遵守各种法律条文,即可顺利完成企业注册手续,成立新企业。本章主要围绕如何注册成立新企业展开讨论。

第一节　企业组织形式的选择

　　创办什么形式的企业组织,这是创业者必须认真考虑的一个问题。随着市场经济的进一步发展,我国已经颁布和实施了《中华人民共和国民法通则》、《中华人民共和国公司法》、《中华人民共和国合伙企业法》、《中华人民共和国独资企业法》、《个体工商户条例》和《个体工商户登记管理办法》等,这些法律和法规规定了设立公司、合伙企业、个人独资企业和个体工商户应该具备的条件。对于个人创业来说,由于资金、人力等限制,相当数量的创业者会选择成立个体工商户,或采取个人独资企业和合伙企业的形式。当企业发展到一定规模,就可能转向成立公司企业的形式。因此,创业者在设立企业形式时要依照有关法律规定,具备相应的条件。

　　企业组织形式是指企业进行生产经营活动所采取的组织方式或结构形态,它表明一个企业的财产构成、内部分工协作、与外部的社会经济联系的方式。企业组织形式的选择与当前的经济发展水平、市场经济运行情况、企业所有者的选择有关。

　　根据市场经济的要求,现代企业的组织形式按照财产的构成和所承担的法律责任划分,可以分为个人独资企业、合伙企业和公司企业。

一、个人独资企业

个人独资企业是指依照《中华人民共和国独资企业法》在中国境内设立,由一个自然人投资,财产为投资人个人所有,投资人以其个人财产对企业债务承担无限责任的经营实体。

根据法律规定,设立个人独资企业应当具备五个条件:

(1)投资人为一个自然人。法律、行政法规禁止从事营利性活动的人(如在职国家公务员,现役军人,国有、集体企事业单位在职管理人员),不得作为投资人申请个人独资企业。

(2)有合法的企业名称。企业名称应当符合名称登记管理的有关规定,并与其从事行业相符。企业只能使用一个名称,名称中不得使用"有限"、"有限责任"字样。

(3)有投资人申报的出资。个人独资企业的出资人承担的是无限责任,对于投资人申报的出资,投资人无须提交验资报告或者出资权属证明文件,登记机关对投资人申报的出资数额、是否实际缴付等情况不作审查,仅要求有自己申报的出资即可。这一规定方便独资企业的设立,有利于独资企业的发展。

(4)有固定的生产经营场所和必要的生产经营条件。个人独资企业要进行生产经营,就需要一定的场地设施,也要具备必要的生产经营设施,比如机器设备、营销柜台等。这里强调生产经营场所是"固定的",是指要有比较固定的地点来提供相应的服务或商品,以区别于从事流动经营、临时经营或没有固定门面的摆摊经营。

(5)有必要的从业人员。个人独资企业可以依法招用职工,在没有招聘职工的情况下,只要个人独资企业投资人也从事业务活动,也应理解为从业人员。

二、合伙企业

合伙企业,是指自然人、法人和其他组织依照《中华人民共和国合伙企业法》在中国境内设立的由各合伙人订立合伙协议,共同出资、合伙经营、共享收益、共担风险的营利性组织。合伙企业分普通合伙企业和有限合伙企业,其中,普通合伙企业由普通合伙人组成,合伙人对合伙企业债务承担无限连带责任;有限合伙企业由普通合伙人和有限合伙人组成,普通合伙人对合伙企业债务承担无限连带责任,有限合伙人以其认缴的出资额为限对合伙企业债务承担责任(见表 13-

1)。有限合伙企业合伙人有 2 个以上 50 个以下,其中至少有一个普通合伙人。有限合伙人不得以劳务出资,不执行合伙事务,不得对外代表有限合伙企业,合伙事务由普通合伙人执行。有限合伙人企业名称中应当标明"有限合伙"字样。

表 13-1　普通合伙企业与有限合伙企业的区别

区别点	普通合伙企业	有限合伙企业
合伙人类型	所有合伙人均为普通合伙人	至少应当有一个普通合伙人,可有多个有限合伙人
出资方式	合伙人可以用货币、实物、知识产权、土地使用权或者其他财产权利出资,也可以用劳务出资	有限合伙人可以用货币、实物、知识产权、土地使用权或者其他财产权利作价出资,但不得以劳务出资
合伙人责任	合伙人以其财产对合伙企业债务承担无限连带责任	普通合伙人对合伙企业债务承担无限连带责任,有限合伙人以其认缴的出资额承担责任
经营管理方式	所有合伙人共同经营、共同管理	有限合伙人不执行合伙事务,不得对外代表有限合伙企业
合伙份额的转让	合伙人将自己的份额转让给合伙人之外的人,须经其他合伙人一致同意	有限合伙人向合伙人以外的人转让财产份额,应当提前 30 日通知其他合伙人
相互转化	两者可以因合伙人类型的变化而发生企业类型的相互转化,但有限合伙企业若只剩有限合伙人,必须依法予以解散	

　　根据法律的规定,设立普通合伙人应当具备以下五个条件:

　　(1)有两个以上合伙人。合伙人为自然人的,应当具有完全民事行为能力;法律、行政法规禁止从事营利性的人(如在职国家公务员、现役军人)不得成为合伙人。

　　(2)有书面合伙协议。合伙协议是合伙人之间确定权利义务关系最重要的依据,合伙人按照合伙协议享有权利,履行义务。合伙人应当以书面形式载明合伙企业的名称和主要经营场所的地点;合伙目的和合伙经营范围;合伙人的出资方式、数额和缴付期限;利润分配、亏损分担方式;入伙与退伙;争议解决办法;解散与清算;违约责任等。合伙协议经全体合伙人签名、盖章后生效。

　　(3)有合伙人认缴或者实际缴付的出资。合伙人可以用货币、实物、知识产权、土地使用权或者其他财产权利出资,也可以用劳务出资。出资需要评估作价的,由全体合伙人协商确定,并在合伙协议中载明。

　　(4)有合伙企业的名称和生产经营场所。与个人独资企业相同,普通合伙企业的名称中不得使用"有限"、"有限责任"字样,并且应当标明"普通合伙"字样。

(5)法律、行政法规规定的其他条件。

三、公司企业

按照我国的《公司法》,公司是指在中国境内设立的有限责任公司和股份有限公司。两者都是企业法人。有限责任公司是指股东以其认缴的出资额为限对公司承担责任,公司以其全部资产对公司的债务承担责任的企业法人。股份有限公司是指全部资本分成等额股份,股东以其认购的股份为限对公司承担责任,公司以其全部资产对公司的债务承担责任的企业法人(见表 13-2)。公司股东作为出资者按投入公司的资本额依法享有资产收益、参与重大决策和选择管理者等权利。公司享有由股东投资形成的全部法人财产权,依法享有民事权利,承担民事责任。

表 13-2   有限责任公司与股份有限公司的区别

区别点	有限责任公司	股份有限公司
股东数量	1～50 名	2 人以上,200 人以下
设立方式	发起设立	发起设立或向公众募集设立
股份表现形式	出资证明	股票
注册资本	取消注册资本最低限制,注册资本实行认缴登记制	取消注册资本最低限制,注册资本实行认缴登记制
股份转让程序	出资证明转让须经半数股东同意,其他股东有优先购买权	股票可以自由转让
设立门槛	程序可以简化	法定程序严格
募股集资形式	封闭,只能在出资者范围内进行,财务无须向社会公开	开放,设立、募集和财务均向社会公开
内部机构	可以只设执行董事、监事,不设董事会、监事会	内设股东会、董事会、监事会

(一)有限责任公司设立的条件

(1)股东符合法定人数。有限责任公司由 50 个以下股东出资设立。

(2)股东出资达到法定资本最低限额。有限责任公司注册资本的最低限额为人民币 3 万元;公司全体股东的首次出资额不得低于注册资本的 20%,也不得低于法定的注册资本最低限额,其余部分由股东自公司成立之日起两年内缴足,其中,投资公司可以在五年内缴足;股东可以用货币出资,也可以用实物、知识产权、土地使用权等可以用货币估价并可以依法转让的非货币财产作价出资；但货币出资金额不得低于有限责任公司注册资本的 30%。2013 年 10 月 25 日国务院部署推进公司注册资本登记制度改革，除法律、法规另有规定外，取消有限责任公司最低注册资本 3 万元的限制，不再限制公司设立时股东（发起人）的首次出资比例和缴足出资的期限。

(3)股东共同制定公司章程。章程由公司依法制定，是记载公司组织与活动基本原则的书面法律文件，股东会会议作出修改公司章程、增加或者减少注册资本的决议，以及公司合并、分立、解散或者变更公司形式的决议，必须经代表 2/3 以上表决权的股东通过。

(4)有公司名称，建立符合有限责任公司要求的组织机构。公司名称一般由所在行政区划名称、具体名称、公司的行业或经营特点和公司的种类等四部分组成；组织机构包括股东会、董事会、监事会，规模较小的公司可以不设董事会，只设一名执行董事，也可不设监事会而只设 1～2 名监事。

(5)有公司住所。

(二)一人有限责任公司设立的特别规定

一人有限责任公司，是指只有一个自然人股东或者一个法人股东的有限责任公司。一人有限责任公司的注册资本最低限额为人民币 10 万元。股东应当一次足额缴纳公司章程规定的出资额，否则不予注册登记和颁发营业执照。2013 年 10 月 25 日国务院部署推进公司注册资本登记制度改革，取消一人有限责任公司最低注册资本 10 万元的限制，不再限制公司设立时股东（发起人）的首次出资比例和缴足出资的期限。

一个自然人只能投资设立一个一人有限责任公司。该一人有限责任公司不能再投资设立新的一人有限责任公司。

一人有限责任公司应当在公司登记中注明自然人独资或者法人独资，并在公司营业执照中载明。

一人有限责任公司章程由股东制定，但不设股东会。一人有限责任公司的股东不能证明公司财产独立于股东自己的财产的，应当对公司债务承担连带责任。

(三)股份有限公司设立的条件

(1)发起人符合法定人数。设立股份有限公司，应当有 2 人以上 200 人以下为发起人，其中须有半数以上的发起人在中国境内有住所。

(2)发起人认购和募集的股本达到法定资本最低限额。股份有限公司注册资本的最低限额为人民币 500 万元。公司全体发起人的首次出资额不得低于注册资本的 20%，其余部分由发起人自公司成立之日起两年内缴足；其中，投资公司可以在五年内缴足。2013 年 10 月 25 日国务院部署推进公司注册资本登记制度改革,除法律、法规另有规定外,取消股份有限公司最低注册资本 500 万元的限制,不再限制公司设立时股东(发起人)的首次出资比例和缴足出资的期限。

(3)股份发行、筹办事项符合法律规定。发行股份的股款缴足后,必须经依法设立的验资机构验资并出具证明。发起人应当自股款缴足之日起 30 日内主持召开公司创立大会。

(4)发起人制订公司章程,采用募集方式设立的经创立大会通过。发起人制订的公司章程,还应当经其他认股人参加的创立大会,以出席会议的认股人所持表决权的半数以上通过,方为有效。

(5)有公司名称,建立符合股份有限公司要求的组织机构。组织机构包括股东会、董事会、监事会,董事会成员为 5 人至 19 人,可以决定聘任或者解聘经理,监事会成员不得少于 3 人。

(6)有公司住所。

四、个体工商户

按我国目前的法律,个体工商户并不是一种企业组织形式。结合我国国情,相当数量的创业者在创业开始阶段选择该种方式,特别是自 2011 年 11 月起,我国以法令的形式明确取消了原有的个体工商户管理费和年度验照费用,只规定个体工商户在办理登记时应缴纳登记费。这减轻了个体工商户的负担,一定程度上促进了个体工商户的发展。

根据《民法通则》的规定,个体工商户是在法律允许的范围内,依法经核准登记,从事工商业经营的自然人或家庭。它不采用企业形式,不具备法人资格,由经营者对债务承担无限责任。个体工商户在生产经营方面更加灵活,从事客货运输、贩运以及摆摊设点、流动服务无须固定的经营场所。在纳税方式上,对账证健全、核算准确的个体工商户,税务部门对其实行查账征收;对生产经营规模小又确无建账能力的个体工商户,税务部门对其实行定期定额征收;具有一定情形的个体工商户,税务部门有权核定其应纳税额,实行核定征收。

个体工商户的登记事项包括:

(1)经营者姓名和住所。申请登记为个体工商户的公民姓名及其户籍所在地的详细住址。

(2)组成形式。包括个人经营和家庭经营。家庭经营的,参加经营的家庭成员姓名应当同时备案。

（3）经营范围。个体工商户开展经营活动所属的行业类别。

（4）经营场所。个体工商户营业所在地的详细地址，并且只能一处。

（5）个体工商户使用名称的，名称作为登记事项。

为了更好地了解以上各种经营组织形式的主要差异，我们设计了表 13-3，以供准备创业的大学生在进行经营组织形式选择时的参考。

表 13-3　不同经营组织形式的对比

项目	个体工商户	个人独资企业	合伙企业	公司企业
法律依据	《个体工商户条例》和《个体工商户登记管理办法》	《中华人民共和国独资企业法》	《中华人民共和国合伙企业法》	《中华人民共和国公司法》
法律基础	无章程或协议	无章程或协议	合伙协议	公司章程
法律地位	无	非法人经营主体	非法人营利性组织	企业法人
责任形式	经营者对债务承担无限责任	无限责任	无限责任	有限责任
投资者	自然人或家庭	完全民事行为能力	完全民事行为能力	无特别要求，法人、自然人均可
注册资本	经营者申报	投资者申报	协议约定	有限责任公司最低 3 万元，股份有限公司最低 500 万元
出资	经营者申报	投资者申报	约定：货币、实物、土地使用权、知识产权或其他财产权利、劳务	法定：货币、实物、工业产权、非专利技术、土地使用权
财产性质	经营者	投资者	合伙人共同所有	法人财产权
盈亏分担	经营者	投资者个人	约定、未约定均分	投资比例
事务决定	经营者	投资者个人	全体合伙人约定	股东会

五、大学生创业企业组织形式选择

（一）大学生创业企业组织形式选择的依据

创业伊始，大学生们选择何种企业组织形式是很重要的，它直接关系到企业注册资金、企业内部组织管理、税收、投资人责任等问题。

1.大学生投资的资本实力

现有法律取消了设立不同组织形式的企业最低注册资本金要求的限制,但资金是创业项目启动的钥匙,在创业运营过程中需要资金作为运营资本,没有资金,创业就无以为继。

2.大学生作为投资人的责任界定

大学生在选择企业组织形式时愿意对企业债务承担责任的大小,及法律对该责任的界定成为影响投资者选择企业组织形式的又一重要因素。按照我国法律的规定,个人独资企业、合伙企业对企业债务承担无限责任,个体工商户对债务承担无限责任,公司制企业是股东以其全部出资额对公司债务承担责任。

3.投资者权利

大学生要享有其创业投资权利,如果只承担责任,就没有人愿意投资创办企业了。投资者的权利通常包括收益权、决策权、管理权和监督权。一般情况下,投资者权利的大小与其承担的风险成正比。

4.企业融资能力

创设企业初期,由于企业进入的行业和经营的范围不同,对资本的需求也有很大差异,而在企业度过生存期进入成长期和成熟期后,投资者对企业规模和利润要求将不断增加,同时为实现规模效应,降低单位生产成本,增强企业盈利能力和竞争力,会使企业资金需求大量增加,而不同的企业组织形式会对企业融资能力产生不同的影响。

5.企业治理结构

企业治理结构就是企业组成人员对企业进行管理和控制的体系,它反映企业机关的设置、运行及各个机关之间的法权关系。纵观企业治理结构的发展历史,企业历经了从物质资本单独主导下的单边治理,到物质资本与人力资本协同作用下的双边治理,再到利益相关者之间权利义务制衡的多边治理的演化过程。

6.税负差异

不同企业组织形式对于增值税、营业税等流转税种和税率的影响不大,不管企业采取何种法律组织形式,都平等地享受同样的税负待遇。但是,对于所得税,不同组织形式的企业有着显著差别。根据我国税法的规定,由于独资企业和合伙企业不是法律上的法人实体,因此仅对投资人征收个人所得税,不征收企业所得税。而有限责任公司和股份有限公司对于公司经营收益要缴纳企业所得税,对股东从公司获得的股利和红利等也要征收资本所得税。

(二)大学生创业企业组织形式选择的方法

1.团队创业的选择

大学生团队创业可选择的企业法律形式包括有限责任公司和合伙企业。

有限责任公司创业者承担有限责任,出资方式灵活且对知识产权比例无限制,公司治理结构健全,因此适合拥有资金、掌握专利技术的大学生,还要拥有管理、经营、财会等多方面专长的人才加入,特别适合由导师引领创业。

合伙企业创业者以各合伙人财产承担无限责任,但也可以成为有限合伙人,可以劳务出资,无须缴纳法人所得税,大学生创业者只需交纳个人所得税即可,因此适合创业资金缺乏、无专利技术,但勤劳肯干的大学生创业团队,这类合伙企业经过发展可以在资金充足、技术完备后转为有限责任公司。

2.个人创业的选择

大学生个人创业可选择的企业法律形式包括一人有限责任公司、个人独资企业和个体工商户。

一人有限责任公司创业者承担有限责任,但对于出资额度、缴纳期限、财会审核制度、经营管理规范都较为严格,特别是如发生个人财产与公司财产混同,会产生大学生个人对公司债务承担无限连带责任的法律后果,因此适合资金雄厚,个人经营、管理、财会能力较强的个人大学生创业者。

个人独资企业创业者以个人财产承担无限连带责任,对于创办者的资金要求不高,企业经营方式灵活,创业者可聘任有管理经验的专门人员经营管理,企业无须缴纳法人所得税,大学生创业者只需交纳个人所得税即可,因此适合资金较少、缺乏一定经营管理经验的个人大学生创业者。

个体工商户申请手续较简单,资金要求少,经营起来相对更灵活,成员主要是创业者本人或家庭成员,因此适合资金少、勤劳肯干的个人大学生创业者。

第二节　企业选址的策略与技巧

我国法律规定,企业要有专门的地址,企业登记注册时,一定要登记生产经营的地址,并提交地址的合法证明。同时,从商业角度来看,企业选址是关系到企业成败的重要因素,一个优秀的项目如果选错了生产经营地址,小则影响生意兴隆,大则还可能导致关门倒闭。新企业的选址是指如何运用科学的方法来决定设施的地理位置,并使之与企业整体运营系统有机结合,以便有效、经济地达到企业的运营目标。新企业选址需要综合考虑政治、经济、技术、社会和自然等影响因素,其中经济因素和技术因素对选址决策起基础性作用。

一、什么是企业选址

企业选址是指如何运用科学的方法决定经营企业的地理位置,使之与企业的整体经营运作系统有机结合,以便有效、经济地达到企业的经营目的。

二、企业选址的影响因素

企业选址需要解决两大基本问题,即选位与定址。因此企业选址的影响因素分为两大类,选位影响因素和定址影响因素(见表 13-4)。

表 13-4　企业选位和定址的影响因素

选址类别		影 响 因 素
选位	政治因素	政局的稳定性
		政府政策与鼓励措施
	经济因素	地区政策
		目标市场
		原材料供应地
		运输条件
		与协作厂家的相对位置
		劳动力资源
		气候条件
		基础设施条件
	社会因素	社会文化、宗教信仰
		风俗习惯
		员工生活便利
	技术因素	新技术、新工艺、新材料的出现和发展
定址	自然因素	场所大小与成本
		可扩展的条件
		地址条件
		周边环境

(一)政治因素

政局稳定、政府作为、法制健全、治安良好和税收合理等政治因素对企业选址活动的总体发展具有极大的影响。一个国家和地区的政治是否稳定,会直接影响人们企业经营和投资的信心。因为人们一旦把资金投入商业活动,就需要一定的时间才能收回投资。所以一般来说,政局稳定,社会秩序好,商业活动就能得到保障;反之,企业商业经营将有很大的风险,投资权益得不到保障。同时,企业在选址投资之前,不仅要了解国家的大政方针,还要充分了解当地的法律法规,包括节能环保和税收政策等相应的法规,因为政府制定的政策、实施的法令和条例都会制约或促进企业的经营活动。

(二)经济因素

经济因素包括经济水平、基础设施、劳动力资源、场地费用。一般情况下,经济越发达,商机就越多,购买力就更强。当然,这也不是绝对的,在经济欠发达的地区也有它的优势:经营门槛低,竞争不激烈,人力成本低,市场空白区多。企业选址所在区域的基础设施条件会影响到企业的建设和运营的效率,如果该区域的交通、通信、供电、供水、排水等设施完备,就可以减少企业的初始投资和建设周期。劳动力成本作为反映企业竞争力和生产率的指标,它是由雇主担负的所有与雇佣关系有关的支出的总额。随着我国老龄化的加速,部分行业、部分地区存在"缺工"、"招工难",特别是沿海地区对青壮年劳动力的需求在不断扩大,简单的劳动密集型产业发展空间将会受限,而随着科技的发展,越来越多的工作需要受过良好教育的专门技术人才,他们的劳动力成本占生产成本的比例比较大,而且员工的技术水平和业务能力又直接影响到产品的质量和产量,劳动力资源情况和成本将成为企业选址的重要因素。创业企业在购买经营场所或租赁经营场所时,要充分考虑价格因素,交通方便、流动人员密集的地方,价格费用高;交通不便或人流量不大,虽然价格不高,但会增加企业运营成本并影响经营效益。经营场所的地理条件都会影响到建设和经营费用,靠近原材料产地和资源丰富的地方以及输送产品的交通线发达,都将直接影响企业的运营成本,生产场所的地形地势、地质条件直接影响到企业的建设投资费用。

(三)社会因素

社会因素包括社会文化、社会交往、道德规范、国家法律、风俗习惯等等。它们的存在和作用是强有力的,影响着人们态度与生活方式的形成和改变,也能改变企业的经营选择。

企业选址的地区如果有良好的住房条件、学校、医院、体育娱乐设施,能够给员工提供良好的居住、购物、教育、交通、娱乐、保健等服务的生活环境,既可以减少企业与社会的负担,也可以提高员工的工作效率。对此,为了稳定员工队伍,应该选择员工生活比较方便的地区。企业选址的地方,周围有相应的生活配套设施,如医院、商业场所、交通、公安、消防等,如果比较齐全,可以减少制造企业自身的投资。

(四)技术因素

技术因素包括与企业生产有关的新技术、新工艺、新材料的出现和发展趋势及应用前景。当今世界,科学技术迅猛发展,产品结构发生了巨大的变化,技术因素通过产业用户、竞争对手以及供应商的活动影响企业的经营活动,或直接作用于该企业。技术因素涉及以下方面:

基础通用技术,在日常生活中应用广泛和体现基础性的通用技术;行业技术,形成企业产品的重要技术;信息化技术,使得企业能够有效地实现建设集成与自动化(包括人、机构、管理、资金等),信息技术的使用让企业能够显著地降低采购和管理成本,并能有效地缩短产品出厂时间。

(五)自然因素

自然因素包括自然资源、自然条件和自然环境。自然资源是企业生产经营所需要的各种原材料、能源等,如水资源、石油、天然气、矿石等原材料及能源。它不仅直接制约资源产品的开发方向、品种、质量、生产规模以及劳动生产率、生产成本与经济效益,而且从燃料供应的角度还间接制约后续行业的产品开发。自然条件是指一个国家或地区的地形、地势和气候地理因素,它会影响消费者的需求特点,企业的经营活动就必须适应它,如四川、湖北由于气候潮湿,人们都喜欢吃辣,餐饮业就必须迎合这个需求。可以说人们在吃、穿、住、行、用等方面的需求特征都受到自然条件直接或间接的制约。如气候条件因素就广泛影响到人的穿戴、家用电器、食品饮料、化妆用品以及药品等生活资料的需求特征。自然环境制约着人口的地理分布,还制约着各地区人口自然结构特征的差异,如年龄结构、身高体型结构等,由此影响到如服装等消费品需求的地区差异。它的地区差异对各地居民的民风民俗、语言文字、价值观念、宗教信仰等都有明显影响,由此对各地商品需求特征、促销方式、广告设计风格产生广泛而深刻的影响。在选址时,企业应当充分考虑自然因素,以免给企业今后的发展带来不利影响。

三、企业选址的具体操作

选址是指企业对可能开设店面的区域进行调查研究选定最佳的店址,并获得最佳店址的房屋使用权作为企业的营业场所。企业场所的选择对企业来说非常重要,是关系企业成败的一个关键性因素。不同行业对经营地点的选择是不同的,创业企业在选址时要有相应的技巧。

(一)餐饮业的选址

民以食为天,店以人为先。餐饮业的兴隆与否,由广大的消费群体所决定。只有靠近广大居民的生活区域,符合居民的消费水准,餐饮业才会兴旺发达。餐饮店面位置的选择将是你生意是否兴隆的影响因素。具体的条件大致有以下几个方面:

(1)是否靠近消费群体。只有消费的存在,才会有市场的存在,看看是否靠近居民生活区,人流量大不大。

(2)了解居民的消费习惯。由于受周围环境及工作环境的影响,人们的饮食习惯不尽相同。

(3)了解当地居民的消费能力和水平。

(4)考查店面周围环境。如果周围环境污染严重,恶臭难闻,噪音影响很大,人们是不喜欢来此地方的。

(5)店面前是否有宽敞的停车场所。消费者不但喜欢优质服务,更喜欢财产安全,来去方便。

(二)文化娱乐业的选址

文化娱乐的特点是放松、消遣,能够给人们带来乐趣的地方,同时也是人们增长见识、陶冶情操的地方。因此,文化娱乐业的选址应注意以下几点:

(1)文化娱乐场所应处在人群密集的附近,但要保持一定的距离。较近可以方便人们充分利用闲暇时间,保持一定距离能让娱乐场所尽量少影响人们的正常休息。

(2)要有便利的交通。便利的交通能方便出行,同时也会带来人流量。

(3)要有宽敞的停车场所。娱乐业主要是生活水准较高或是人们会客聚友的地方,现在车辆众多,有了停车场,既方便顾客,又可为自己带来利润。

(4)文化场所周围的环境要空气清新、环境优雅,这样能起到陶冶情操的作用。

(5)文化场所与娱乐场所又有所不同,文化场所虽然要交通便利,但要远离嘈杂的环境,娱乐场所则突出高雅与别致。

(三)制造企业的选址

制造企业由于需要大量的原料来源和转运仓储,所以要离原料基地较近并且地面较广的地方,一般应在郊区或更远的地方。由于产品要远销各地,各地的原料又要运输过来,所以设厂应在交通便利的地方。制造企业一般会造成一定程度上的环境污染或噪音,故此尽量要远离居民的粮食、饮水基地。随着环保意识的提高,企业都要设置消除污染或噪音的设备。

(四)加工业的选址

加工业包括农副产品加工、食品加工、电子机械加工、服装加工等。对加工业,要从不同角度考虑:

(1)要有资源优势。加工的产品应取材方便、资源丰富,这是产品加工的基础。

(2)应解决运输问题。投资建厂应考虑交通问题,是否有利于原料的运输和产品的外运。

(3)加工业一般属于技术条件要求不太高的产业,用工需求量大,要有用工资源及技术知识条件。

(4)不同地区的劳工工资水平不尽相同,劳务工资水平的高低,直接影响劳务的成本。

(5)要了解当地政府的政策。要充分利用地方政府对建厂的优惠政策,避免与地方法规的冲突,为企业的生存与发展营造良好的环境。

(6)充分了解当地的生活习惯与消费水准,应从民众的真正需求出发,制造出适合民众消费水平的产品。

(五)零售商店的选址

零售商店位置的好坏,决定着它能否吸引消费者,影响商店经济效益。俗语说"一步差三市",说的就是商店位置的重要性。

(1)便利店、食杂店经营一些低值易耗的日用生活品,如牙膏、肥皂、零食之类。这类商品同质性大,选择性不强,同时价格较低,顾客购买频繁。人们购买这类商品时,并不反复挑选,只求方便快捷,因此经营这类商品的商店应尽量接近消费者,一般设在人流量大的居民住宅区、商业街、学校、车站、医院、机关企事业单位所在地,步行在 10 分钟以内为宜。

(2)商品价格高的耐用消费品,如服装、家具、家用电器之类,消费者选择性、购买频率低。消费者购买时会通过货比三家、上网查询报价后方肯埋单。因此经营这类商品的商店应靠近商店密集的商业区,便于顾客多家比较选择。

(3)经营满足消费者特殊偏好的商品,如古玩、钓鱼用具、古装书等,不必设于闹市区,有特殊偏好的消费者会慕名自行而来,但一定要品种齐全,便于顾客挑选。

(4)旅游区以休闲娱乐为目的,其店铺与旅游季节有关,但不可忽视淡季、旺季之别。主要销售对象是外地流动人群,可经营土特产、特色商品、纪念品、饮料食品、餐饮等。

(六)教育培训业的选址

近年来,教育培训市场呈现旺盛的增长趋势,成为我国经济领域闪亮的市场热点,同时由于教育培训行业的育人特性,在办学选址时,为了让学员集中精力,不太受外部环境分心干扰,要远离公共娱乐场所、农贸市场、工业区等嘈杂的地方。为了学员出行安全并且容易形成稳定的生源,选址时应考虑置于大型社区、学校聚集区和白领办公集中区,同时还要考虑交通便利,有适量的停车位。

(七)高新技术企业的选址

高新技术企业的成长依赖于政策环境、产业集中度、办公环境的支持,从行业发展来看,入住交通便利、运营成本较低的科技产业园区、高等院校和科研机构提供的创业孵化基地已成为首选。这些地方科技资源丰富,有较高的科技创新能力,有良好的居住生活环境,同时是知识信息富集的经济发达地区,对于形成产业链和整体的竞争力,打造现代科技的企业环境有很好的促进作用。高新产业园一般能提供现代化信息通信设施,公共服务设施,融资、税收等优惠政策和便利,以及科技成果转化等优质服务。

第三节 企业注册流程

一个新创企业要获得一个合法的身份去展开生产经营活动,就必须去工商行政管理机关办理注册登记手续,获得营业执照和经营许可证,并刻制印章,办理组织机构代码证,进行税务登记,开立银行账户等,只有完成这个企业注册流程,方可开展生产经营活动(见图 13-1)。

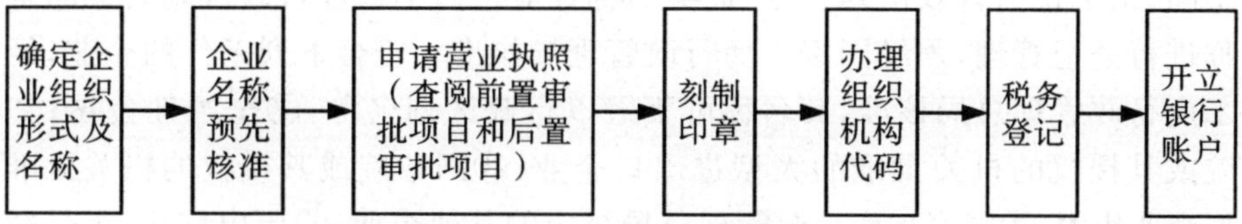

图 13-1 企业注册流程

一、企业名称预先核准

创业企业进行正常的生产经营活动,要有自己的企业名称。企业注册登记的第一步,就是要将企业的名称报工商行政管理机构核准,这就是企业名称预先核准。

(一)企业名称基本要素构成

根据《企业名称登记管理规定》,企业名称应当由行政区划名称、字号、行业或者经营特点、组织形式四项基本要素构成。

1.行政区划名称

企业名称中的行政区划名称,是指县以上行政区划的名称,不包括乡、镇和其他地域名称。在不会造成误认的情况下,企业名称冠以行政区划名称时可以省略"省"、"市"、"县"等字。

企业名称所冠行政区划名称应该是企业所在地县以上行政区划名称,而不是非企业所在地行政区划名称。各类"经济技术开发区"、"保税区"、"新技术开发区"、"工业园区"等名称不能作为行政区划名称使用。但是,在企业名称已冠有县以上行政区划名称的前提下,可以在行政区划名称后缀以经有关部门批准的"经济技术开发区"等名称。

企业名称冠以"福建"或者"福建省"的条件:①注册资本(金)在500万元人民币以上(含本数,下同)的已设立或拟设立法人企业;②出资数额达到500万元以上的会计师事务所和股权投资合伙企业;③其隶属法人企业的注册资本(金)、会计师事务所合伙企业的出资数额达到500万元(含)以上的分支机构;④住所在福州(平潭)综合试验区内的企业,注册资本在100万元人民币以上的企业法人,允许企业名称冠以省名或在名称中间加括号使用省名。

除符合特殊规定可不冠以行政区划名称外,企业名称都应当冠以所在地行政区划名称,即行政区划名称应置于企业名称前面,如行政区划名称在整个名称的中间,则不视为行政区划名称,此类名称也应按照不冠以行政区划名称的企业名称进行登记管理,须经国家工商行政管理局核准。符合下列条件的企业,经国家工商行政管理总局核准,其名称可不冠以行政区划名称:①全国性公司;②国务院或其授权的机关批准的大型进出口企业;③国务院或其授权的机关批准的大型企业集团;④国家工商行政管理总局规定的其他企业;⑤历史悠久、字号驰名的企业;⑥外商投资企业;⑦注册资本(或注册资金)不少于5000万元人民币的。

2.字号

字号是一个企业区别于其他企业的重要标志。字号应由两个以上的汉字组成。

企业有正当理由可以使用本地或异地地名作字号,但不得使用县以上行政区划名称作字号。外商投资企业的中文名称中不得使用外文字母、汉语拼音,国内企业也不得以外文字母、字词作字号。企业字号一般不得使用行业字词。

3.行业或者经营特点

企业应根据自己的经营范围或经营方式确定名称中的行业或者经营特点字词。该字词应具体反映企业生产、经营、服务的范围、方式或特点,不能单独使用"发展"、"开发"等字词;使用"实业"字样的,应有下属三个以上的生产、科技型企业。企业确定名称中的行业或经营特点字词,可以依照国家行业分类标准划分的类别使用一个具体的行业名称,也可以使用概括性字词。

企业经营业务跨国民经济行业分类大类的,可以选择一个大类名称或使用概括性字词在名称中表述企业所从事的行业,也可以在名称中不反映企业所从事的行业。

外国投资者若是具有驰名商号的公司,在中国举办注册资本 1000 万美元以上的独资经营企业,其名称中可以不标明行业或经营特点。

4.组织形式

企业应当根据自己的组织结构或责任形式,在企业名称中标明组织形式。目前我国企业使用的组织形式大体有两类:公司类的"有限责任公司"和"股份有限公司";一般企业类的"中心"、"厂"、"店"、"馆"、"所"、"社"等。

具备法人条件的企业,如需在其名称中的组织形式前使用"总"字,必须下设三个以上与该企业名称中组织形式相同的直属分支机构。依照《公司法》设立的有限责任公司、股份有限公司,无论是否设有分公司,均不得使用"总"字。

(二)企业名称的规范要求

企业名称除必须具备以上几个基本要素外,还必须符合一定的规范要求,如,企业名称必须由两个汉字以上组成,在企业名称中不得含有另一个企业名称,应当使用符合国家规范的文字,不得含有外国文字、汉语拼音字母、阿拉伯数字,但是民族自治区的企业名称可以使用该地区通用的民族文字,企业名称不得含有损害国家利益或社会公共利益、违背社会公共道德、不符合民族宗教习俗的内容,也不得含有违反公平竞争原则、可能对公众造成误认、可能损害他人利益的内容,更不能含有法律或行政法规明令禁止的内容。

(三)企业经营范围的确定

经营范围是指国家允许企业法人生产和经营的商品类别、品种及服务项目反映企业法人业务活动的内容和生产经营方向,是企业法人业务活动范围的法律界限,体现企业法人民事权利能力和行为能力的核心内容。

经营范围分为一般经营项目和许可经营项目。一般经营项目是指不需批准,企业可以自主申请的项目。申请一般经营项目,申请人应当参照《国民经济行业分类》及有关规定自主选择一种或者多种经营的类别,依法直接向企业登记机关申请登记。许可经营项目是指企业在申请登记前依据法律、行政法规、国务院决定应当报经有关部门批准的项目。申请许可经营项目,申请人应当依照法律、行政法规、国务院决定向审批机关提出申请,经批准后,凭批准文件、证件向企业登记机关申请登记,包括前置审批和后置审批许可项目。

前置审批许可,是从事特定行业或生产经营特种商品(服务)的市场主体,在向工商登记机关申请登记前,依照法律、行政法规和国务院决定的规定,应经有关行政审批机关批准并取得的证件,具体前置项目可到当地工商行政管理局查询《企业登记前置审批目录》。

后置审批许可是企业在办理营业执照后需要再去审批的项目,需在办理工商营业执照后再去有关部门审批,审批完后才可以正式展开经营活动。具体项目可到当地工商行政管理局查阅《企业登记后置审批目录》。

(四)企业名称预先核准登记程序

1.办理名称预先核准登记,一般要经以下步骤:

第一步:咨询后领取并填写"名称预先核准申请书"、"指定代表或者共同委托代理人的证明",同时准备相关材料;

第二步:递交名称登记材料,领取"名称登记受理通知书"等待名称核准结果;

第三步:按"名称登记受理通知书"确定的日期领取"企业名称预先核准通知书"。

2.申请名称预先核准登记应提交的文件、证件:

(1)全体投资人签署的"企业名称预先核准申请书";

(2)"指定代表或者共同委托代理人的证明"(应标明具体委托事项、被委托人的权限、委托期限)和指定代表或者共同委托代理人的身份证件复印件;

(3)投资人的主体资格证明或者自然人身份证件复印件;

(4)申请名称冠以"中国"、"中华"、"国家"、"全国"、"国际"字词的,提交国务院的批准文件复印件。

预先核准的名称不同于企业名称的最终确定,这时的企业还处于"设立中的企业",尚未取得独立法人资格,不能享有和承担与企业人格有关联的各项权利和义务,包括名称权。预先核准的企业名称保留期为6个月。在保留期内,不得用于从事经营活动,也不得进行转让。

但是,有下列情形,企业名称不予核准:

(1)与同一工商行政管理机关核准或者登记注册的同行业企业名称字号相

同,有投资关系的除外;

　　(2)与其他企业变更名称未满 1 年的原名称相同;

　　(3)与注销登记或者被吊销营业执照未满 3 年的企业名称相同;

　　(4)其他违反法律、行政法规的。

二、办理工商注册登记,申请营业执照

　　经过企业名称预先核准、编写章程、办理住所证明、注册资本认缴①等一系列的手续之后,就可以进行正式的工商注册登记,申请营业执照了。

(一)营业执照的规定

　　营业执照是指工商行政机关发给工商企业、个体工商户的准许从事某项生产经营活动的凭证。其格式为国家工商行政管理总局统一规定。营业执照的内容主要包括企业名称、地址、负责人姓名、开业日期、经营性质、生产经营范围、生产经营方式等。没有营业执照的工商企业或个体工商户一律不许开业,不得刻制公章、签订合同、注册商标、刊登广告,银行不予开立账户。

　　根据新企业不同的法律形式,营业执照的种类分别为"个体工商户营业执照"、"个人独资企业营业执照"、"合伙企业营业执照"和"企业法人营业执照"等。

　　营业执照分正本和副本,两者具有相同的法律效力。正本应当置于公司住所或营业场所的醒目位置,副本一般用于外出办理业务用。营业执照不得伪造、涂改、出租、出借、转让。

　　近年来,随着信息化的发展和加强网络商务监督管理的需要,已经出现了电子营业执照。电子营业执照是企业营业执照副本,是无纸化的电子牌照,是根据有关登记注册法律、法规和条例,由依法成立的具有认证资格的认证机构认证,以数字证书为基础,由工商行政管理部门制作、核发、载有企业注册登记信息的电子信息证书。用于办理网上名称查询、网上注册登记、网上信用查询、网上年

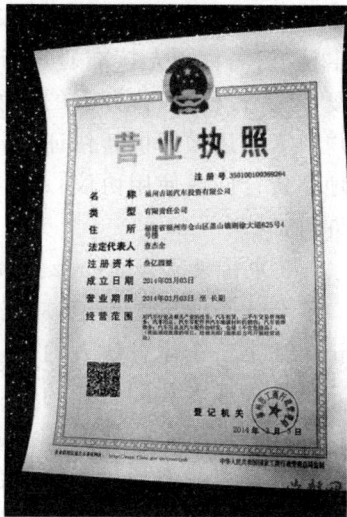

---

　　①　国务院《印发注册资本登记制度改革方案》(国发〔2014〕7 号)。

检、网上投诉、工商业务表格下载等工商业务,还可以享用有关部门提供的网上报税、网上报关、网上采购、网上竞标等服务。

(二)新企业注册登记时应提交的材料

1.申请设立个体工商户应提交的文件

申请设立个体工商户,应提交下列文件:申请人签署的个体工商户设立登记申请书;申请人身份证明;经营场所证明;国家法律、法规规定提交的其他文件。

从事法律、行政法规规定须报经有关部门审批的业务的,应当提交有关部门的批准文件。

2.申请设立个人独资企业应提交的文件

个人独资企业设立登记,应提交下列文件:投资人签署的个人投资企业设立申请书;名称预先核准通知书;投资人委托代理人的委托书及代理人的营业执照复印件、授权书、代办人的身份证;投资人身份证复印件及职业状况证明,非本地户口人员还须提供暂住证;出资权属证明;经营场所证明(产权证或产权证明,场地租赁合同或使用协议);法律、行政法规规定须前置审批的,应提交批准文件或许可证。

3.申请设立合伙企业应提交的文件

合伙企业设立登记,应提交下列文件:全体合伙人签署的"合伙企业设立登记申请书";全体合伙人的主体资格证明或者自然人的身份证明,全体合伙人制定的代表或者共同委托的代理人的委托书,全体合伙人签署的合伙协议,全体合伙人签署的对各合伙人认缴或实际缴付出资的确认书,主要经营场所证明,全体合伙人签署的委托执行事务合伙人的委托书。执行事务合伙人是法人或其他组织的,还应当提交其委派代表的委托书和身份证明复印件;合伙人以实物、知识产权、土地使用权或者其他财产权利出资,经全体合伙人协商作价的,提交全体合伙人签署的协商作价确认书,经全体合伙人委托法定评估机构评估作价的,提交法定评估机构出具的评估作价证明;法律、行政法规规定设立特殊的普通合伙企业需要提交合伙人的职业资格证明的,提交相应证明;法律、行政法规或者国务院决定规定在登记前须经批准的项目的,提交有关批准文件。

4.申请设立有限责任公司应提交的文件

申请设立有限责任公司(包括一人有限责任公司),应当向公司登记机关提交下列文件:公司法定代表人签署的设立登记申请书;全体股东指定代表或共同委托代理人的证明;公司章程;依法设立的验资机构出具的验资证明,法律、行政法规另有规定的除外;股东首次出资是非货币财产的,应当在公司设立登记时提交已办理其财产权转移手续的证明文件;股东的主体资格证明或者自然人身份证明;载明公司董事、监事、经理的姓名、住所的文件以及有关委派、选举或者聘用的证明;公司法定代表人任职文件和身份证明;企业名称预先核准通知书;公司住所证明;国家工商行政管理总局规定要求提交的其他文件。

特别的,设立一人有限责任公司应当在公司登记中注明自然人独资或者法人独资,并在公司营业执照中载明。

5.申请设立股份有限公司应提交的文件

申请设立股份有限公司,应当向公司登记机关提交下列文件:公司法定代表人签署的设立登记申请书;董事会指定代表或者共同委托代理人的证明;公司章程;依法设立的验资机构出具的验资证明;发起人首次出资是非货币财产的,应当在公司设立登记时提交已办理其财产转移手续的证明文件;发起人的主体资格证明或者自然人身份证明;载明公司董事、监事、经理的姓名、住所的文件以及有关委派、选举或者聘用的证明;公司法定代表人任职文件和身份证明;企业名称预先核准通知书;公司住所证明;国家工商行政管理总局规定要求提交的其他文件。

以募集方式设立股份有限公司的,还应当提交创立大会的会议记录;以募集方式设立股份有限公司公开发行股票的,还应当提交国务院证券监督管理机构的核准文件。

经审查,对符合条件的企业,工商行政管理机关应准予核准登记,并自做出决定之日起15日内通知申请人,颁发营业执照,企业即告成立。领取营业执照后,并不能马上开业,还必须办理以下事项:刻制印章;进行组织代码登记;开立银行账户;申请纳税登记等。

另外,工商行政管理机关按年度依法对企业进行检查,确认企业继续经营资格。凡领取营业执照的有限责任公司、股份有限公司、非公司企业法人和其他经营单位,均须在每年6月30日之前参加年检。当年设立登记的企业,自下一年起参加年检。现在,企业具备上网条件的,可采用网上申报年检的方式。个体工商户应当在每年3月底以前,向所在地工商行政管理机关办理年检验照手续。2015年1月1日起,暂停征收企业、个体工商户注册登记费。

三、新企业刻制印章

工商登记注册完成,领取营业执照后,作为一个经济实体,企业必须开展各项经营活动,与外部单位进行各种业务往来,对企业内部实行各种管理,这时企业就需要有作为企业权利和信用证明的印章。因此,企业成立后就必须刻制各种印章来保证正常的运营。

(一) 刻制印章的有关规定

盖有企业印章特别是公章的文字资料代表着企业的决定和意见,国家对企业印章的权威性进行保护。这种保护是企业正常运行的基本条件之一。所以工商管理部门对企业印章的刻制有着严格的规定。

公章一律为圆形,公章上的名称采用国务院公布的简化宋体字,自左向右弧形排列。

公章、财务章、合同章必须经公安局批准并备案,必须在公安局指定的刻印点刻制,不允许私自刻制。刻制发票专用章必须通过地方国税部门备案,法人代表章无须在指定刻印点刻制,但必须在有关部门备案后方可有效。以上印章都必须有专人保管。

(二) 刻制印章的程序

新成立的企业在取得工商营业执照后,应当在一个月内办理刻制印章。须持营业执照副本和复印件各一份,法定代表人和经办人身份证原件及复印件各一份,到当地公安分局办证大厅或政府行政服务中心公安窗口申请办理印章持章证,即印章准刻证,持印章持章证到由公安机关审批核准、制定的具备合法刻章资质的企业刻制印章,刻制完成后在公安机关及相关业务主管部门留底备案后方可启用。

四、新企业办理组织机构代码证

(一) 组织机构代码的概念

组织机构代码是对中华人民共和国内依法注册、依法登记的机关、企事业单位、社会团体和民办非企业单位颁发一个在全国范围内唯一的、始终不变的代码标识。国家质检总局负责组织机构代码的管理工作。

我国的组织机构代码,是在借鉴原 ISO 6523《数据交换标识法的结构》(现 ISO 6523《信息技术组织和组织各部分标识用的结构》)国际标准的基础上,根据 GB 11714—1997《全国组织机构代码编制规则》国家强制性标准的规定,编制的全国统一的组织机构代码识别标识码。

组织机构代码由八位数字(或大写拉丁字母)本体代码和一位数字(或大写拉丁字母)校验码组成,组织机构的识别标识外,本身没有任何含义,每一个组织机构的代码都是组织机构代码管理机构按照数字排列的自然顺序赋予的。代码证书有正本、副本、电子副本(IC 卡)之分,并具有同等的法律效力。

(二)办理组织机构代码证提交的材料

依法设立的组织机构应当自批准成立或核准登记之日起 30 日内,到批准设立或者核准登记部门同级的质量技术监督部门申请,办理组织机构代码证提交的材料有:单位公章;营业执照副本原件和复印件;本单位法定代表人及经办人身份证原件及正反面复印件,复印资料用 A4 纸,必须复印清楚;工商行政管理部门颁发的"名称预先核准通知书"复印件;组织机构代码证申请表。自 2015 年1 月 1 日起,免征组织机构代码证书费。

五、新企业办理税务登记

(一)税务登记的概念

税务登记又称纳税登记,是指税务机关根据税法规定,对纳税人的生产、经营活动进行登记管理的一项法定制度,是征纳双方法律关系成立的依据和证明,也是纳税人必须依法履行的义务。

从事生产、经营的纳税人应当自领取营业执照之日起 30 日内,持税务机关要求提供的有关证件和资料到生产、经营所在地或者纳税发生地的主管税务机关的登记窗口申报办理税务登记,如实填写税务登记表,经审核后领取税务登记证。涉及缴纳营业税、城建税、印花税、资源税(契税、耕地占用税)、房产税、城镇土地使用税、车船税、个人所得税、企业所得税(营业税)的应到地税局办理,涉及缴纳增值税、消费税、车辆购置税、企业所得税(增值税)的应到国税局办理。个体工商户采取核定征收的方式,共管户由国税核定,地税独管户由地税核定。契税和耕地占用税都是一次性的税收,只有买房买地时才缴,平时不用缴。

(二)税务登记证的用途

除按照规定不需要发给税务登记证件的外,纳税人办理下列事项时,必须持税务登记证件:

(1)开立银行基本账户;

(2)申请减税、免税、退税;

(3)申请办理延期申报、延期缴纳税款;

(4)领购发票;

(5)申请开具外出经营活动税收管理证明;

(6)办理停业、歇业;

(7)其他有关税务事项。

(三)税务登记的管理规定

(1)国家税务局、地方税务局对同一纳税人的税务登记应当采用同一代码，信息共享，一般情况下从事工商行业者税务登记由国税办理，从事其他行业的税务登记由地税办理。

(2)税务机关对税务登记证件实行定期验证和换证制度。纳税人应当在规定的期限内持有关证件到主管税务机关办理验证或者换证手续。

(3)纳税人应当将税务登记证件正本在其生产、经营场所或者办公场所公开悬挂，接受税务机关检查。

(4)纳税人遗失税务登记证件的，应当在15日内书面报告主管税务机关，并登报声明作废。

(5)从事生产、经营的纳税人到外县(市)临时从事生产、经营活动的，应当持税务登记证副本和所在地税务机关填开的外出经营活动税收管理证明，向营业地税务机关报验登记，接受税务管理。

(6)从事生产、经营的纳税人外出经营，在同一地累计超过180天的，应当在营业地办理税务登记手续。

(7)纳税人按照国务院税务主管部门的规定使用税务登记证件，税务登记证件不得转借、涂改、损毁、买卖或者伪造。

(四)办理税务登记时应提交的材料

1.适用于单位纳税人、个人独资企业、一人有限公司办理税务登记

(1)应提供的表格和资料

①"税务登记表(适用单位纳税人)"，2份(国地税联合办证的3份)。

②"房屋、土地、车船情况登记表"，2份(国地税联合办证的3份)。

③工商"营业执照"或其他核准执业证件原件及复印件。

④注册地及生产、经营地经营场所证明原件及其复印件(如为自有的房产，提供产权证或买卖契约等合法的产权证明原件及其复印件;如为租赁的场所，提供租赁协议原件及其复印件，出租人为自然人的还须提供产权证明的复印件;无房屋产权证的提供情况说明;无偿使用的提供无偿使用证明;如生产、经营地址与注册地址不一致，应分别提供相应证明)。

⑤验资报告或评估报告原件及复印件。

⑥组织机构代码证原件及复印件。

⑦有关合同、章程、协议书复印件。

⑧法定代表人(负责人)、财务负责人居民身份证、护照或其他合法身份证件原件及复印件。

⑨土地使用证、船舶行驶证等证件的复印件(自有房产、土地、船舶者提供)。

(2)纳税人办理业务的时限与要求

①纳税人在银行开立基本存款账户或其他存款账户之日起 15 日内,必须按规定向主管地税局书面报告其全部账号。

②纳税人必须在办理税务登记后依照法律、行政法规规定或者税务机关依照法律、行政法规的规定确定的申报期限、申报内容如实到主管地税机关办理纳税申报,报送纳税申报表、财务会计报表以及税务机关根据实际需要要求纳税人报送的其他纳税资料,否则按照《税收征收管理法》及其实施细则的有关规定进行处理。

③从事生产、经营的纳税人应当自领取营业执照或者发生纳税义务之日起 15 日内,按照国家有关规定设置账簿。

2.适用于个体工商户、个人合伙企业办理税务登记

(1)应提供的表格和资料

①"税务登记表(适用个体经营)",2 份(国地税联合办证的需提供 3 份)。

②"房屋、土地、车船情况登记表",2 份(国地税联合办证的需提供 3 份)。

③工商"营业执照"或其他核准执业证件原件及复印件。

④业主身份证原件及复印件(个体)。

⑤负责人居民身份证、护照或其他合法身份证件原件及复印件(个人合伙企业)。

⑥经营场所证明原件及其复印件(如为自有的房产,提供产权证或买卖契约等合法的产权证明原件及其复印件;如为租赁的场所,提供租赁协议原件及其复印件,出租人为自然人的还须提供产权证明的复印件)。

⑦组织机构代码证原件及复印件(个体加油站、个人合伙企业及已办理组织机构代码证的个体工商户应提供)。

(2)纳税人办理业务的时限要求

①纳税人在银行开立基本存款账户或其他存款账户之日起 15 日内,必须按规定向主管地税局书面报告其全部账号。

②纳税人必须在办理税务登记后依照法律、行政法规规定或者税务机关依照法律、行政法规的规定确定的申报期限、申报内容如实到主管地税机关办理纳税申报,报送纳税申报表、财务会计报表以及税务机关根据实际需要要求纳税人报送的其他纳税资料,否则按照《税收征收管理法》及其实施细则的有关规定进行处理。

六、新企业开立银行账户

(一)银行账户的概念

银行账户是各单位为办理贷款、结算以及现金首付,而在银行开立的户头。开立存款账户是与银行建立往来关系的基础,只有在银行开有账户才能委托银行办理各种资金往来业务。

(二)开立银行账户的规定

银行账户按用途分为基本存款账户、一般存款账户、专用存款账户和临时存款账户。基本存款账户是单位的主办账户,存款人只能在银行开立一个基本存款账户,其他银行结算账户的开立必须以基本存款账户的开立为前提。

(三)开立基本存款账户应出具的材料

存款人申请开立基本存款账户,应向开户银行出具以下证明材料。

(1)营业执照原件和复印件;

(2)税务登记证原件和复印件;

(3)组织机构代码证原件和复印件;

(4)法人身份证或负责人身份证原件和复印件;

(5)授权他人办理的,还应出具授权书和经办人身份证原件和复印件;

(6)单位公章、财务章、法人代表章。

在开户时需要在银行预留印鉴,也就是财务章和法人章。印章要盖存在印鉴卡片上,留在银行,印鉴卡片上填写的户名必须与单位名称一致,同时要加盖开户企业财务章和法人代表章,当企业需要通过银行对外支付时,先填写对外支付申请,申请时必须有如上印鉴。银行经过核对,确认对外支付申请上的印鉴与预留印鉴相符,即可代企业支付。

企业申请开立银行账户,并填制开户申请书。银行根据账户管理制度的要求对企业开户申请书填写的事项和证明文件的真实性、完整性、合规性进行审查。银行审查合格后,将开户资料报送人民银行当地分支行,由其对开户资料的合规性以及企业开立基本存款账户的唯一性进行审核。对于符合开户条件的企业,人民银行为其颁发基本存款账户开户许可证,银行再为其办理开户手续。同时,银行应与企业签订银行结算账户管理协议,明确双方的权利与义务。企业开立基本存款账户后,即可申请开立其他非基本存款账户。

(四)开立银行账户的程序

开立银行账户的程序包括以下几个步骤:

（1）提交有关开户材料；

（2）填写开户申请书；

（3）填写印鉴卡，印鉴卡片上应盖有开户单位公章并载有财务主管及会计经办人员名单；

（4）获得银行的账户并确定账户的使用方法；

（5）缴存开户款项；

（6）领取业务凭证。

开户后，开户单位还要向银行购买各种业务所需的凭证，以方便使用银行账户办理业务，如现金存款凭证、信汇凭证、电汇凭证、转账支票等。

第四节　注册企业的法律与伦理

在创业初期，创业者必须处理好一些重要的法律问题和伦理问题。创业涉及的法律和伦理问题相当复杂，创业者要重视这些问题，以免在创业企业经营过程中因为处理法律和伦理问题的失误带来损失，甚至沉重的代价。创业者一般不会去触犯法律，但往往会忽视相关法律问题，缺乏伦理意识。

一、新建企业的法律问题

创业者在创建和经营企业的过程中，必须了解和遵守有关法律法规，以确保自身和他人的利益没有受到非法侵害；如果创业者在创业初期就对相关法律法规加以了解，势必会给创业带来很多便利。

（一）法律法规对新创企业的意义

随着我国社会主义市场经济法律、法规体系的逐步建立和完善，法律、法规对企业经营管理活动的影响将越来越大。法律一方面约束其他正规经营，另一方面保护其不受其他不正规行为的侵害。而企业也应该对法律的作用加以利用，依法办事，推动企业更好地发展。

1.企业的生存离不开法律

从企业创设开始，起草协议、章程，协调平衡不同投资者在公司中的利益关系；随着企业的发展，企业需要逐步完善各种规章制度，公司的治理结构日趋合理；在企业的经济活动中，企业需要与他人签订各种协议；当企业发展到一定规模需要进行重组、改制、集团化、上市融资；企业发展过程中还将涉及商标、专利、商业秘密保护,重大经营模式选择等;企业终止时的清算、注销等。这些工作没有一件不涉及复杂的法律问题,法律贯穿企业发展始终,涉及企业经营活动的方方面面。

2.法律对企业的影响既有制约与监督,又有促进与保护

法律确立了企业的社会地位,法律具有管理、制约、监督、惩罚企业不正当行为的作用和影响,同时对企业具有促进、推动、保护、维护企业间公平和谐的作用和影响。

(二)与创业有关的法律

与创业有关的法律主要包括专利法、商标法、著作权法、反不正当竞争法、合同法、产品质量法、劳动法等。

1.专利法

专利是指发明、实用新型和外观设计等三种。发明,是指对产品、方法或者其改进所提出的新的技术方案。实用新型,是指对产品的形状、构造或者其结合所提出的适于实用的新的技术方案。外观设计,是指对产品的形状、图案或者其结合以及色彩与形状、图案的结合所做出的富有美感并适于工业应用的新设计。

申请发明或者实用新型专利的,应当提交请求书、说明书及其摘要和权利要求书等文件。申请外观设计专利的,应当提交请求书、该外观设计的图片或者照片以及对该外观设计的简要说明等文件。

专利权的获得需要申请人向国家知识产权局递交申请,知识产权局通过形式审查、公开申请文件、实质审查等程序之后,对通过审核的申请人颁发专利证书授予专利权,专利权人在法律规定的期限内,对制造、使用、销售享有专有权。其他人必须经过专利权人同意才能从事上述行为,未经专利权人许可,实施其专利,即侵犯其专利权。发明专利权的期限为 20 年,实用新型专利权和外观设计专利权的期限为 10 年,均自申请日起计算。专利期限届满后,专利权即为终止,任何人都可无偿使用该项专利。

2.商标法

商标是用于区别商品或服务来源的,由文字、图形、字母、数字、三维标志、颜色组合,或上述要素的组合,具有显著特征的标志,它是商品的生产者、经营者在其生产、制造、加工、拣选或者经销的商品上或者服务的提供者在其提供的服务上采用的。商标权是指国家工商行政管理总局商标局授予商标所有人对其注册商标受国家法律保护的专有权。商标注册人依法支配其注册商标并禁止他人侵害的权利,包括商标注册人对其注册商标的排他使用权、收益权、处分权、续展权和禁止他人侵害的权利。

我国商标权的获得必须履行商标注册程序,而且实行申请优先原则。根据我国《商标法》的规定,注册商标的有效期为 10 年,自核准注册之日起计算,期满前 6 个月内申请续展,在此期间内未能申请的,可再给予 6 个月的宽展期。续展可无限重复进行,每次续展期 10 年。

商标权是一种无形资产,具有经济价值,可以用于抵债,即依法转让。根据我国《商标法》的规定,商标可以转让,转让注册商标时转让人和受让人应当签订转让协议,并共同向商标局提出申请。

此外,新创企业在申请注册商标时要注意以下情况不得注册或使用商标:国家或国际组织的名称、国旗、国徽、军旗、勋章相同或者近似的,以及同国家机关所在地特定地点的名称或者标志性建筑物的名称、图形相同的;同"红十字"、"红新月"的名称、标志相同或者近似的;带有民族歧视性的,夸大宣传并带有欺骗性的,有违社会主义道德风尚或者有不良影响的;县级以上行政区划的地名或者公众知晓的外国地名,不得作为商标,但是,地名具有其他含义或者作为集体商标、证明商标组成部分的除外;仅有本商品的通用名称、图形、型号的,仅仅直接表示商品的质量、主要原料、功能、用途、重量、数量及其他特点的;缺乏显著特征的。

3.著作权法

著作权即版权(英文为 Copyright),是指自然人、法人或其他权利人对文学、艺术和自然科学、社会科学、工程技术等作品享有的人身权和财产权的总称。

我国《著作权法》规定,著作权保护的作品包括文字作品;口述作品;音乐、戏剧、曲艺、舞蹈、杂技艺术作品;美术、建筑作品;摄影作品;电影作品和以类似摄制电影的方法创作的作品;工程设计图、产品设计图、地图、示意图等图形作品和模型作品;计算机软件;法律、行政法规规定的其他作品。

我国《著作权法》规定,著作权分为著作人身权与著作财产权。著作人身权是指作者通过创作表现个人风格的作品而依法享有获得名誉、声望和维护作品完整性的权利。该权利由作者终身享有,不可转让、剥夺和限制。作者死后,一般由其继承人或者法定机构予以保护。著作人身权包括发表权,即决定作品是否公之于众的权利;署名权,即表明作者身份,在作品上署名的权利;修改权,即修改或者授权他人修改作品的权利;保护作品完整权,即保护作品不受歪曲、篡改的权利。著作财产权指作者及传播者通过某种形式使用作品,从而依法获得经济报酬的权利,包括复制权、发行权、出租权、展览权、表演权、放映权、广播权、信息网络传播权、摄制权、改编权、翻译权、汇编权等多项权利。著作权的保护期为作者终生及其死亡后 50 年,其中作者的署名权、修改权、保护作品完整权的保护期不受限制。

4.反不正当竞争法

不正当竞争,是指生产者和经营者在生产和经营活动中,违反法律、法规或者商业道德,损害其他生产经营者的合法权益,扰乱社会经济秩序的行为。反不正当竞争法是为保障社会经济健康发展,鼓励和保护公平竞争,制止不正当竞争行为,保护经营者和消费者的合法权益的重要法律制度。

我国于 1993 年制定了《中华人民共和国反不正当竞争法》,明确参与市场交易的一切交易主体所实施的交易行为都应当遵循自愿平等、公平、诚实信用的原则,遵守公认的商业道德。该法律在第二章条文中罗列了 11 中不正当竞争行为的类型:虚假宣传行为、虚假标识行为、滥用优势地位行为、商业贿赂行为、强行搭售行为、不正当有奖销售行为、侵犯商业秘密行为、滥用行政权力行为、亏本销售行为、商业诽谤行为、串通招标投标行为等。在第四章条文中规定了违反本法应当承担的法律责任。经营者违反本法规定,给被侵害的经营者造成损害的,应当承担损害赔偿责任,被侵害的经营者的损失难以计算的,赔偿额为侵权人在侵权期间因侵权所获得的利润;并应当承担被侵害的经营者因调查该经营者侵害其合法权益的不正当竞争行为所支付的合理费用。被侵害的经营者的合法权益受到不正当竞争行为损害的,可以向人民法院提起诉讼。

5.合同法

合同是平等主体的自然人、法人、其他组织之间设立、变更、终止民事权利义务关系的协议。合同法是调整平等主体之间的交易关系的法律,它主要规范合同的订立,合同的效力,合同的履行、变更、转让、终止,违反合同的责任及各类有名合同等问题。合同法为经济交易关系提供了准则,保护了合同当事人的合法权益,维护了正常的交易秩序。

(1)合同订立的程序

合同订立的过程就是当事人各方就合同条款通过协商达成协议的过程。这一过程分为要约和承诺两阶段。一是要约,也称订约提议,是当事人一方向他方提出订立合同的建议。要约中要有与对方订立合同的意愿和合同应有的主要条款、要求对方做出答复的期限等内容。在要约约定的对方答复期限内,要约人受其要约的约束。二是承诺,也称接受订约提议,是当事人一方完全同意要约方提出要约的主要内容和条件的答复。要约人收到承诺时,双方就要订立合同;如收到承诺时已具备符合法律规定的合同形式,合同就成立了。

如果要约的接受方不完全同意要约而改变了其中的主要条款,就意味着对原来订约条件的拒绝,而且接受方提出了新的订约提议。订立合同的过程,往往是一方提出要约,另一方又再提出新的要约,反复多次,如最后合同关系能成立,总是有一方完全接受了对方的要约内容。

（2）订立合同的形式

合同分为书面形式和口头形式两种。书面形式的合同是指当事人双方意思表示一致以书面文字来表达，一般是一起签订书面协议，有时也可通过当事人双方的往来信件、电报、电传和电子数据交换和电子邮件等形式成立合同关系。口头形式的合同是由当事人双方就合同内容取得一致意见达成的口头协议。口头合同可由当事人双方就合同内容取得一致意见达成的口头协议。口头合同可由当事人面谈订立，也可以通过电话交谈订立。根据《合同法》的规定，经济合同，除即时清结者外，应当采用书面形式。即时清结，是指当事人双方在订立经济合同的同时就履行了合同，合同的订立、履行和终止几乎是同时完成的，没有什么间隔期。对于非即时清结的合同，均要求书面形式。

（3）合同无效的情形

依法成立的合同，自成立时生效，但在合同发生过程中，《合同法》第三章第52条列举了以下情形为无效合同：一方以欺诈、胁迫的手段订立合同，损害国家利益；恶意串通，损害国家、集体或者第三人利益；以合法形式掩盖非法目的；损害社会公共利益；违反法律、行政法规的强制性规定。

6.产品质量法

产品质量指在商品经济范畴内，企业依据特定的标准，对产品进行规划、设计、制造、检测、计量、运输、储存、销售、售后服务、生态回收等全程的必要的信息披露。产品质量法是规定产品质量监督管理以及生产经营者对其生产经营的缺陷产品所致他人人身伤害或财产损失应承担的赔偿责任所产生的社会关系的法律规范的总称。

为加强产品质量的监督管理，提高产品质量水平，明确产品质量责任，保护消费者的合法权益，维护社会经济秩序，我国颁布的《中华人民共和国产品质量法》于2009年做了第二次修正，要求生产者生产产品，不得掺杂、掺假，不得以假充真、以次充好，不得以不合格产品冒充合格产品，在第三章第26条罗列了生产者生产产品的质量要求，第27条对产品或者其包装上的标识明确了要求，而且必须真实。在第三章也规定了销售者的产品质量责任和义务，销售者应当执行进货检查验收制度，验明产品合格证明和其他标识，不得销售国家明令淘汰并停止销售的产品和失效、变质的产品，不得伪造产地，不得伪造或者冒用他人的厂名、厂址，不得伪造或者冒用认证标志等质量标志，不得掺杂、掺假，不得以假充真、以次充好，不得以不合格产品冒充合格产品。并对生产销售的产品出现质量问题，在第四章明确了损害赔偿的情形，并在第五章详细列举了相应的法律责任。

7.劳动法

劳动法是指调整劳动关系以及与劳动关系有密切联系的其他社会关系的法律。2008年颁布并于2013年修订实施的《中华人民共和国劳动合同法》,对劳动合同的订立、用人单位的法定义务等问题予以规范,明确了劳动合同双方当事人的权利和义务,重在保护劳动者的合法权益。创业企业在企业运营过程中出现用工需求,应当严格遵守法律,重视对劳动者合法权益的保护,避免出现劳动纠纷。

(1)订立劳动合同

用人单位自用工之日起即与劳动者建立劳动关系后,未同时订立书面劳动合同的,应当自用工之日起一个月内订立书面劳动合同。

用人单位与劳动者在用工前订立劳动合同的,劳动关系自用工之日起建立。

(2)试用期规定

劳动合同期限三个月以上不满一年的,试用期不得超过一个月;劳动合同期限一年以上不满三年的,试用期不得超过两个月;三年以上固定期限和无固定期限的劳动合同,试用期不得超过六个月。同一用人单位与同一劳动者只能约定一次试用期。以完成一定工作任务为期限的劳动合同或者劳动合同期限不满三个月的,不得约定试用期。试用期包含在劳动合同期限内。劳动合同仅约定试用期的,试用期不成立,该期限为劳动合同期限。

(3)劳动合同的解除与补偿

用人单位与劳动者签订劳动合同后,需要解除合同,应当根据《劳动合同法》第39条至第41条的相关具体规定。但是无论以什么理由解除劳动合同,都要给予劳动者相应的经济补偿,经济补偿按劳动者在本单位工作的年限,每满一年支付一个月工资的标准向劳动者支付。六个月以上不满一年的,按一年计算;不满六个月的,向劳动者支付半个月工资的经济补偿。劳动者月工资高于用人单位所在直辖市、设区的市级人民政府公布的本地区上年度职工月平均工资三倍的,向其支付经济补偿的标准按职工月平均工资三倍的数额支付,向其支付经济补偿的年限最高不超过12年。

二、新创企业的伦理问题

企业伦理是企业在处理内外部人与人之间关系时所应自觉遵守的道德方面的行为规范。在我国企业经营管理活动中,伦理问题已引起人们的广泛关注,认识和解决企业伦理问题,对树立企业良好形象和提升市场竞争力具有十分重要的作用。在创业过程中,什么样的工作或管理行为是符合伦理的,对伦理问题的解决,直接影响到企业的道德规范,最终影响到创业绩效。

(一)伦理对新创企业的意义

伴随着市场经济的发展,人们开始反思"企业经营究竟要不要讲求伦理",企业对伦理道德的追求会不会影响利润的获取。实践表明,企业伦理在改善企业竞争力、提高经济效益、提升公司形象等方面具有不可替代的作用,企业伦理能够实现企业道德维度与经济维度的双赢。

1.企业伦理是提高企业核心竞争力的关键

企业核心竞争力即对各种内部和外部资源进行整合利用的能力。从内部来说,企业的核心竞争力来自企业的创新能力,而企业的创新能力来自具有创新激情的团队,具有创新激情的团队来自鼓励和奖赏创新的企业文化氛围,而鼓励和奖赏创新的企业文化来自员工对企业的忠诚和不断提高的职业素养及学习能力,员工的忠诚和高度职业素养则来自企业的伦理道德水准;从外部而言,企业的核心竞争力与企业的销售网络密切相关,而稳定并不断拓展的营销网络来自于企业与顾客、经销商、当地政府、公共部门等外部利益相关者的和谐,与外部利益相关者的和谐来自企业是否尊重利益相关者的利益,是否遵守市场规范和市场准则,是否能够与利益相关者共同发展,是否具有社会所赞同的伦理道德水准。企业伦理是企业文化和企业价值观的核心。因此,企业伦理是构成企业实力的重要组成部分,是企业核心竞争力的关键。

2.企业伦理有利于提升企业的公众形象,是一种重要的无形资产

企业公众形象是指将企业的经营理念与精神文化,运用行为活动、视觉识别等整体识别系统,传达给企业的关系者和团体,使其对企业产生一致的认同感和价值观,企业形象的主体因素是企业道德形象,良好的企业形象必须建立在较高的企业伦理水平的基础之上。认真考虑企业行为对社会的影响,主动承担社会责任并且坚持伦理经营的企业更容易获得公众的信任从而树立起良好的企业形象。企业在履行其社会责任时,如进行慈善捐款、灾难救助等活动,比商业广告更能提升企业形象,可以以另一种方式增加企业价值。

3.企业伦理是企业追求利润最大化不可缺少的条件

企业伦理的主要作用在于协调市场秩序,督促经济行为个体自觉选择道德的市场行为,这种作用有利于企业利润最大化的实现。首先,从市场整体来说,企业伦理是其良好运行的润滑剂,不道德经济行为的市场存在,将使企业之间彼此不信任,提防受骗,不但效率低下而且成本代价甚高,如果这种现象太多就必然导致市场整体的反应迟钝,运转不灵,不利于企业利润最大化的实现。其次,

从企业个体来看,企业伦理是其永续经营的有力保障。对企业而言,在市场中是不具有完全独立性的,任何企业都要通过各种渠道与市场环境、与其他企业进行密切联系。如果在交换中,交易的一方通过不道德的手段,攫取不正当的厚利,那么就必然损害交易的另一方的利益,而遭致对方的反对。企业的经济行为不是一次性的,其利润也不是以单次的获利来衡量的,以不道德的行为牟取暴利,对短期行为和短期利益也许是可行的,但对长期市场行为而言,却是行不通的。因为这样做必然会使得其他企业拒绝与之往来,最终造成自身的被动孤立,以致无法展开经营活动,他的利益也就无从实现,这就是企业之间天然的利益制衡。这显然与企业谋求利润最大化的初衷相悖,即经济行为的"恶"客观上造成了企业利润不能顺利实现。可见,行为的"善"与利润最大化的实现是一致的。为实现自身利润最大化和连续性,企业必定要选择道德的经济行为,形成对企业伦理的要求。

(二)新创企业的伦理问题

1.创业者与原雇主之间的伦理问题

许多创业者在辞职进行创业之前,都应当坦白而真诚地向原雇主说明辞职缘由,对原雇主提供的工作机会表示感谢,预留一段时间给公司寻找合适人员来接替工作并做好交接,不要隐瞒到辞职时才提出或者突然辞职走人;辞职时,要按公司相关规定提交正式书面申请,提交辞职报告尚未批准期间,要继续认真工作,以积极和建设性的视角来处理工作事务,对自己的工作负责到批准辞职那天。辞职后仍要遵守之前签署的雇佣协议,都应当充分知晓并尊重曾经签署过的保密协议和非竞争协议,避免招来法律纠纷。

2.创业团队成员之间的伦理问题

相当多的新企业都是由创业团队发起成立,可能会出现利益和目标不同的时候,要处理好创业团队成员之间的利益关系,创业团队成员之间就要有科学合理的利益分配方案、岗位职权、股份转让和创业计划书。

(1)股权分配。新创企业的初始股权分配要合理科学。首先商定公司总股份数,然后划分成若干股份,根据公司的股东数和融资情况将一定比例的股份暂时封存,用来引进新的投资者或用于股权激励。其中,管理股份比例不应超过总股份数的20%,在企业运营良好,增发股份时,创业团队成员根据自己的经济力量优先认购股份。

股权转让。合伙人中途退出,可以继续享有管理股,但仅有分红权,也可按名义价格转让他人,不过合伙人享有优先权。现金认购的股份,可以继续保留,但仅有分红权,也可转让他人,可按退出时公司的资产净值进行回购。待分配股份,退出人享有的由公司按名义价格回购。

(2)岗位职权。为保证新创企业各项工作的顺利开展,各团队成员有效执行企业的经营计划,必须进行事先的职位、职权的划分。创业团队的职位、职权的确定,要根据创业计划的需要,结合各团队成员的特点,具体确定每个人担任的职位和承担的岗位职责并享有相应权限,同时按岗定酬。团队成员之间的职权划分必须明确,既要避免出现职权的交叉或重叠,也要避免出现无人承担工作职责的疏漏。由于创业过程会遇到复杂的环境,创业团队成员也可能随时变换,因而他们的职权也应根据需要进行调整。

(3)创业计划书的制订。创业不能空有梦想和激情,在创业前期,创业团队成员应当共同制订一份可行、完整的创业计划书。要通过调查、资料查找和共同探讨分析,规划出项目的短期和长期经营模式,以及测算出能否盈利,盈利多少,何时盈利,怎样盈利和所具备的条件。根据创业计划书的分析,再制订创业目标并分解各阶段的目标,同时制定详细的工作步骤。当然,前期的调查分析一定要建立在现实、有效的调查基础上,不能凭空臆想,主观判断。

3.创业者和其他利益相关者之间的伦理问题

(1)人事问题。企业对人力资源不符合伦理行为的范围较为广泛,主要体现在员工个人福利、工资水平、就业机会、劳工保护和工作环境保障等几个方面。创业企业应从企业发展和效益分享角度出发,逐步提高员工的待遇和福利水平;为吸引人才,在招聘面试中避免性别歧视和询问不恰当问题;重视工作环境安全保障,避免伤害员工的身心健康;同时,企业应当不区分民族、性别、年龄、肤色、宗教,公平对待每位员工。

(2)利益冲突。企业利益相关者是指那些能够影响企业目标的实现或被企业目标的实现所影响的个人或群体,包括企业内部的雇员和外部的如供应商、分销商和政府等。企业的成功与发展需要利益相关者的支持和参与,但是创业者在企业经营过程中以个人情感为出发点,优先照顾自己的亲人朋友等,完全不顾其能力是否与其所要从事的工作相当,结果造成企业中一些人员素质低下。还有以非正当理由向自己的亲朋好友提供商业机会,导致利益输送,可能引致经营损失。因此,创业者要从企业的长远利益出发,赢得雇员的参与和支持,同心协力,与竞争者公平竞争,对供应商恪守合同,取得政府的信任,建立起牢固的关系。这样,才有助于企业获得良好商誉,提高企业的社会地位,取得良好的经营业绩。

(3)消费者欺诈。在创业初期,创业者往往过于重视企业效益,而忽视消费者的权益,忽视消费者的知情权、安全权、自由选择权和告知权等基本权利,生产一些危害消费者生命安全和身体健康的产品,比如假冒伪劣产品和有产品安全质量的产品,或者通过虚假广告欺骗消费者。创业者应当要从企业长远发展和消费者的角度来生产产品或提供服务,在企业目标制约下,以伦理准则来约束自己,主动实现道德自律。而且必须不断提醒自己,企业的生存其实并不是一个目的,而是一个手段,是通过企业的生存,求得消费者的满意。

第五节　新企业的社会责任与认同

创业企业是当今社会经济的生力军,是经济持续发展的不竭动力,为地区的发展和稳定做出了重要贡献。创业企业从创立、经营伊始,都在努力发展壮大,追求经营企业的利润最大化,要想持续不断地发展,势必要遵纪守法、诚实经营,还要承担相应的社会责任。正如美国企业家克雷格·霍尔所说的:"企业家可以并且也应该成为社会发展的一环,也是社会整体的一部分,它对整体社会应有一层权利与责任的关系。"换言之,创业企业应该建立在创业者的社会责任观念上,而不要建立在创业者的权利观念上。创业企业与其被动地承担社会责任,还不如将社会责任纳入主动关心的范围之列。事实上,这在一定程度上解除了企业发展过程中的一些限制条件,使决策和经营具有更大的灵活性和自主性。作为刚成立的企业,对社会责任的主动承担,会在一定程度上带来更大的社会认同。

一、企业社会责任的含义和类别

(一)企业社会责任

企业社会责任(Corporate Society Responsibility,CSR)是指企业在追求利润最大化的经营过程中,对社会应承担的责任或应尽的义务,最终实现企业的可持续发展。具体表现为,企业在经营过程中,特别是在进行决策时,除了要考虑投资人的利益或企业本身的利益之外,还应适当考虑与企业行为有密切关系的国家、员工、股东、消费者、供应商等利益群体及社会的利益,除了要考虑其行为对自身是否有利外,还应考虑对他人是否有不利的影响,如是否会造成公害、环境污染、浪费资源等。企业在进行决策时,对这些问题进行考虑并采取适当的措施加以避免,其行为本身就是在承担社会责任。

(二)企业社会责任的分类

从法律角度可分为:法定和非法定的企业社会责任。法定的企业社会责任是指国家有关法律、法规及相关法律性条文规定企业必须承担的社会义务。比如,企业所缴纳的税金、企业的产品质量等。非法定的企业社会责任是指除国家法定的企业社会责任以外的、企业愿意自主承担的社会义务。

从范围可分为：企业内层社会责任和企业外层社会责任。企业内层社会责任是指企业对企业内部的投资者、雇员、客户、当地社区所应承担的社会责任。企业外层社会责任是指企业对政府、国内机构、社会团体、媒体、贸易机构、竞争者所应承担的社会责任。

二、企业社会责任的产生背景和意义

(一)企业社会责任的产生背景

"企业社会责任"的概念起源于欧洲,在早期企业组织是一个以营利为目的的生产经营单位,利润最大化是其追求的永恒主题,它没有责任也没有义务去完成本应由政府或社会完成的工作,其行为只要不违法,以何种手段和方式去追求利润都无可厚非。美国著名经济学家米尔顿·弗里德曼认为,企业不采用欺骗和舞弊等手段实现它的收益目标,就是为整个社会谋求了最大的利益。这种过于狭窄的企业经营目标,虽然推动了社会经济的高速发展,但各种社会公害也相伴而来,如严重的环境污染,损害消费者利益,危害企业雇员安全与健康,社会贫富悬殊等等,对社会生活和经济的持续发展产生了重大影响。这就使西方国家政府及社会公众不得不开始重视企业履行社会责任问题,即要求企业在实现利润最大化的同时,兼顾企业雇员、消费者、社会公众及国家的利益,履行保护环境、消除污染等社会责任,将企业的经营目标与社会目标统一起来。

我国现行《公司法》第5条规定:"公司从事经营活动,必须遵守法律、行政法规,遵守社会公德、商业道德,诚实守信,接受政府和社会公众的监督,承担社会责任。"这里的"社会责任",包含两层含义:一是对规范企业内部治理和外部经营提供法理依据和立法要求,二是引领全社会共同承担社会责任。由此,要求以追求社会整体长远利益和平衡协调各种利益关系为首要任务,促进各类主体与国家之间,以及相互之间的合作。在对社会共同负责的基础上,处理好权利、义务和责任之间的关系,将责任、权利、义务、利益有机地统一起来,避免发生漠视各类主体(尤其是弱势群体)利益的商事行为和行政行为。

正是由于企业利益与社会利益事实上的客观上浑然一体不可分割性,企业在履行社会责任时,企业所采取的一些行为兼具自身与社会双重影响属性。企业社会责任的本质就是一种企业自身对人类社会所承担的义务,也是社会对企业组织的外在要求,企业社会责任是企业组织向前发展的必然结果。

(二)创业企业承担社会责任的意义

创业企业不能存在于社会真空之中,创业企业既然从社会吸取营养,赚取利润,就应承担起解决社会问题、尊重与推动社会法治与社会政策的重大责任。强化创业企业社会责任在于自觉承担责任。通过承担社会责任,可以赢得声誉和组织认同,同时也可以更好地体现自己的文化取向和价值观念,为企业发展营造更好的社会氛围,有助于企业可持续发展的竞争力。其具体意义为:

(1)有助于提升创业企业的诚信度,树立品牌形象,提升企业声誉。

(2)有助于促进销售与提高客户忠诚度。

(3)有助于发展与利益相关者的公共关系,预防公共关系危机,避免诚信株连。

(4)有助于提高工作效率和创业团队的向心力、凝聚力。

(5)有助于降低创业企业的生产经营成本,降低筹资成本。

(6)有助于提高盈利水平,推动创业企业长远利益的最大化。

三、大学生创业企业履行社会责任的主要措施

社会是企业利益的来源,创业企业作为社会的一员,必须融入社会群体之中,与各种组织产生互动。大学生在创业过程中享受社会赋予的自由及机会时,能以符合伦理、道德的行动做出回报,为企业发展营造更好的社会氛围,使企业得以保持生命力,保持长期可持续的发展。大学生创业企业可以采取以下几个措施来承担社会责任:

(一)用积极的心态承担社会责任

大学生在创设企业初始和经营过程中要把承担社会责任主动纳入企业发展的中长期目标,在制定企业发展战略时,除了利润目标以外,要明确创业企业的社会责任,并及时根据企业社会责任战略调整创业企业内部组织结构,作为工作计划落实到具体的部门和人员。在有条件的情况下,要积极参与有益的社会公益活动,以便在消费者、社区、政府群体中树立良好形象。企业在经营过程中,不应只重视自己的利益,还应考虑相关利害关系人及全社会的综合利益;不应单纯追求企业效率,要多方面考虑经济行为的实际影响,特别是它的负面影响,关注综合效益。

(二)确定社会责任时,要结合实际,量力而行

由于创业企业规模、产品、战略、制造过程、营销战术、地理位置、内部文化、外部集团的差异,以及管理的价值观等不同,企业社会责任体现差异性。因此,没有一个固定的社会责任的公式适用于所有的创业企业。同时,承担社会责任就意味着要支付"责任成本",新成立的企业必须有能力自行消化这些成本,而不

能全部转嫁给消费者,增加消费者的负担,或者损害股东、雇员的合法正当利益。比如,兴建工厂可以为当地创造就业机会、加速经济增长,但也会带来污染,破坏环境,那么就要考虑这座工厂带给社会的是积极的还是消极的影响。企业需要为公司的盈利和股东分红最大化而努力,是否也需要采取一些具有社会责任感的行为,企业在谋求长远利益时需要采取符合职业道德的做法。因此,成功的企业要在利润和责任、公平与效益之间找到平衡,以促进实现经济的可持续发展。

(三)重点担当利益相关者的社会责任

大学生在创业经营过程中,要不断完善和强化内部管理,自觉遵守和维护正常的市场交易秩序,保护消费者的正当权益,保障雇员应有的劳动福利,承担起节约资源、保护环境、实现社会可持续发展的社会责任。当创业企业生产经营对消费者和环境等产生负外部性时,要勇于承担责任,积极纠正那些由自身运行引起的不良社会影响。利益相关者的社会责任主要包括:

(1)企业对环境的责任。认真遵守国家有关环境保护的立法和规定,减少排放和污染环境,节约资源与能源,发展低碳经济,开发绿色产品。

(2)企业对顾客的责任。提供安全的产品和正确的产品信息,保证顾客的权利;加强售后服务,给予技术指导;赋予顾客自主选择的权利,保护顾客信息,优化客户关系。

(3)企业对竞争对手的责任。市场经济是有序的市场竞争,公平的市场竞争,作为企业不能搞恶意竞争,处理好同竞争对手之间的关系。

(4)企业对投资者的责任。保证投资者对企业经营管理的权利,保证投资者的股权收入。

(5)企业对社会的责任。认真纳税,用挖渠放水的方法安置就业;要与环境相融,为所在地区的建设和环保贡献人力、财力、物力;加强环境的保护和治理,走可持续发展道路,要提高全体人民的生活质量,用自身努力回报社会,建立创新意识的企业文化,提高企业的社会地位和形象,赢得社会的广泛支持和认同。

(6)企业对员工的责任。建立明朗的劳资关系,关注员工的健康与安全,给员工提供社会福利保障,激活员工的归属感、认同感及向心力、凝聚力,提升员工的主人翁意识。

案例分析

纪源创业记

【导读】

李纪源大学毕业后,先进入一家国企,混了3年。

不甘平庸,进入伯父的企业,从基层干起,生产、采购、销售、管理,除了财务,基本各个职务都做过,5年前,伯父让他全面负责做总经理。李纪源不负重托,企业也从1 000多万元,做到了一个亿,产品A远销欧洲各国,建立了丰富的客户资源和产品影响力。

由于在经营上和伯父产生了分歧,李纪源有了自己创立企业的想法。

根据客户需求和市场调研,他计划和一个多年的设备供应商合作开发产品B,又能利用现在的市场关系,又能和A区隔开,不和原有企业冲突。

一个企业的开办投资要2 000万元,包括设备和原材料、流动资金,李纪源最大的想法就是创立属于自己的企业,经过反复的权衡,他采取了OEM(原厂委托制造)方式进行合作。

李纪源负责行业认证、技术指导、市场和销售运营,合伙伙伴负责加工生产。李纪源还提供一部分资金给合伙伙伴,帮助合作伙伴购买设备和原材料。在合作开始后,投资部分资金在货款里逐步扣除——这样对合作伙伴也是个保障。

合作伙伴则利用现在的厂房和部分设备,再购置部分设备——其生产能力还有部分空余。这种方式也避免了股权上的分歧,使项目可以顺利开展,同时又保障了双方的利益。

【分析】

从分工上来看,李纪源负责产品、运营,合作伙伴补充资金、提供厂房,合作项目得以顺利开展,同时又保障了双方的利益。对于企业的发展,李纪源在创立企业之初就考虑到企业组织形式,对于和他人合作共办企业,虽然创业之初可以共担风险,但各方在付出辛勤汗水得到收获后,存在着利益的分配问题,处理不好,企业内部很容易起内讧,企业发展势必出现问题——人心不齐必然导致创业合作者分道扬镳。请结合小李的创业实践,谈谈对开办新企业的个人体会。

思考与练习题

1.企业不同的法律组织形式有哪些特点?

2.请简述普通合伙企业与有限合伙企业的区别。

3.影响新企业选址的因素有哪些?

4.在创业过程中,大学生要采取哪些措施自觉履行社会责任?

5.创业伊始,每位创业者都需了解企业开办的流程,请简述之。

6.企业名称预先核准登记需要经过哪些程序？

7.新企业注册登记时应提交哪些材料？

参考文献

[1]梅强:《创业基础》,清华大学出版社 2012 年版。

[2]董青春、孙亚卿:《大学生创业基础》,经济管理出版社 2012 年版。

[3]郝宏伟:《大学生创业基础》,广东高等教育出版社 2013 年版。

[4]李宇红:《创业实务教程》,北京大学出版社 2012 年版。

[5]张玉利、陈寒松:《创业管理》,机械工业出版社 2013 年版。

[6]北京岳成律师事务所:《如何开办公司》,北京大学出版社 2010 年版。

[7]孙亚军:《私营公司创业之道》,企业管理出版社 2001 年版。

[8]陈企华:《新开小公司必读》,中华工商联合出版社 2004 年版。

[9]孙德林、黄林:《创业管理与技能》,经济管理出版社 2010 年版。

[10]刘平:《创业学管理与应用》,东北财经大学出版社 2008 年版。

[11]张耀辉、朱锋:《创业基础》,暨南大学出版社 2013 年版。

[12]许晓辉、李龙:《大学生自主创业的企业法律形式选择》,载《高等农业教育》2009 年第 6 期。

[13]张项民:《创业企业法律形式的选择》,载《中国人才》2007 年第 14 期。

[14]屈晓华:《企业社会责任演进与企业良性行为反应的互动研究》,载《企业天地》2003 年第 5 期。

[15]刘宁:《餐饮连锁机构选址策略分析》,载《中国科技信息》2009 年第 4 期。

[16]崔振华、杨婷:《商业零售店选址分析》,载《科技与管理》2008 年第 3 期。

[17]王璐:《浅谈便利店选址的影响因素》,载《中国市场》2011 年第 32 期。

第十四章————————————

新企业的管理

新企业开办后能否良好存活与平稳发展,很大程度上取决于对新办企业的有效管理。因此我们需要了解和掌握新企业管理的理念、特点、主要内容和基本方法。本章将分别讨论新企业成长的主要驱动因素和制约因素,介绍新企业创办后可能遇到的风险类型及其应对策略,分析针对新企业的管理重点与行为方式。

第一节　新企业管理的概念界定

一、什么是新企业管理

企业是一个有生命力的有机体,创造一个新企业是一个项目的孕育、出生、发育、成长的漫长过程,是创造一个能发挥系统功能的有机系统。在创业者完成注册登记,获得法律上的认可之后,就可宣告企业正式成立。与此同时,创业者及其创业团队迎来了一个挑战期,即"新企业时期",而这个时期犹如企业的"婴儿期"(见图 14-1),为了防止"企业婴儿"夭折,加强创业管理(entrepreneurial management)显得尤为重要,我们把这个创业管理也称为新企业管理。因此,新企业管理在系统意义上是指:创业者及其创业团队对新创企业的生产经营活动进行计划、组织、指挥、协调和控制以实现新企业目标的全过程。新企业管理的实质是在科学合理规划的前提下,对组织的人力、物力、财力进行合理配置和高效利用,新企业中出现冲突和矛盾时要及时调节和引导,减少决策失误,纠正执行偏差的动态性、综合性过程。

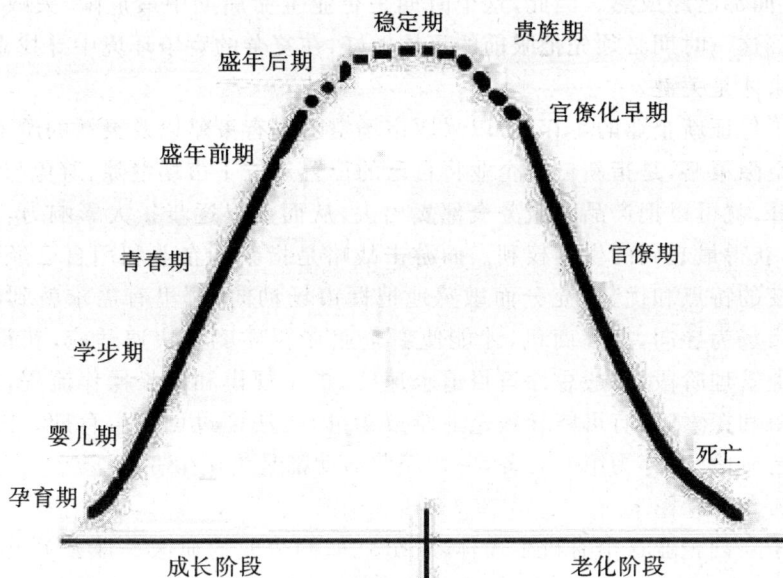

图 14-1　爱迪思的企业生命周期示意图

二、新企业管理的特点

　　新企业管理与成熟老企业管理的手段和方法大有不同(见表 14-1)。在多数情况下,新创企业没有完善合理的组织结构和规模,没有稳定成熟的生产技术和管理模式,没有进行精细、全面、规范、系统管理的条件。新创企业成长的道路要不断摸索和改进,是一个没有过去的动态摸索过程。因此新企业管理有以下四个特点:

表 14-1　新企业管理与老企业管理的区别

新/老企业管理	企业目标	管理导向	人事原则	领导方式
新企业管理	生存第一	现金为王(产品生产)	分工协作	事必躬亲
老企业管理	发展(专一经营)	主动销售	任人唯贤	有效授权

　1.生存第一

　　新创建的小企业如同在春风中破土而出的嫩芽,没有承载风吹雨打的苗壮的躯干,没有汲取养分的深根,极易夭折。它不像成熟的老企业已经经历过风雨,各方面都已经成熟。因此,这个时期是企业生命周期中最危险、失败率最高的阶段。这一时期必须先把眼前的事情做好,在复杂的竞争环境中寻找立足点,生存下来才是关键。

为了保证新企业的生存,可以采取市场空隙占有策略以及灵活的游击策略。所谓的空隙策略,是指新创小企业将自己的位置定位于市场缝隙,避免与大企业正面交锋,就可以把产品和服务全部卖出去,从而可以逐步扩大影响力,为顾客所知悉,获得最起码的生存权利。而游击战略是指新创企业利用自己经营机制灵活可变的特点和优势,充分而敏感地把握市场动向,哪里有需求就到哪里供给。以市场为导向,把握商机,才能使新企业在新环境中快速适应,获得生存。在新企业管理阶段,一般忌讳盲目追求速度、扩张规模和延长操作流程,没有充分的准备和探索,即有可能导致企业难以为继,无法度过创业生存期。因此,企业在这一阶段,生存为第一要务,一切经营活动都是为了生存。

2.现金为王

对于新创企业这个有机生命体,资金就如同企业的血液一样至关重要。这个时期新企业管理主要依靠自有资金创造自由现金流。所谓的自有资金,是指企业在进行生产经营活动过程中所经常持有的,并且可以自行支配使用并无须偿还的部分资金,是与借入资金相对立的。各个企业由于生产资料所有制形式以及财务管理体制等方面的不同,取得自有资金的渠道也不一样:全民所有制企业的自有资金构成,大部分来自国家财政拨款,以及固定资产的无偿调入等;另外一部分来自企业内部积累,是按国家规定,在法律允许的情况下,从成本和税后留利中提存的各项专用基金;此外,企业的自有资金还来自定额负债,即企业根据有关制度和结算程序的规定,在应付和预收的款项中能够经常使用的一部分资金。例如,应交税金、应交利润、预提费用,以及某些生产周期长、按完工程度预收的货款中能够经常支配使用的部分。定额负债在财务处理上视同企业自有流动资金参加周转。而集体所有制企业的自有资金,主要来自劳动群众投入的股金和由企业内部积累形成的公积金、公益金及其他各项专用基金。在西方国家,私营企业的自有资金,主要来自股东的投资和企业的未分配利润。

自由现金流是一种企业价值评估的新方法,是指由企业自身产生的、在满足了企业投资之后剩余的全部现金流量,这部分资金是在不影响公司持续发展的前提下,可供分配给企业资本供应者的最大的现金额。简单来说,自由现金流量是指企业经营活动产生的现金流量扣除资本性支出以后的差额。即:自由现金流量=总现金流量－资本性支出。自由现金流是新企业以生存为首要目标的保障。没有充足的自由现金流,将会对企业的生存和发展构成极大的威胁。所以,新企业管理中应该开源节流,积累资金,忌讳过度分配、过度举债,以免发生债务危机。

3.分工协作

新企业初创时,也许能够建立正式的部门结构,但极少有新企业可以按正式的组织方式运作。一般情况下,虽然有名义上的分工和安排,但当面临任务时,大家应该具体问题具体分析,灵活多变,以企业成长为己任,每个人都清楚组织的目标和自己应当如何为组织目标做贡献,没有人计较个人得失,没有人计较越权越级,相互之间只有角色的划分,没有职位的区别,这就是团队精神。这个时期唯有如此才能高效地完成任务,实现人力资源和物质资源的充分利用。

另外,在这个时期,必须充分调动所有人做所有的事。主要原因在于新企业成立初期,各方面都尚不稳定,如产品的构造、生产技术的不成熟造成生产成本一开始非常高;随着工艺技术的改进,生产熟练程度的提高,劳动率和产量迅速提高,生产成本会急剧下降。新企业的一切皆在摸索过程中,没有经验,一切需要创业者与他最初的团队进行探索。这样做的一方面有利于企业初期在残酷的竞争环境中生存;另一方面,更重要的是这种运作方式才能培养出奉献和忠诚的团队精神。这种齐心协力且能够进行有序分工协作的体验,还能随着企业的发展逐渐沉淀成为企业的核心文化和价值观。在企业管理期,创业者必须营造一个有凝聚力的团队,才能在企业的成长过程中注入不竭的动力和活力。

4.事必躬亲

创业者如同新企业的父母,对待新生的企业应该像照顾婴儿般细心呵护和精心照料;同时,创业者的状态也会影响着企业的每一个人。在新企业成立之初,创业者身兼多职,既是领导者、管理者,又是指导者、倾听者。创业者要带头,积极乐观,并且融入团队,倾听他人之见,时刻了解企业动态,及时发现问题,有效控制,合理调整,才能让企业正常度过新生期。

首先,创业者在深入基层,事必躬亲的同时,可以了解企业的外部环境,例如,政府对企业新颁发的一些政策、这个行业的未来所处的社会背景;其次,可以和企业的基层人员进行良好的沟通和互动;再次,可以很好地了解到企业人员中哪些人适合哪些岗位,在未来岗位越完善时,直接从内部升迁,节约成本;最后,创业者可以及时掌握信息,及时发现问题并解决问题,规避风险。

三、新企业管理的类别

根据新企业管理的内容,我们可以把新企业管理简单地分为两大类:一是新企业成长管理;二是新企业风险管理。

(一)新企业成长管理

什么是企业成长?很多人都有企业成长就是"做大、做强"的片面认识。但是,企业成长是企业由幼稚走向成熟的过程,而做大、做强的这种说法却仅仅是一种阶段性结果。没有过程,哪有结果?片面地强调做大、做强,有可能导致创业者不顾一切、失去理性地追求高速度。企业成长是企业由幼稚走向成熟的过程,是企业内外部资源的整合与高效应用,在同行中逐步形成竞争优势的过程。在新企业成长的过程中,运用基本的管理方法,并灵活应对外在的环境,就可以使企业的快速成长多一层保障。

对于一个新创企业,它从无到有,接着要经历的是谋求生存后的成长时期,并不是所有的新创企业都有能力成为积极成长的企业,有潜力的企业往往有它潜在的或核心的驱动因素。所谓的驱动因素,又称驱动因子,是指企业成长本质中能够产生动力的成分、要素,能够带动企业成长的条件或原因。任何一个企业的成长与发展都离不开人、财、物、时间四种资源的组合与利用,包括人才、技术、资金、文化等都是企业有形或无形的资源,是企业内在或外在的驱动能量。只有对这些资源加以有效配置,才能够更加合理地利用并创造出社会需要的产品并投放市场,最终成为企业发展的直接资源和附加资源(附加资源包括产品形象、品牌、影响力、企业文化、企业价值观等)。我们将在本章第三节里介绍新企业成长管理的一些策略与技巧。

(二)新企业风险管理

创业环境的不确定性,创业机会及创业企业的复杂性,创业者、创业团队与创业投资者的能力与实力的有限性,往往会导致创业活动偏离预期目标。因此,新创企业要对其创业过程中面临的风险进行有效的管理,我们称其为新企业风险管理。创业者要在创业初期意识到创业风险贯穿于创建企业的全过程,尤其是在创业初期,必须了解新企业成长发展可能遇到的创业风险,提高自身风险控制与化解能力,为成长中的新企业保驾护航。我们将在本章第四节介绍新企业风险的类型、风险来源,以及如何进行控制和化解。

第二节　新企业成长的动力分析

一、国外学者的理解

国外许多学者提出了创业过程中关键的、能够驱动企业成长的重要因素,并通过构建创业模型来分析它们之间的关系。

(一)蒂蒙斯的观点

蒂蒙斯(Timmons)1999 年在他所著的 *New Venture Creation* 一书中提出一个创业管理模式。蒂蒙斯认为创业过程是一个高度的动态过程,强调弹性与动态平衡。这是其创业模型的核心思想。他认为商机、资源和创业团队是创业过程最重要的驱动因素,在成功的创业过程中,要将机会、创业团队和资源三者做出最适当的搭配,而且能随着事业发展而做出动态的平衡。这些因素的有机组合和成长,决定了创业过程向什么方向发展。良好的创业管理必须能及时进行调整,掌握当时的活动重心,使创业活动重新获得平衡(见图 14-2)。

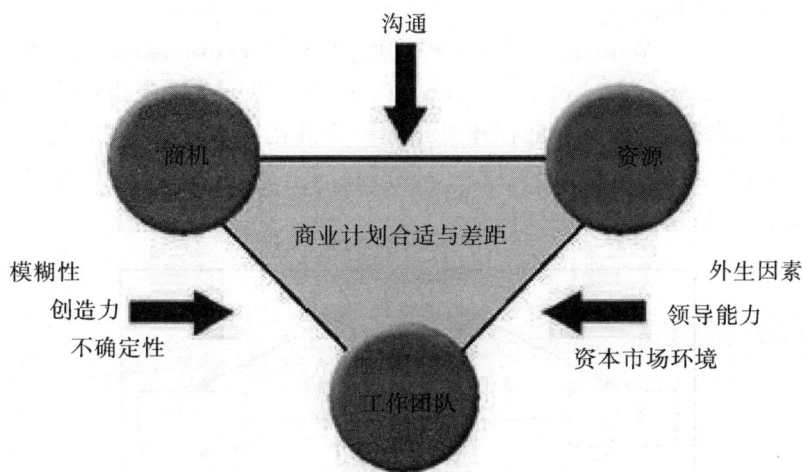

图 14-2　蒂蒙斯模型

1.机会

商业机会是创业过程的核心要素,创业的核心是发现和开发机会,并利用机会实施创业,创业流程由机会所启动,在组成创业团队之后取得必要的资源,创业计划方能顺利开展。帝蒙斯总结概括了一个评价创业机会的框架,其中涉及八大类 53 项指标。八大类包括:行业和市场、经济因素、收获条件、竞争优势、管理团队、致命缺陷、创业家的个人标准、理想和现实的战略性差异。此模型认为创业是一个高度动态的过程,所以在新创企业发展的整个过程中都应该根据环境的变化敏感地发现机遇,让企业的成长跟着时代的步伐。

2.团队

创业团队是新创企业的主要组织要素。蒂蒙斯认为,创业领导人和创业团队必备的基本素质有,较强的学习能力,能够自如地对付逆境,有正直、可行、诚实的品质,富有决心、恒心和创造力、领导能力、沟通能力,但最为重要的是团队要具有柔性,能够适应市场环境的变化。创业初期的重点则在于团队的组成,当新事业顺利启动后,才会增加对于资源的需求。

3.资源

资源也就是新创企业成长的加油站,包括:财务资源、客户资源、技术资源、人力资源、管理资源等。资源是新企业成长的必要支持,为了合理利用和控制资源,创业者往往要竭力设计创业技巧、用资谨慎的战略,这种战略往往对新创企业极为重要。

(二)加纳的观点

1985 年,加纳(William B.Gartner)在题为 A conceptual framework for describing the phenomenon of new venture creation 的一文中提出一个更复杂的创业模型。加纳认为新企业的创建是组建一个新的组织过程,也是将各个相互独立的行为要素组成合理的序列并产生理想的结果(见图 14-3)。他认为促进新企业成长包括以下四个主要因素:

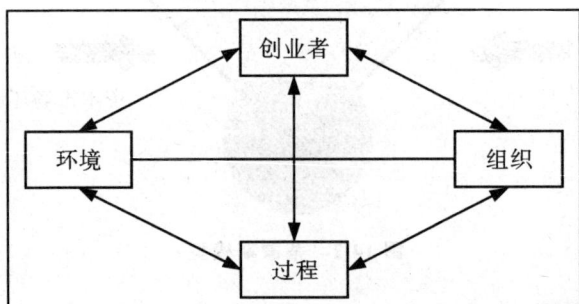

图 14-3　加纳模型

（1）创立新企业的个人——创业者。其中创业者个人需要有诸如获取成就感的渴望、善于冒险以及有丰富的经历等特质。

（2）新企业所面临的环境。创业环境主要包括技术因素、供应商因素、政府因素、大学因素、交通因素、人口因素等。

（3）新企业创立的过程。创业过程主要包括发现商业机会、创业者集聚资源、开始产品的生产、创业者建立组织以及对政府和社会做出回应等步骤。

（4）创业者所创建新企业的类型——组织。包括内部的机构以及组织战略的选择等多项变量。

任何新企业的创立都是这四个要素相互作用的结果。我们只有充分研究这四个因素及其相互作用关系，才能够充分诠释新企业创建的全面性和复杂性。

（三）威科姆的观点

威科姆（Wickham）在 Strategic Entrepreneurship 一文中提出了一种以学习过程为前提的创业模型。他认为驱动新企业成长的因素包括：创业者、机会、组织和资源。通过学习，不断变换要素间的关系，实现动态性平衡，能够成功完成创业（见图 14-4）。为此组织需要根据机会的变化而不断调整。

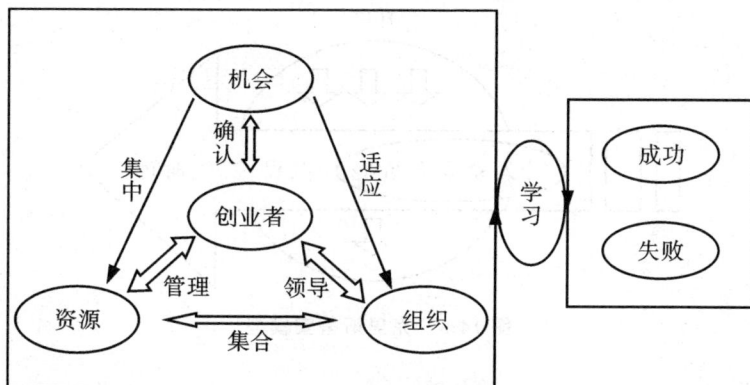

图 14-4 威科姆模型

1.创业者

创业者是创业活动的中心，创业者的任务本质是有效处理机会、资源和组织之间的关系，实现要素间的动态协调和匹配。创业者在创业中的职能体现在与其他三个要素的关系上：识别和确认创业机会；管理创业资源；领导创业组织。

2.机会

对商业机遇的发掘、把握和利用，为企业创造充分的发展空间。

3.资源

资本、人力、技术等资源要集中用于创业机会即商机的利用上,并且资源要用于对抗企业风险。

4.组织

创业过程是一个不断学习的过程,而创业型组织是一个学习型组织。资源的集合形成组织,包括组织的资本结构、组织结构、程序、制度、组织文化;组织不仅对机会和挑战做出反应,而且还在不断的成功与失败中得到学习与锻炼,从而获得更大的成功,得以发展壮大。

(四)克里斯蒂安的观点

2000 年克里斯蒂安(Christian)提出的创业管理理论认为,创业企业的管理主要是对创业者与新事业之间互动的管理,这是因为新企业成长的最重要驱动因素是创业者与新事业及其二者之间的互动关系(见图 14-5)。与此同时,克里斯蒂安还重视创业者的功能,视创业者为创业活动的灵魂与推手,认为发展创业者的创业才能,将是创业管理工作的一大重点。创业者的能力可以经过系统的创业管理教育加以培育。

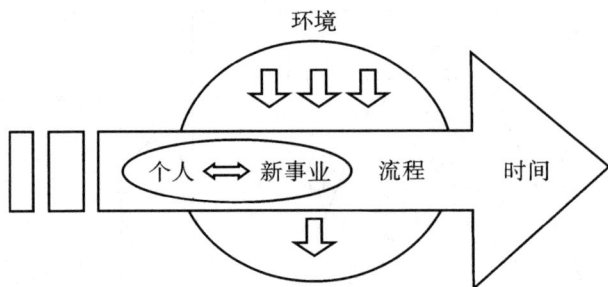

图 14-5 克里斯蒂安模型

(五)萨尔曼的观点

萨尔曼(Sahlman)在 Some Thoughts on Business Plan,The Entrepreneurial Venture 一文中提出的创业模型认为,创业过程实际上是四个关键要素相互协调、相互促进的过程,这四个关键创业要素包括:人和资源、机会、交易行为和环境。其中环境要素非常重要,其他三个创业要素来源于环境并反过来影响环境(见图 14-6)。另外,该模型还考虑了交易行为因素。交易行为指的是创业者与资源供应者之间的直接或间接的关系,即与利益相关者之间的关系。

—

人和资源
- 经验
- 技能
- 知识

环境
- 宏观环境
- 政策环境

机会
- 盈利性
- 替代品
- 竞争者

交易行为
- 激励分配
- 风险共担

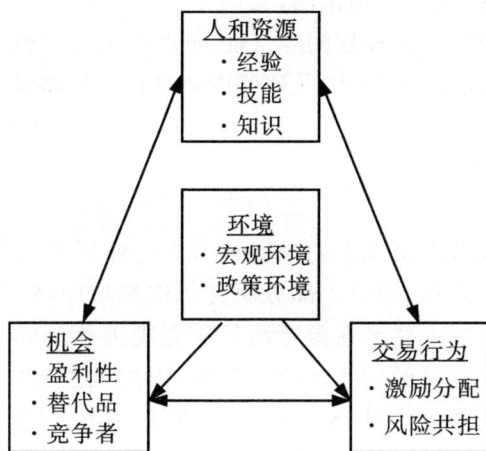

图 14-6　萨尔曼模型

（六）佐拉和乔治亚的观点

在前人提出的创业模型基础上，佐拉（Zahra）和乔治亚（George）于 2002 年在题为"International Entrepreneurship：The Current Status of the Field and Future Research Agenda"以及"Strategic Entrepreneurship：Creating an Integrated Mindset"的论文中，提出了一个关于国际创业的综合模型。这一模型将国际创业分为三个维度，即程度、速度和范围。新企业的成长受到三大驱动因素的影响，即环境因素、组织因素和战略因素。这些因素共同作用于国际创业的全过程（见图 14-7）。

环境因素　→　新创企业战略　→　绩效

图 14-7　佐拉和乔治亚的创业模型

（1）环境因素：包括竞争压力、成长机会、国家文化、行业收益率、制度环境、制度规模。

（2）组织因素：包括高层管理团队特征、企业资源、企业变量、成立年限和规模、财务力量、地理位置等。

（3）战略因素：包括一般战略、职能战略、进入战略，以及差异化、相似性。

这三个要素彼此关联、互相作用,共同为企业带来了竞争优势,主要表现为企业的绩效。这一模型具有较好的综合性、前瞻性和指导性,不仅探究了外部环境变量,也研究了内部组织因素以及这些因素对企业战略选择的影响。

二、国内学者的解释

虽然我国也开始有越来越多的学者致力于创业研究,但关于新企业成长的动力研究还处于起步阶段,而且大部分研究工作都集中在对国外现有文献的整理和引进上。国内研究主要是在参考国外研究成果的基础上,根据我国的特定环境来构建适合我国国情的创业模型。目前,国内比较有影响力的主要有我国台湾学者刘常勇构建的创业模型。他通过对创业环境、创业网络、创业者以及创业执行等要素的研究,提出了一个较为详细的创业模型(见图 14-8)。根据这个模型,新企业的形成是创业家、创业能力、创业精神和创业倾向相互作用的结果。这个相互作用过程会推动机会、资源、团队和商业模式之间的互动,从而产生创业执行力。而创业网络贯穿创业的全过程,影响着创业的每一阶段,同时还是连接创业环境与创业过程的主要平台。这个模型把创业环境细分为政策法律环境、社会经济环境、技术和市场环境、资源取得环境、创业能力和企业发展环境、其他支持和鼓励环境,这些环境因素在创业外围形成环状,表明整个创业过程和创业行为离不开环境的影响。

这个模型的基本思想是,从人(即创业者)的角度出发,基于一定的创业倾向和能力首先发现机会,然后基于一定的商业模式整合团队和资源,形成创业执行力,实施创业行为;整个过程不仅受到网络这一小环境的影响,而且还受到大环境的影响。因此,这一模型既全面又具有动态性。刘常勇创业综合模型的主要贡献在于:它是国内比较完整的创业模型之一,并将环境要素完全细化,首次提出了其他模型所忽略的政府政策与法律环境要素以及能力,即执行力要素。这个模型在一定程度上丰富了创业过程研究的内容,揭示了各种要素对绩效产生影响的媒介——能力。

三、新企业成长驱动因素

企业度过初创期后,随着产品和服务逐步被市场的消费者认可,销售收入不断增加,规模不断扩大,会表现出非常强烈的成长冲动。从内部看,一方面,企业追求利润最大化;另一方面,创业者渴望权力,这两方面都促进了企业成长。从

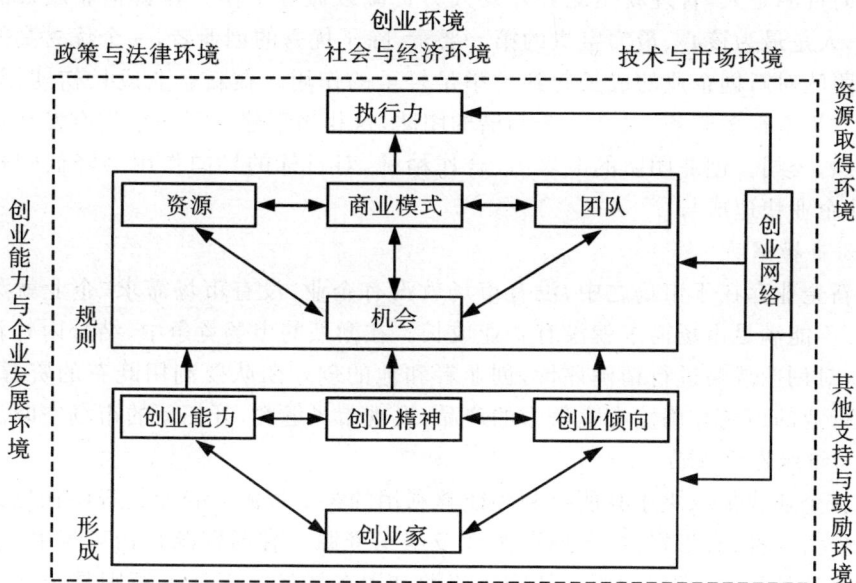

图 14-8 刘常勇创业模型

外部看,市场对产品产生需求,技术要求扩大规模,或者某项新发明创造出新市场也都可能促进企业成长。

综合各国学者的观点,结合我国的创业实践,新企业成长的驱动因素可以概括为:创业者驱动、创业团队驱动、市场驱动、组织资源驱动、创新驱动。

1.创业者驱动

优秀的创业家是一种稀缺资源,他们在经营新企业中表现出与众不同的优秀品格和超群的能力,如有责任感、进取心、坚决、乐观、持之以恒,具有较强的控制能力、创新能力、冒险精神,并且可以把握时机,挑战自我。这些特质能够为创业者提供强大的爆发力,提高企业资源利用的效率,发挥最大的价值。所以可以促进企业成长。创业者是领导并使企业正常运营的高层管理人员,是决定新企业成长的关键力量和最基本的因素。他们是企业的精神代表和领袖。创业者有强烈的成长欲望,能够主动地适应环境。当企业的产品成本开始下降,新企业开始盈利时,创业者会更加关注机遇,有勇气承担投资的风险,创业者积极探明市场需要,创业者对机遇的把握和创造,能够促进企业快速成长。

2.创业团队驱动

美国著名管理学者托马斯·彼得(Thomas Peters)认为:"企业和事业唯一

真正的资源是人,管理就是充分开发人力资源以做好工作。"在新企业成长的要素中,人是最为核心、最为宝贵的第一要素,除了优秀的创业者,一个优秀高效的创业团队对新创企业的成长起到了举足轻重的作用。在新企业成长初期,创业者通常想着很多职务,建立一个和谐的团队,这相当于建立了一个具有发展潜力的组织、公司。创业团队的凝聚力、合作精神,对目标的导向作用会降低管理风险,让企业快速成长。

3.市场驱动

新企业存在于市场之中,没有市场就没有企业,没有市场需求,企业就无法生存;不能满足市场需求就没有企业成长。在激烈的市场竞争中,结合内外新的环境,对创业战略进行精确评价,创业者和他的创业团队要利用既有的资源,识别该行业的市场并确定有竞争力的产品,发现市场缝隙,开拓新的市场空间。

4.组织资源驱动

新企业成长取决于其所控制和能够利用的组织资源。企业的资源在形式上主要分为三种:有形资源、无形资源以及组织资源。有形资源是指可见的、能用货币直接计量的资源,主要包括物质资源和财务资源。无形资源则是企业长期积累的、没有实物形态的,甚至无法用货币精确计量的资源,通常意义上包括企业品牌、商誉、技术、专利、商标、企业文化及组织经验等。尽管无形资源难以精确量化,但由于无形资源一般都难以被竞争对手了解、购买、模仿或替代,因此,无形资源也是一种十分重要的企业核心竞争力的来源。所谓组织资源是指企业的正式管理系统,包括企业的组织结构、作业流程、工作规范、信息沟通、决策体系、质量系统以及正式或非正式的计划活动等。

组织资源比有形资源和无形资源更加难以准确界定,它蕴含于企业的规章制度、组织结构、业务流程和控制系统中,是企业实现目标的经营风格或行为方式,决定着企业内个人互动、协作和决策的方式。企业的内部资源条件决定了企业能否利用外部环境提供的机会并消除可能的或者存在的威胁,从而可以获取持久的竞争优势。在企业成长战略中,企业应当全面分析和评估内部资源的构成、数量和特点,识别企业在资源禀赋方面的优势和劣势。

5.创新驱动

创新是以新思维、新发明和新描述为特征的一种概念化过程。在企业管理过程中它有三层含义:第一,企业文化、生产流程、方法、产品功能更新;第二,创造新产品、开阔新市场等行为;第三,改变管理模式、管理理念等。

创新对于一个企业的生存与发展有着很大的重要性。创新包括技术创新、体制创新、思想创新。简单来说,技术创新可以提高生产效率,降低生产成本;体制创新可以使企业的日常运作更有秩序,便于管理,同时也可以摆脱一些旧的体制的弊端,如科层制带来的信息传递不畅通;思想创新是相对比较重要的一个方面,领导者思想创新能够保障企业沿着正确的方向发展,员工思想创新可以增强企业的凝聚力,发挥员工的创造性,为企业带来更大的效益。

第三节 新企业成长的管理策略与技巧

一、新企业成长制约因素的识别

(一)什么是制约因素

新企业在成长发展的过程中,会受某些因素的限制与约束,我们把这些因素称之为新企业成长的制约因素。

(二)新企业成长的主要制约因素

1.管理能力的制约

管理能力不足是企业成长的最大障碍,这种观点被称为"彭罗斯效应"。1959 年,彭罗斯写成《企业成长理论》(*The Theory of the Growth of the Firm*)一书,从企业内部管理约束的角度来解释企业的成长,该书被认为是 20 世纪具有广泛影响的经济学著作之一。这本书主要阐述了彭罗斯对企业成长的主要观点:企业是在一个管理性框架内组织起来的生产资源的集合体,而且该管理性框架部分地决定了资源所产生的服务的数量和类型。随着生产经营的进行,企业对于资源所产生的服务的知识不断增加。这一学习过程带来了两个结果:第一是企业的管理团队能够发现和利用的机会得到扩充;第二是对过剩的管理资源得到释放,可以用于其他紧密相关的经营领域。由于管理资源的约束,一个迅速发展的企业极可能面临管理能力瓶颈,因而在随后的一段时期处于低成长状态,这就是著名的"彭罗斯效应"。

2.市场容量的制约

市场是企业得以生存和发展的土壤,一旦新企业进入市场,它初期的快速成长必定会非常引人注目,就会有很多企业跟进,不断模仿并且创新。新企业即将面临的便是更激烈的竞争状况。这种规律在信息网络化、市场自由开放的时代表现得更加明显。

随着客户对企业和市场的了解,客户的选择性加大,他们会对产品和服务提出更高的要求。如何在市场中脱颖而出,赢得广大消费者的青睐是这一时期的管理难题。否则将会导致企业在夹缝中挣扎,"腹背受敌",面临生存危机。

3.资金的制约

企业快速成长,表现为销售额不断增加,同时会促使对资产的更大需求。如何让企业周转资金,创造自由现金流,是企业生存必须考虑的问题。不能满足企业持续的成长需求,企业就会有风险制约。

4.持续创新与战略规划能力的制约

创新是推动企业成长的主要动力,但是在企业快速成长阶段,创业企业往往忽视了创新,将更多的资源和精力集中用于开拓市场和销路拓展当中,没有长远的规划,在复杂激烈的竞争环境中就会轻易地被对手超越,导致新企业的成本抬高,业绩减少,生产产品不被市场接纳,不被消费者选择。

在新企业发展之初,没有经验借鉴,很难有清晰准确的行业定位,所以一般企业缺乏有战略性意义的长远规划,这势必成为潜藏的企业危机,是一颗不定时的风险炸弹。因为没有清晰具体的目标指引,企业运行难以有效控制,不能及时发现问题,这会导致企业在复杂的环境中被淘汰,最终消亡。

5.创业者角色转变及管理团队建设的制约

在企业创建之初,因规模较小,经营业务少,流程简单,市场固定,依靠创业者一人的领导指挥就可以控制局面,但是随着企业快速成长,规模不断扩大,经营范围扩展,潜在市场增加,生产流程加大且不确定时,创业者一人的努力将无法控制这个强有活力的"新生儿"。这时创业者必须适当放权,寻找合适的管理者极其重要。

创业团队如果没有随着企业的成长而成长就会制约到企业的发展。在企业迅速发展壮大的同时,企业环境变得复杂,合理有序的制度必将取代创业团队最初的"所有人做所有事"的灵活模式,采取更严谨的模式分工协作是保证企业正常成长的关键。

6.对创业元老重视不够的制约

创业元老是企业创建时期与创业者一同奋斗过来的团队成员,在新企业发展步入正轨的同时,企业不断地招兵买马,企业在引进新鲜血液的同时,一方面带来了新思想和新技术,另一方面对老员工也是一种打击,他们心理容易出现失落,这势必会打击老员工的士气。如何处理新老员工的关系,协调其中的利益,对企业发展有着不言而喻的重要意义。与此同时,可能有部分老员工观念和技能无法适应新时代的发展要求,但他们占据了决策地位,因而会制约企业人力资源建设与管理。这些都是新企业成长的阻碍因素。

二、新企业成长管理的策略

（一）外部策略

1.发现资源

企业成长战略包括两种方式，即内部成长战略和外部成长战略。新企业的外部资源是指对新企业成长发展有影响但是新企业不能掌握和控制的所有的社会资源和环境资源。比如：新企业的社会关系、政府政策、企业所在地的经济环境、自然环境和人文环境、新企业的供应商、市场。通过重新发现整合新企业的外部资源可以追求外部成长。新企业的有效人力、周转资金、物资供给（机器设备）等资源短缺的情况不言而喻，注重借助别人（既包括竞争对手也包括合作者）的力量，发现有利于自身发展的有利资源，才能发展和壮大自身。

2.梳理资源

创业者梳理和整合外部资源的能力至关重要。简而言之便是借助别人发展自身，这便涉及寻找可以提供资源对象的问题。其中，政府、原项目的合作公司、相关闲置产能的企业都是潜在外部资源的提供者。首先，要寻求并整合外部资源，首先要分析潜在的外部资源供给者，并且明确双方的共同利益所在，这样才能成为利益相关者，为形成合作机制奠定基础，促进外部资源梳理与整合。其次，在合作过程中要努力追求双赢，形成互利共赢的合作机制是整合外部资源的必要前提和条件，为对方争取条件和优势就是为自己创造机会，一方面可以为自己创造良好的企业声誉，吸引更多的合作者；另一方面可以取得对方信任，这是长久聚拢外部资源的策略之一。最后，要注意有效信息的搜集。与外界有良好的沟通是有效整合外部资源降低企业风险的基础和保障，这是一种持续性的投资。在这个飞速发展的科技时代，对外部世界的认识直接关系到对外部资源整合决策的合理性和科学性，直接关系到企业的生死存亡。这也是快速成长企业特别擅长的策略。另外，通过上市获得短缺资源并迅速扩大规模，也是实现成长的捷径之一。

3.利用资源

新企业迅速发展时期，对资源需求量大，如何从资源上保证企业持续、稳定、协调发展？其总战略应是建立在资源节约型的企业发展模式上，高度重视节约资源，改变以大量消耗资源为特征的粗放经营，提高资源的利用效率，缓解资源不足，大力发展循环经济。

企业成立之初，是通过资源的积累实现新企业的成长的。但是获取资源的同时，也增加了企业的成本。如果一味追求资源的不断累积，最终将会导致边际成本上升,边际收益递减,这必将导致企业利润下降。利用手头资源与获取新资源相比,对于解决眼前问题更为重要。

对资源的开发和利用,不仅只针对现实资源,即已经被认识和开发的资源,而且包括对潜在资源和废物资源的开发和利用,即尚未被认识,或虽已认识却因技术等条件不具备还不能被开发利用的资源。如沼气池工程就是一项以开发利用养殖场粪污为对象,以获取能源和治理环境污染为目的,实现农业生态良性循环的农村能源工程技术。

(二)内部策略

1.企业文化策略

企业文化是一个组织由其价值观、信念、仪式、符号、处事方式等组成的特有的文化形象。企业文化并不是无形的,它是企业的核心价值观、业务流程、管理体系乃至创新与变革能力等的具体象征,更与身为企业灵魂人物的企业主、CEO 的个人魅力及领导能力相辅相成。企业文化是企业为解决生存和发展的问题而树立形成的,被组织成员认为有效而共享,并共同遵循的基本信念和认知。企业文化集中体现了一个企业经营管理的核心主张,以及由此产生的组织行为。企业文化能激发员工的使命感。不管是什么企业,都有它的责任和使命,企业使命感是全体员工工作的目标和方向,是企业不断发展或前进的动力之源。而且企业文化能凝聚员工的归属感、责任感、荣誉感和成就感。

在企业文化中,最重要的是企业价值观。企业价值观是指企业及其员工的价值取向,是企业在追求经营成功过程中所推崇的基本信念和奉行的目标;是企业全体或多数员工一致赞同的关于企业意义的终极判断,是为员工所接受的共同观念;是企业内成员对某个事件或某种行为好与坏、善与恶、正确与错误、是否值得仿效的一致认识,它往往决定企业的行为。新企业成立之初的管理当中,管理者要着手建设比较固定的企业价值观,因为价值观是企业文化的核心,企业价值观是支持企业发展的灵魂,虽然是无形的,却渗透到企业发展的方方面面。统一的价值观使企业成员在判断自己行为时具有统一的标准,并以此来选择自己的行为。而且企业价值观具有相对的稳定性和持久性,因此具有长远的战略意义。

2.人力资本策略

人力资本是活着的资本,具有无限的潜在的创造性。快速成长的企业都具有一个共同的成功要素,就是它们都有强有力的人力资源管理,将人视作最为核心的中心要素。投资于人力资源涉及人力资本开发的问题。所谓人力资本是指凝结在人身上的并能带来价值增值的智力、知识、技能和体能的总和。人力资本独特的本质功能是与物质资源要素相结合能够转移价值、创造价值并产生新的价值增值。

人力资本是企业发展的内在动力,企业赢得人才的制高点或者说智力的制高点才能在激烈的市场竞争中赢得经营战略上的先机。企业要想快速成长就必须保持持续成长的人力资本。快速成长企业的经营者并不一定要受过高等教育,但他们要雇佣一大批有能力的下属,他们通过构建规模较大的管理团队以便让更多的人参与决策。但是,人力资本直接由投资费用转化而来,没有费用投资于劳动力就没有人力资本的形成。这种投资在货币形态上可以表现为保健费用支出、教育培训费用支出和迁移费用支出等。同时,管理者需要采取促进人岗匹配的相应措施,人尽其才,并为企业人才的发展提供良好的环境,使员工有机会分享企业的成功。

3.产品增值策略

当企业过分追求速度时,往往会带来问题,如产品的创新受到挑战,人才的流动性加大,组织结构面临挑战,企业文化的阻碍,资金不足的烦恼,市场的分裂和不稳定性等问题相继出现,销售收入增加很快而利润却没有增加,企业的价值没有得到增值。因此,当企业发展到一定程度时,就需要向价值增长快的方面转移,以实现最大的价值增值。

品牌是企业成长管理中的一个重要问题,不少企业忽视品牌的培育。品牌是产品属性、名称、包装、价格、历史、信誉、广告方式等的一系列相关界定的总称,同时也是消费者对企业及其产品的印象。产品可以被竞争者模仿,但品牌则是独一无二的;产品极易迅速过时落伍,但成功的品牌却能持久不衰,品牌的价值将长期影响企业。没有品牌的产品或服务是很难有长久生存的空间的。只有成功的品牌管理才有持续成长的企业和未来的辉煌。企业要建立卓越的信誉,信誉是品牌的基础。没有信誉的品牌几乎没有竞争力和生命力。要争取广泛的支持,没有企业价值链上所有层面的全力支持,品牌是不容易维持的。企业还应与客户建立亲密的关系,由于客户需求的不断变化和取得信息的机会不断增加,为客户提供个性化和多元化的服务已成为唯一的途径。

三、新企业成长管理的技巧

(一)新业务拓展法

1.新产品开发或改进现有产品和服务

不断开发新产品是形成竞争优势的一个主要因素。如何缩短新产品开发周期,是成功推出新产品的关键。产品只要在功能或形态上得到改进,与原产品产生差异,并为顾客带来新的利益,即为新产品。企业新产品开发的实质是推出不同内涵与外延的新产品。

新产品开发对大多数公司来说,是改进现有产品而非创造全新产品。新产品开发是企业研究与开发的重点内容,也是企业生存和发展的战略核心之一。所谓全新新产品,是指利用全新的技术和原理生产出来的产品。所谓改进新产品,是指在原有产品的技术和原理的基础上,采用相应的改进技术,使外观、性能有一定进步的新产品。所谓换代新产品,是指采用新技术、新结构、新方法或新材料在原有技术基础上有较大突破的新产品。

2.提高现有产品的市场渗透

只有经营好现有的业务,企业才能进一步发展。市场渗透战略正是一种立足于现有产品,充分开发其市场潜力的企业发展战略,因而被称为企业最基本的发展战略。企业未来产品市场组合与现有产品市场组合之间的差异,在一定程度上决定着企业未来经营所需要投入的资源的多少以及不确定性的大小。现有产品市场组合是企业经营的基础,是企业当前利润和流动资金的主要来源,企业的一切活动都依赖其提供资源支持,因此,旨在充分开发现有产品市场组合盈利潜力的市场渗透战略是企业生存的基本保障。任何忽视现有产品市场组合,盲目进行产品开发、市场开发或是多角化经营的企业,都可能因为资金短缺陷入灾难性的困境。

市场渗透战略的实施不但为企业实施的其他发展战略奠定了基础,而且其他发展战略的实施最终也只能借助于市场渗透战略才能真正实现其价值,更主要的是最直接地实现企业的最终价值。精明的管理者从不忽视企业现有的产品市场组合,他们总是尽力通过增强、维持现有产品市场组合的竞争地位来挖掘其潜力,这些管理者深知市场渗透战略是企业一项基本发展战略,并将其贯彻于产品市场组合生命周期的各个阶段

3.扩展现有产品线

产品线扩展指企业现有的产品线使用同一品牌,当增加该产品线的产品时,仍沿用原有的品牌。这种新产品往往都是现有产品的局部改进,如增加新的功能、包装、式样和风格。通常厂家会在这些商品的包装上标明不同的规格、不同的功能特色或不同的使用者。产品线扩展的原因是多方面的,如可以充分利用过剩的生产能力、满足新的消费者的需要、率先成为产品线全满的公司以填补市场的空隙、与竞争者推出的新产品竞争或为了得到更多的货架位置。

(二)灵活应变法

新企业能不能平稳成长,关键在于是否能够适时变革,积极应对出现的问题

和障碍,突破当前局面实现新的发展。在对新企业管理的实际做法的考察中发现,经营者在应对障碍的过程中会采取不同的举措,一般的新企业经营者采取的是被动的方式,用"救火式"来应对管理过程中的各种问题,结果往往是对问题应接不暇。成功的企业家则注重变革和创新,使用成长的方式解决成长过程中出现的问题。使用成长的方式解决成长过程中出现的问题,其本质是推动并领导企业变革。要解决成长中的问题,可以从以下几个方面入手:

1.注重在成长阶段主动变革

创新和变革是推动企业乃至社会发展的主要力量,但是需要付出成本。企业在创业初期特别是成长阶段实施变革的成本小,因为成长性强可以为企业提供变革所需要的资源,可以吸引优秀的员工,进而减轻来自内部的变革阻力。

2.善于把握变革的切入点

企业的变革不可能一下子全面展开,需要科学地把握切入点,由点到面,层层深入。其中的好处在于:首先是变革的成本比较小,能够发挥探测性研究的功效;其次是见效快,变革的阻力主要是人们对未来发展的顾虑,对变革能否成功的可能性持有疑虑,因此把握好问题的切入点,从局部推进变革,往往可以在短期内取得效果,进而增强人们对变革的信心;再次是这种方式的变革容易控制,不至于造成失控的局面。

3.重视人力资源的开发

计划变革但找不到合适的人才实施变革,这是企业家在成长过程中经常面对的最大困境。注重人才积蓄,采取更为积极的人力资源政策,以及注重从内外部广泛挖掘人才,这对变革的成功乃至企业发展来说,是最重要的。

4.注重系统建设

构建经营系统是企业开展日常经营管理工作的"平台",创建一个成功企业的重要任务之一是建立辅助这些日常经营活动的体系——经营系统。《增长的痛苦》一书的作者弗莱姆兹教授这样描述经营系统:建立经营系统是为了有效地工作,一个公司不仅要从事生产或服务,而且要合理地管理基本的日常经营活动。这包括会计、制表、采购、做广告、招聘人员、培训、销售、生产、运输和相关系统。企业在创建初期容易忽略经营系统的建立和发展,但随着一个企业在规模上扩大,特别是当规模超过了其组织管道的运作能力时,这些系统就会承受越来越大的压力和紧张。

5.采取动态管理

企业在经营管理过程中,必须根据外部环境的预测、内部数据分析,对经营策略、管理手段进行适时调整,对计划进行修改和补充。也就是说,要根据内外部环境的变化及时调整经营思路,在管理上要快速适应环境的不断变化,要综合使用问题管理、科学管理、人本管理和目标管理等各种管理模式。

第四节　新企业的风险控制和化解

一、新企业风险的界定与分类

(一)新企业风险的界定

新企业在生存和成长过程中,将面临因企业外部环境突变和内部决策不当等导致的各种风险,将直接影响新企业的成功与失败。因此就新企业而言,一定要了解新企业风险的类型、新企业风险的来源,从而提高自身的风险控制与化解能力。

新企业风险按照发展不同阶段分为新企业生存阶段风险和新企业成长阶段风险。生存阶段风险是指从新企业正式运营到新企业实现收支平衡期间产生的风险。成长阶段风险是指新企业实现收支平衡到新企业产生巨额利润期间产生的风险。

(二)新企业风险的分类

1.机会风险

机会风险是指新企业管理者做出决策时,所要承担的机会成本。机会成本不是直接的财力支出,因而往往会被创业者忽视。新企业管理者往往满怀激情,有进无退,志在必得,坚持"一干到底"的精神,在决策失误时难以全面权衡利弊。这会给新企业造成不可挽回的损失,甚至是企业形象的完全颠覆。另外,由于调研不充分、信息不对称等原因也会导致机会成本加大,这就是新企业的机会风险所在。

2.技术风险

技术风险是指在新企业产品创新过程中,因为技术因素导致创新和发展失败的可能性。所谓的技术风险包括:技术是否成功不确定、技术成果能否商业化不确定、技术效果应用拓展如何不确定、该项技术的寿命长短也存在不确定性。

3.市场风险

市场风险是指市场主体从事经济活动所面临的盈利和亏损的不确定性。市场风险包括:需求风险和产品风险。具体而言是指市场的需求量不确定;产品是否被接受需要实践检验;产品的市场价格存在必然的不确定性;产品的市场竞争力也是未知的。

4.资金风险

资金风险是指企业因为资金不能及时供应而导致新企业成长失败的可能性。资金风险包括筹资风险和融资风险。自有资金只占很小一部分,新企业需要外部筹资,但金融市场的动荡、新企业自身筹资能力的不足,都有可能使新企业的筹资计划流产,造成资金供应不继,危及企业的生存。

5.管理风险

管理风险是指新企业管理者和领导者在计划、组织、控制和反馈等过程中行为不当而引发损失的可能性。管理风险包括:战略失误风险、盲目决策风险、内部沟通障碍风险等。如决策偏离战略,出现规模不经济将给企业的发展带来极大的风险。

6.环境风险

环境风险是指新创企业的产品或服务由于不适合所处的社会、经济、政策、法律环境的变化而造成失败的可能性,或者由于地震、海啸、火灾等意外的非人为和人为灾害的发生导致企业成长失败的可能性。政府出台的新指导性政策、通货膨胀等都会增加企业经营的风险。

二、新企业生存阶段的风险管理

(一)新企业生存阶段的风险来源

新企业生存阶段的风险主要来自于以下几个方面:

1.缺乏流动资金

创业者的创业资金不充分,或将过多的资金投资在企业固定资产等方面,致使处于起步阶段的新企业缺乏流动资金,必然会影响新企业的生存与发展。

2.缺乏日常管理

新企业在起步阶段,各项生产经营活动千头万绪、齐头并进,团队成员均忙于各项事务,创业者疏于日常管理,如果创业者自身管理能力不强,新企业管理难以摆脱混乱、无序的局面,会给新企业生存带来困难。

3.缺乏支持系统

为了新企业经营活动的顺利起步,创业者需要与政府、管理部门、投资商、供应商、股东和消费者等主动接触与沟通,并形成有利于新企业生存的社会网络系统。假如创业者在初期得不到各方面的支持,必然会失去竞争优势。

4.缺乏消费市场

新企业处于起步阶段,生产经营活动的成功与失败取决于市场对其产品与服务的检验结果。若创业者判断不准确,过高地估计企业产品和服务的市场前景,会造成产品和服务的销售收入与企业市场预期目标相差甚远,进而使新企业收支持续不平衡。

(二)新企业生存阶段的风险控制与化解

1.建立财务管理制度

财务管理制度的完善是新企业生存与发展的重要因素。创业者要编制财务计划,制定并实施报销制度,现金流量、预算、核算和成本控制制度,资金使用效益监督制度;建立财务管理激励机制与评估体系,加强对流动资金的管理,不断提高新企业流动资金的周转率、变现能力与短期内偿还债务能力,有效化解财务风险。

2.建立人事管理制度

人事管理制度的完善是新企业生存与发展的重要因素之一。创业者要遵循国家有关对员工管理各方面的法律法规,建立人事管理基本制度,如员工考勤制度、业绩考核制度、薪酬分配制度、奖励惩罚制度,调动员工参与新企业生产经营的创造性与积极性,凝聚员工为实现新企业发展目标的力量,避免因不同层面员工的变动对新企业造成不必要的损失。

3.防范市场风险

市场风险在新企业生存阶段体现得尤为显著。创业者要对新企业产品与服务的功能性指标与非功能性指标进行调研,收集目标消费省使用产品与服务的意见;通过召开咨询会或研讨会等形式,听取相关人士对新企业产品与服务在市场准入、市场定位和市场竞争等方面的建议,进而完善新企业产品与服务的技术环境或工艺流程,建立应对市场风险的行为策略。

4.适当调整经营内容

在市场经济条件下,新企业经营目标与企业内部条件、外部环境之间的动态平衡是其开展生产经营活动的关键。创业者要根据新企业生产经营活动取得的预期效果的可能性和产品与服务的市场需求、市场竞争变化趋势,适当调整经营业务,重点发展体现自身核心竞争力的经营活动,重点开展盈利多的经营项目,使得新企业在生存阶段能稳步成长。

5.保持新企业持续盈利

新企业要度过其生命最危险的起步阶段,重要的是拥有持续盈利的能力。创业者要通过各种合法的生产经营活动积累资金,确定设计一个适合新企业内部条件与外部环境的盈利模式,实现正现金流,确保企业生存与发展。

三、新企业成长阶段的风险管理

(一)新企业成长阶段的风险来源

新企业成长阶段的风险主要来自以下几个方面:

1.团队管理机制不完善

新企业由发展到成长阶段,随着经营业务和经营规模的不断扩大,员工队伍也不断壮大。如果企业缺乏有效的管理团队,难以及时解决员工在企业生产经营、企业发展战略、产品开发、产品技术升级等问题上的矛盾与分歧,势必不利于集中员工的智慧、凝聚员工的力量推动新企业的成长;如果新企业缺乏生产经营技术研发、财务管理、人力资源管理等方面的专业人才,那么新企业的市场运作就会失去核心竞争力与市场拓展力。

2.财务监控机制不完善

新企业经过起步阶段的各种资源与资金的积累,商业模式与盈利模式的调整,经营范围和地域不断拓展,管理层次与幅度也增加了,各种费用开支也随之明显增加,对新企业生产经营成本的控制等财务管理问题也增多,财务监控难度加大。

3.经营决策与管理机制不完善

进入成长阶段的新企业发展初具规模后,创业者容易被暂时性的或区域性的企业知名度和产品知名度所迷惑,经营理念不能与时俱进,目光短浅,看不到产品与服务经营的广阔市场;对市场反应迟钝,不能根据市场的变化及时调整企业产品与服务,缺乏对新产品与服务的创新动力;经营决策思路超越新企业经营能力和现有实力,盲目追求多元化发展和扩大企业经营规模,不经充分论证改变经营方向与业务;尤其是盲目投资自己不熟悉的行业,采用高额广告费快速提升企业的知名度等,都将给新企业长远发展埋下隐患。

(二)新企业成长阶段的风险控制与化解

1.完善组织架构,学会授权

根据新企业既定的发展目标与发展阶段,更新与变革组织管理机构,有利于新企业更好地发展。完善组织架构的工作,可以委托企业外部咨询公司或职业经理人帮助完成,也可由创业者自己完成。以简化管理层级为原则,设计与调整组织管理部门,在此基础上,进一步完善企业员工管理与财务管理等规章制度。如完善激励机制,既要鼓励老员工与合伙人的积极性,保障其既得利益,通过培训提高其能力；又要凝聚优秀人才，特别是企业发展急需的紧缺人才，采用感情、事业和物质多管齐下的方式，给员工以强大的奋斗动力。组织机制调整后，创业者要学会授权，将财务预算、生产计划、营销计划、财务报表签字和人事安排以外的其他工作，如营销人员管理，授权给中层管理人员，便于创业者有更多的时间和精力用于新企业发展战略研究上。

2.建立风险责任机制，监督决策

风险责任机制的建立，对于有效监督新企业各项决策的制定与执行有重要意义。新企业进入成长阶段，要建立与完善风险控制目标体系和风险报告制度，新企业内部各种风险管理运作主体要严格按照既定目标要求和具体标准从事相应的监控和管理。创业者要主动预测风险，及时分析企业投资或贷款等重大决策可能造成的负面影响。积极控制风险，加强对企业投资或贷款等重大决策过程的监督，建立健全企业知识产权、财务管理、合同管理等各项规章制度。要学会减少或转嫁风险，对即将出现的风险；如企业无法承受，可以通过放弃眼前利益或局部利益渡过难关；对无法回避的风险，应该设法分解和转移；风险重大，需要牺牲企业的某些利益甚至全部利益，可申请破产保护以求得再生。

3.确立企业发展战略，创造优势

确立与选择一个正确的发展战略，逐步形成稳定、持久的竞争优势，是新企业持续、快速成长的关键所在。新企业要保持竞争优势，必须不断培养和发展核心竞争力，并重点提高经营能力和管理水平，在产品与服务、技术营销、品牌、企业文化等方面拥有其他企业所没有的优势资源。生产型中小企业应坚持生产增长与市场开发两手抓、两手都要硬，解决好增产与市场拓展的矛盾，巩固企业的竞争优势，增加资金回收，实现规模扩张。创业者要根据新企业市场优势的不断变化，及时研究、调整发展战略，形成企业竞争优势，让竞争对手难以学习、难以模仿，从而立于不败之地。

案例分析

裂帛：设计师品牌的网络成长

【导读】

裂帛：人力资源先行

裂帛是一对姐妹在淘宝平台上创立的一个设计师品牌。当初，做平面设计的姐姐大风和妹妹小风只因为厌烦了平面设计的工作，才开始自己创业。

2006年11月份，裂帛品牌正式诞生。大风小风两个设计师，一个裁缝，一台缝纫机。大风当模特，小风当摄影师，开始了"设计漂亮的衣服，卖给喜欢它们的人"这样的梦想。

"裂帛的字面意义是撕裂丝帛，当然也一样可以撕裂礼服，撕裂规则，撕裂那些委屈而难以割舍的情感，撕裂常规的苍白人生，人生需要裂帛的勇气。"大风小风用这样的语言表达自己的品牌主张。而淘宝本来就是一个很大的市场,在主流的日韩风和欧美风消费群体之外,裂帛也迅速吸引了一大批粉丝。

从亲自设计到风格把控

鲜明的品牌主张,让裂帛在网络上迅速蹿红,每月的销售都在翻番。最夸张的时候,一个月卖出去好几万件衣服。2008年,大风小风雄心勃勃地定了年度目标。但是定了目标却感到更痛苦。大风小风不是那种喜欢遵守规则的人,她们也喜欢偷懒,喜欢出去旅行。但是让大风痛苦的是,随着公司规模的扩大,她要开始坐班了,要开始去管理各种事务。对于管理工作,大风小风显然不是很在行。她们喜欢设计衣服,做衣服,用服装表达自己的内心,仅此而已。

但是设计师品牌并不仅仅只有设计师就能成为现实,客服、售后、工厂、财务、物流,所有的环节是一个整体的系统,需要专业的人来管理。但网络渠道似乎是一个放大镜,当一个品牌还没有足够的力量来应对爆发性增长的需求时,需求已经拥上门来。大风告诉记者,公司甚至有一段时间经常遇到无货可发的情形,顾客下单后要等待,等待的过程降低了顾客的消费体验。

当大风小风为管理事务感到痛苦和疲于奔命的时候,设计却一刻也不敢放下。大风小风终于认识到设计才是自己擅长的。2009年年初,大风小风退出了管理,把全部精力放在自己喜欢的设计上,把管理和运营交给了职业经理人。

记者采访大风时了解到,裂帛最初是基本没有库存的,设计出什么产品,都挂在店铺里,有订单才去生产。而2010年,裂帛也开始有库存了。大风承认,以前那种运营模式是不适合做大一个企业的。裂帛已经不是小店了,而是有着30万顾客收藏的店铺,对于这样的规模,设计师的扩充和管理是一个设计师品牌成败与否的重要内容。

大风坦言,裂帛也曾一度走过弯路。新晋设计师设计的主观意识比较强,对市场不敏感,风格偏离裂帛风格。在这个问题上,大风用"痛下杀手"来表达自己的果断和决绝。大风告诉记者,品牌风格就像一棵树,在成长过程中,一定要砍去那些旁生的枝杈,来保证品牌风格的统一。设计、创意不可能标准化。正因为此,新的设计师就很容易在风格上无法把控。裂帛的某些元素,诸如浪漫、民族、边缘、冲撞感、手工痕迹要在服装设计中体现出来。但是整体风格是不是裂帛想要的,这就需要设计总监来把控。目前,脱离了管理工作的大风小风除了自己设计服装以外,基本上对其他设计师从最初的创意到手稿的所有设计流程进行整体把控。这样一方面可以培养新的设计力量,另一方面也能保证风格的传承性。

从小网店到大网店

目前,裂帛的网站上开始出现诸如"安博作品"这样的单元。大风告诉记者,这就像是文章的署名,把设计师推出来,也是为了适当地增加设计师的压力,同时体现其价值感。但最重要的是,希望通过这样的方式让设计师快速成长。小风说,现在裂帛的设计师设计出来的服装,都是自己去和摄影师商定拍摄方案、模特的选择,甚至是模特的化妆和道具的选择都是自己去完成。未来,设计师的作品在某种程度上会与业绩考核挂起钩来。

2009 年 11 月份，裂帛实现了 5 倍的增长，一个月卖掉了几万件衣服。此时，消费端的需求迅速膨胀，上了 ERP 系统虽然能减轻一些流程的压力，但是一个设计师品牌的真正成长在于管理团队。大风告诉记者，目前裂帛的高层结构基本完善了，设计、企划、运营都有分管负责人。

作为设计师品牌，目前裂帛只是在淘宝平台上开了 C 店和商城店，但是一个设计师品牌未来的发展不可能仅靠一个单一的渠道。在大风的计划中，裂帛品牌要想成长，在渠道上必须经历一个小于淘宝，到大于淘宝的过程。也就是说，最初是在淘宝平台上开店，未来会有自己的独立品牌商城。最重要的是，会从线上渠道走到线下渠道。

但是大风小风最初从网络平台创业，没有做过线下渠道。未来的招商，加盟都需要专人去打理。在管理架构中，中层的架构至关重要。人才梯队的成长是设计师品牌从一个小品牌变成一个知名品牌的必经之途。因此，大风小风在培养设计师的同时，分管运营的总经理也将人力资源、IT 部、客服部完善起来，并且开始培养新的中层管理者。设计师品牌需要的不仅是设计人才，还需要各环节的经营管理人才。裂帛的做法是人力资源优先，有了人再去做新的市场、新的事。

【分析】

请分析裂帛迅速成长的动力机制，列出裂帛在继续发展壮大的过程中存在的主要危机，解释裂帛又是如何处理和化解这些危机的。

思考与练习题

1.新企业管理与老企业管理存在哪些区别？其有何特殊性？

2.新企业成长的驱动因素有哪些？以阿里巴巴为例，分析其在成长阶段的动力因素和影响机制。

3.新企业在成长的过程中会受到哪些制约因素的影响？

4.新企业管理过程中应该采取哪些策略与方法才能够让企业更好地成长？

5.新企业在不同管理阶段遭遇的风险有哪些？新企业应当如何控制与化解？

参考文献

[1]李家华:《创业基础》,北京师范大学出版社 2013 年第 1 版。

[2]杰弗里·蒂蒙斯、小斯蒂芬·斯皮内利:《创业学》,周伟民、吕长春译,人民邮电出版社 2005 年第 6 版。

[3]杰弗里·蒂蒙斯:《快速成长》,周伟民、钱敏译,华夏出版社 2002 年版。

[4]唐纳德·F.库拉特科:《新企业管理:创业者的路线图》,高嘉勇译,机械工业出版社 2009 年版。

[5]王国红:《创业管理》,大连理工大学出版社 2005 年版。

[6]张文松、裘晓东、陈永东:《创业学》,机械工业出版社 2012 年版。

[7]林嵩、姜彦福、张帏:《创业机会识别:概念、过程、影响因素和分析架构》,载《科学与科学技术管理》2005 年第 6 期。

[8]张玉利:《创业管理》,机械工业出版社 2008 年版。

[9]贺尊:《创业学概论》,中国人民大学出版社 2011 年版。

[10]魏拴成、姜伟:《创业学创业思维·过程·实践》,机械工业出版社 2013 年版。

[11]李时椿、常建坤:《创新与创业管理:过程·实践·技能》,南京大学出版社 2011 年版。